公司诉讼裁判
要点与方法

北京市第二中级人民法院 编著

法律出版社
LAW PRESS·CHINA
北京

图书在版编目（CIP）数据

公司诉讼裁判要点与方法 / 北京市第二中级人民法院编著. -- 北京：法律出版社，2024. -- ISBN 978-7-5197-9511-5

I. D922.291.915

中国国家版本馆 CIP 数据核字第 20247PA455 号

公司诉讼裁判要点与方法　　　　　　　北京市第二中级人民法院　编著　　责任编辑　张　岩　解　锟
GONGSI SUSONG CAIPAN YAODIAN YU FANGFA　　　　　　　　　　　　　　　　　　　装帧设计　李　瞻

出版发行	法律出版社	开本	710 毫米×1000 毫米　1/16
编辑统筹	重大项目办公室	印张	31.75　　字数 550 千
责任校对	王　丰　李景美	版本	2024 年 11 月第 1 版
责任印制	吕亚莉	印次	2024 年 11 月第 1 次印刷
经　　销	新华书店	印刷	天津嘉恒印务有限公司

地址:北京市丰台区莲花池西里 7 号(100073)
网址:www.lawpress.com.cn　　　　　　　　　销售电话:010-83938349
投稿邮箱:info@lawpress.com.cn　　　　　　　客服电话:010-83938350
举报盗版邮箱:jbwq@lawpress.com.cn　　　　 咨询电话:010-63939796
版权所有·侵权必究

书号:ISBN 978-7-5197-9511-5　　　　　　　　定价:158.00 元

凡购买本社图书,如有印装错误,我社负责退换。电话:010-83938349

编 辑 委 员 会

主　任　靳学军
副主任　廖春迎　李　雪　韩耀斌
成　员　周梦峰　赵　桐　李超男　姜　峰
　　　　高　磊　张笑文　李　杰　王若净
　　　　唐宇晨　李梦园　周　维　贾凯迪
　　　　潘　伟

编写说明

自1993年《公司法》颁布实施以来,《公司法》历经数次修改,理论体系趋于成熟,制度规则更加完善,为现代企业提供了可供遵循的法律指引。公司是适应市场经济发展的企业组织形式,修改《公司法》,完善公司资本、公司治理等基础性制度,平衡股东、债权人等不同利益主体的权益保护,是促进市场健康发展、有效服务实体经济的重要举措,对于建立健全现代企业制度,促进经济高质量发展发挥了重要作用。

2023年,《公司法》迎来了第六次修改,历时四年,四经审议,最终以总条文数266条的正式文本公布。这是一项重要的制度创新,对理论研究、司法实践和公司治理都提出了更高的要求。《公司法》历来被视为可诉性比较强的法律,《公司法》的条文在司法实践中得以广泛运用。公司治理的实践问题往往是推动制度创新完善的根源。曾几何时,公司解散制度尚未生效,股东已在法院要求提起公司解散之诉,又曾几何时,公章的争夺一度成为公司控制权之争的关键。《公司法》的发展和完善,不仅是理论制度上更新与变革,也是司法经验和智慧的整合与凝练。面对司法实践中纷繁复杂的问题,裁判者总结形成了司法适用的规则和标准,有的被立法所采纳,推动了公司法律制度的完善。法律一旦制定,便从立法论范畴转为解释论的范畴。如何全面正确理解《公司法》修订背后的价值选择和理性逻辑,如何准确适用法律条文解决当事人提出的各类诉讼争议,是对人民法院和法官司法裁判理念和方法的重大考验。

北京市第二中级人民法院一直重视公司审判制度的研究,注重发挥法律的规范和指引功能,通过对诉讼中发现的理论与实践难点问题进行检视梳理,进一步明确裁判思路,统一裁判尺度,先后汇编出版《公司治理纠纷典型案例解析》《公司股东权利行使与责任案件裁判规则》等书目,引导诉讼参与人提出诉讼请求,固定争议焦点,引导企业加强自身规范建设,提升公司治理水平。

本书的编写本着"真研究问题、研究真问题"的原则,以与公司有关的二级案由为标准划分,选取了司法实践中高频率、大难度的13个案由,另选取了实践热点的清算义务人责任单设一章。全书共分为14章,由具有丰富审判实践经验的法官和法官助理共同编写,每个章节对一类问题进行深入分析,总结司法实践难点,系统梳理裁判思路和裁判方法,通过比较《公司法》修改前后的条文,阐述修改变化之道。14章分别为股东资格确认纠纷、请求变更公司登记纠纷、股东出资纠纷、股东知情权纠纷、请求公司收购股份纠纷、股权转让纠纷、公司决议纠纷、公司证照返还纠纷、公司盈余分配纠纷、损害股东利益责任纠纷、损害公司利益责任纠纷、股东损害公司债权人利益责任纠纷、公司解散纠纷、清算义务人责任。在写作上,就纠纷界定、诉讼主体、管辖、新旧法变化、实务争议等问题从理论予以分析论证,辅之以生效典型案例予以佐证。

新《公司法》于2024年7月1日正式实施,《最高人民法院关于适用〈中华人民共和国公司法〉时间效力的若干规定》(法释〔2024〕7号)作为配套司法解释,同步于7月1日施行,从而解决了新旧《公司法》衔接适用的问题。《公司法》的修改,不仅仅是法律制度的完善,更是中国经济社会发展的映射。

此书的出版,是北京市第二中级人民法院对适用《公司法》进行的积极思考,以期为法律实务者提供可供参考的裁判方法,为公司治理者提供便于执行的规范引导,为理论研究者提供可资借鉴的实践样本。法与时转则治,治与世宜则有功。市场交易千变万化,裁判理念必须与时俱进,对《公司法》的实践与思考将永远在路上。

缩略语表

全　称	简　称	发文字号
《中华人民共和国民法典》	《民法典》	中华人民共和国主席令第四十五号
《中华人民共和国公司法》（2023年修订）	新《公司法》	中华人民共和国主席令第十五号
《中华人民共和国公司法》（2018年修正）	旧《公司法》	中华人民共和国主席令第十五号
《最高人民法院关于适用〈中华人民共和国公司法〉若干问题的规定（一）》	《公司法司法解释（一）》	法释〔2014〕2号
《最高人民法院关于适用〈中华人民共和国公司法〉若干问题的规定（二）》	《公司法司法解释（二）》	法释〔2020〕18号
《最高人民法院关于适用〈中华人民共和国公司法〉若干问题的规定（三）》	《公司法司法解释（三）》	法释〔2020〕18号
《最高人民法院关于适用〈中华人民共和国公司法〉若干问题的规定（四）》	《公司法司法解释（四）》	法释〔2020〕18号
《最高人民法院关于适用〈中华人民共和国公司法〉若干问题的规定（五）》	《公司法司法解释（五）》	法释〔2020〕18号
《最高人民法院关于适用〈中华人民共和国民事诉讼法〉的解释》	《民诉法司法解释》	法释〔2022〕11号
《全国法院民商事审判工作会议纪要》	《九民会议纪要》	法〔2019〕254号
《最高人民法院关于适用〈中华人民共和国民法典〉时间效力的若干规定》	《民法典时间效力规定》	法释〔2020〕15号
《最高人民法院关于适用〈中华人民共和国民法典〉合同编通则若干问题的解释》	《合同编通则司法解释》	法释〔2023〕13号

续表

全　称	简　称	发文字号
《最高人民法院关于审理买卖合同纠纷案件适用法律问题的解释》	《买卖合同司法解释》	法释〔2020〕17号
《民事案件案由规定》	《案由规定》	法〔2020〕347号
《最高人民法院关于民事执行中变更、追加当事人若干问题的规定》	《民事执行规定》	法释〔2020〕21号
《最高人民法院关于适用〈中华人民共和国企业破产法〉若干问题的规定（一）》	《企业破产法司法解释（一）》	法释〔2011〕22号
《最高人民法院关于适用〈中华人民共和国公司法〉时间效力的若干规定》	《公司法时间效力解释》	法释〔2024〕7号

目录
Contents

第一章 股东资格确认纠纷　　001
第一节 概述　　001
一、概念界定　　001
二、诉讼主体　　001
三、管辖　　002
第二节 新旧《公司法》相关规范对照　　003
一、相关规范梳理　　003
二、新旧《公司法》比较　　009
第三节 涉隐名股东显名化的股东资格确认　　014
一、查明事实　　014
二、法律适用　　015
三、常见问题　　017
第四节 涉出资争议的股东资格确认　　025
一、查明事实　　025
二、法律适用　　025
三、常见问题　　026
第五节 涉股权转让的股东资格确认　　028
一、查明事实　　028
二、法律适用　　029
三、常见问题　　032
第六节 涉股权继承的股东资格确认　　034
一、查明事实　　034

二、法律适用　　034
　　三、常见问题　　034

　第七节　涉冒名登记的股东资格确认　　038
　　一、查明事实　　038
　　二、法律适用　　038
　　三、常见问题　　038

第二章　请求变更公司登记纠纷　　042

　第一节　概述　　042
　　一、概念界定　　042
　　二、诉讼主体　　042
　　三、管辖　　043
　　四、审理范围　　044

　第二节　新旧《公司法》相关规范对照　　047
　　一、相关规范梳理　　047
　　二、新旧《公司法》比较　　049

　第三节　股权受让人请求变更公司登记　　051
　　一、查明事实　　051
　　二、法律适用　　051
　　三、常见问题　　055

　第四节　公司原股东要求恢复登记　　058
　　一、查明事实　　058
　　二、法律适用　　058
　　三、常见问题　　062

　第五节　冒名股东/隐名股东/名义股东请求变更登记　　063
　　一、查明事实　　063
　　二、法律适用　　063
　　三、常见问题　　064

　第六节　请求变更法定代表人登记　　067
　　一、查明事实　　067
　　二、法律适用　　067

三、常见问题　　069
　第七节　请求涤除法定代表人登记　　070
　　一、查明事实　　070
　　二、法律适用　　070
　　三、常见问题　　073

第三章　股东出资纠纷　　081
　第一节　概述　　081
　　一、概念界定　　081
　　二、诉讼主体　　082
　　三、管辖　　082
　　四、类型化纠纷　　082
　第二节　新旧《公司法》相关规范对照　　084
　　一、相关规范梳理　　084
　　二、新旧《公司法》比较　　089
　第三节　股东出资方式纠纷　　100
　　一、查明事实　　100
　　二、法律适用　　100
　　三、常见问题　　101
　第四节　类型化纠纷中瑕疵出资股东责任　　106
　　一、查明事实　　106
　　二、法律适用　　107
　　三、常见问题　　108
　第五节　其他出资纠纷问题　　116
　　一、查明事实　　116
　　二、法律适用　　116
　　三、常见问题　　117

第四章　股东知情权纠纷　　128
　第一节　概述　　128
　　一、概念界定　　128

二、诉讼主体　　128
　　三、管辖　　129
第二节　新旧《公司法》相关规范对照　　130
　　一、相关规范梳理　　130
　　二、新旧《公司法》比较　　133
第三节　原告主体资格的认定　　136
　　一、查明事实　　136
　　二、法律适用　　136
　　三、常见问题　　140
第四节　被告主体资格认定　　145
　　一、查明事实　　145
　　二、法律适用　　145
　　三、常见问题　　146
第五节　股东知情权的范围　　147
　　一、查明事实　　147
　　二、法律适用　　147
　　三、常见问题　　148
第六节　股东知情权行使程序　　159
　　一、查明事实　　159
　　二、法律适用　　159
　　三、常见问题　　160
第七节　其他问题　　162
　　一、查阅会计账簿正当目的判定　　162
　　二、股东获取公司信息具体方式　　167
　　三、股东知情权是否存在诉讼时效　　170
　　四、抗辩材料已经灭失的处理　　170
　　五、裁判主文的表述　　172
　　六、能否重复进行查阅　　172

第五章　请求公司收购股份纠纷　　173
第一节　概述　　173

- 一、概念界定　173
- 二、特征　173
- 三、诉讼主体　173
- 四、管辖　174

第二节　新旧《公司法》相关规范对照　174
- 一、有限责任公司异议股东请求收购股权规定　174
- 二、股份有限公司主动回购公司股份的情形　177
- 三、股份有限公司异议股东请求回购股权的规定　179

第三节　起诉前置程序　180
- 一、法律适用　180
- 二、60日的性质和意义　181
- 三、90日的性质和意义　182

第四节　原告主体资格的认定　186
- 一、法律适用　186
- 二、常见问题　189

第五节　回购条件审查　190
- 一、法律适用　190
- 二、常见问题　192

第六节　回购价格　197
- 一、回购价格的确定原则　197
- 二、法律适用　197
- 三、常见问题　199

第七节　其他问题　207
- 一、法律适用　207
- 二、常见问题　209

第六章　股权转让纠纷　212

第一节　概述　212
- 一、概念界定　212
- 二、诉讼类型　212
- 三、诉讼主体　213

四、管辖 214

第二节　新旧《公司法》相关规范对照 215
　　一、相关规范梳理 215
　　二、新旧《公司法》比较 221

第三节　股权转让合同的效力认定 226
　　一、查明事实 226
　　二、法律适用 226
　　三、常见问题 228

第四节　股权转让合同违约救济 238
　　一、查明事实 238
　　二、法律适用 238
　　三、常见问题 241

第五节　股东优先购买权法律纠纷 248
　　一、查明事实 248
　　二、法律适用 248
　　三、常见问题 250

第七章　公司决议纠纷 254

第一节　概述 254
　　一、概念界定 254
　　二、诉讼主体 255
　　三、管辖 256
　　四、审理范围 257

第二节　新旧《公司法》相关规范对照 258
　　一、相关规范梳理 258
　　二、新旧《公司法》比较 260

第三节　实体瑕疵的效力认定 263
　　一、查明事实 263
　　二、法律规定 263
　　三、常见问题 269

第四节　程序瑕疵的效力认定 275

一、查明事实 275
　　二、法律适用 276
　　三、常见程序瑕疵的效力认定 282
第五节　类型化公司决议纠纷中的个性问题 285
　　一、决议不成立的常见问题 285
　　二、决议无效的常见问题 285
　　三、决议可撤销的常见问题 287
第六节　共性问题 293
　　一、决议效力问题的区分 293
　　二、诉讼请求与理由错位的处理 293
　　三、公司决议的外部效力 294
　　四、善意的认定 294

第八章　公司证照返还纠纷 296
第一节　概述 296
　　一、概念界定 296
　　二、纠纷成因 297
　　三、管辖 299
第二节　新旧《公司法》相关规范对照 300
　　一、相关规范梳理 300
　　二、新旧《公司法》比较 302
第三节　原告主体资格的认定 304
　　一、查明事实 304
　　二、法律适用 304
　　三、常见问题 305
第四节　公司证照保管义务人的确定 313
　　一、查明事实 313
　　二、法律适用 313
　　三、常见问题 314

第九章　公司盈余分配纠纷　321

第一节　概述　321
一、概念界定　321
二、诉讼主体　322
三、管辖　322
四、诉讼时效　323

第二节　新旧《公司法》相关规范对照　324
一、相关规范梳理　324
二、新旧《公司法》比较　329

第三节　原告主体资格的认定　330
一、查明事实　330
二、法律适用　330
三、常见问题　332

第四节　利润分配的前提条件及法定程序　338
一、查明事实　338
二、法律适用　338
三、常见问题　341

第五节　利润分配数额及期限　348
一、查明事实　348
二、法律适用　348
三、常见问题　349

第十章　损害股东利益责任纠纷　352

第一节　概述　352
一、概念界定　352
二、法律适用　353
三、案件特点　353
四、常见问题　354

第二节　管辖　358
一、查明事实　359
二、法律适用　359

三、常见问题解答 359

第三节　诉讼主体 360
　　一、适格原告的认定 360
　　二、适格被告 361

第四节　构成要件 362
　　一、侵权行为 362
　　二、损失 363
　　三、因果关系 363
　　四、存在过错 366

第五节　其他问题 366
　　一、损害股东利益责任纠纷与损害公司利益责任纠纷辨析 366
　　二、股东权益受损类型化案由 367

第十一章　损害公司利益责任纠纷 369

第一节　概述 369
　　一、概念界定 369
　　二、纠纷类型 369
　　三、管辖 370

第二节　新旧《公司法》相关规范对照 371
　　一、相关规范梳理 371
　　二、新旧《公司法》比较 377

第三节　原告主体的确定 379
　　一、查明事实 380
　　二、法律适用 380
　　三、常见问题 383

第四节　被告主体的确定 389
　　一、查明事实 389
　　二、法律适用 389
　　三、常见问题 392

第五节　股东滥用股东权利损害公司利益责任纠纷 393
　　一、查明事实 393

二、法律适用 393
　　三、常见问题 394
第六节　董事、监事、高级管理人员赔偿责任 394
　　一、查明事实 395
　　二、法律适用 395
　　三、常见问题 397
第七节　其他问题 409
　　一、股东代表诉讼中的反诉与抗辩 409
　　二、股东代表诉讼的必要性考量 409
　　三、股东代表诉讼的调解与撤诉 409

第十二章　股东损害公司债权人利益责任纠纷 411
第一节　概述 411
　　一、概念界定 411
　　二、诉讼主体 411
　　三、管辖 412
　　四、常见问题 413
第二节　新旧《公司法》相关规范对照 415
　　一、相关规范梳理 415
　　二、新旧《公司法》比较 417
第三节　标的债权适格性 418
　　一、查明事实 418
　　二、法律适用 418
　　三、常见问题 419
第四节　人格混同 422
　　一、查明事实 422
　　二、法律适用 422
　　三、常见问题 422
第五节　过度支配与控制 424
　　一、查明事实 424
　　二、法律适用 424

三、常见问题　　424

第六节　资本显著不足　　425
　　一、查明事实　　425
　　二、法律适用　　425
　　三、常见问题　　425

第七节　违规减少注册资本　　426
　　一、查明事实　　426
　　二、法律适用　　426
　　三、常见问题　　428

第八节　一人公司的特殊规定　　433
　　一、查明事实　　433
　　二、法律适用　　433
　　三、常见问题　　433

第九节　其他共性问题　　439
　　一、债权人能否向债务人公司股东主张迟延履行金　　439
　　二、可否向债务人公司股东主张实现债权费用　　439

第十三章　公司解散纠纷　　441

第一节　概述　　441
　　一、概念界定　　441
　　二、法律适用　　442
　　三、常见问题　　443
　　四、管辖　　446

第二节　新旧《公司法》相关规范对照　　447
　　一、相关规范梳理　　447
　　二、新旧《公司法》比较　　449

第三节　诉讼主体的认定　　452
　　一、查明事实　　452
　　二、法律适用　　452
　　三、常见问题　　453

第四节　当事人诉讼请求的审查　　456

一、查明事实 … 456
　　二、法律适用 … 457
　　三、常见问题 … 458
　第五节　司法解散公司的条件 … 459
　　一、查明事实 … 459
　　二、法律适用 … 459
　　三、常见问题 … 460

第十四章　清算义务人责任 … 469
　第一节　概述 … 469
　　一、概念界定 … 469
　　二、诉讼主体 … 470
　　三、管辖 … 470
　第二节　新旧《公司法》相关规范对照 … 471
　　一、相关规范梳理 … 471
　　二、变化原因 … 472
　　三、新《公司法》第232条溯及力 … 472
　第三节　责任构成要件 … 473
　　一、构成要件概述 … 473
　　二、查明事实 … 473
　　三、法律适用 … 474
　　四、构成要件分析 … 475
　第四节　其他问题 … 484
　　一、职业债权人提起诉讼之考量 … 484
　　二、《公司法司法解释（二）》第18条第1款和第2款有何区别 … 484

附录　最高人民法院关于适用《中华人民共和国公司法》时间效力的若干规定 … 486

后　记 … 489

第一章　股东资格确认纠纷[*]

股东资格确认纠纷的出现原因多种多样,涉及公司管理、交易活动、法律合规等多个方面,故在实践中多需要由法院审理,以维护公司治理的稳定和股东权益的合法性。股东资格的确认关系到股东在公司中的权利和地位,直接影响着公司的经营和发展。但在股东资格确认纠纷的司法实践中,就管辖法律适用、原被告主体资格、涉出资争议的股东资格确认、隐名股东显名化、被冒名为股东等问题争议不断。

第一节　概　　述

一、概念界定

股东资格确认纠纷是指股东与股东之间或者股东与公司之间就股东资格是否存在,或者因具体的股权持有数额、比例发生争议而引起的纠纷。股东资格确认之诉,可因代持、冒名、继承、让与担保等情形产生。

二、诉讼主体

在股东资格确认法律关系中,权利主体系认为自己具有或不具有股东资格的自然人或法人,义务主体为公司,与案件争议股权有利害关系的人作为第三人。

---

[*] 在司法实践中,股份有限公司股东资格确认纠纷样本数量较少,且股份公司相关制度因上市公司、非上市公众公司、普通股份公司性质分类而有较大区别,类型化案件特征不显著,故本章主要以有限责任公司股东资格确认争议为讨论范围。

三、管辖

(一)查明事实

1.查明公司的主要办事机构所在地;2.如主要办事机构所在地不能确认,则查明公司注册登记地,并据此确定管辖。

(二)法律适用

《民事诉讼法》第27条规定:因公司设立、确认股东资格、分配利润、解散等纠纷提起的诉讼,由公司住所地人民法院管辖。

《民诉法司法解释》第3条规定:公民的住所地是指公民的户籍所在地,法人或者其他组织的住所地是指法人或者其他组织的主要办事机构所在地。

法人或者其他组织的主要办事机构所在地不能确定的,法人或者其他组织的注册地或者登记地为住所地。

(三)法律条款援引

股东资格确认纠纷的诉讼,由公司住所地人民法院管辖。该选择排除了一般地域管辖原则的适用,系因考虑到在处理这类案件时,法院通常需要审阅公司注册资料、董事会和股东会的决议等文件,因此,选择公司住所地所在的法院作为管辖法院,更有助于迅速查清案件事实,减少司法资源的消耗,并提升诉讼的效率。

在司法实践中,关于公司住所地的认定是相关适用的重点。依据《民法典》第63条的规定,法人以其主要办事机构所在地为住所。依据旧《公司法》第10条(新《公司法》第8条)的规定,公司以其主要办事机构所在地为住所。依据《公司法司法解释(二)》第24条的规定,公司住所地是指公司主要办事机构所在地。公司办事机构所在地不明确的,由其注册地人民法院管辖。因此,公司的主要办事机构所在地为其住所地,办事机构所在地不明确的,则以其注册地为住所地。具体而言,办事机构所在地,指执行公司业务活动、决定和处理组织事务的机构所在地。主要办事机构所在地,指统率公司业务的机构所在地。当公司只设一个办事机构时,该办事机构所在地即为公司住所地;当公司设有多个办事机构时,则以其主要办事机构所在地为公司住所地,如总公司所在地、总行所在地等。

第二节　新旧《公司法》相关规范对照

一、相关规范梳理

(一)旧《公司法》相关规定

1.隐名股东显名化规定

旧《公司法》第6条第3款:公众可以向公司登记机关申请查询公司登记事项,公司登记机关应当提供查询服务。

旧《公司法》第25条:有限责任公司章程应当载明下列事项:

(一)公司名称和住所;

(二)公司经营范围;

(三)公司注册资本;

(四)股东的姓名或者名称;

(五)股东的出资方式、出资额和出资时间;

(六)公司的机构及其产生办法、职权、议事规则;

(七)公司法定代表人;

(八)股东会会议认为需要规定的其他事项。

股东应当在公司章程上签名、盖章。

旧《公司法》第31条:有限责任公司成立后,应当向股东签发出资证明书。出资证明书应当载明下列事项:

(一)公司名称;

(二)公司成立日期;

(三)公司注册资本;

(四)股东的姓名或者名称、缴纳的出资额和出资日期;

(五)出资证明书的编号和核发日期。

出资证明书由公司盖章。

旧《公司法》第32条:有限责任公司应当置备股东名册,记载下列事项:

(一)股东的姓名或者名称及住所;

（二）股东的出资额；

（三）出资证明书编号。

记载于股东名册的股东，可以依股东名册主张行使股东权利。

公司应当将股东的姓名或者名称向公司登记机关登记；登记事项发生变更的，应当办理变更登记。未经登记或者变更登记的，不得对抗第三人。

2. 涉出资争议的股东资格确认相关规定

旧《公司法》第28条：股东应当按期足额缴纳公司章程中规定的各自所认缴的出资额。股东以货币出资的，应当将货币出资足额存入有限责任公司在银行开设的账户；以非货币财产出资的，应当依法办理其财产权的转移手续。

股东不按照前款规定缴纳出资的，除应当向公司足额缴纳外，还应当向已按期足额缴纳出资的股东承担违约责任。

3. 涉股权转让争议的股东资格确认相关规定

旧《公司法》第71条：有限责任公司的股东之间可以相互转让其全部或者部分股权。

股东向股东以外的人转让股权，应当经其他股东过半数同意。股东应就其股权转让事项书面通知其他股东征求同意，其他股东自接到书面通知之日起满三十日未答复的，视为同意转让。其他股东半数以上不同意转让的，不同意的股东应当购买该转让的股权；不购买的，视为同意转让。

经股东同意转让的股权，在同等条件下，其他股东有优先购买权。两个以上股东主张行使优先购买权的，协商确定各自的购买比例；协商不成的，按照转让时各自的出资比例行使优先购买权。

公司章程对股权转让另有规定的，从其规定。

旧《公司法》第72条：人民法院依照法律规定的强制执行程序转让股东的股权时，应当通知公司及全体股东，其他股东在同等条件下有优先购买权。其他股东自人民法院通知之日起满二十日不行使优先购买权的，视为放弃优先购买权。

4. 涉股权回购争议的股东资格确认相关规定

旧《公司法》第74条：有下列情形之一的，对股东会该项决议投反对票的股东可以请求公司按照合理的价格收购其股权：

（一）公司连续五年不向股东分配利润，而公司该五年连续盈利，并且符合本法规定的分配利润条件的；

（二）公司合并、分立、转让主要财产的；

（三）公司章程规定的营业期限届满或者章程规定的其他解散事由出现，股东会会议通过决议修改章程使公司存续的。

自股东会会议决议通过之日起六十日内，股东与公司不能达成股权收购协议的，股东可以自股东会会议决议通过之日起九十日内向人民法院提起诉讼。

5.涉股权继承争议的股东资格确认相关规定

旧《公司法》第75条：自然人股东死亡后，其合法继承人可以继承股东资格；但是，公司章程另有规定的除外。

6.涉股东催缴失权的股东资格确认相关规定

旧《公司法》无相关规定。

（二）新《公司法》相关规定

1.隐名股东显名化规定

新《公司法》第32条：公司登记事项包括：

（一）名称；

（二）住所；

（三）注册资本；

（四）经营范围；

（五）法定代表人的姓名；

（六）有限责任公司股东、股份有限公司发起人的姓名或者名称。

公司登记机关应当将前款规定的公司登记事项通过国家企业信用信息公示系统向社会公示。

新《公司法》第40条：公司应当按照规定通过国家企业信用信息公示系统公示下列事项：

（一）有限责任公司股东认缴和实缴的出资额、出资方式和出资日期，股份有限公司发起人认购的股份数；

（二）有限责任公司股东、股份有限公司发起人的股权、股份变更信息；

（三）行政许可取得、变更、注销等信息；

（四）法律、行政法规规定的其他信息。

公司应当确保前款公示信息真实、准确、完整。

新《公司法》第 46 条:有限责任公司章程应当载明下列事项:

(一)公司名称和住所;

(二)公司经营范围;

(三)公司注册资本;

(四)股东的姓名或者名称;

(五)股东的出资额、出资方式和出资日期;

(六)公司的机构及其产生办法、职权、议事规则;

(七)公司法定代表人的产生、变更办法;

(八)股东会认为需要规定的其他事项。

股东应当在公司章程上签名或者盖章。

新《公司法》第 55 条:有限责任公司成立后,应当向股东签发出资证明书,记载下列事项:

(一)公司名称;

(二)公司成立日期;

(三)公司注册资本;

(四)股东的姓名或者名称、认缴和实缴的出资额、出资方式和出资日期;

(五)出资证明书的编号和核发日期。

出资证明书由法定代表人签名,并由公司盖章。

新《公司法》第 56 条:有限责任公司应当置备股东名册,记载下列事项:

(一)股东的姓名或者名称及住所;

(二)股东认缴和实缴的出资额、出资方式和出资日期;

(三)出资证明书编号;

(四)取得和丧失股东资格的日期。

记载于股东名册的股东,可以依股东名册主张行使股东权利。

2. 涉出资争议的股东资格确认相关规定

新《公司法》第 49 条:股东应当按期足额缴纳公司章程规定的各自所认缴的出资额。

股东以货币出资的,应当将货币出资足额存入有限责任公司在银行开设的账户;以非货币财产出资的,应当依法办理其财产权的转移手续。

股东未按期足额缴纳出资的,除应当向公司足额缴纳外,还应当对给公司造成的损失承担赔偿责任。

新《公司法》第88条:股东转让已认缴出资但未届出资期限的股权的,由受让人承担缴纳该出资的义务;受让人未按期足额缴纳出资的,转让人对受让人未按期缴纳的出资承担补充责任。

未按照公司章程规定的出资日期缴纳出资或者作为出资的非货币财产的实际价额显著低于所认缴的出资额的股东转让股权的,转让人与受让人在出资不足的范围内承担连带责任;受让人不知道且不应当知道存在上述情形的,由转让人承担责任。

3. 涉股权转让争议的股东资格确认相关规定

新《公司法》第84条:有限责任公司的股东之间可以相互转让其全部或者部分股权。

股东向股东以外的人转让股权的,应当将股权转让的数量、价格、支付方式和期限等事项书面通知其他股东,其他股东在同等条件下有优先购买权。股东自接到书面通知之日起三十日内未答复的,视为放弃优先购买权。两个以上股东行使优先购买权的,协商确定各自的购买比例;协商不成的,按照转让时各自的出资比例行使优先购买权。

公司章程对股权转让另有规定的,从其规定。

新《公司法》第85条:人民法院依照法律规定的强制执行程序转让股东的股权时,应当通知公司及全体股东,其他股东在同等条件下有优先购买权。其他股东自人民法院通知之日起满二十日不行使优先购买权的,视为放弃优先购买权。

4. 涉出资争议的股东资格确认相关规定

新《公司法》第89条:有下列情形之一的,对股东会该项决议投反对票的股东可以请求公司按照合理的价格收购其股权:

(一)公司连续五年不向股东分配利润,而公司该五年连续盈利,并且符合本法规定的分配利润条件;

(二)公司合并、分立、转让主要财产;

(三)公司章程规定的营业期限届满或者章程规定的其他解散事由出现,股东会通过决议修改章程使公司存续。

自股东会决议作出之日起六十日内,股东与公司不能达成股权收购协议的,股东可以自股东会决议作出之日起九十日内向人民法院提起诉讼。

公司的控股股东滥用股东权利,严重损害公司或者其他股东利益的,其他股东有权请求公司按照合理的价格收购其股权。

公司因本条第一款、第三款规定的情形收购的本公司股权,应当在六个月内依法转让或者注销。

5. 涉股权继承争议的股东资格确认相关规定

新《公司法》第90条:自然人股东死亡后,其合法继承人可以继承股东资格;但是,公司章程另有规定的除外。

6. 股东催缴失权的相关规定

新《公司法》第52条:股东未按照公司章程规定的出资日期缴纳出资,公司依照前条第一款规定发出书面催缴书催缴出资的,可以载明缴纳出资的宽限期;宽限期自公司发出催缴书之日起,不得少于六十日。宽限期届满,股东仍未履行出资义务的,公司经董事会决议可以向该股东发出失权通知,通知应当以书面形式发出。自通知发出之日起,该股东丧失其未缴纳出资的股权。

依照前款规定丧失的股权应当依法转让,或者相应减少注册资本并注销该股权;六个月内未转让或者注销的,由公司其他股东按照其出资比例足额缴纳相应出资。

股东对失权有异议的,应当自接到失权通知之日起三十日内,向人民法院提起诉讼。

(三)《公司法司法解释(三)》相关规定[①]

为了满足司法实践的迫切需要,最高人民法院于2020年12月29日通过的《公司法司法解释(三)》,涉及股东资格确认多个条款。鉴于上述条款在司法实践中的重要性,故在本节中一并列明,具体规定包括:

《公司法司法解释(三)》第17条:有限责任公司的股东未履行出资义务或者抽逃全部出资,经公司催告缴纳或者返还,其在合理期间内仍未缴纳或者返还出资,公司以股东会决议解除该股东的股东资格,该股东请求确认该解除行为无效的,人民法院不予支持。

[①] 随着新《公司法》实施,原公司法配套司法解释(一)至(五)将被废止,但因溯及力及新法时间效力适用问题,原公司法司法解释规定仍有重要研究意义。

在前款规定的情形下,人民法院在判决时应当释明,公司应当及时办理法定减资程序或者由其他股东或者第三人缴纳相应的出资。在办理法定减资程序或者其他股东或者第三人缴纳相应的出资之前,公司债权人依照本规定第十三条或者第十四条请求相关当事人承担相应责任的,人民法院应予支持。

《公司法司法解释(三)》第20条:当事人之间对是否已履行出资义务发生争议,原告提供对股东履行出资义务产生合理怀疑证据的,被告股东应当就其已履行出资义务承担举证责任。

《公司法司法解释(三)》第21条:当事人向人民法院起诉请求确认其股东资格的,应当以公司为被告,与案件争议股权有利害关系的人作为第三人参加诉讼。

二、新旧《公司法》比较

(一)新旧《公司法》条文横向比较[①]

1.旧《公司法》条文横向比较

旧《公司法》在股东身份确认程序和标准方面的条文表述体现以下特征:(1)程序的明确化。旧《公司法》明确了股东身份确认的程序和要求,包括了持股证明、股东名册等具体的认定材料,从而为公司和法院在确认股东身份上提供了更为明确的指引。(2)标准的强化。旧《公司法》强化了公司管理层对股东身份确认的责任和义务,要求公司管理层应当对股东身份进行更为严格的审核和确认,确保股东身份的真实性和合法性。(3)责任的加重。旧《公司法》加重了公司管理层对股东身份确认的责任,明确规定了公司管理层在股东身份确认中的法律责任,如违反规定造成损失的,公司管理层应当承担相应的民事责任。(4)制度的健全化。旧《公司法》在股东身份确认程序和标准方面进一步健全了相关制度,包括建立对股东身份确认过程的监督和管理机制,提高了公司治理的效率和透明度。可以认为,旧《公司法》在修正时已意识到加强对股东身份的确认和管理,以提高公司治理的效率和透明度,维护股东权益,维护市场秩序的稳定。

---

① 横向比较主要是指同一时间颁布的同一部《公司法》中有限公司与股份有限公司相关规则比较。

2.新《公司法》条文横向比较

新《公司法》在股东身份确认程序和标准方面的条文表述体现以下特征：（1）程序规定的细化。新《公司法》进一步细化了股东身份确认的程序规定，更加明确了股东身份确认所需的文件和材料，以及确认程序的具体步骤。（2）标准的进一步强化。新《公司法》对股东身份确认的标准进行了进一步强化，要求公司应当采取更加严格的标准和措施来确认股东的身份，确保股东身份的真实性和合法性。（3）责任的明确化。新《公司法》明确规定了公司管理层在股东身份确认中的责任和义务，要求公司管理层应当对股东身份进行严格审核和确认，并承担相应的法律责任。（4）技术手段的推广。新《公司法》鼓励公司采用先进的技术手段来确认股东的身份，如电子签名、区块链等技术，以提高股东身份确认的准确性和效率。（5）监管机制的强化。新《公司法》强调了对股东身份确认过程的监管和管理，加强了相关监管机构对股东身份确认程序的监督和检查，确保程序的合法性和规范性。

（二）新旧《公司法》条文纵向比较①

1.隐名股东显名化纵向比较

旧《公司法》没有规定公司登记事项的内涵，仅在第6条第3款规定公司登记机关应根据公众申请提供查询服务。新《公司法》在第32条第1款首次在法律层面就公司登记事项予以系统规定并明确为具体的六项事项；在第32条第2款将旧《公司法》第6条第3款规定内容修改为公司登记机关负有主动公示公司登记事项的义务，首次在法律层面设立公司登记事项公示制度。究其原因，公司的名称、住所、注册资本、经营范围、法定代表人姓名、有限责任公司股东、股份有限公司发起人的姓名或者名称这些核心信息属于其他市场主体及时了解该公司并据此作出相应商事决策的必要信息，故在法律而非行政法规及其实施细则层面将上述信息纳入公司登记及公示信息的范围，对于整体交易安全的保护和交易秩序的维护具有重要意义。此外，国家企业信用信息公示系统的健全和完善为上述公司登记事项的公示制度提供技术支持。

旧《公司法》未规定公司的公示义务，新《公司法》在吸收《企业信息公示暂行条例》相关规定的基础上，设立了公司信息公示制度，在第40条第1款规定

---

① 纵向比较主要是指不同时间颁布的不同《公司法》中相关规则比较。

了公司应通过国家企业信用信息公示系统公示的具体事项,其中包括非法定登记事项;第40条第2款规定了公司在信息公示中的主体责任。究其原因,系为强化对公司的信用约束,维护交易安全,提高交易效率。新《公司法》通过建立公司信息公示制度,赋予公司公示特定非登记事项的义务,以提高交易相对人作出正确商事决策的效率,促进公司诚信经营,优化营商环境。

新《公司法》在第46条的表述上,对旧《公司法》第25条规定的涉及股东出资的公司章程法定记载事项、公司章程任意记载事项、对股东签名或盖章的要求这三部分内容予以优化;在内涵上,将公司法定代表人的产生、变更办法新增为公司章程必须记载的法定事项。一方面,通过优化原条文的表述,使文义表示更加严谨精简,增强法律的适用性;另一方面,根据新《公司法》第10条第1款"公司的法定代表人按照公司章程的规定,由代表公司执行公司事务的董事或者经理担任"的规定,应将法定代表人的产生、变更办法纳入公司章程法定记载事项范围。

新《公司法》第55条除了对旧《公司法》第31条的表述和结构予以优化外,还要求将出资证明书必要记载事项之一的出资额区分为认缴和实缴两类进行记载,将股东的出资方式新增为出资证明书的必要记载事项,将法定代表人签名新增为出资证明书的生效要件。一方面,通过精简文义表述,达到避免结构冗余、增强法律的适用性的目的;另一方面,将出资证明书中的出资额区分为认缴和实缴两类进行记载,有利于公司及相关利害关系人了解公司资产情况,在股东违反出资义务时及时采取催缴等行动;在原有的加盖公司盖章这一生效要件外,新增法定代表人的签名作为出资证明书的另一生效要件,旨在通过法定代表人对该股东出资事项作出意思表示和公司表意双重确认的方式对出资证明书的效力予以规范和保证。

新《公司法》第56条在表述上,对旧《公司法》第32条规定的涉及股东出资的股东名册法定记载事项予以优化,将出资额分为认缴和实缴两类;在内涵上,将认缴和实缴的出资方式和出资日期、股东资格取得和丧失的日期新增为股东名册必须记载的法定事项,删除原条文中对股东姓名或名称登记的规定。一方面,通过优化原条文的表述,使文义表示更加严谨精简,增强法律的适用性;另一方面,根据新《公司法》第86条第2款的规定,股东名册具有确定股东身份的效力,股东名册是股权转移的生效要件,故股东名册记载的股东资格取得和丧失的日期对于认定股权归属尤为重要,且该记录能够直观反映公司股权结构的演变过程和历任股东在任时间,有利于公司及相关利害关系人及时识别公司的经营等状况并作出有效商事决策,促进交易安全和稳定,故应将该信息新增为股东名册必须记载的法定事项;根据新《公司法》第32条关于公司登记事项及其公示的规定、新《公司法》第34条关于公司登记事项变更登记和登记公示效力的规定,关于股东姓名或名称的登记及其效力问题已作为公司登记事项之一在上述条文中予以明确规定,基于节省立法条文、精简立法结构的考量,无须在新《公司法》第56条中单独予以规定,故删除旧《公司法》第32条中的相关条款。

2. 涉出资争议的纵向比较

新《公司法》第49条在对旧《公司法》第28条的表述予以优化和结构性调整之外,将原条文规定的除了有限责任公司股东因未按期足额缴纳出资而应向已按期足额缴纳出资的股东承担违约责任的法律后果修改为还应对因未按期足额缴纳出资而给公司造成的损失承担赔偿责任。一方面,为使文义表示更加严谨精简,形式结构更合理化,增强法律的适用性,新《公司法》对原条文的表述予以优化;另一方面,因《民法典》已对违约责任进行体系化的充分规定,而旧《公司法》中规定的股东违反出资义务而应向其他守约股东承担的责任性质即属违约责任,故作为组织法的新《公司法》无须再对此予以特别规定,同时考虑到股东是否实缴出资严重影响公司重大利益且在控股股东违反出资义务时中小股东恐难追究其出资违约责任,新《公司法》将该责任条款予以变更,强调违约出资股东对因违反出资义务而给公司造成的损失承担赔偿责任。

旧《公司法》未对未出资股权转让后对应出资义务的责任承担主体予以明确,新《公司法》在第88条第1款明确了未届出资期限的股权转让后,受让人在出资期限届满时应履行实缴出资义务,受让人未按期足额缴纳出资的,转让人对受让人未按期缴纳的出资承担补充责任;《公司法司法解释(三)》第18条对瑕疵出资的股权转让相关主体责任分配进行了规定,新《公司法》对该表述予以优化完善,在第88条第2款规定了已届出资期限但没有出资或出资不足的股权转让后的相关责任主体。究其原因,系为实现公司资本充实,防止股东利用出资期限和股权转让逃避出资义务,新《公司法》第88条规定股权在转让时尚未届至出资期限的,受让人是第一顺位的出资责任人,转让人就受让人不能承担的部分承担补充责任;股权在转让时出资期限已届满但转让人未完全履行或完全未履行实缴出资义务的,转让人与受让人在出资不足的范围内承担连带责任,受让人为善意的情况下,由转让人承担责任。

3. 涉股权转让争议的纵向比较

新《公司法》第84条删除旧《公司法》第71条中"经其他股东过半数同意"的要求;借鉴《公司法司法解释(四)》第18条关于有限公司股权转让"同等条件"的规定,明确规定股权转让股东对其他股东负有的书面通知义务项下的具体通知事项包括但不限于股权转让的数量、价格、支付方式和期限等因素,该处变化与既往司法实践中的观点一致,未作实质性变更。究其原因,系为更好体现商事活动中的意思自治原则,减少不必要程序对转股股东交易自由的过度限制,新《公司法》第84条对有限责任公司股东对外转让股权的程序规则予以简化,从旧《公司法》第71条规定的"其他股东过半数同意权+股东优先购买权"的双层保障模式变更为"其他股东优先购买权"的单层模式;为更好保障其他股东的优先购买权,亦为促进股权转让交易的规范和稳定,故在立法层面首次明确转让股东在对外转让股权时应向其他股东书面通知的具体事项。

关于法院在强制执行程序中转让股东股权时的股东优先购买权的行使程序,新《公司法》未作修改。

4. 涉股权回购争议的纵向比较

新《公司法》第89条在表述上,对旧《公司法》第74条第1款规定的内容予以优化;在内涵上,将原条文第2款的协商期限限制为"自股东会决议作出之日起六十日内",诉请期限限制为"自股东会决议作出之日起九十日内",新增的第3款规定了中小股东为摆脱控股股东滥用股权的压迫有权要求公司以合理价格回购其股权,新增的第4款规定了有限责任公司回购股权的处置方式,即在六个月内办理完成转让或注销程序。具体修改原因如下:为使文义表示更加严谨精简,增强法律的适用性,新《公司法》第89条对旧《公司法》第74条第1款规定的有限责任公司异议股东请求公司回购其股权的三种情形表述予以优化;为贯彻产权平等的政策要求,在控股股东滥用权利情形下实现对中小股东合法权益的保护,缓和控股股东与中小股东之间的冲突和矛盾,减少公司僵局甚至公司解散情形的出现,同时借鉴关于股东压制救济的国外司法实践,新《公司法》在原有规定的异议股东有权行使股权回购请求权的三种情形外,新增第四种情形,即受压迫的中小股东不仅有权请求因控股股东滥用权利而产生的相关损害赔偿救济外,还有权请求公司按照合理的价格回购其股权;旧《公司法》仅在第 142 条第 3 款规定了股份有限公司对回购股权应在六个月内完成转让或注销,而未对有限责任公司回购股份的处置方式予以规定,新《公司法》在第 89 条增加第 4 款对此予以同等条件的明确规定,有利于促进股份回购资本规制的统一,维护公司资本真实。

5. 涉股权继承争议的纵向比较

新《公司法》未作修正。

6. 股东催缴失权的纵向比较

新《公司法》在第 52 条中创设性地对有限责任公司催缴和股东失权予以制度设计,就催缴宽限期的期限和效力、股东失权的程序和救济进行了明确规定。究其原因,一方面,系基于合同解除理论,股东与公司存在以出资为标的物的双务合同关系,股东负有实缴出资的义务,公司负有接受股东出资的义务,如股东违反出资义务则不利于公司资本充实,影响公司重大利益,故应予公司有权在通过组织法形成解除与该违约股东之间的合同的意思表示之后并在符合合同解除的法定情形下解除该合同,使股东丧失其未实缴出资对应的股权;另一方面,考虑到有限责任公司突出的人合性和封闭性,为保护公司和债权人及其他守约股东的合法利益,需要在制度设计层面构建公司催缴及股东失权机制以督促股东履行实缴出资义务,保障公司资本充实。

第三节 涉隐名股东显名化的股东资格确认

一、查明事实

1. 是否有成立公司或成为公司股东的意思表示;2. 是否实际出资;3. 与名义股东之间是否存在合同或者其他表明关于股权问题的约定;4. 是否存在股东会决议等文件对隐名股东的股权问题进行过意思表示;5. 是否实际行使股东权利;6. 其他股东是否知晓或者认可隐名股东的身份。

二、法律适用

1.旧《公司法》第 25 条:有限责任公司章程应当载明下列事项:

(一)公司名称和住所;

(二)公司经营范围;

(三)公司注册资本;

(四)股东的姓名或者名称;

(五)股东的出资方式、出资额和出资时间;

(六)公司的机构及其产生办法、职权、议事规则;

(七)公司法定代表人;

(八)股东会会议认为需要规定的其他事项。

股东应当在公司章程上签名、盖章。

对应新《公司法》第 46 条:有限责任公司章程应当载明下列事项:

(一)公司名称和住所;

(二)公司经营范围;

(三)公司注册资本;

(四)股东的姓名或者名称;

(五)股东的出资额、出资方式和出资日期;

(六)公司的机构及其产生办法、职权、议事规则;

(七)公司法定代表人的产生、变更办法;

(八)股东会认为需要规定的其他事项。

股东应当在公司章程上签名或者盖章。

2.旧《公司法》第 31 条:有限责任公司成立后,应当向股东签发出资证明书。

出资证明书应当载明下列事项:

(一)公司名称;

(二)公司成立日期;

(三)公司注册资本;

(四)股东的姓名或者名称、缴纳的出资额和出资日期;

(五)出资证明书的编号和核发日期。

出资证明书由公司盖章。

对应新《公司法》第55条：有限责任公司成立后，应当向股东签发出资证明书，记载下列事项：

（一）公司名称；

（二）公司成立日期；

（三）公司注册资本；

（四）股东的姓名或者名称、认缴和实缴的出资额、出资方式和出资日期；

（五）出资证明书的编号和核发日期。

出资证明书由法定代表人签名，并由公司盖章。

3.旧《公司法》第32条：有限责任公司应当置备股东名册，记载下列事项：

（一）股东的姓名或者名称及住所；

（二）股东的出资额；

（三）出资证明书编号。

记载于股东名册的股东，可以依股东名册主张行使股东权利。

公司应当将股东的姓名或者名称向公司登记机关登记；登记事项发生变更的，应当办理变更登记。未经登记或者变更登记的，不得对抗第三人。

对应新《公司法》第56条：有限责任公司应当置备股东名册，记载下列事项：

（一）股东的姓名或者名称及住所；

（二）股东认缴和实缴的出资额、出资方式和出资日期；

（三）出资证明书编号；

（四）取得和丧失股东资格的日期。

记载于股东名册的股东，可以依股东名册主张行使股东权利。

4.《公司法司法解释（三）》第22条：当事人之间对股权归属发生争议，一方请求人民法院确认其享有股权的，应当证明以下事实之一：

（一）已经依法向公司出资或者认缴出资，且不违反法律法规强制性规定；

（二）已经受让或者以其他形式继受公司股权，且不违反法律法规强制性规定。

5.《公司法司法解释（三）》第24条：有限责任公司的实际出资人与名义出资人订立合同，约定由实际出资人出资并享有投资权益，以名义出资人为名义股东,实际出资人与名义股东对该合同效力发生争议的,如无法律规定的无效情形,人民法院应当认定该合同有效。

前款规定的实际出资人与名义股东因投资权益的归属发生争议,实际出资人以其实际履行了出资义务为由向名义股东主张权利的,人民法院应予支持。名义股东以公司股东名册记载、公司登记机关登记为由否认实际出资人权利的,人民法院不予支持。

实际出资人未经公司其他股东半数以上同意,请求公司变更股东、签发出资证明书、记载于股东名册、记载于公司章程并办理公司登记机关登记的,人民法院不予支持。

6.《公司法司法解释(三)》第26条:公司债权人以登记于公司登记机关的股东未履行出资义务为由,请求其对公司债务不能清偿的部分在未出资本息范围内承担补充赔偿责任,股东以其仅为名义股东而非实际出资人为由进行抗辩的,人民法院不予支持。

名义股东根据前款规定承担赔偿责任后,向实际出资人追偿的,人民法院应予支持。

7.《九民会议纪要》第28条:实际出资人能够提供证据证明有限责任公司过半数的其他股东知道其实际出资的事实,且对其实际行使股东权利未曾提出异议的,对实际出资人提出的登记为公司股东的请求,人民法院依法予以支持。公司以实际出资人的请求不符合公司法司法解释(三)第24条的规定为由抗辩的,人民法院不予支持。

三、常见问题

(一)实际出资人请求确认股东资格的处理

对待此问题时,应首先注意区分借名登记与隐名投资之间的异同。在借名登记关系中,具名股东在公司外部出具名义,在公司内部不参与公司决策,股东权利实际由借名股东行使,其他股东亦对此知情。而在狭义的隐名投资关系中,具名股东不但为对外的股权登记人,在公司内部亦以自己的名义行使股东权利,其他股东对于隐名投资并不知情。换言之,前者为对外隐名、对内显名,后者为对外隐名、对内亦隐名。此两种情况虽对有限责任公司外部而言并无区别,但对公司内部则涉及有限责任公司"人合性"问题,故应注意辨析。

实际出资人已经以股东身份直接享有并行使股东权利,其请求否定名义出资人股东资格,并确认自己股东资格的,如无违反法律、行政法规禁止性规定的情形,人民法院应予支持。

对于未签订书面代持协议的情况下的处理原则,仍应以《公司法司法解释(三)》第 22 条、第 24 条第 2 款作为裁判依据,重点考察当事人是否实际履行了出资义务。同时也应注意,在不违反法律法规、强制性规定的前提下,确认隐名股东的股东资格尚需符合一定条件。一方面,没有出资即丧失要求显名的基础,同时该出资应以设立公司或继受成为公司股东为目的。如出资只是基于借贷关系,则出资人不能要求成为公司的股东,当然也不能被确认为公司的股东。另一方面,须注重有限责任公司"人合性"方面的考察,有限责任公司兼具"资合性"与"人合性"双重属性,股东之间成立公司除基于资本外,另在一定程度上是基于彼此之间的人合关系。如未得到其他股东半数以上同意,则隐名股东就不能被显名,进而亦不能被确认为公司股东。

典型案例　费某诉某城市公司、某城建公司股东资格确认纠纷案[①]

【裁判要旨】

实际出资人实际出资并实际行使股东权利的,股权代持协议对股权转让的约定不作为实际出资人取得股权的前提条件,实际出资人有权请求公司变更股东、签发出资证明书、记载于股东名册、记载于公司章程并办理公司登记。法院应从是否有成立公司或成为公司股东的意思表示、是否实际出资、与名义股东之间是否存在合同或者其他表明关于股权问题的约定、是否实际行使股东权利等方面予以审查,据此认定权利人是否符合显名条件。

【案情简介】

2018 年 3 月 20 日,费某(乙方)与某城建公司(甲方)签订《合作协议》,约定由乙方出资,以甲方名义设立一家甲方下属的全资子公司(以下简称合作公司),该公司实际股权及所有权归属于乙方。双方确认,双方间实际的法律关

---

① 参见北京市第二中级人民法院(2021)京 02 民终 1466 号民事判决书。

系为股权代持的关系,合作公司由甲方作为显名股东,代乙方持有合作公司的全部股权。合作公司的注册资本及实际经营所需资金全部由乙方出资和承担,甲方不做任何投入。同时合作公司由乙方实际控制和经营,甲方不参与任何的经营决策和经营管理活动,亦不承担任何的经营管理风险和经营亏损。合作公司每年应将其经营净收益(利润)的20%上缴甲方,除此以外,合作公司的其他任何经营性、资产性收益全部归乙方所有。合作公司名称为某城市公司,法定代表人为乙方。双方合作期限(亦为股权代持的期限)为5年,自2018年3月1日开始计算,出现一定的情形,双方的合作提前终止。双方应在协议终止之日起30日内书面指派专人对合作公司经营状况、违约赔偿等进行核算、确认及支付;不直接参与核算、确认的,可委托当地国资委认可的资产评估、审计机构进行。合作终止甲方(国资)退出时应采用股权挂牌转让的方式退出,乙方应通过公开方式受让甲方转让的国有股权,挂牌条件由双方具体磋商。甲方予以配合,尽可能使乙方能够受让合作公司的股权。如合作公司的股权被第三人所购买,则第三人所支付的款项,应支付至乙方指定的账户。后费某实际出资100万元并一直实际控制和经营某城市公司,直至另案生效判决确认某城建公司与费某的合作关系于2019年2月16日终止。之后,费某诉至法院,请求法院直接确认其为某城市公司股东,要求某城市公司向其签发出资证明书、将其名字登记于股东名册与公司章程,向公司登记机关为其办理股东身份登记,并诉请某城建公司协助办理上述事项。

某城建公司辩称,费某应向某城建公司先行支付《合作协议》项下利润300万元后,再行转让案涉股权。

某城市公司述称,同意费某的诉讼请求。

【裁判结果】

一审法院认为,鉴于另案生效判决已经确认某城建公司与费某之间的合作关系已于2019年2月16日终止,《合作协议》终止后,双方应该按照协议中约定的处理方式解决双方之间的纠纷,即在代持关系终止后,双方应该通过股权挂牌转让的方式解决纠纷,其结果有可能出现费某通过挂牌转让取得股东资格,亦有可能出现该股权被第三人所购买,费某获得转让款的情况。现费某起诉请求的前提是费某能够直接成为某城市公司的股东,但根据双方合作协议约定,费某不能直接成为某城市公司的股东,因此费某的诉讼请求,一审法院不予支持。

费某不服一审判决,提出上诉。二审法院认为,首先,费某与某城建公司签订的《合作协议》约定,由费某出资,以某城建公司的名义设立一家法人独资公司,即某城市公司,该公司的股权及所有权归费某,双方间实际的法律关系为股权代持关系。其次,双方按照《合作协议》的约定设立了某城市公司,费某实际出资100万元且一直实际控制和经营某城市公司,某城建公司未实际出资,亦未实际参与某城市公司经营。再次,某城建公司对某城市公司的股权实际归费某,并无异议。最后,某城市公司工商登记的股东只有某城建公司,持股比例为100%,将费某变更为该公司股东时,并不涉及其他股东同意的问题。基于以上情形,根据上述法律规定,法院确认费某为某城市公司的股东,持股比例为100%,享有股东权利同时承担相应义务,某城市公司应当向费某签发出资证明书、将费某的名字记载于股东名册与公司章程、向公司登记机关为费某办理股东身份登记,某城建公司应当协助费某办理上述变更事项。

【案例评析】

本案系典型的涉隐名股东显名化的股东资格确认纠纷。法院从是否有成立公司或成为公司股东的意思表示、是否实际出资、与名义股东之间是否存在合同或者其他表明关于股权问题的约定、是否实际行使股东权利等方面予以审查,最终判决确认费某为某城市公司的股东并要求某城建公司协助其办理相关手续,使费某的股东权益得到有效确认和保障。

一方面,案涉《合作协议》是费某与某城建公司之间最初约定的法律框架,其内容清晰明确,有效规范了缔约双方的权利和义务。《合作协议》明确约定某城市公司的股权归属于费某,这表明费某有成为某城市公司股东的意思表示,同时确认了双方之间的股权代持关系。

另一方面,在签订《合作协议》的基础上,费某实际出资设立了某城市公司,并一直控制和经营该公司,实际行使股东权利,而某城建公司则未实际参与某城市公司的经营管理。

法院的生效判决充分考虑了《合作协议》的约定以及双方的实际履行行为,通过多方面的审查,综合确认了费某为某城市公司的股东,并要求某城建公司协助费某办理相关手续。这体现了法院对民商事契约精神的重视,以及对当事人意思自治的尊重。通过对《合作协议》的解释和执行,维护了合作协议的合法性和有效性,保障了费某的股东权益。

其中，关于《合作协议》中"挂牌转让"的约定能否阻却费某成为某城市公司股东一节。从某城建公司和某城市公司的陈述来看，之所以约定挂牌转让，是基于某城建公司为国有公司，担心协议转让违反相关规定。从本案查明的事实来看，案涉股权非某城建公司投资产生，股权实际权益非某城建公司享有，故"挂牌转让"并非费某获得案涉股权的前提条件。《合作协议》终止后，在某城建公司无正当理由拒绝依约向费某返还股权权益的情况下，法院认定费某有权直接请求法院确认其为某城市公司股东。

此外，某城建公司被要求协助费某办理相关手续，体现了法院对于当事人合作的积极引导和协调作用。

本案例不仅解决了本案所涉具体纠纷，也为日后当事人的商业合作实践提供了一定的借鉴和指导意义。

(二) 其他股东同意的认定

《公司法司法解释（三）》第24条第3款就实际出资人要求显名的主张，规定"实际出资人未经公司其他股东半数以上同意，请求公司变更股东、签发出资证明书、记载于股东名册、记载于公司章程并办理公司登记机关登记的，人民法院不予支持"。该规定体现了有限责任公司的"人合性"特点，即赋予其他股东"同意权"。但对于"同意权"的适用，过程中亦应避免绝对化的倾向。适用该条第3款规定时，不能简单机械地理解为必须在诉讼前或诉讼中征得其他股东同意，而是应以公司经营期间其他股东是否形成实质性认可作为审查基础，来把握实际出资人要求显名的法律要件。在实际出资人确有证据证明半数以上的其他股东知道其实际出资的事实，且对其行使股东权利未曾提出异议的，则应认定为实际出资人符合显名条件。在审理此类案件中，法院应当依据双方当事人所提供的证据（如股东会决议、股东名册等记载证明其他股东签字同意的证明文件），来审查该要件事实成立与否，并分以下两种情形处理：第一种情形，若出资人提供证据证明半数以上的其他股东知道其实际出资的事实，且在其行使股东权利过程中未提出异议的，应当认定该出资人符合显名条件，而不应径行适用《公司法司法解释（三）》第24条第3款规定处理；第二种情形，若代持协议未经其他股东半数以上明示同意，而出资人亦无法证明过半数的其他股东知道其实际出资的事实且在其行使股东权利过程中未提出异议的，则应适用《公司法司法解释(三)》第 24 条第 3 款处理。

典型案例　杨某诉某商务公司股东资格确认纠纷案①

【裁判要旨】

公司其他股东半数以上知晓实际出资人的实际出资事实且未对实际出资人行使股东权利提出过异议的,实际出资人有权请求公司变更股东、签发出资证明书、记载于股东名册、记载于公司章程并办理公司登记。实际出资人确有证据证明过半数的其他股东知道其实际出资的事实,且对其行使股东权利未曾提出异议的,应认定为实际出资人符合显名条件,其中应以公司经营期间其他股东是否形成实质性认可作为审查基础,把握实际出资人要求显名的法律要件。

【案情简介】

某商务公司成立时股东为付某与叶某(认缴出资额分别为 80 万元和 20 万元)。后杨某与付某签订并履行《股权转让协议 1》,约定杨某将其所持有的某科技公司 15% 的股权转让给付某,对价为付某一次性支付现金 210 万元和付某持有的某商务公司 5% 股权。之后,杨某与其父签订《股权代持协议》,约定杨某委托其父代持某商务公司 5% 股权。同日,付某与杨某之父签订《股权转让协议 2》,付某将其持有的某商务公司 5% 股权转让给杨某之父。当日,某商务公司办理工商变更登记,股权结构变更为付某、叶某、吴某、南某、杨某之父(认缴出资额分别为 65 万元、15 万元、10 万元、5 万元、5 万元)。

后杨某要求显名但某商务公司拒不办理,遂诉至法院,请求确认杨某系某商务公司股东,出资额 5 万元,某商务公司依法办理工商变更登记,将股东由杨某之父变更为杨某。

某商务公司辩称,未经公司其他股东半数以上同意,杨某要求变更其为股东违背有限责任公司的人合性及有限责任公司治理的自治原则,故不同意杨某的诉讼请求。

---

① 参见北京市第二中级人民法院(2020)京 02 民终 717 号民事判决书。

付某、叶某、吴某、南某述称,不认可杨某的股东身份,不同意变更股东、办理公司登记。

杨某之父述称,其名下某商务公司5%股权的实际出资人为杨某,同意杨某的诉讼请求。

【裁判结果】

一审法院认为,隐名股东的显名化需要得到公司对其股东资格的确认,并符合相关法律规定。然某商务公司的其他4名股东均明确表示不同意将某商务公司股东由杨某之父变更为杨某。故杨某要求确认其为某商务公司股东,并要求某商务公司办理股东变更登记的诉讼请求,依据不足。

杨某不服一审判决,提出上诉。二审法院认为,实际出资人显名化需要征得公司其他股东同意,是基于有限责任公司的人合性。如果在公司经营过程中,其他半数以上股东知晓实际出资人实际出资的事实,且对其实际行使股东权利从未提出过异议,说明其他半数以上股东已经以其自身行为认可了实际出资人实际享有股东权利的地位,此时赋予实际出资人显名的股东地位不会对公司的实际经营产生影响,亦不会破坏股东之间的信赖关系。其他股东在长期知晓这一事实而未曾提出过异议的情况下,故意反对将实际出资人登记为公司股东,也违反诚实信用原则。杨某提交的《股权转让协议》《股权分配协议》《补充协议》以及电子邮件足以证明某商务公司过半数其他股东知道杨某实际出资5万元的事实,且对杨某实际行使股东权利未曾提出异议。现杨某要求登记为某商务公司股东,依据充分,应当予以支持。故判决:一、撤销一审判决;二、确认杨某系某商务公司股东,出资额5万元;三、某商务公司于判决生效之日起十日内依法办理工商变更登记,将其股东杨某之父变更为杨某。

【案例评析】

本案系一起典型的因有限责任公司隐名股东要求显名,公司其他股东不同意而引发的争议。《公司法司法解释(三)》第24条第3款规定:"实际出资人未经公司其他股东半数以上同意,请求公司变更股东、签发出资证明书、记载于股东名册、记载于公司章程并办理公司登记机关登记的,人民法院不予支持。"该条司法解释明确规定了隐名股东显名的条件,即须经公司其他股东半数以上同意,这是审判实践中处理隐名股东显名化争议的主要法律依据。但对上述规定中"公司其他股东半数以上同意"的时间点,在实务中分歧较大。一种观点认为,必须在诉讼前或诉讼中,公司其他股东半数以上对隐名股东显名明确表示过同意。另一种观点则认为,应以公司经营期间其他股东是否对隐名股东的股东身份形成实质性认可作为审查基础,如果在公司经营过程中,半数以上其他股东对隐名股东的股东身份均不反对,即使在诉讼中没有取得其他股东半数以上同意,也应当支持隐名股东显名。本案例采用后者观点。

实际出资人行使股东权利是一种持续的状态。长期以来,实践中普遍存在这一情形,半数以上其他股东早已知晓实际出资人的存在,也没有对实际出资人行使股东权利提出异议,但到了实际出资人主张将自己登记为公司股东的时刻或前夕,其他股东明确提出异议,故意反对实际出资人行使股东权利,亦反对将其登记为公司股东。这种做法有违诚实信用原则,也容易导致公司股权关系混乱,给公司经营管理带来严重不良影响。在审判实践中,也存在"一刀切"、过于教条地适用《公司法司法解释(三)》第24条规定的现象,不考量其他股东拒绝实际出资人成为真正意义上的股东是否具有正当理由,甚至即使半数以上其他股东违反诚实信用原则恶意拒绝实际出资人登记为公司股东的,也判决驳回实际出资人的诉讼请求。本案二审法院根据在案证据查明,某商务公司过半数其他股东知道杨某实际出资5万元的事实,且对杨某实际行使股东权利未曾提出异议。对杨某要求登记为某商务公司股东的诉讼请求,二审法院予以支持。二审法院的处理,未拘泥于股权变动的形式要件,而是依据诚实信用原则,打破实际出资人行使权利时所遇到的不必要的障碍,通过"穿透式"思维,查明实际出资人、显名持股人以及半数以上其他股东的真实意思,保护各方当事人的真实法律关系。

本案准确适用《公司法司法解释(三)》第24条的规定,在裁判中明确判断公司其他半数以上股东是否同意时,应当通过行为探求当事人的真实意思,并在此基础上进行裁判。对于维护有限责任公司内部股权关系稳定、推动我国公司治理现代化、提升市场主体投资兴业信心、提高产权司法保护水平,营造法治化营商环境,都具有良好的示范效果。

(三)不能显名时代持协议的效力

因《公司法司法解释(三)》第24条第3款规定对实际出资人要求显名的主张不予支持,其后果为代持协议中关于隐名股东显名化的相关约定不能履行,无法发生出资人取得股东资格的法律后果。此时应当注意合同效力与合同无法履行之间的区分。即如代持协议无其他影响合同效力的事由,应当认定该合同有效;该协议因有违有限责任公司"人合性"特点而对公司及其他股东不发生约束力,但不影响其在合同主体之间的效力认定问题。对于因合同无法履行导致的解除问题以及解除的法律后果争议,应在合同主体间解决,人民法院不应以此为由否定合同效力。

第四节　涉出资争议的股东资格确认

一、查明事实

1.股东是否出资;2.是否足额出资;3.出资的形式。

二、法律适用

1.旧《公司法》第28条规定:股东应当按期足额缴纳公司章程中规定的各自所认缴的出资额。股东以货币出资的,应当将货币出资足额存入有限责任公司在银行开设的账户;以非货币财产出资的,应当依法办理其财产权的转移手续。

股东不按照前款规定缴纳出资的,除应当向公司足额缴纳外,还应当向已按期足额缴纳出资的股东承担违约责任。

对应新《公司法》第49条规定:股东应当按期足额缴纳公司章程规定的各自所认缴的出资额。

股东以货币出资的,应当将货币出资足额存入有限责任公司在银行开设的账户;以非货币财产出资的,应当依法办理其财产权的转移手续。

股东未按期足额缴纳出资的,除应当向公司足额缴纳外,还应当对给公司造成的损失承担赔偿责任。

2.《公司法司法解释(三)》第13条规定:股东未履行或者未全面履行出资义务,公司或者其他股东请求其向公司依法全面履行出资义务的,人民法院应予支持。

公司债权人请求未履行或者未全面履行出资义务的股东在未出资本息范围内对公司债务不能清偿的部分承担补充赔偿责任的,人民法院应予支持;未履行或者未全面履行出资义务的股东已经承担上述责任,其他债权人提出相同请求的,人民法院不予支持。

股东在公司设立时未履行或者未全面履行出资义务,依照本条第 1 款或者第 2 款提起诉讼的原告,请求公司的发起人与被告股东承担连带责任的,人民法院应予支持;公司的发起人承担责任后,可以向被告股东追偿。

股东在公司增资时未履行或者未全面履行出资义务,依照本条第 1 款或者第 2 款提起诉讼的原告,请求未尽公司法第 147 条第 1 款规定的义务而使出资未缴足的董事、高级管理人员承担相应责任的,人民法院应予支持;董事、高级管理人员承担责任后,可以向被告股东追偿。

3.《公司法司法解释(三)》第 17 条规定:有限责任公司的股东未履行出资义务或者抽逃全部出资,经公司催告缴纳或者返还,其在合理期间内仍未缴纳或者返还出资,公司以股东会决议解除该股东的股东资格,该股东请求确认该解除行为无效的,人民法院不予支持。

在前款规定的情形下,人民法院在判决时应当释明,公司应当及时办理法定减资程序或者由其他股东或者第三人缴纳相应的出资。在办理法定减资程序或者其他股东或者第三人缴纳相应的出资之前,公司债权人依照本规定第 13 条或者第 14 条请求相关当事人承担相应责任的,人民法院应予支持。

三、常见问题

(一)瑕疵出资是否直接导致股东资格丧失

股东应向公司履行出资义务,对于未按照发起人协议或者公司章程的规定足额缴纳出资的股东,应承担补足出资的责任和向其他足额出资股东承担违约责任,并不直接否定其股东资格。股东资格的解除是对股东权利的全面否认,其适用必须严格符合法律规定的条件,只有在严格履行法定程序的情况下,才可解除股东资格。

(二)经催缴仍未履行出资义务是否导致丧失股东资格

依据《公司法司法解释(三)》的规定,有限责任公司的股东未履行出资义务,或抽逃全部出资的,公司法赋予公司其他股东以股东会决议的形式解除该股东的股东资格的权利。如果在公司发出催缴出资通知后,该股东在规定的合理期限内仍未履行出资义务,公司有权通过决议来取消其股东身份。股东失权后,公司应当及时办理法定减资程序或者由其他股东或者第三人缴纳相应的出资。对于前述合理期间的确定,应当根据发起人协议或公司章程约定的出资形式进行确认,如果股东是以知识产权出资的,如商标、专利等,则应当考虑知识产权转让存在的审批手续等,给予完成相关程序所需的必要时间。如果是以货币出资,但出资金额巨大的,则应当考虑组织资金的必要时间。

值得注意的是,前述以决议方式解除股东资格的法律依据为现行《公司法司法解释(三)》第17条规定,该条款明确规定的情形为"未履行出资义务"或者"抽逃全部出资",而对于抽逃部分出资、部分出资义务未履行等未全面履行情形如何适用股东失权,《公司法司法解释(三)》并未明确规定(该司法解释第16条规定有股东限权)。而新《公司法》第52条第1款将此问题予以明确:"股东未按照公司章程规定的出资日期缴纳出资,公司依照前条第一款规定发出书面催缴书催缴出资的,可以载明缴纳出资的宽限期;宽限期自公司发出催缴书之日起,不得少于60日。宽限期届满,股东仍未履行出资义务的,公司经董事会决议可以向该股东发出失权通知,通知应当以书面形式发出。自通知发出之日起,该股东丧失其未缴纳出资的股权"。从上述条文内容分析,失权股东丧失的系其"未缴纳出资的股权",自此为经催缴后部分履行、部分未履行的股东失权争议提供了司法裁判依据。此外,该条款同时对催缴通知的合理期间、失权日期的确定予以明确,即宽限期不得少于60日、股东资格丧失日为失权通知发出之日,此二处新法修订内容亦值得关注。

(三)股东对失权决议存在异议的救济途径

在未被股东会决议除名前,股东具有公司的股东资格,当除名股东的决议被认定为不成立、无效或被撤销之后,股东恢复股东资格。值得注意的是,上述被决议失权股东的救济途径,系依据现行法律及司法解释中,关于股东会决议不成立、无效或应予撤销的一般性规定。对于股东请求撤销决议的权利行使期限,现行规定为自决议作出之日起60日内。而新《公司法》第52条第3款对此提供了单独的救济途径,该条款规定"股东对失权有异议的,应当自接到失权通知之日起三十日内,向人民法院提起诉讼"。此处失权异议的特别规定相较于决议撤销的一般规定,在权利行使期限上有所不同,需特别予以注意。

(四)增资扩股程序存在瑕疵时能否确认增资股东身份

公司增资扩股是包含了一系列民事行为的复合过程,既涉及一般债法范畴下的合同履行问题,又涉及公司法范畴下的资本制度、公司决议、股东资格等问题。一个完整的增资扩股行为,自投资人与目标公司磋商、订立增资协议为始,此后协议履行、公司决议、原股东行使优先购买权贯穿期间,最终以公司变更注册资本登记、修改公司章程及股东名册记载、投资人取得股东资格为结束。增资扩股并非单纯的投入资金,该形式不仅仅是增加了公司的注册资本,而且也增加了股东的人数;继而新股东的加入会引起公司股权结构的变化,既对公司既有权力格局会产生影响,也会引起公司控制权的变化。因此,对此类型投资引起的股东资格确认纠纷,不仅要在合同法层面从当事人意思表示的角度考虑,更需要在公司组织法层面上予以考量。一般而言,增资扩股作为公司重大事项,须履行的程序包括:股东会决议、原股东优先购买权排除、投资人出资、修改公司章程及股东名册、登记机关登记。对于股东身份的实际取得,应从增资协议能否被履行的角度进一步考量。我们认为,对待此问题时应关注的核心事实为增资扩股是否曾经过有代表 2/3 以上表决权的股东决议通过。如已经决议通过,并已完备了原股东优先购买权的排除程序,则后续程序均属增资协议履行环节,如公司拒绝履行配合义务,投资人可通过股东名册记载纠纷、请求变更公司登记纠纷等途径予以救济,对股东资格的确认不产生实质影响。但如增资事项在公司决议环节即发生争议,无法经有代表 2/3 以上表决权的股东决议通过,则投资人与目标公司签订的增资协议虽属有效,但存在履行不能的情形,投资人无法取得股东资格。

第五节　涉股权转让的股东资格确认

一、查明事实

1. 股权转让合同成立生效时间;2. 主要合同义务履行情况;3. 当事人的请求权基础。

二、法律适用

1.旧《公司法》第25条:有限责任公司章程应当载明下列事项:

(一)公司名称和住所;

(二)公司经营范围;

(三)公司注册资本;

(四)股东的姓名或者名称;

(五)股东的出资方式、出资额和出资时间;

(六)公司的机构及其产生办法、职权、议事规则;

(七)公司法定代表人;

(八)股东会会议认为需要规定的其他事项。

股东应当在公司章程上签名、盖章。

对应新《公司法》第46条:有限责任公司章程应当载明下列事项:

(一)公司名称和住所;

(二)公司经营范围;

(三)公司注册资本;

(四)股东的姓名或者名称;

(五)股东的出资额、出资方式和出资日期;

(六)公司的机构及其产生办法、职权、议事规则;

(七)公司法定代表人的产生、变更办法;

(八)股东会认为需要规定的其他事项。

股东应当在公司章程上签名或者盖章。

2.旧《公司法》第31条:有限责任公司成立后,应当向股东签发出资证明书。

出资证明书应当载明下列事项:

(一)公司名称;

(二)公司成立日期;

(三)公司注册资本;

(四)股东的姓名或者名称、缴纳的出资额和出资日期;

(五)出资证明书的编号和核发日期。

出资证明书由公司盖章。

对应新《公司法》第 55 条:有限责任公司成立后,应当向股东签发出资证明书,记载下列事项:

(一)公司名称;

(二)公司成立日期;

(三)公司注册资本;

(四)股东的姓名或者名称、认缴和实缴的出资额、出资方式和出资日期;

(五)出资证明书的编号和核发日期。

出资证明书由法定代表人签名,并由公司盖章。

3. 旧《公司法》第 32 条:有限责任公司应当置备股东名册,记载下列事项:

(一)股东的姓名或者名称及住所;

(二)股东的出资额;

(三)出资证明书编号。

记载于股东名册的股东,可以依股东名册主张行使股东权利。

公司应当将股东的姓名或者名称向公司登记机关登记;登记事项发生变更的,应当办理变更登记。未经登记或者变更登记的,不得对抗第三人。

对应新《公司法》第 56 条:有限责任公司应当置备股东名册,记载下列事项:

(一)股东的姓名或者名称及住所;

(二)股东认缴和实缴的出资额、出资方式和出资日期;

(三)出资证明书编号;

(四)取得和丧失股东资格的日期。

记载于股东名册的股东,可以依股东名册主张行使股东权利。

4.《公司法司法解释(三)》第 25 条:名义股东将登记于其名下的股权转让、质押或者以其他方式处分,实际出资人以其对于股权享有实际权利为由,请求认定处分股权行为无效的,人民法院可以参照民法典第三百一十一条的规定处理。

名义股东处分股权造成实际出资人损失,实际出资人请求名义股东承担赔偿责任的,人民法院应予支持。

5.《公司法司法解释(三)》第 27 条:股权转让后尚未向公司登记机关办理

变更登记,原股东将仍登记于其名下的股权转让、质押或者以其他方式处分,受让股东以其对于股权享有实际权利为由,请求认定处分股权行为无效的,人民法院可以参照民法典第三百一十一条的规定处理。

原股东处分股权造成受让股东损失,受让股东请求原股东承担赔偿责任、对于未及时办理变更登记有过错的董事、高级管理人员或者实际控制人承担相应责任的,人民法院应予支持;受让股东对于未及时办理变更登记也有过错的,可以适当减轻上述董事、高级管理人员或者实际控制人的责任。

6.《民法典》第311条:无处分权人将不动产或者动产转让给受让人的,所有权人有权追回;除法律另有规定外,符合下列情形的,受让人取得该不动产或者动产的所有权:

(一)受让人受让该不动产或者动产时是善意;

(二)以合理的价格转让;

(三)转让的不动产或者动产依照法律规定应当登记的已经登记,不需要登记的已经交付给受让人。

受让人依据前款规定取得不动产或者动产的所有权的,原所有权人有权向无处分权人请求损害赔偿。

当事人善意取得其他物权的,参照适用前两款规定。

7.《民法典》第502条:依法成立的合同,自成立时生效,但是法律另有规定或者当事人另有约定的除外。

依照法律、行政法规的规定,合同应当办理批准等手续的,依照其规定。未办理批准等手续影响合同生效的,不影响合同中履行报批等义务条款以及相关条款的效力。应当办理申请批准等手续的当事人未履行义务的,对方可以请求其承担违反该义务的责任。

依照法律、行政法规的规定,合同的变更、转让、解除等情形应当办理批准等手续的,适用前款规定。

8.《九民会议纪要》【有限责任公司的股权变动】第8条:当事人之间转让有限责任公司股权,受让人以其姓名或者名称已记载于股东名册为由主张其已经取得股权的,人民法院依法予以支持,但法律、行政法规规定应当办理批准手续生效的股权转让除外。未向公司登记机关办理股权变更登记的,不得对抗善意相对人。

三、常见问题

(一)合同生效、股东资格、登记等概念辨析

关于股权转让合同生效、股东资格取得、登记机关登记等相关概念的辨析问题,应注意辨析股权转让合同生效与股权转让生效二者之间的区别,以及股东资格取得与公司登记机关股权变更登记之间的区别。股权转让合同是平等民事主体之间就股权转让的意思表示一致,属于债法范畴。对股权转让合同生效与否的判断,应遵从一般合同的认定标准。《民法典》第502条规定:"依法成立的合同,自成立时生效,但是法律另有规定或者当事人另有约定的除外。依照法律、行政法规的规定,合同应当办理批准等手续的,依照其规定。未办理批准等手续影响合同生效的,不影响合同中履行报批等义务条款以及相关条款的效力。应当办理申请批准等手续的当事人未履行义务的,对方可以请求其承担违反该义务的责任。"因此,登记机关变更登记不是股权转让合同生效的要件,不影响股权转让合同的效力,股权转让合同应自成立时即发生法律效力。而股权转让生效系指股权权属在转让人与受让人之间发生变动,股权转让合同的生效并不能当然发生股权立即转移的效果,尚需辅以一定的履行行为。与此相对应,公司未申请登记机关变更登记,或未记载于股东名册,均不影响股权转让合同本身的合同效力。

(二)股东资格确认与股权转让合同纠纷的协调处理

股东资格确认纠纷,在诉的类型上属确认之诉,这类争议通常发生在股东相互之间或者股东与公司之间,争议的核心是关于股东身份是否成立,或者涉及具体的股权数量和所占比例的分歧。而涉股权转让的合同纠纷,其诉讼标的为转让人与受让人之间的股权转让协议,即合同关系。在二者之间的关系上,应当注意到目标公司股东身份的确认,系股权转让合同关系履行完毕且满足有限公司"人合性"要件要求后才可以发生的法律后果,须以该合同的履行为逻辑前提。

在部分案件中,如股权转让双方之间就合同的履行并无明显争议,案件焦点集中在股东与公司及其他股东之间就股东资格身份争议之上,在此情况下,受让股东以公司为被告,转让股东为第三人提起股东资格确认之诉,符合法律规定。但在部分案件中,转让股东与受让股东就二者之间的合同履行问题存在实质争议,纠纷主体实为转让股东与受让股东,诉讼标的为二者之间的合同关系。在此种情形下,如仍以股东资格确认纠纷予以处理,则基于《公司法司法解释(三)》第21条关于当事人诉讼地位的规定,须列公司为被告、转让股东为第三人。其所造成的后果是案件实质争议与当事人诉讼地位发生矛盾,将应作为被告的转让股东列为第三人,不仅与实质争议的法律关系性质不符,亦因第三人无权提出管辖权异议而有损转让股东的诉讼权利。鉴于此种情况,我们认为,应当以合同纠纷来解决双方之间股权转让协议的履行争议,在股权转让协议得以履行的基础上,要求目标公司配合办理股权变更的必要协助义务;同时,为一次性解决纠纷,避免诉累,股东资格确认与股东转让合同纠纷亦可于同一案件中合并审理。对于此类案件中出现的原告所主张的案由、基础法律关系及当事人地位有误的问题,一审审理中应分情况予以处理。对于存在错列案由的情节,人民法院可依据职权予以调整;对于基础法律关系以及当事人主体地位问题,属于当事人诉权处分范畴,人民法院不宜直接依职权予以调整,应通过释明当事人变更诉求的方式对此问题予以处理。

(三) 名义股东擅自处分股权的处理

名义股东未经隐名股东同意或授权,擅自以转让、质押等方式予以处分登记在自身名下股权的,事后也未取得隐名股东追认的,其行为可以参照《民法典》第311条关于物权无权处分情况下,善意取得的相关规定处理。隐名股东以其系实际权利人为由,请求认定转让、质押等处分行为无效,同时一并要求确认其股东资格的,在不存在其他否定公司股东资格情节的情形下,符合善意取得构成要件的受让人取得该股权,进而具备股东资格,隐名股东要求确认并恢复其股东资格的诉讼请求,无法予以支持。在救济途径上,隐名股东如因此受到损失的,可以请求名义股东就其无权处分行为承担赔偿责任。

第六节　涉股权继承的股东资格确认

一、查明事实

1.是否存在继承,继承何时开始;2.公司是否存在合并、收购等情形。

二、法律适用

1.《民法典》第124条:自然人依法享有继承权。

自然人合法的私有财产,可以依法继承。

2.旧《公司法》第24条:有限责任公司由五十个以下股东出资设立。

对应新《公司法》第42条:有限责任公司由一个以上五十个以下股东出资设立。

3.旧《公司法》第75条:自然人股东死亡后,其合法继承人可以继承股东资格;但是,公司章程另有规定的除外。

对应新《公司法》第90条:自然人股东死亡后,其合法继承人可以继承股东资格;但是,公司章程另有规定的除外。

三、常见问题

存在多个继承人时股东资格的确认

被继承人存在多个继承人的情况下,继承必然涉及财产权属转移与财产分割两个方面。遗产继承过程中,继承人需对逝者的遗产进行分配,这不仅涉及财产的分割,也包括了对股东资格的分配。因此,每位继承人在获得财产份额的同时,也应单独获得相应的股东身份。如允许多个继承人按份或共同共有一个股东资格,则在股权行使与公司内部治理上会产生极大弊端。因此,当继承人为多人时,应当按照继承份额将继承人分别记载于股东名册并为独立股东,继而每位继承人均可独立行使自益权与共益权。

此外,在处理此类纠纷中,应注意股权继承后有限责任公司股东人数超过法定人数上限的这一特殊情况。对此问题的处理,实践中存在一定争议。尤其是对于各继承人无法就股权继承份额集中于个别继承人协商达成一致以使公司股东人数符合法定要求,各继承人均主张股东资格这一特殊情形。我们倾向认为,被继承人死亡后,继承人继承股权源于《民法典》与《公司法》的明确规定,在公司章程没有相反规定的情况下,继承后超过有限责任公司法定人数上限50人的,并不能因此否定合法继承人取得股东身份。继承人继承股东资格后的公司形式问题,应交由公司内部治理机制解决,如决定公司存续,则应以决议方式变更公司组织形式为股份有限公司,并办理相应的市场主体变更登记手续。

典型案例 沈某1与某发展公司股东资格确认纠纷案[①]

【裁判要旨】

继承系对被继承人遗产的分割,故各继承人不仅应对财产份额分别取得,亦应包含股东身份的分别取得。股东死亡后,除公司章程另有规定外,其合法继承人可以因继承而取得股东资格。当继承人为多人时,应按照继承份额将继承人分别记载于股东名册并为独立股东,每位继承人均可独立行使自益权与共益权。在公司章程没有相反规定的情况下,继承后超过有限责任公司法定人数上限50人的,亦不能因此当然否定合法继承人取得股东身份。

【案情简介】

另案生效判决的"经审理查明"部分载明:沈某2持有的住房补贴凭据1994年为30万元,1995年为100万元,利息款26,400元,1996年为120万元、利息款101,943元,1999年为80万元、利息款197,122元,以上共计3,625,465元;1998年某发展公司进行内部股份制改革,根据相关规定沈某2成为内部股东,交纳现金3万元,获赠股6万元,加上上述凭据,股份总额为371.54万元;1999年9月沈某2领取1998年的股息款35,662.6元;某发展公司认可上述凭据为公司的住房补贴,且已转为公司的内部股份。另案生效判决的"本院认为"部分载明:关于沈某2所持1995年至1998年的住房补贴凭证,根据某发展

[①] 参见北京市第二中级人民法院(2023)京02民终6790号民事判决书。

公司规章制度及有关住房补贴等问题的规定,应属对企业内部职工的一种奖励。

2019年10月9日,沈某2因病死亡。

沈某2之女沈某1诉称,另案判决已确认沈某2持股总额为370余万元,而某发展公司告诉沈某1有200多万元股份确认在某实业公司名下且经过工商登记,故请求法院判决确认沈某2在某发展公司中有118万元的原始股份及股权占比68%,并判令某发展公司签发出资证明书、将沈某2记载于股东名册并办理公司登记机关登记。

某发展公司辩称,沈某1的诉讼主体不适格,且员工在公司内部享有的期权、股权激励不属于注册股权,只是公司未经公示的内部预分配、预奖励,不具有对外法律效力和公示证据效力,不得依据另案判决推定沈某2享有某发展公司的内部股权,将沈某2的股权激励转成原始股权。

【裁判结果】

一审法院认为,沈某2已于2019年10月死亡,作为沈某2之女,沈某1系沈某2的第一顺位法定继承人,沈某1有权以自己名义向人民法院提起诉讼,要求确认沈某2在某发展公司中享有股权,并根据确权的结果考虑是否行使继承权。因此,沈某1系本案股东资格确认纠纷的适格原告。根据在案证据,法院足以确认在某发展公司改制过程中,沈某2确为该公司股东,其持股份额应按照某发展公司改制时沈某2已经持有的住房补贴凭据数额为据予以认定,发生于1999年的共计997,122元住房补贴凭证系某发展公司改制后沈某2后投入的出资,不能认定为对某发展公司的原始股。因此,沈某1主张的沈某2在某发展公司中有118万元的原始股份未超出法院前述认定沈某2的全部原始股持股数额,因此法院在118万元原始股权的范围内予以确认并支持。沈某1主张沈某2的股权占比为68%,没有事实及法律依据,法院不予支持。因沈某2已经死亡,故其不再具有民事权利能力和民事行为能力,因此对沈某1要求某发展公司签发出资证明书、将沈某2记载于股东名册并办理公司登记的诉讼请求,法院不予支持。

沈某1、某发展公司均不服一审判决,提起上诉。二审法院经审理后,维持一审判决。

第一章 股东资格确认纠纷

【案例评析】

本案系典型的涉继承的股东资格确认纠纷。

股东资格可以被继承,该股东资格既包括股东的财产权,也包括基于财产产生的身份权。继承人若要成为公司股东,必须证实其享有合法继承权以及被继承人享有股东身份。只有在公司章程明确规定排除或限制继承权行使导致新股东加入的情况下,继承人才无法获得股东地位。本案中,从查明的事实看,某发展公司章程未对股东资格的继承作出特别约定,而沈某2在死亡后其作为被继承人亦未存在其他遗嘱或遗赠扶养协议,故沈某2的遗产应适用法定继承的规定予以分配,沈某2所持有的股权中的财产权利作为沈某2的个人合法财产,在沈某2死亡后应按照遗产予以继承。作为沈某2的女儿,沈某1系沈某2的第一顺位法定继承人,沈某1有权以自己名义向人民法院提起诉讼,要求确认沈某1在某发展公司中享有股权,并根据确权的结果来考虑是否行使继承权。因此,沈某1系本案股东资格确认纠纷的适格原告,法院应依法受理沈某1的起诉并进行实体审理,但亦因沈某2已死亡而不再具有民事权利能力和民事行为能力之事实,沈某1要求某发展公司签发出资证明书、将沈某2记载于股东名册并办理登记,缺乏依据。在法院如支持沈某1的股权确认主张的前提下,沈某2的合法继承人可依据生效判决及继承人资格证明向公司登记机关办理股东变更登记,将沈某2合法享有的股权登记至沈某2的合法继承人名下。法院依据另案生效判决,确认在1997年11月某发展公司改制过程中,沈某2为该公司股东,其持股份额应按照某发展公司改制时沈某2已经持有的住房补贴凭据数额为据予以认定,即该部分股权应为沈某2在某发展公司的原始股权。沈某1起诉请求确认沈某2在某发展公司中有118万元的原始股份,该诉讼请求未超出上述沈某2的全部原始持股数额,故法院在118万元原始股权的范围内予以确认并支持。沈某1主张沈某2的股权占比为68%,没有事实及法律依据。

第七节　涉冒名登记的股东资格确认

一、查明事实

1.被使用名称者是否有成为公司股东的意思表示;2.是否出资;3.是否行使股东权利。

二、法律适用

《公司法司法解释(三)》第28条:冒用他人名义出资并将该他人作为股东在公司登记机关登记的,冒名登记行为人应当承担相应责任;公司、其他股东或者公司债权人以未履行出资义务为由,请求被冒名登记为股东的承担补足出资责任或者对公司债务不能清偿部分的赔偿责任的,人民法院不予支持。

三、常见问题

股东资格确认的反向诉讼

行为人未经其他主体同意,擅自利用其他主体的名义注册公司,将其他主体登记为公司的股东、董事或其他高级管理人员的案件在现实中确有一定数量的存在。被盗用名义的股东与公司没有真实的关系,更没有投资注册公司的真实意思表示,不宜将其确定为公司的股东。此种情况下,当公司、其他股东或者公司债权人以未履行出资义务为由,请求被冒名登记为股东的其他主体承担补足出资责任或者对公司债务不能清偿部分的承担赔偿责任的,应根据权利义务对等原则,认定该被盗用名义的主体既未享有股权,也不应承担股东的义务。同时,实践中亦应注意以冒名登记为由提起股东资格否认之诉而实为逃避股东责任的情况。此类案件中,公司股东往往为逃避股东责任,于公司债务形成后或于债权人提起公司股东损害债权人利益责任诉讼过程中,提出股东资格否认之诉,以市场主体登记材料并非其本人签字为由主张自身被冒名登记。因既往实践中客观存在的公司登记代办不规范现象,市场主体登记材料中所载签字是否真实并不能作为判断此问题的唯一标准。在有证据证明具名股东对登记事实知情并明示同意的情况;或虽未明示同意但未提出异议,并在此基础上从事过相关公司管理经营、取得分红等行使股东权利行为的,人民法院对股东资格否认的相关诉求不应予以支持。值得注意的是,本书撰写时恰逢国家市场监督管理总局发布《防范和查处假冒企业登记违法行为规定》,该规定已于2024年3月15日施行。此类案件审理中,应注意与相关行政管理部门即公司登记机关的府院联动与协调配合。

典型案例 某集团公司与某投资公司股东资格确认纠纷案[1]

【裁判要旨】

被盗用名义的股东与公司没有真实的关系,更没有投资注册公司的真实意思表示,故不宜将其确定为公司的股东。但实践中,公司股东为逃避股东责任,多于公司债务形成后或于债权人提起公司股东损害债权人利益责任诉讼过程中,提出否认股东资格之诉。在有证据证明具名股东对登记事实知情并明示同意;或虽未明示同意但未提出异议,并在此基础上从事过相关公司管理经营、取得分红等行使股东权利行为的,人民法院对股东资格否认的相关诉求不应予以支持。

【案情简介】

某集团公司与某促进会签订《组建协议书》,约定:1.某集团公司以投资管理技术软件入股,占公司注册资本的10%,折合人民币100万元,某促进会向某投资公司投入注册资金900万元,占公司注册资本的90%。2.某投资公司董事会暂定三人组成,某集团公司选派一名代表,某促进会选派二名代表,参与某投资公司的经营管理。该份协议尾部有某集团公司的公章印文和刘某的签名。某集团公司确认刘某作为其时任副总经理,代表其与某促进会洽谈合作设立某投资公司。

某投资公司于2001年设立,某投资公司第一届第一次股东会决议内容包括:全体股东一致同意选举步某、刘某、韩某为董事;选举袁某、王某、韩某三位

---

[1] 参见北京市第二中级人民法院(2020)京02民终5080号民事判决书。

为监事;通过公司章程。决议文本附有某集团公司公章印文以及刘某的签名,某促进会公章印文以及步某的签名。某集团公司认可上述印文的真实性。某投资公司第一届第一次董事会决议内容包括:全体董事一致同意选举步某为董事长;聘用刘某为总经理,韩某为副经理。决议附有步某、刘某和韩某的签名。

某投资公司章程记载:公司的注册资本为1000万元,某集团公司出资510万元,持股比例51%,某促进会出资490万元,持股比例49%。该章程尾部有刘某的签名以及某集团公司公章印文。后经鉴定该印文与样本印文不一致。

开业登记验资报告书载明某集团公司所投货币资金510万元,某促进会所投货币资金490万元,已存入某合作社,后附有相应进账单。

后某集团公司诉称其并非某投资公司的股东,未出资且未确认公司章程,诉请法院判令其不持有某投资公司股权。

某投资公司辩称,不同意某集团公司的诉求,章程确认了某集团公司作为某投资公司的股东持有51%的股权。

【裁判结果】

一审法院认为,在设立并经营某投资公司的过程中,某集团公司与某促进会已经按照《组建协议书》中的相关内容予以履行,包括某集团公司就设立某投资公司而参与某投资公司所召开的股东会并形成相应的股东会决议,时任某集团公司的副总经理刘某成为某投资公司的董事以及总经理,参与了某投资公司召开的股东会及董事会,并在相应决议上签字。工商登记的验资材料亦显示,某集团公司已经完成了向某投资公司出资510万元的出资义务。同时,一审法院亦注意到,2001年股东会决议中包含"通过公司章程"的决议内容,在公司章程中亦有刘某的签字。综合上述事实,虽然公司章程上某集团公司的印鉴与样本印鉴不一致,但一审法院有理由相信公司章程可以反映某集团公司作为某投资公司投资人以及持有相应股权比例的意思表示,某集团公司仅以《鉴定文书》中的结论而否认其某投资公司股东的身份,与上述事实相悖。某集团公司不服一审判决,提起上诉。二审法院认为,某集团公司的上诉请求不能成立,应予驳回。

【案例评析】

本案系典型的股东资格否认之诉。

本案中,现某集团公司主张其并非某投资公司股东,主要理由有二:一是其并未签署公司设立章程,二是其未实际出资。据此,某集团公司实质系以有人冒用其名义设立某投资公司为由,主张其并非某投资公司股东。因司法鉴定意见仅能证明设立公司章程中某集团公司的印文与样本中的印文不是同一枚印章所盖,并不能绝对排除章程中的印章非某集团公司加盖,更不能等同于有人冒用某集团公司名义设立某投资公司。另外,股东是否实际出资、抽逃出资,在公司成立的情形下,仅关乎其出资责任,并不涉及其股东资格的确认,故判断某集团公司是否被他人冒用名义登记为某投资公司股东,需综合本案证据及事实予以认定。

法院注意到本案存在如下情形:1.某集团公司自认其与某促进会曾签订过《组建协议书》,约定双方设立某投资公司,表明其当时有成为某投资公司股东的意向。2.某投资公司经工商登记设立,登记的股东为某集团公司,某集团公司应该提供了其营业执照等资料。某集团公司对股东会决议并未提出异议。如按某集团公司所述,双方组建某投资公司的协议书未实际履行,那么未有证据显示其索回上述文件,与常理不符。3.某投资公司于2001年即登记设立,工商登记载明的股东包括某集团公司,出资额为510万元,至某集团公司一审起诉已逾17年,在此期间,未有证据显示某集团公司对此提出过异议。4.尽管设立章程中某集团公司的公章经鉴定真实性存疑,但未有证据显示该章程中作为某集团公司认可的代表刘某的签字虚假。5.某集团公司在本案中先是主张其仅为某投资公司10%的股东,后又主张其并非某投资公司股东,前后陈述不一致,表明某集团公司现在并不清楚当时成立某投资公司的具体事宜,其在案件中陈述的可信度有待其他证据充分作证。

基于上述分析,某集团公司主张的待证事实,即他人冒用其名义成立某投资公司,难以使裁判者形成内心确信,故对其该项主张,法院未予采信。

第二章　请求变更公司登记纠纷

新《公司法》专门设立"公司登记"一章,足以见得公司登记的重要性。市场监督管理部门对公司的相关登记事项,具有公示公信效力,不仅关乎公司的自身信誉,也关乎股东、公司债权人的切身利益。如果登记信息与实际信息不符,则上述利益可能受到损害。基于登记的这种公示公信效力,相关主体越来越重视登记事项的名实相符,请求变更公司登记类案件有增多趋势。依法妥善处理此类纠纷,有利于保护公司、股东、公司债权人等主体的相关权益,维护市场交易秩序,对于营造市场化、法治化、国际化一流营商环境亦具有积极意义。

第一节　概　　述

一、概念界定

请求变更公司登记纠纷主要是利害关系方对于公司登记中记载的事项请求予以变更而产生的纠纷。按照旧《公司法》第 32 条的规定,有限责任公司应当将股东的姓名或者名称向公司登记机关登记;登记事项发生变更的,应当办理变更登记,未经登记或者变更登记的,不得对抗第三人。公司股东的股权比例发生变更后,有限责任公司负有变更公司登记事项的法定义务。新《公司法》第 34 条第 2 款规定,公司登记事项未经登记或者未经变更登记,不得对抗善意相对人;从而对公司登记的效力进一步予以明确。

二、诉讼主体

请求变更公司登记案件的原告为对公司现有工商登记信息有异议的主体,

常见情形包括股权转让人、股权受让人、被冒名股东、隐名股东、名义股东、法定代表人、高级管理人员等,被告通常为公司,与该变更登记具有利害关系的主体作为第三人。

然而,如果出现特殊情形,如公司作出变更相关登记事项的决议或决定后,原法定代表人迟迟不向管理部门申请变更登记,那么公司是否可以作为原告、以原法定代表人为被告提起变更公司登记之诉呢?我们认为,在这一问题上,公司具有诉的利益,理应赋予其相应的诉权,否则其将面临丧失救济途径的风险。需要注意的是,新《公司法》第 35 条第 3 款规定,"公司变更法定代表人的,变更登记申请书由变更后的法定代表人签署"。故在新《公司法》施行后,上述问题将得以解决。

三、管辖

(一)查明事实

1. 被告的主要办事机构所在地;2. 主要办事机构所在地不能确定的,被告的注册地或者登记地。

(二)法律适用

《民事诉讼法》第 22 条第 2 款:对法人或者其他组织提起的民事诉讼,由被告住所地人民法院管辖。

《民事诉讼法》第 27 条:因公司设立、确认股东资格、分配利润、解散等纠纷提起的诉讼,由公司住所地人民法院管辖。

《民诉法司法解释》第 3 条:公民的住所地是指公民的户籍所在地,法人或者其他组织的住所地是指法人或者其他组织的主要办事机构所在地。

法人或者其他组织的主要办事机构所在地不能确定的,法人或者其他组织的注册地或者登记地为住所地。

(三)特别说明

组织体的事项变更应属于特殊地域管辖,不适用一般的被告住所地管辖原则。因此,即使是前文所述的公司起诉法定代表人的情形,亦应由公司住所地法院管辖。

四、审理范围

(一) 变更事项的范围

公司的登记事项包括:(1)名称;(2)公司类型;(3)经营范围;(4)住所;(5)注册资本;(6)法定代表人的姓名;(7)有限责任公司股东或者股份有限公司发起人的姓名或者名称。

根据《市场主体登记管理条例》规定,公司章程、经营期限、有限责任公司股东或者股份有限公司发起人认缴的出资数额、公司的董事、监事、高级管理人员,都属于应向登记机关办理备案的事项。上述事项发生变更应及时更新备案而未更新的,利害关系人诉请更新备案,也应受理。如股东诉请更新备案章程,董事、监事、高级管理人员诉请更新相关备案信息等。

此外,股东名册是对股东身份的确认,属于股东权利的应有之义。股东应被记载于股东名册而未被记载的,股东对此应享有诉权。故股东诉请股东名册变更登记,亦属于本案由的审理范围。

(二) 处理纠纷的范围

司法实践中,当事人请求变更公司登记的依据基本为股权转让协议、股东会决议,而被告或第三人可能以协议或决议效力为由进行抗辩。那么在变更公司登记纠纷案件中,是否一并处理股东资格确认纠纷或者股东会决议效力纠纷,目前有以下三种观点。

第一种观点,应该一并处理,由于请求变更公司登记纠纷的案件争议焦点一般为公司决议效力或股权转让协议的效力,为避免当事人诉累、浪费司法资源,在同一案件当中一并处理为好。第二种观点,分开处理,《案由规定》明确规定了"请求变更公司登记纠纷"与"公司决议效力纠纷""股权转让纠纷"为并列的案由,应在不同案由之下审理相应纠纷,故变更登记的前置纠纷当事人应当另行起诉。第三种观点,区别对待,根据股东会决议效力纠纷或者股权转让纠纷案件的复杂程度,灵活处理。例如,如果涉及案外人的人数众多,因为履行情况不明,申请变更公司登记的依据尚不充足,无法通过形式审查对前置问题进行判断,可以判决驳回当事人的诉讼请求;反之,可以一并审理,并按照诉讼标的收取相应诉讼费用。

笔者同意第三种观点。请求变更公司登记纠纷这一案由主要是针对有关事项已经确定发生变更、公司应该变更登记而未按时申请变更登记的情况设立的，是为解决公司的不作为而赋予利害关系人的救济权利。当有关事项是否应当变更本身即存在较大争议时，如股东是否被冒名、是否属于隐名股东、股权转让协议或股东会决议是否存在无效或不成立、可撤销的情形等，不应属于本案由的审理范围，当事人应该诉诸股东资格确认纠纷、股权转让纠纷、公司决议纠纷等先行解决。

典型案例 刘某诉某工程设计公司、某投资公司请求变更公司登记纠纷案[1]

【裁判要旨】

1. 公司控股股东与其他股东就公司股权转让事宜存在争议，股权转让纠纷正在审理中，控股股东尚未获得明确的变更依据，亦不存在正当理由但穷尽救济亦无法变更的情形，应待股权转让纠纷先行解决再决定是否需要提起变更登记的诉讼。

2. 股权转让纠纷未解决，控股股东起诉公司要求变更登记的，法院不予支持。

【案情简介】

某工程设计公司于2018年2月成立，法定代表人为刘某，2018年3月公司章程显示公司注册资本为3000万元，其中某投资公司认缴出资额为600万元，刘某认缴出资额为2400万元。2018年6月，刘某与某投资公司签订《股权转让协议》，主要约定内容如下：刘某将其持有的目标公司认缴出资930万元（占目标公司股权比例31%）转让给某投资公司，股权转让价款为人民币零元。如目标公司未能达到目标产值2年、或连续2年亏损的，某投资公司有权提出退出或清算解散。如某投资公司退出，刘某回购某投资公司持有的目标公司全部股权，某投资公司退出目标公司。《股权转让协议》签订后，刘某、某工程设计

---

[1] 参见北京市第二中级人民法院（2023）京02民终2568号民事裁定书。

公司、某投资公司未按照股权转让协议约定在工商部门办理股权变更登记。

刘某曾以股权转让纠纷为由在一审法院起诉某投资公司，请求某投资公司继续履行双方签订的《股权转让协议》，后其撤回该案的起诉。刘某与某投资公司均认可双方未对工商变更时间、股权转让前提条件等内容进行约定。某投资公司陈述其不配合办理股权转让的原因为刘某与某投资公司就《股权转让协议》有重大争议。现刘某起诉，请求法院判决将某投资公司登记为某工程设计公司的股东。

【裁判结果】

一审法院裁定驳回刘某的起诉。刘某不服，提出上诉。二审法院驳回上诉，维持原裁定。

法院生效裁判认为，民事诉讼成立的要件之一是原被告之间有诉的利益。刘某起诉某工程设计公司要求变更公司股权登记，对于刘某主张的事实和法律依据，某工程设计公司均不持异议，刘某与某工程设计公司之间不存在任何争议，不具备诉的利益，法院没有实体裁判的必要性。某工程设计公司不能进行股权变更登记的原因是某投资公司与刘某之间就《股权转让协议书》的履行存在争议，且回购条件是否具备将影响股权变更结果，故刘某应先行解决与某投资公司之间的股权转让纠纷后再行主张公司变更登记。双方之间的股权转让纠纷案件正在审理中，刘某起诉要求某工程设计公司按照股权转让协议约定办理股权变更登记，需等待其与某投资公司的股权转让纠纷先行解决。

【案例评析】

本案中，原告刘某为某工程设计公司的控股股东，因与该公司的另一股东某投资公司就《股权转让协议》存在纠纷、某投资公司受让股权后未配合变更登记，而起诉某工程公司将某投资公司变更为股东。该纠纷需要关注的问题是，原告为被告的控股股东，被告在本案中的意见与原告完全一致，双方不存在矛盾或冲突需要解决。原告起诉的根本原因是其与第三人之间存在纠纷，从而无法实现其变更登记的目的，故其希望通过执行法院判决的方式来达到强制变更公司登记的目的。然而，法院判决变更公司登记的前提是已经存在明确的变更依据，或原告确有正当理由要求变更但其穷尽救济也无法获取有关变更登记的依据。本案中，刘某和第三人某投资公司之间的股权转让纠纷正在审理中，其尚未获得明确的变更依据，亦不存在有正当理由且穷尽救济亦无法变更的情形,应待该案纠纷先行解决再决定是否需要提起变更登记的诉讼。就本案而言,其与被告不存在任何冲突,不具备诉的利益。因此,法院裁定驳回刘某的起诉,处理正确。

第二节 新旧《公司法》相关规范对照

一、相关规范梳理

(一)旧《公司法》相关规定

1. 公司登记规定

旧《公司法》第6条:设立公司,应当依法向公司登记机关申请设立登记。符合本法规定的设立条件的,由公司登记机关分别登记为有限责任公司或者股份有限公司;不符合本法规定的设立条件的,不得登记为有限责任公司或者股份有限公司。

法律、行政法规规定设立公司必须报经批准的,应当在公司登记前依法办理批准手续。

公众可以向公司登记机关申请查询公司登记事项,公司登记机关应当提供查询服务。

2. 瑕疵决议的撤销登记规定

旧《公司法》第22条:公司股东会或者股东大会、董事会的决议内容违反法律、行政法规的无效。

股东会或者股东大会、董事会的会议召集程序、表决方式违反法律、行政法规或者公司章程,或者决议内容违反公司章程的,股东可以自决议作出之日起60日内,请求人民法院撤销。

股东依照前款规定提起诉讼的,人民法院可以应公司的请求,要求股东提供相应担保。

公司根据股东会或者股东大会、董事会决议已办理变更登记的,人民法院宣告该决议无效或者撤销该决议后,公司应当向公司登记机关申请撤销变更登记。

3.股东登记和登记效力规定

旧《公司法》第 32 条:有限责任公司应当置备股东名册,记载下列事项:

(一)股东的姓名或者名称及住所;

(二)股东的出资额;

(三)出资证明书编号。

记载于股东名册的股东,可以依股东名册主张行使股东权利。

公司应当将股东的姓名或者名称向公司登记机关登记;登记事项发生变更的,应当办理变更登记。未经登记或者变更登记的,不得对抗第三人。

(二)新《公司法》相关规定

1.瑕疵决议的撤销登记规定

新《公司法》第 28 条:公司股东会、董事会决议被人民法院宣告无效、撤销或者确认不成立的,公司应当向公司登记机关申请撤销根据该决议已办理的登记。

股东会、董事会决议被人民法院宣告无效、撤销或者确认不成立的,公司根据该决议与善意相对人形成的民事法律关系不受影响。

2.公司登记事项规定

新《公司法》第 32 条:公司登记事项包括:

(一)名称;

(二)住所;

(三)注册资本;

(四)经营范围;

(五)法定代表人的姓名;

(六)有限责任公司股东、股份有限公司发起人的姓名或者名称。

公司登记机关应当将前款规定的公司登记事项通过国家企业信用信息公示系统向社会公示。

3.变更登记与登记效力规定

新《公司法》第 34 条:公司登记事项发生变更的,应当依法办理变更登记。

公司登记事项未经登记或者未经变更登记,不得对抗善意相对人。

4.变更登记的申请文件规定

新《公司法》第 35 条:公司申请变更登记,应当向公司登记机关提交公司法定代表人签署的变更登记申请书、依法作出的变更决议或者决定等文件。

公司变更登记事项涉及修改公司章程的,应当提交修改后的公司章程。

公司变更法定代表人的,变更登记申请书由变更后的法定代表人签署。

二、新旧《公司法》比较

(一)瑕疵决议的撤销登记规定纵向比较

新《公司法》关于瑕疵决议的撤销登记规定未进行实质修改,仅在旧《公司法》规定的"无效""被撤销"情形基础上,增加了决议"被确认不成立"的瑕疵情形。增加该情形后,完善了我国公司法关于公司决议效力"三分法"的法律规定体系。

(二)公司登记事项规定纵向比较

1. 不同之处:旧《公司法》未在法律层面对公司登记事项进行明确规定,相关事项被规定在《市场主体登记管理条例》这一行政法规中。新《公司法》第32条新增关于公司登记事项的规定,将《市场主体登记管理条例》第8条中涉及公司法人登记事项的规定,上升为法律规范。并借鉴吸收了《企业信息公示暂行条例》第6条的内容,增设了将公司登记事项在国家企业信用信息公示系统进行公示的规定,删去了旧《公司法》第6条关于公众可以申请查询公司登记事项的规定。

2. 修改原因:此前有关公司登记事项的立法存在层级不足的问题,关于登记事项的具体范围仅在《市场主体登记管理条例》这一行政法规中有所规定。然而,公司登记事项涉及公司、股东、法定代表人、第三人、登记机关及其他登记申请人等多方主体的利益,具有重要的法律意义,应当在法律层面进行顶层设计。因此,新《公司法》在总结以往的立法和实践经验的基础上,新设第32条第1款,对登记事项作出权威性、系统性规定。《企业信息公示暂行条例》第6条规定,企业的登记事项应当通过国家企业信用信息公示系统进行公示。该条款的施行效果良好,同时国家企业信用信息公示系统也在不断完善;且登记事项的公示有利于交易相对人及时获取公司的必要信息、减少市场信息不对称的问题、保护交易安全、维护市场秩序、提升经济运行效率。因此,新《公司法》第32条第2款吸收了上述行政法规的相关规定。在公司登记信息公示制度下,公众可随时查阅登记信息,无须再向登记机关申请查询;登记机关的义务由被动提供查询服务变为主动公示,为公众和市场主体提供更大的便利。

(三)变更登记与登记效力规定纵向比较

1. 相同之处:新旧《公司法》均规定公司登记事项发生变更的,应当办理变更登记。

2. 不同之处:(1)新《公司法》把旧《公司法》关于股东登记的对抗效力扩张到所有的登记事项;(2)新《公司法》在办理变更登记的规定表述中新增"依法"一词;(3)将未经登记或变更登记事项的对外效力,从不得对抗"第三人"变为不得对抗"善意相对人"。

3. 修改原因:第一,公司登记事项所公示的信息不仅限于股东,还包括公司名称、住所、注册资本、经营范围、法定代表人姓名等,这些都对商事交易活动具有重要意义和影响。新《公司法》针对全部公司登记事项进行变更登记和公示效力的规定,旨在保证登记信息的准确性和及时性,维护市场秩序,保护交易相对人的安全。第二,新《公司法》在办理变更登记的规定表述中新增"依法"一词,主要指依据《市场主体登记管理条例》《市场主体登记管理条例实施细则》等相关规范性文件。第三,将登记事项的对抗效力及于"善意相对人"以外的所有人。即只有当交易相对人不知道且不应当知道公司登记事项未登记或者未经变更登记时,登记信息才不对其产生对抗效力;否则,对非善意的交易相对人、对交易外的其他第三人(不管其是否善意),登记信息均具有对抗效力。这一修改,从立法体系上看,同《民法典》第65条法人登记的公示效力条款"法人的实际情况与登记的事项不一致的,不得对抗善意相对人"保持一致。从立法宗旨上看,赋予了商事登记较强的免责效力,有助于促进市场主体及时更新登记信息、交易参与人做好尽职调查,减少交易各方的信息不对称,提升商事交易和经济运行效率。

(四)变更登记的申请文件规定纵向比较

1. 不同之处:新《公司法》第35条为新增条款,系关于公司变更登记文件和材料要求的规定。

2. 修改原因:该条规定了公司申请变更登记应提交的文件。目前《市场主体登记文书规范》《市场主体登记提交材料规范》等中央规范性文件对不同事项变更登记所需要的材料种类、样式作出了明确规定,新《公司法》的该条规定提供了上位法的依据。此外,针对实践中存在的原法定代表人不愿卸任、不配合签署变更登记申请书而产生的僵局,新《公司法》第35条第3款特别规定,由变更后的法定代表人签署变更登记申请书。

第三节 股权受让人请求变更公司登记

一、查明事实

1.原告主张变更公司登记纠纷的依据是什么,如股权转让协议、生效判决等;2.股权转让协议是否为双方真实意思表示、是否实际履行;3.未变更登记的原因;4.受让人是否为公司股东;5.受让人非公司原股东的情况下,其他股东是否明示放弃了优先购买权;6.针对原告要求变更登记的依据(如股权转让协议、股东会决议)是否有其他诉讼。

二、法律适用

(一)公司法相关规定

1.旧《公司法》第71条:有限责任公司的股东之间可以相互转让其全部或者部分股权。

股东向股东以外的人转让股权,应当经其他股东过半数同意。股东应就其股权转让事项书面通知其他股东征求同意,其他股东自接到书面通知之日起满三十日未答复的,视为同意转让。其他股东半数以上不同意转让的,不同意的股东应当购买该转让的股权;不购买的,视为同意转让。

经股东同意转让的股权,在同等条件下,其他股东有优先购买权。两个以上股东主张行使优先购买权的,协商确定各自的购买比例;协商不成的,按照转让时各自的出资比例行使优先购买权。

公司章程对股权转让另有规定的,从其规定。

对应新《公司法》第84条:有限责任公司的股东之间可以相互转让其全部或者部分股权。

股东向股东以外的人转让股权的,应当将股权转让的数量、价格、支付方式和期限等事项书面通知其他股东,其他股东在同等条件下有优先购买权。股东自接到书面通知之日起三十日内未答复的,视为放弃优先购买权。两个以上股东行使优先购买权的,协商确定各自的购买比例;协商不成的,按照转让时各自的出资比例行使优先购买权。

公司章程对股权转让另有规定的,从其规定。

2. 新《公司法》第86条:股东转让股权的,应当书面通知公司,请求变更股东名册;需要办理变更登记的,并请求公司向公司登记机关办理变更登记。公司拒绝或者在合理期限内不予答复的,转让人、受让人可以依法向人民法院提起诉讼。

股权转让的,受让人自记载于股东名册时起可以向公司主张行使股东权利。

3. 旧《公司法》第73条:依照本法第七十一条、第七十二条转让股权后,公司应当注销原股东的出资证明书,向新股东签发出资证明书,并相应修改公司章程和股东名册中有关股东及其出资额的记载。对公司章程的该项修改不需再由股东会表决。

对应新《公司法》第87条:依照本法转让股权后,公司应当及时注销原股东的出资证明书,向新股东签发出资证明书,并相应修改公司章程和股东名册中有关股东及其出资额的记载。对公司章程的该项修改不需再由股东会表决。

4. 旧《公司法》第75条:自然人股东死亡后,其合法继承人可以继承股东资格;但是,公司章程另有规定的除外。

对应新《公司法》第90条:自然人股东死亡后,其合法继承人可以继承股东资格;但是,公司章程另有规定的除外。

5. 旧《公司法》第137条:股东持有的股份可以依法转让。

对应新《公司法》第157条:股份有限公司的股东持有的股份可以向其他股东转让,也可以向股东以外的人转让;公司章程对股份转让有限制的,其转让按照公司章程的规定进行。

6. 旧《公司法》第139条:记名股票,由股东以背书方式或者法律、行政法规规定的其他方式转让;转让后由公司将受让人的姓名或者名称及住所记载于股东名册。

股东大会召开前二十日内或者公司决定分配股利的基准日前五日内,不得进行前款规定的股东名册的变更登记。但是,法律对上市公司股东名册变更登记另有规定的,从其规定。

旧《公司法》第140条:无记名股票的转让,由股东将该股票交付给受让人后即发生转让的效力。

对应新《公司法》第159条:股票的转让,由股东以背书方式或者法律、行政法规规定的其他方式进行;转让后由公司将受让人的姓名或者名称及住所记载于股东名册。

股东会会议召开前二十日内或者公司决定分配股利的基准日前五日内,不得变更股东名册。法律、行政法规或者国务院证券监督管理机构对上市公司股东名册变更另有规定的,从其规定。

7.旧《公司法》第141条:发起人持有的本公司股份,自公司成立之日起一年内不得转让。公司公开发行股份前已发行的股份,自公司股票在证券交易所上市交易之日起一年内不得转让。

公司董事、监事、高级管理人员应当向公司申报所持有的本公司的股份及其变动情况,在任职期间每年转让的股份不得超过其所持有本公司股份总数的百分之二十五;所持本公司股份自公司股票上市交易之日起一年内不得转让。上述人员离职后半年内,不得转让其所持有的本公司股份。公司章程可以对公司董事、监事、高级管理人员转让其所持有的本公司股份作出其他限制性规定。

对应新《公司法》第160条:公司公开发行股份前已发行的股份,自公司股票在证券交易所上市交易之日起一年内不得转让。法律、行政法规或者国务院证券监督管理机构对上市公司的股东、实际控制人转让其所持有的本公司股份另有规定的,从其规定。

公司董事、监事、高级管理人员应当向公司申报所持有的本公司的股份及其变动情况,在就任时确定的任职期间每年转让的股份不得超过其所持有本公司股份总数的百分之二十五;所持本公司股份自公司股票上市交易之日起一年内不得转让。上述人员离职后半年内,不得转让其所持有的本公司股份。公司章程可以对公司董事、监事、高级管理人员转让其所持有的本公司股份作出其他限制性规定。

股份在法律、行政法规规定的限制转让期限内出质的,质权人不得在限制转让期限内行使质权。

8.新《公司法》第167条:自然人股东死亡后,其合法继承人可以继承股东资格;但是,股份转让受限的股份有限公司的章程另有规定的除外。

(二)《公司法司法解释(三)》相关规定

1.第21条:当事人向人民法院起诉请求确认其股东资格的,应当以公司为被告,与案件争议股权有利害关系的人作为第三人参加诉讼。

2.第22条:当事人之间对股权归属发生争议,一方请求人民法院确认其享有股权的,应当证明以下事实之一:

(一)已经依法向公司出资或者认缴出资,且不违反法律法规强制性规定;

(二)已经受让或者以其他形式继受公司股权,且不违反法律法规强制性规定。

3.第23条:当事人依法履行出资义务或者依法继受取得股权后,公司未根据公司法第三十一条、第三十二条的规定签发出资证明书、记载于股东名册并办理公司登记机关登记,当事人请求公司履行上述义务的,人民法院应予支持。

(三)《公司法司法解释(四)》相关规定

1.第17条:有限责任公司的股东向股东以外的人转让股权,应就其股权转让事项以书面或者其他能够确认收悉的合理方式通知其他股东征求同意。其他股东半数以上不同意转让,不同意的股东不购买的,人民法院应当认定视为同意转让。

经股东同意转让的股权,其他股东主张转让股东应当向其以书面或者其他能够确认收悉的合理方式通知转让股权的同等条件的,人民法院应当予以支持。

经股东同意转让的股权,在同等条件下,转让股东以外的其他股东主张优先购买的,人民法院应当予以支持,但转让股东依据本规定第二十条放弃转让的除外。

2.第18条:人民法院在判断是否符合公司法第七十一条第三款及本规定

所称的"同等条件"时,应当考虑转让股权的数量、价格、支付方式及期限等因素。

3. 第 19 条:有限责任公司的股东主张优先购买转让股权的,应当在收到通知后,在公司章程规定的行使期间内提出购买请求。公司章程没有规定行使期间或者规定不明确的,以通知确定的期间为准,通知确定的期间短于三十日或者未明确行使期间的,行使期间为三十日。

4. 第 20 条:有限责任公司的转让股东,在其他股东主张优先购买后又不同意转让股权的,对其他股东优先购买的主张,人民法院不予支持,但公司章程另有规定或者全体股东另有约定的除外。其他股东主张转让股东赔偿其损失合理的,人民法院应当予以支持。

5. 第 21 条:有限责任公司的股东向股东以外的人转让股权,未就其股权转让事项征求其他股东意见,或者以欺诈、恶意串通等手段,损害其他股东优先购买权,其他股东主张按照同等条件购买该转让股权的,人民法院应当予以支持,但其他股东自知道或者应当知道行使优先购买权的同等条件之日起三十日内没有主张,或者自股权变更登记之日起超过一年的除外。

前款规定的其他股东仅提出确认股权转让合同及股权变动效力等请求,未同时主张按照同等条件购买转让股权的,人民法院不予支持,但其他股东非因自身原因导致无法行使优先购买权,请求损害赔偿的除外。

股东以外的股权受让人,因股东行使优先购买权而不能实现合同目的的,可以依法请求转让股东承担相应民事责任。

三、常见问题

(一)公司章程对股权转让的限制

公司章程约定对股权转让进行限制,那么公司能否仅以受让股东存在违反章程约定的情况而拒绝变更登记?

一方面,从法律规定上看,旧《公司法》的规定是,有限责任公司的章程对股权转让另有规定的,从其规定。股份有限公司股东持有的股份可以依法转让。可见,现行法对于股份有限公司的章程是否可以对股权转让进行限制并未明确规定。新《公司法》第 157 条规定:"股份有限公司的股东持有的股份可以向其他股东转让,也可以向股东以外的人转让;公司章程对股份转让有限制的,其转让按照公司章程的规定进行。"该规定对于旧法的留白地带进行了填补，减少了该问题的争议。根据新《公司法》第157条的规定，公司的股权或股份转让，均应该遵从公司的章程规定。在该立法精神下，股东违反章程进行转让，公司有权拒绝变更登记。

另一方面，从法理角度分析，第一，关于公司章程能否对股权转让进行限制。股权作为一种权利，权能本身包括自由转让。法律没有禁止当事人通过约定对股东行使权利进行限制，根据法无禁止即自由的原则，当事人对股权转让的限制达成约定是其自由。但需要注意的是，股权具有自益权属性，对其转让进行限制应该经过股东本人同意，而不能通过股东多数决进行。因此，在股东本人同意的情况下，公司章程可以对股东的权利行使进行限制。第二，对股东权利的限制应该有合理边界，不能从根本上剥夺股东权利或损害股东的根本利益，要考虑股权受到限制后，权利人行使权利是否可通过其他方式实现。如永久不得转让或导致无法向任何人转让的约定，则明显是不合理、不合法的限制。第三，如章程的限制经过本人同意且合理合法，那么受让人能否取得股权，还应讨论其是否善意。一般来说，公司章程的约定是对股东所作的限制，公司以外的人没有查阅义务，因而不能对抗善意第三人。但是，作为交易对手的股权受让人，其受让股权后即成为股东，将受到公司章程的约束，作为一般善良管理人，理应查阅章程。因此，笔者认为股权受让人具有查阅章程的义务，不属于善意第三人。公司有权拒绝为其变更登记。

综上所述，对该问题的处理应寻求股权处置自由与组织法限制之间的平衡。首先，应审查对股权的相关限制是否经本人同意。其次，应考察该限制是否合理合法。如相关限制既经过本人同意又属于合理合法的限制，那么不符合章程约定的股权受让人不能取得相应股权，公司可以拒绝为其变更登记；如果相关限制未经本人同意，或属于不合理、不合法的限制，则该限制应属无效约定，不对股东产生约束力，股权受让人理应取得股权，公司不得拒绝为其变更登记。

（二）是否追加股权转让人为第三人

受让人基于股权转让协议请求变更股东登记，是否追加转让人为第三人，需要根据查明的事实灵活处理。如股权转让的相关纠纷已通过生效判决得到解决，可以不用追加。如若不然，原则上应该追加转让人为第三人，从而判断股权转让的事实有无争议以及争议大小。若无实质争议,则可以判决支持原告诉请;若争议较大,则原告应另行提起股权转让纠纷之诉,先解决股权转让的有关争议。

(三)是否追加其他股东为第三人

如果公司以其他股东未行使优先购买权为由进行抗辩,是否追加其他股东为第三人,亦需要根据查明的事实灵活处理。在这种情况下,原告应当提供证据证明其他股东已经放弃了优先购买权,如果根据举证情况可以审查清楚,则无须追加第三人;如果被告对该问题有实质性争议,则应该将其他股东追加为第三人,否则可能存在侵犯其他股东优先购买权的情况。

(四)公司能否以无相关股东会决议为由拒绝变更登记

根据目前的登记规定,公司自行申请变更登记需提交相关的股东会决议。但相关决议只是事项办理所需的流程材料,不是变更登记的必要条件。有无相关股东会决议对变更诉请并无实质影响,公司以未经股东会决议或不具备工商变更登记形式要求进行抗辩的,法院不予支持。

(五)仅凭股东会决议能否请求变更股东登记

当事人仅以股东会决议为依据请求变更登记时,核心是审查决议能否充分体现股权转让双方的真实意思表示。通常情况下,股东会决议一般缺少转让价格、支付方式、付款时间等合同的核心条款,如对方对转让事项提出异议,则仅有的股东会决议,无法作为变更股东登记的依据。

(六)公司能否以其不掌握公司证照为由进行抗辩

公司证照和印信是否由公司实际控制,属于公司内部治理问题,公司如认为有必要可另行解决(如诉请返还或进行补办),但不能以此作为免除变更登记义务的事由。司法实践中,即使公司无印章,权利人也可以通过强制执行的方式实现变更登记。

(七)未实际支付股权转让款是否影响股东变更登记

买受人未实际支付股权转让款是否影响股东变更登记,要根据股权转让协议约定的股权变动条件是否成就来进行判断。且当转让方提出该抗辩意见时,说明股权转让的事实存在争议,如无法通过简单的形式审查进行判断,应诉诸股权转让纠纷先行解决。

第四节　公司原股东要求恢复登记

一、查明事实

原股东主张恢复登记的依据是什么,如:1.股权转让协议的效力问题;2.股权转让协议的履行情况等。

二、法律适用

(一)公司法相关规定

1.旧《公司法》第71条:有限责任公司的股东之间可以相互转让其全部或者部分股权。

股东向股东以外的人转让股权,应当经其他股东过半数同意。股东应就其股权转让事项书面通知其他股东征求同意,其他股东自接到书面通知之日起满三十日未答复的,视为同意转让。其他股东半数以上不同意转让的,不同意的股东应当购买该转让的股权;不购买的,视为同意转让。

经股东同意转让的股权,在同等条件下,其他股东有优先购买权。两个以上股东主张行使优先购买权的,协商确定各自的购买比例;协商不成的,按照转让时各自的出资比例行使优先购买权。

公司章程对股权转让另有规定的,从其规定。

对应新《公司法》第84条:有限责任公司的股东之间可以相互转让其全部或者部分股权。股东向股东以外的人转让股权的,应当将股权转让的数量、价格、支付方式和期限等事项书面通知其他股东,其他股东在同等条件下有优先购买权。股东自接到书面通知之日起三十日内未答复的,视为放弃优先购买权。两个以上股东行使优先购买权的,协商确定各自的购买比例;协商不成的,按照转让时各自的出资比例行使优先购买权。公司章程对股权转让另有规定的,从其规定。

2.新《公司法》第86条:股东转让股权的,应当书面通知公司,请求变更股东名册;需要办理变更登记的,并请求公司向公司登记机关办理变更登记。公司拒绝或者在合理期限内不予答复的,转让人、受让人可以依法向人民法院提起诉讼。

股权转让的,受让人自记载于股东名册时起可以向公司主张行使股东权利。

3.旧《公司法》第73条:依照本法第七十一条、第七十二条转让股权后,公司应当注销原股东的出资证明书,向新股东签发出资证明书,并相应修改公司章程和股东名册中有关股东及其出资额的记载。对公司章程的该项修改不需再由股东会表决。

对应新《公司法》第87条:依照本法转让股权后,公司应当及时注销原股东的出资证明书,向新股东签发出资证明书,并相应修改公司章程和股东名册中有关股东及其出资额的记载。对公司章程的该项修改不需再由股东会表决。

4.旧《公司法》第75条:自然人股东死亡后,其合法继承人可以继承股东资格;但是,公司章程另有规定的除外。

对应新《公司法》第90条:自然人股东死亡后,其合法继承人可以继承股东资格;但是,公司章程另有规定的除外。

5.旧《公司法》第137条:股东持有的股份可以依法转让。

对应新《公司法》第157条:股份有限公司的股东持有的股份可以向其他股东转让,也可以向股东以外的人转让;公司章程对股份转让有限制的,其转让按照公司章程的规定进行。

6.旧《公司法》第139条:记名股票,由股东以背书方式或者法律、行政法规规定的其他方式转让;转让后由公司将受让人的姓名或者名称及住所记载于股东名册。

股东大会召开前二十日内或者公司决定分配股利的基准日前五日内,不得进行前款规定的股东名册的变更登记。但是,法律对上市公司股东名册变更登记另有规定的,从其规定。

旧《公司法》第140条:无记名股票的转让,由股东将该股票交付给受让人后即发生转让的效力。

对应新《公司法》第159条:股票的转让,由股东以背书方式或者法律、行政法规规定的其他方式进行;转让后由公司将受让人的姓名或者名称及住所记载于股东名册。

股东会会议召开前二十日内或者公司决定分配股利的基准日前五日内,不得变更股东名册。法律、行政法规或者国务院证券监督管理机构对上市公司股东名册变更另有规定的,从其规定。

7.旧《公司法》第141条:发起人持有的本公司股份,自公司成立之日起一年内不得转让。公司公开发行股份前已发行的股份,自公司股票在证券交易所上市交易之日起一年内不得转让。

公司董事、监事、高级管理人员应当向公司申报所持有的本公司的股份及其变动情况,在任职期间每年转让的股份不得超过其所持有本公司股份总数的百分之二十五;所持本公司股份自公司股票上市交易之日起一年内不得转让。上述人员离职后半年内,不得转让其所持有的本公司股份。公司章程可以对公司董事、监事、高级管理人员转让其所持有的本公司股份作出其他限制性规定。

对应新《公司法》第160条:公司公开发行股份前已发行的股份,自公司股票在证券交易所上市交易之日起一年内不得转让。法律、行政法规或者国务院证券监督管理机构对上市公司的股东、实际控制人转让其所持有的本公司股份另有规定的,从其规定。

公司董事、监事、高级管理人员应当向公司申报所持有的本公司的股份及其变动情况,在就任时确定的任职期间每年转让的股份不得超过其所持有本公司股份总数的百分之二十五;所持本公司股份自公司股票上市交易之日起一年内不得转让。上述人员离职后半年内,不得转让其所持有的本公司股份。公司章程可以对公司董事、监事、高级管理人员转让其所持有的本公司股份作出其他限制性规定。

股份在法律、行政法规规定的限制转让期限内出质的,质权人不得在限制转让期限内行使质权。

8.新《公司法》第167条:自然人股东死亡后,其合法继承人可以继承股东资格;但是,股份转让受限的股份有限公司的章程另有规定的除外。

(二)《公司法司法解释(三)》相关规定

1.第21条:当事人向人民法院起诉请求确认其股东资格的,应当以公司为被告,与案件争议股权有利害关系的人作为第三人参加诉讼。

2. 第 22 条:当事人之间对股权归属发生争议,一方请求人民法院确认其享有股权的,应当证明以下事实之一:

(一)已经依法向公司出资或者认缴出资,且不违反法律法规强制性规定;

(二)已经受让或者以其他形式继受公司股权,且不违反法律法规强制性规定。

3. 第 23 条:当事人依法履行出资义务或者依法继受取得股权后,公司未根据公司法第三十一条、第三十二条的规定签发出资证明书、记载于股东名册并办理公司登记机关登记,当事人请求公司履行上述义务的,人民法院应予支持。

(三)《公司法司法解释(四)》相关规定

1. 第 17 条:有限责任公司的股东向股东以外的人转让股权,应就其股权转让事项以书面或者其他能够确认收悉的合理方式通知其他股东征求同意。其他股东半数以上不同意转让,不同意的股东不购买的,人民法院应当认定视为同意转让。

经股东同意转让的股权,其他股东主张转让股东应当向其以书面或者其他能够确认收悉的合理方式通知转让股权的同等条件的,人民法院应当予以支持。

经股东同意转让的股权,在同等条件下,转让股东以外的其他股东主张优先购买的,人民法院应当予以支持,但转让股东依据本规定第二十条放弃转让的除外。

2. 第 18 条:人民法院在判断是否符合公司法第七十一条第三款及本规定所称的"同等条件"时,应当考虑转让股权的数量、价格、支付方式及期限等因素。

3. 第 19 条:有限责任公司的股东主张优先购买转让股权的,应当在收到通知后,在公司章程规定的行使期间内提出购买请求。公司章程没有规定行使期间或者规定不明确的,以通知确定的期间为准,通知确定的期间短于三十日或者未明确行使期间的,行使期间为三十日。

4. 第 20 条:有限责任公司的转让股东,在其他股东主张优先购买后又不同意转让股权的,对其他股东优先购买的主张,人民法院不予支持,但公司章程另有规定或者全体股东另有约定的除外。其他股东主张转让股东赔偿其损失合理的,人民法院应当予以支持。

5.第21条:有限责任公司的股东向股东以外的人转让股权,未就其股权转让事项征求其他股东意见,或者以欺诈、恶意串通等手段,损害其他股东优先购买权,其他股东主张按照同等条件购买该转让股权的,人民法院应当予以支持,但其他股东自知道或者应当知道行使优先购买权的同等条件之日起三十日内没有主张,或者自股权变更登记之日起超过一年的除外。

前款规定的其他股东仅提出确认股权转让合同及股权变动效力等请求,未同时主张按照同等条件购买转让股权的,人民法院不予支持,但其他股东非因自身原因导致无法行使优先购买权,请求损害赔偿的除外。

股东以外的股权受让人,因股东行使优先购买权而不能实现合同目的的,可以依法请求转让股东承担相应民事责任。

三、常见问题

(一)能否以协议非真实意思表示为由主张恢复登记

该问题涉及对当事人意思表示是否真实的具体审查,如签字是否为本人所签;非本人所签的情况下,是否有事前授权或者事后追认等;如有股权转让合同纠纷或股权转让纠纷的生效判决对上述争议予以解决,可以径行判决;如不然,则应先行解决股权转让的相关争议。

(二)能否以转让协议已解除为由主张恢复登记

与上一问题同理,应另行解决股权转让的相关争议,根据生效判决进行裁判。

(三)能否以转让协议无效为由主张恢复登记

股权转让协议经生效判决确认无效,但受让人已将股权出让给第三人,且已经办理变更登记。基于股权登记的公信力,能否恢复登记至原股东名下,取决于第三人是否构成善意取得。首先,股权转让协议被确认无效,则受让人属于无权处分;其次,审查第三人是否属于善意取得,如果第三人明知或应当知道该股权转让并非转让人真实意思表示,仍然再次受让股权,则不属于善意取得,否则恢复登记的请求将受到善意取得制度的阻却。

第五节　冒名股东/隐名股东/名义股东请求变更登记

一、查明事实

1.被冒名的事实是否有公安机关的处理结果;2.隐名股东或名义股东请求变更公司登记的依据;3.是否提起股东资格确认诉讼;4.是否经其他股东过半数同意。

二、法律适用

1.《公司法司法解释(三)》第24条:有限责任公司的实际出资人与名义出资人订立合同,约定由实际出资人出资并享有投资权益,以名义出资人为名义股东,实际出资人与名义股东对该合同效力发生争议的,如无法律规定的无效情形,人民法院应当认定该合同有效。

前款规定的实际出资人与名义股东因投资权益的归属发生争议,实际出资人以其实际履行了出资义务为由向名义股东主张权利的,人民法院应予支持。名义股东以公司股东名册记载、公司登记机关登记为由否认实际出资人权利的,人民法院不予支持。

实际出资人未经公司其他股东半数以上同意,请求公司变更股东、签发出资证明书、记载于股东名册、记载于公司章程并办理公司登记机关登记的,人民法院不予支持。

2.《公司法司法解释(三)》第25条:名义股东将登记于其名下的股权转让、质押或者以其他方式处分,实际出资人以其对于股权享有实际权利为由,请求认定处分股权行为无效的,人民法院可以参照民法典第三百一十一条的规定处理。

名义股东处分股权造成实际出资人损失,实际出资人请求名义股东承担赔偿责任的,人民法院应予支持。

3.《公司法司法解释(三)》第28条:冒用他人名义出资并将该他人作为股

东在公司登记机关登记的,冒名登记行为人应当承担相应责任;公司、其他股东或者公司债权人以未履行出资义务为由,请求被冒名登记为股东的承担补足出资责任或者对公司债务不能清偿部分的赔偿责任的,人民法院不予支持。

三、常见问题

(一)被冒名增资股东能否请求恢复公司资本登记

存在冒名增资情形的股东会决议被判决无效后,如果公司已经依据该股东会决议进行增资并办理了变更登记,那么该注册资本经过变更登记的公示后,形成了一定公示公信力。此时若撤销恢复至原来登记状态,公司注册资本也要变更为增资前的情形,不利于对信赖登记公示的不特定第三人利益的保护,违反了商法促进交易效率的法律原则。因此,上述股东会决议被确认无效或者不成立之后,并不必然导致公司办理减资登记。新增的注册资本如何处理,应该先由公司内部治理来解决,如进行减资或由他人认缴。在公司作出相应的决议之前,法院仅依增资决议被确认无效或者不成立,判决公司办理恢复注册资本的登记缺乏法律依据。

被冒名登记的股东在不能恢复登记的情况下,可以依据《公司法司法解释(三)》第28条的规定:"冒用他人名义出资并将该他人作为股东在公司登记机关登记的,冒名登记行为人应当承担相应责任;公司、其他股东或者公司债权人以未履行出资义务为由,请求被冒名登记为股东的承担补足出资责任或者对公司债务不能清偿部分的赔偿责任的,人民法院不予支持",通过提起损害赔偿的方式要求冒名行为人承担赔偿责任。另外,根据上述法律规定,冒用他人名义进行登记的行为人应当就其冒用行为向公司、其他股东、公司债权人等承担法律责任,而被冒名人不承担相关法律责任。法律并不赋予被冒名人任何公司股东的义务,反之,被冒名人亦不应享有任何公司股东的权利,据此不应将相应股权份额被冒名的股东视为法律上拥有该股权份额的公司股东。

(二)隐名股东要求显名,能否请求变更股东登记

当事人需提供充分证据证明存在委托代持关系、其他股东半数以上同意。如上述事实清晰,则人民法院可以支持变更登记;否则,应先行解决股东资格确认的前置问题。

（三）名义持股人能否请求将股权变更登记至实际持股人的名下

形式审查是否存在代持关系、代持关系是否已解除、是否经过其他股东过半数同意，如符合上述全部条件、事实清晰，则法院应该支持名义持股人的变更请求。否则，亦应先行解决股东资格确认的前置问题。

典型案例 樊某某诉马某、某集团公司等请求变更公司登记纠纷案[①]

【裁判要旨】

替他人代持股权的股东，请求将股权变更登记至实际股东的名下，应审查是否存在代持关系、代持关系是否已解除、是否经过其他股东过半数同意。名义持股人与实际持股人之间的股权代持协议已经解除，名义持股人请求将股权变更至实际持股人名下，公司其他股东半数以上同意的，法院应支持名义持股人的变更登记请求。

【案情简介】

马某（甲方、实际持股人）与樊某某（乙方、名义持股人）签订《股权代持协议》，约定甲方委托乙方代甲方持有某集团公司10%的股权。某集团公司登记的股东为：某商务公司持股比例50%、李某持股比例40%、樊某某持股比例10%。樊某某于2021年9月30日向李某、某商务公司的办公地址邮寄《解除股权代持协议及股权转让通知》，签收信息显示门卫于2021年10月1日签收。该《解除股权代持协议及股权转让通知》载明："……关于本人将所代持的公司10%的股权转回给马某事宜，1.如您同意，请自收到本通知之日起30日内以书面形式回复本人，收件地址：×××，收件人：樊某某，电话：××××××××××。2.如您在上述时间内未答复的，视为同意转让10%股权。3.如您不同意，您应当于2021年10月31日前以认缴出资额的价格购买该10%的公司股权；不购买的，视为同意转让。"

法院判决确认樊某某与马某之间的《股权代持协议》于2021年8月18日解除；马某支付樊某某股权代持报酬、垫付费用及资金占用利息损失。该判决

[①] 参见北京市第二中级人民法院（2023）京02民终2417号民事判决书。

认为,樊某某与马某签订的《股权代持协议》上有双方签字,应视为双方真实意思表示,合法有效,该协议对双方均具有约束力。宣判后,马某上诉,二审判决维持原判。该判决书在当事人诉辩意见中载明:"马某同意樊某某及某商务公司、李某配合将某集团公司的10%股权过户至马某名下。某集团公司对一审法院判决没有意见。"某集团公司始终没有将樊某某代持的10%股权变更登记,故樊某某向法院起诉,请求马某、某集团公司、某商务公司、李某协助配合樊某某将以其名义代马某所持有的某集团公司10%的股权变更至马某名下。

【裁判结果】

一审法院判决将樊某某名下代马某持有的某集团公司10%的股权过户到马某名下。二审法院判决:驳回上诉,维持原判。

法院生效裁判认为,已为人民法院发生法律效力的裁判所确认的基本事实,当事人无须举证证明。(2022)京02民终3931号民事判决书已经认定马某与樊某某双方之间存在股权代持关系,并依据樊某某请求判决股权代持关系解除,马某虽主张双方之间不存在股权代持关系,但没有提交证据推翻生效判决的认定事实,对其此项主张,法院不予支持。现樊某某要求在股权代持关系解除后,将其名下代马某持有的某集团公司10%的股权过户到马某名下的诉讼请求,事实上属于隐名股东的显名,也即公司外部人进入公司内部成为公司股东,符合《公司法》第71条第2款、《公司法司法解释(三)》第24条第3款规定的情形。根据查明事实,在樊某某履行前置程序后,某集团公司没有任何股东主张以同等条件受让樊某某出让的某集团公司股权,故应视为同意转让,满足隐名股东显名登记的条件,故法院最终判决将樊某某名下代马某持有的某集团公司10%的股权过户到马某名下。

【案例评析】

替他人代持股权的股东,请求将股权变更登记至隐名股东的名下,应审查是否存在代持关系、代持关系是否已解除、是否经过其他股东过半数同意,如符合上述全部条件、事实清晰,则法院应该支持原告的变更登记请求。首先,本案中,依据生效法律文书确认的事实,樊某某与马某签订《股权代持协议》约定马某委托樊某某代为持有其在某集团公司10%的股权。其次,樊某某起诉要求解除《股权代持协议》,生效法律文书已确认《股权代持协议》于2021年8月18日解除。《股权代持协议》被解除后,马某要求樊某某代持马某享有的某集团公司的股权失去了合同基础,樊某某有权要求将其代持的某集团公司的股权变更登记至马某名下。最后,关于樊某某返还代持股份,属于隐名股东的显名,也即公司外部人进入公司内部成为公司股东,应当经其他股东过半数同意。《公司法司法解释(三)》第24条第3款规定,实际出资人未经公司其他股东半数以上同意,请求公司变更股东、签发出资证明书、记载于股东名册、记载于公司章程并办理公司登记机关登记的,人民法院不予支持。根据旧《公司法》第71条第2款规定,股东应就其股权转让事项书面通知其他股东征求同意,其他股东自接到书面通知之日起满三十日未答复的,视为同意转让。本案中,某商务公司、李某均未在收到股权转让事项通知后三十日内表示受让该股权,故应视为同意转让,满足隐名股东显名登记的条件。公司系办理工商登记的义务主体,某集团公司应当根据股东实际出资情况办理公司股东的变更登记。而马某作为《股权代持协议》签署的一方当事人,在该协议被解除后,亦应当履行协助恢复原状的义务。

第六节　请求变更法定代表人登记

一、查明事实

1.请求法定代表人变更的依据;2.公司章程的规定;3.新法定代表人是否具有法律规定的不能成为法定代表人的情形(不主动审查)。

二、法律适用

1.旧《公司法》第13条:公司法定代表人依照公司章程的规定,由董事长、执行董事或者经理担任,并依法登记。公司法定代表人变更,应当办理变更登记。

对应新《公司法》第10条:公司的法定代表人按照公司章程的规定,由代表公司执行公司事务的董事或者经理担任。

担任法定代表人的董事或者经理辞任的,视为同时辞去法定代表人。

法定代表人辞任的,公司应当在法定代表人辞任之日起三十日内确定新的法定代表人。

2. 新《公司法》第 11 条:法定代表人以公司名义从事的民事活动,其法律后果由公司承受。

公司章程或者股东会对法定代表人职权的限制,不得对抗善意相对人。

法定代表人因执行职务造成他人损害的,由公司承担民事责任。公司承担民事责任后,依照法律或者公司章程的规定,可以向有过错的法定代表人追偿。

3. 旧《公司法》第 146 条:有下列情形之一的,不得担任公司的董事、监事、高级管理人员:

(一)无民事行为能力或者限制民事行为能力;

(二)因贪污、贿赂、侵占财产、挪用财产或者破坏社会主义市场经济秩序,被判处刑罚,执行期满未逾五年,或者因犯罪被剥夺政治权利,执行期满未逾五年;

(三)担任破产清算的公司、企业的董事或者厂长、经理,对该公司、企业的破产负有个人责任的,自该公司、企业破产清算完结之日起未逾三年;

(四)担任因违法被吊销营业执照、责令关闭的公司、企业的法定代表人,并负有个人责任的,自该公司、企业被吊销营业执照之日起未逾三年;

(五)个人所负数额较大的债务到期未清偿。

公司违反前款规定选举、委派董事、监事或者聘任高级管理人员的,该选举、委派或者聘任无效。

董事、监事、高级管理人员在任职期间出现本条第一款所列情形的,公司应当解除其职务。

对应新《公司法》第 178 条:有下列情形之一的,不得担任公司的董事、监事、高级管理人员:

(一)无民事行为能力或者限制民事行为能力;

(二)因贪污、贿赂、侵占财产、挪用财产或者破坏社会主义市场经济秩序,被判处刑罚,或者因犯罪被剥夺政治权利,执行期满未逾五年,被宣告缓刑的,自缓刑考验期满之日起未逾二年;

(三)担任破产清算的公司、企业的董事或者厂长、经理,对该公司、企业的破产负有个人责任的,自该公司、企业破产清算完结之日起未逾三年;

(四)担任因违法被吊销营业执照、责令关闭的公司、企业的法定代表人,并

负有个人责任的,自该公司、企业被吊销营业执照、责令关闭之日起未逾三年;

(五)个人因所负数额较大债务到期未清偿被人民法院列为失信被执行人。

违反前款规定选举、委派董事、监事或者聘任高级管理人员的,该选举、委派或者聘任无效。

董事、监事、高级管理人员在任职期间出现本条第一款所列情形的,公司应当解除其职务。

4.《市场主体登记管理条例》第12条:有下列情形之一的,不得担任公司、非公司企业法人的法定代表人:

(一)无民事行为能力或者限制民事行为能力;

(二)因贪污、贿赂、侵占财产、挪用财产或者破坏社会主义市场经济秩序被判处刑罚,执行期满未逾5年,或者因犯罪被剥夺政治权利,执行期满未逾5年;

(三)担任破产清算的公司、非公司企业法人的法定代表人、董事或者厂长、经理,对破产负有个人责任的,自破产清算完结之日起未逾3年;

(四)担任因违法被吊销营业执照、责令关闭的公司、非公司企业法人的法定代表人,并负有个人责任的,自被吊销营业执照之日起未逾3年;

(五)个人所负数额较大的债务到期未清偿;

(六)法律、行政法规规定的其他情形。

三、常见问题

(一)是否审查新法定代表人的任职条件

《市场主体登记管理条例》第12条规定了不得担任企业法定代表人的情形。笔者认为,是否符合任职条件属于行政管理机关的审查范围。如果新的法定代表人不符合法定任职资格,法院应向原告进行释明,如果原告仍坚持诉讼,应以判决驳回其诉讼请求。

(二)变更法定代表人诉讼是否追加第三人

区分情况:如果是新的法定代表人起诉要求根据股东会决议将法定代表人变更至自己名下,由于法定代表人是根据公司决议作出的变更,系公司自治范畴,原法定代表人的意见不影响公司决议,故可以不追加第三人。如果是工商登记的法定代表人起诉要求根据股东会决议变更至新的法定代表人名下,应当听取该新的法定代表人的意见,并应当追加其作为第三人。

(三)公司被吊销以后能否变更法定代表人登记

该问题有三种观点:第一种观点,公司被吊销营业执照以后只能进行清算,不能进行变更登记;第二种观点,法定代表人不属于经营事项,可以进行变更;第三种观点,法定代表人的权限决定了变更法定代表人属于经营事项,公司被吊销营业执照以后,依法不能变更。笔者认为公司被吊销营业执照后,应当依法进入清算程序。此时由清算组负责人代表公司处理清算事宜,原法定代表人作为公司曾经的经营管理者,理应负有配合义务。故为了清算的顺利进行,不应支持原法定代表人要求变更登记的请求。

(四)新法定代表人不同意时,原法定代表人能否请求变更登记

法定代表人与公司之间属于委托合同关系,需要双方自愿达成合意。如果被选任成为新法定代表人的自然人不同意成为该公司的法定代表人,那么法院不应判决变更。此时应通过公司内部自治来选任愿意出任法定代表人的合适人员。如公司与新选出的法定代表人之间有其他协议,新法定代表人拒绝受任的行为违反了合同约定,则公司可追究其违约责任。

第七节 请求涤除法定代表人登记

一、查明事实

1. 请求涤除的原因,如辞任、不愿继续挂名、被冒名等;2. 原告与公司之间是否有实质关联,如是否为公司员工或股东、是否实际参与公司的经营管理;3. 是否已经明确向公司表示不愿意继续任职;4. 是否已穷尽公司内部救济。

二、法律适用

1. 旧《公司法》第13条:公司法定代表人依照公司章程的规定,由董事长、执行董事或者经理担任,并依法登记。公司法定代表人变更,应当办理变更登记。

对应新《公司法》第10条:公司的法定代表人按照公司章程的规定,由代表公司执行公司事务的董事或者经理担任。

担任法定代表人的董事或者经理辞任的,视为同时辞去法定代表人。

法定代表人辞任的,公司应当在法定代表人辞任之日起三十日内确定新的法定代表人。

2. 新《公司法》第 11 条:法定代表人以公司名义从事的民事活动,其法律后果由公司承受。

公司章程或者股东会对法定代表人职权的限制,不得对抗善意相对人。

法定代表人因执行职务造成他人损害的,由公司承担民事责任。公司承担民事责任后,依照法律或者公司章程的规定,可以向有过错的法定代表人追偿。

3. 旧《公司法》第 45 条:董事任期由公司章程规定,但每届任期不得超过三年。董事任期届满,连选可以连任。

董事任期届满未及时改选,或者董事在任期内辞职导致董事会成员低于法定人数的,在改选出的董事就任前,原董事仍应当依照法律、行政法规和公司章程的规定,履行董事职务。

对应新《公司法》第 70 条:董事任期由公司章程规定,但每届任期不得超过三年。董事任期届满,连选可以连任。

董事任期届满未及时改选,或者董事在任期内辞任导致董事会成员低于法定人数的,在改选出的董事就任前,原董事仍应当依照法律、行政法规和公司章程的规定,履行董事职务。

董事辞任的,应当以书面形式通知公司,公司收到通知之日辞任生效,但存在前款规定情形的,董事应当继续履行职务。

4. 旧《公司法》第 146 条:有下列情形之一的,不得担任公司的董事、监事、高级管理人员:

(一)无民事行为能力或者限制民事行为能力;

(二)因贪污、贿赂、侵占财产、挪用财产或者破坏社会主义市场经济秩序,被判处刑罚,执行期满未逾五年,或者因犯罪被剥夺政治权利,执行期满未逾五年;

(三)担任破产清算的公司、企业的董事或者厂长、经理,对该公司、企业的破产负有个人责任的,自该公司、企业破产清算完结之日起未逾三年;

(四)担任因违法被吊销营业执照、责令关闭的公司、企业的法定代表人,并负有个人责任的,自该公司、企业被吊销营业执照之日起未逾三年;

（五）个人所负数额较大的债务到期未清偿。

公司违反前款规定选举、委派董事、监事或者聘任高级管理人员的,该选举、委派或者聘任无效。

董事、监事、高级管理人员在任职期间出现本条第一款所列情形的,公司应当解除其职务。

对应新《公司法》第 178 条：有下列情形之一的,不得担任公司的董事、监事、高级管理人员：

（一）无民事行为能力或者限制民事行为能力；

（二）因贪污、贿赂、侵占财产、挪用财产或者破坏社会主义市场经济秩序,被判处刑罚,或者因犯罪被剥夺政治权利,执行期满未逾五年,被宣告缓刑的,自缓刑考验期满之日起未逾二年；

（三）担任破产清算的公司、企业的董事或者厂长、经理,对该公司、企业的破产负有个人责任的,自该公司、企业破产清算完结之日起未逾三年；

（四）担任因违法被吊销营业执照、责令关闭的公司、企业的法定代表人,并负有个人责任的,自该公司、企业被吊销营业执照、责令关闭之日起未逾三年；

（五）个人因所负数额较大债务到期未清偿被人民法院列为失信被执行人。

违反前款规定选举、委派董事、监事或者聘任高级管理人员的,该选举、委派或者聘任无效。

董事、监事、高级管理人员在任职期间出现本条第一款所列情形的,公司应当解除其职务。

5.《市场主体管理登记条例》第 12 条：有下列情形之一的,不得担任公司、非公司企业法人的法定代表人：

（一）无民事行为能力或者限制民事行为能力；

（二）因贪污、贿赂、侵占财产、挪用财产或者破坏社会主义市场经济秩序被判处刑罚,执行期满未逾 5 年,或者因犯罪被剥夺政治权利,执行期满未逾 5 年；

（三）担任破产清算的公司、非公司企业法人的法定代表人、董事或者厂长、经理,对破产负有个人责任的,自破产清算完结之日起未逾 3 年；

(四)担任因违法被吊销营业执照、责令关闭的公司、非公司企业法人的法定代表人,并负有个人责任的,自被吊销营业执照之日起未逾 3 年;

(五)个人所负数额较大的债务到期未清偿;

(六)法律、行政法规规定的其他情形。

三、常见问题

(一)涤除登记是否属于法院受案范围

该问题的核心是当公司没有形成变更法定代表人的内部决议时,司法权能否介入公司治理,判决涤除当前法定代表人的登记情况。笔者认为,该纠纷系平等主体之间的民事争议,属于人民法院受理民事诉讼的范围。第一,虽然法定代表人、董事的任免是公司自治的内容,但是若公司的内部自治机制失效或停滞,法院可以有条件介入,否则当事人将丧失救济途径。第二,法定代表人、董事与公司之间属于委托合同关系,当受托人依法解除委托合同后,委托关系终止,公司应当根据诚实信用原则为其办理变更登记,当其怠于或无法办理变更登记时,法定代表人采取司法手段请求法院判决涤除相关登记事项具有正当性。

(二)是否穷尽公司内部救济的认定

该问题的核心是司法权介入的条件,即穷尽公司内部救济的审查标准。应结合法定代表人在公司的具体职务作出不同的认定。如对于具有董事长、执行董事甚至股东身份的法定代表人,应审查是否已通过自身职务身份就其辞任、改选等问题召集过董事会、股东会或股东大会或公告告知股东;对于经理职务的法定代表人,需要向公司明确表达过其辞任意愿和涤除要求,在合理期限内无果或被拒绝;当事人非公司股东,且无法召集股东会商议相关事宜,亦无法通过公司内部程序实现救济的,其要求涤除相应公司登记事项的诉讼请求,应该支持。总而言之,只有当公司治理失灵时,司法权方能介入。

(三)公司处于经营异常状态,法定代表人能否请求涤除登记

公司被吊销营业执照或责令停业等处于经营异常状态,法定代表人请求涤除登记,应该审查该法定代表人是否对公司具有法定义务,如果是单位的实际控制人、影响债务履行的直接责任人员、清算义务人、控股股东等应履行相应责

任的人员,不应支持其涤除请求。处理这类问题的原则是,法定代表人不能逃避自己的责任。

(四)名义上的法定代表人能否请求涤除登记

若法定代表人系基于公司大股东或实际控制人委派,仅担任公司名义上的法定代表人,既非股东、不参与经营管理,又不领取报酬、没有任何决策权,在穷尽其他救济方式仍无法办理相关变更登记时,可请求法院涤除该法定代表人的登记事项。首先,即使是挂名型法定代表人,在这种双方委托法律关系下,仍依法享有任意解除权。其次,挂名担任法定代表人的做法与公司法关于法定代表人制度的立法本意不符,不利于市场秩序之稳定,在公司治理的实践中应当予以纠正。

(五)作为被执行人的法定代表人已被采取限制高消费措施,能否请求涤除登记

《最高人民法院关于优化法治环境促进民营经济发展壮大的指导意见》(法发〔2023〕15号)提出,严厉打击失信被执行人通过多头开户、关联交易、变更法定代表人等方式规避执行的行为,确保企业及时收回账款。故如涉及企业已经成为失信被执行人的情形,根据上述意见精神,原则上不支持法定代表人涤除。但需要特别注意的是,此问题涉及法定代表人人身自由权、上级机关管理权、公司组织利益、债权人利益等多种利益,需要衡平个中价值。一般而言,个人自由价值相对较高,故如果法定代表人能够提供充分确切的证据证明其系被冒名或其仅是"工具人",能证明实际控制人为何人,其对公司事宜无任何话语权,并非规避执行,其涤除法定代表人事由充分正当,可予以考虑支持。

典型案例 任某、朱某等诉某中医门诊公司、第三人景某请求变更公司登记纠纷案[①]

【裁判要旨】

1. 公司登记的法定代表人与公司确无实质性关联,公司无法或者怠于自行

[①] 参见北京市第二中级人民法院(2021)京02民终12367号民事判决书。

变更登记,当事人请求不再将其登记为法定代表人的,人民法院一般应予支持。但为规避法律责任请求变更登记,或者变更登记可能损害善意第三人合法利益的,人民法院不予支持。

2. 公司备案的董事、监事等自然人请求不再将其备案为相应任职的,可参照适用前述规则。

【案情简介】

某中医门诊公司系有限责任公司,设立于 2005 年 5 月 30 日,注册资本为 10 万元;朱某实际出资 6 万元,任执行董事、法定代表人;金某实际出资 3 万元,任监事;任某实际出资 1 万元,任总经理。2009 年 2 月 26 日,某中医门诊公司的时任股东朱某、金某、任某共同作为甲方与乙方景某签署《股权转让合同》,约定甲方将其共同持有的某中医门诊公司 100% 的股权出让给景某,股权转让价款为 10 万元。该合同同时约定,在合同签订后 7 日内,甲乙双方将股东变更情况记载于股东名册并申请办理工商变更登记手续。合同签订后,景某支付股权转让款 10 万元。同日,朱某、金某、任某形成《某中医门诊公司股东会决议》,主要内容包括:同意免去朱某的执行董事职务,免去朱某法定代表人职务;同意免去金某监事职务;同意免去任某总经理职务。此后,某中医门诊公司及景某一直没有办理相关工商、税务、卫生许可等变更登记。

该公司 2020 年 4 月 7 日被列入严重违法失信企业名单。2007 年 12 月 29 日至今景某实际持有某中医门诊公司的营业执照、公章等,实际经营某中医门诊公司。任某、金某、朱某已将其持有的某中医门诊公司全部股权转让给景某,不再介入某中医门诊公司的任何经营、管理事务,某中医门诊公司至今未办理相关变更登记。故朱某、金某、任某诉至法院,请求变更涉案股权登记,并不再将朱某登记为执行董事、法定代表人,不再将任某登记为总经理,不再将金某登记为监事。

【裁判结果】

一审法院判决支持了变更股权登记的诉讼请求。

宣判后,朱某、金某、任某及景某均提起上诉,二审法院经审理认为:本案中,景某依据《股权转让合同》受让某中医门诊公司 100% 股权并实际控制经营某中医门诊公司十余年。任某、金某、朱某未再参与公司的经营管理,故继续将任某、金某、朱某登记或备案为某中医门诊公司的法定代表人等职务与现实不符,且有违公允。法定代表人、董事、监事、经理的改选和变更(变动)虽属于公司自治范畴,但在朱某等人明确表示不愿意继续担任相应职务的情况下,景某作为某中医门诊公司的唯一股东,仍不作出股东决定进行相应事项变更或变动,则任某、金某、朱某诉请的相关事项已不能通过公司自治、景某自决的方式来解决。因此,应对任某、金某、朱某关于涤除相应任职的诉讼请求予以支持。故判决支持了涤除法定代表人登记、涤除执行董事、总经理、监事备案信息的诉讼请求。

【案例评析】

对于法定代表人等公司登记任职人员以冒名、挂名、离任等为由,起诉请求涤除任职登记的纠纷案件,应从以下三个方面进行审查。

第一,进行涤除登记应当性审查,即与公司是否具有实质性关联。具体可通过以下事实查明:1.登记任职的原因,如能认定为冒名登记,则可直接涤除任职登记;2.公司实际经营管理的情况,如公司公章、证照的控制人,公司业务对外的开展情况及实际经营人员;3.登记任职人员现与公司的关系,比如是否履行登记任职的职权、是否为公司股东(或股东关联人员)、是否与公司存在劳动关系、是否领取报酬、是否与公司实际控制人存在关系等。第二,进行司法介入必要性审查,即公司是否无法或怠于履行变更登记义务。"无法履行变更登记义务"较容易认定,主要指公司治理僵局,无法自行决议,如公司及公司股东已失联、公司形骸化等情形。"怠于履行变更登记义务"主要审查两个方面:1.离任人员是否在力所能及范围内积极主张权益。如是否已作出离任的意思表示或者是否已经以董事或者监事等身份提议召开董事会、股东会等。2.公司是否在合理期限内通过内部治理程序进行改选。第三,进行涤除登记公益性审查,即是否存在限制变更、恶意涤除情形。涤除公司任职登记纠纷不仅涉及登记任职人员与公司双方权益,更关乎外部第三人权益,应特别注意甄别以下情形:1.公司已进入破产清算等特殊程序。公司破产清算之际,应优先考量依据《企业破产法》等相关法律保护公司债权人及公司合法权益,在法定代表人等任职人员未履行完毕特别程序项下义务的情况下,不宜对相关任职进行涤除。2.公司成为失信被执行人,登记的法定代表人已被采取限高措施。此时可参照《关于在执行工作中进一步强化善意文明执行理念的意见》第17条的规定,审查请求涤除任职登记人员是否为"公司单位的实际控制人、影响债务履行的直接责任人员",是否试图通过恶意涤除任职登记规避责任。

本案中,任某、朱某等人已于十余年前出让股权,并将与公司经营管理相关的证照、公章等交付给景某,此后公司由景某实际经营管理,任某等人未再参与公司经营管理,亦未履行任何与登记任职相关的职务行为,已与公司无实际性关联。在出让股权之时,任某等人明确表达了离任的意思,公司也形成了免任相关任职的决议。在免职决议作出十余年之久后,公司仍未能进行变更登记,显属怠于履行变更登记义务。公司现虽被列入严重违法失信企业名单,但并非在任某、朱某等人经营管理公司期间发生,不构成限制涤除的事由。因此,本案对任某等人涤除任职等的请求予以支持。

(六)与公司无实质关联的法定代表人能否请求涤除登记

非公司股东或高级管理人员且离职后不再与公司有实质关联,该情形下的法定代表人不再具备对外代表公司的基本条件和能力,继续担任公司的法定代表人不符合法律规定;且使其作为公司名义上的法定代表人承受潜在的法律风险也有失公允。故与公司无实质性关联的法定代表人要求涤除其作为法定代表人登记事项的请求,法院应该支持。

典型案例 李某诉某技术开发公司、黄某等请求变更公司登记纠纷案[①]

【裁判要旨】

1. 被公司备案为董事的自然人与公司确无实质性关联,公司怠于自行变更备案,当事人请求涤除其董事备案信息的,人民法院一般应予支持。

2. 在没有相关股东会决议的情况下,该自然人请求将董事由其本人变更为特定他人,且与公司章程规定不符的,人民法院不予支持。

【案情简介】

某技术开发公司章程载明,某工贸公司出资比例60%;李某出资比例20%;黄某出资比例20%。股东会由全体股东组成,是公司的权力机构,行使

[①] 参见北京市第二中级人民法院(2022)京02民终10192号民事判决书。

下列职权：……（2）选举和更换股东委派的董事，决定有关董事的报酬事项。公司设董事会，董事会是本公司的经营决策机构，也是股东会的常设权力机构，董事会向股东会负责。公司董事会由3名董事组成，董事任期3年，可连选连任。董事由三方股东各委派一名，但需经股东会选举确认产生。企业信用信息公示信息显示：张某、李某、黄某任某技术开发公司董事。2021年12月26日，李某向某技术开发公司、某工贸公司及黄某发送题为《关于更换某技术开发公司董事的函件》，载明：本人李某于2000年4月6日某技术开发公司成立时担任第一届董事会董事，任期3年，2003年董事到期后，本人再也没有参加过公司董事会会议，已经事实上不再担任董事职务，至今已长达18年，对公司的状况一无所知。今日司法局要求所有律师退出经营职务，不办理者将影响律师执业，鉴于此，提出更换本人某技术开发公司董事身份并依法变更工商登记。根据公司法和公司章程第29条规定："董事由三方股东各委派一名"。本人委派王某替换本人董事。庭审中，某工贸公司提交说明一份，证明李某是某技术开发公司的股东，三方出资成立某技术开发公司，李某不应该推选一个不是出资人的人进入董事会，因此不同意李某变更董事。某技术开发公司认可某工贸公司上述意见。另查，某技术开发公司并未就变更、选任董事事宜召开股东会。李某亦未就该事宜提起召开股东会。李某向一审法院起诉请求：判令某技术开发公司将李某在公司的董事身份变更为王某。李某明确表示其在本案中坚持主张要求将其在某技术开发公司的董事身份变更为王某。

【裁判结果】

一审法院作出（2022）京0106民初3729号民事判决：驳回李某的全部诉讼请求。宣判后，李某提出上诉。二审法院于2022年9月29日作出二审判决：驳回上诉，维持原判。

法院生效裁判认为，《公司法》第11条规定，设立公司必须依法制定公司章程。公司章程对公司、股东、董事、监事、高级管理人员具有约束力。《公司法》第37条规定，股东会行使下列职权：……（二）选举和更换非由职工代表担任的董事、监事，决定有关董事、监事的报酬事项。某技术开发公司章程明确载明：股东会由全体股东组成，是公司的权力机构，行使下列职权：……章程第19条选举和更换股东委派的董事，决定有关董事的报酬事项。公司设董事会，董事会是本公司的经营决策机构，也是股东会的常设权力机构，董事会向股东会负责。公司董事会由3名董事组成,董事任期3年,可连选连任。董事由三方股东各委派一名,但需经股东会选举确认产生。根据法律规定及公司章程,某技术开发公司董事变更属于公司股东会职权范畴,现并无证据证明某技术开发公司已就李某要求变更董事人选召开股东会并作出决议,而公司召开股东会本质上属于公司内部治理范围,不具有可诉性。因此,李某要求将其作为某技术开发公司董事身份变更为王某的诉讼请求,缺乏事实及法律依据,法院不予支持。

【案例评析】

本案中,在案某技术开发公司章程对于公司注册资本、股东名称及出资额、股东权利和义务、公司机构及其产生办法、职权、议事规则等均作出了明确规定。章程规定,股东享有选举和被选举为董事会成员或者董事等权利;选举和更换股东委派的董事、决定有关董事报酬事项属于公司股东会职权;董事由三方股东各委派一名,但需经股东会选举确认产生。公司章程中的上述内容对于公司、股东、董事等均具有约束力。根据上述公司章程内容,李某作为股东,确有权委派一名董事,但股东委派的董事需经股东会选举确认产生。即选举确认股东委派的董事,系股东会依照章程享有的职权。在未经股东会选举确认的情况下,李某请求法院直接判令其在某技术开发公司的董事变更由王某担任,与公司章程规定不相符。且股东委派及董事会选举确认董事属于公司内部治理问题,李某上述诉讼请求亦超出了司法权在解决涉及公司纠纷中的权力边界范围,因此,法院驳回李某本案中所提诉讼请求并无不当。在这种情况下,李某想通过司法途径寻求救济,可向法院起诉请求涤除其作为公司董事的登记;至于新董事为何人,是公司治理的范畴,法院无权通过判决决定或干涉,应根据公司章程规定的方式确认产生。

(七)涤除登记是否影响工商登记机关行政管理权

法院作出生效判决后,需要公司登记机关予以协助执行,有的登记机关认为公司不能没有法定代表人或监事,拒绝办理涤除登记事项。行政机关能否以公司必须有法定代表人或监事为由,拒绝办理涤除登记事项,该问题的核心是法院判决涤除是否影响行政机关管理权的行使。笔者认为,登记机关应该协助涤除登记,公司没有登记法定代表人或监事,系公司违反登记法规,登记机关可依规予以处理,实质上不影响公司登记机关行使管理权。因此,行政机关不应以此为由拒绝执行生效判决。据了解,在北京地区,登记机关在协助执行法院此类判决时并无障碍。

第三章　股东出资纠纷

我国公司资本制度进行了不断探索和改革,公司注册资本由实缴制改为认缴制,有利于提升投资者的积极性,激发创业活力,但实践中也出现股东认缴期限过长、注册资本虚高等违反诚信原则的行为,影响交易安全、损害债权人利益。为此,新《公司法》规定了股东出资加速到期制度、转让未界出资期限股权的责任承担以及 5 年最长认缴期限,完善了公司资本制度,同时,增加列举了可以用股权、债权非货币财产出资等制度,有效地平衡了投资者和公司债权人利益的保护。依法正确审理股东出资纠纷,关乎公司、股东,尤其是公司债权人的切身利益,意义重大。但在股东出资纠纷司法实践中,就股东出资方式、瑕疵出资责任问题不无争议。

第一节　概　　述

一、概念界定

股东出资,是指公司股东在公司设立或增加资本时,按照法律、公司章程的规定以及认股协议的约定,向公司交付财产或履行其他给付义务以取得股权的行为。出资是股东对公司的基本义务,也是形成公司财产的基础。如果股东未按规定缴纳出资,或者虚假出资、出资不足、抽逃出资等,即可能引发公司与股东、股东与股东、股东与债权人之间的出资纠纷和诉讼,股东可能被起诉而依法承担继续履行、损害赔偿等违约责任。基于出资制度在整个公司制度中的重要意义,公司法对于股东出资的数额、期限、方式及其责任等都有所规定,公司法还规定了未履行义务股东或发起人的补缴差额责任和其他股东或发起人的连带认缴责任。此外，因违反出资义务而造成公司或其他已履行义务的出资人损失的，还须承担损害赔偿责任。

二、诉讼主体

公司、其他股东和公司债权人均有权向瑕疵出资或抽逃出资的股东提起诉讼，瑕疵出资或抽逃出资的股东因不同的事由承担不同的法律责任。

三、管辖

（一）查明事实

根据《民事诉讼法》第27条、《民诉法司法解释》第3条的规定，因股东出资纠纷提起的诉讼，原则上由公司住所地人民法院管辖。公司住所地是指公司主要办事机构所在地。公司办事机构不明确的，由其注册地或者登记地人民法院管辖。实践中需要注意的是，公司股东认为其他股东抽逃出资而发生纠纷的，属于投资协议约定的因协议引起或与本协议有关的纠纷，主要属于给付之诉性质的诉讼，并不具有组织法上纠纷的性质，因此不适用公司诉讼案件的特殊地域管辖，而应当依据《民事诉讼法》及司法解释关于合同纠纷或侵权行为纠纷的特殊地域管辖原则确定管辖法院。

（二）法律适用

《民事诉讼法》第22条第2款：对法人或者其他组织提起的民事诉讼，由被告住所地人民法院管辖。

《民事诉讼法》第27条：因公司设立、确认股东资格、分配利润、解散等纠纷提起的诉讼，由公司住所地人民法院管辖。

《民诉法司法解释》第3条：公民的住所地是指公民的户籍所在地，法人或者其他组织的住所地是指法人或者其他组织的主要办事机构所在地。

法人或者其他组织的主要办事机构所在地不能确定的，法人或者其他组织的注册地或者登记地为住所地。

四、类型化纠纷

公司案件审理中常见的股东出资纠纷包括以下几种类型。

1. 虚假出资纠纷

虚假出资，是指股东认购出资而未实际出资，取得公司股权的情形。虚假出资的具体表现形式包括：以无实际现金流通的虚假银行进账单、对账单骗取验资报告；以虚假的实物出资手续骗取验资报告；以实物、知识产权、土地使用权出资，但未办理产权转移手续等。

2. 出资不足纠纷

出资不足，是指在约定的期限内，股东仅仅履行了部分出资义务或者未能补足出资的情形。出资不足的具体表现形式包括：货币出资只履行了部分出资义务；作为出资的实物、知识产权、土地使用权的实际价额显著低于公司章程所定价额。

3. 逾期出资纠纷

逾期出资，是指股东没有按期缴足出资的情形。旧《公司法》第 26 条规定："有限责任公司的注册资本为在公司登记机关登记的全体股东认缴的出资额。"实践中，经常发生股东未按约定履行出资义务的纠纷。

4. 出资加速到期纠纷

旧《公司法》第 28 条规定："股东应当按期足额缴纳公司章程中规定的各自所认缴的出资额。"在注册资本认缴制下，公司债权人以公司不能清偿到期债务为由，在特定条件下可以请求未届出资期限的股东在未出资范围内对公司不能清偿的债务承担补充赔偿责任。

5. 抽逃出资纠纷

抽逃出资，是指股东在公司成立后违法将出资收回。抽逃出资的具体表现形式包括：股东设立公司时，验资后将出资转出，公司并未实际使用出资；公司收购股东的股份，但未按规定处置该股份；公司未弥补亏损、提取法定公积金即先行分配利润；公司制作虚假会计报表进行利润分配；公司利用关联交易转移出资等。

第二节　新旧《公司法》相关规范对照

一、相关规范梳理

（一）旧《公司法》相关规定

1. 有限责任公司注册资本

旧《公司法》第 26 条：有限责任公司的注册资本为在公司登记机关登记的全体股东认缴的出资额。

法律、行政法规以及国务院决定对有限责任公司注册资本实缴、注册资本最低限额另有规定的，从其规定。

2. 出资方式规定

旧《公司法》第 27 条：股东可以用货币出资，也可以用实物、知识产权、土地使用权等可以用货币估价并可以依法转让的非货币财产作价出资；但是，法律、行政法规规定不得作为出资的财产除外。

对作为出资的非货币财产应当评估作价，核实财产，不得高估或者低估作价。法律、行政法规对评估作价有规定的，从其规定。

3. 出资缴纳义务与出资违约责任规定

旧《公司法》第 28 条：股东应当按期足额缴纳公司章程中规定的各自所认缴的出资额。股东以货币出资的，应当将货币出资足额存入有限责任公司在银行开设的账户；以非货币财产出资的，应当依法办理其财产权的转移手续。

股东不按照前款规定缴纳出资的，除应当向公司足额缴纳外，还应当向已按期足额缴纳出资的股东承担违约责任。

旧《公司法》第 83 条：以发起设立方式设立股份有限公司的，发起人应当书面认足公司章程规定其认购的股份，并按照公司章程规定缴纳出资。以非货币财产出资的，应当依法办理其财产权的转移手续。

发起人不依照前款规定缴纳出资的，应当按照发起人协议承担违约责任。

发起人认足公司章程规定的出资后，应当选举董事会和监事会，由董事会向公司登记机关报送公司章程以及法律、行政法规规定的其他文件，申请设立登记。

4. 有限责任公司发起人资本充实责任规定

旧《公司法》第30条：有限责任公司成立后，发现作为设立公司出资的非货币财产的实际价额显著低于公司章程所定价额的，应当由交付该出资的股东补足其差额；公司设立时的其他股东承担连带责任。

5. 股份有限公司发起人之间资本充实责任规定

旧《公司法》第93条：股份有限公司成立后，发起人未按照公司章程的规定缴足出资的，应当补缴；其他发起人承担连带责任。

股份有限公司成立后，发现作为设立公司出资的非货币财产的实际价额显著低于公司章程所定价额的，应当由交付该出资的发起人补足其差额；其他发起人承担连带责任。

（二）新《公司法》相关规定

1. 有限责任公司注册资本

新《公司法》第47条：有限责任公司的注册资本为在公司登记机关登记的全体股东认缴的出资额。全体股东认缴的出资额由股东按照公司章程的规定自公司成立之日起五年内缴足。

法律、行政法规以及国务院决定对有限责任公司注册资本实缴、注册资本最低限额、股东出资期限另有规定的，从其规定。

新《公司法》第226条：违反本法规定减少注册资本的，股东应当退还其收到的资金，减免股东出资的应当恢复原状；给公司造成损失的，股东及负有责任的董事、监事、高级管理人员应当承担赔偿责任。

2. 出资方式规定

新《公司法》第48条：股东可以用货币出资，也可以用实物、知识产权、土地使用权、股权、债权等可以用货币估价并可以依法转让的非货币财产作价出资；但是，法律、行政法规规定不得作为出资的财产除外。

对作为出资的非货币财产应当评估作价，核实财产，不得高估或者低估作价。法律、行政法规对评估作价有规定的，从其规定。

3. 出资缴纳义务与出资违约责任规定

新《公司法》第49条：股东应当按期足额缴纳公司章程规定的各自所认缴的出资额。

股东以货币出资的,应当将货币出资足额存入有限责任公司在银行开设的账户;以非货币财产出资的,应当依法办理其财产权的转移手续。

股东未按期足额缴纳出资的,除应当向公司足额缴纳外,还应当对给公司造成的损失承担赔偿责任。

新《公司法》第 97 条:以发起设立方式设立股份有限公司的,发起人应当认足公司章程规定的公司设立时应发行的股份。

以募集设立方式设立股份有限公司的,发起人认购的股份不得少于公司章程规定的公司设立时应发行股份总数的百分之三十五;但是,法律、行政法规另有规定的,从其规定。

新《公司法》第 98 条:发起人应当在公司成立前按照其认购的股份全额缴纳股款。

发起人的出资,适用本法第四十八条、第四十九条第二款关于有限责任公司股东出资的规定。

新《公司法》第 99 条:发起人不按照其认购的股份缴纳股款,或者作为出资的非货币财产的实际价额显著低于所认购的股份的,其他发起人与该发起人在出资不足的范围内承担连带责任。

4. 有限责任公司发起人资本充实责任规定

新《公司法》第 50 条:有限责任公司设立时,股东未按照公司章程规定实际缴纳出资,或者实际出资的非货币财产的实际价额显著低于所认缴的出资额的,设立时的其他股东与该股东在出资不足的范围内承担连带责任。

5. 股份有限公司发起人之间资本充实责任规定

新《公司法》第 99 条:发起人不按照其认购的股份缴纳股款,或者作为出资的非货币财产的实际价额显著低于所认购的股份的,其他发起人与该发起人在出资不足的范围内承担连带责任。

6. 催缴失权制度规定

新《公司法》第 51 条:有限责任公司成立后,董事会应当对股东的出资情况进行核查,发现股东未按期足额缴纳公司章程规定的出资的,应当由公司向该股东发出书面催缴书,催缴出资。

未及时履行前款规定的义务,给公司造成损失的,负有责任的董事应当承担赔偿责任。

新《公司法》第52条:股东未按照公司章程规定的出资日期缴纳出资,公司依照前条第一款规定发出书面催缴书催缴出资的,可以载明缴纳出资的宽限期;宽限期自公司发出催缴书之日起,不得少于六十日。宽限期届满,股东仍未履行出资义务的,公司经董事会决议可以向该股东发出失权通知,通知应当以书面形式发出。自通知发出之日起,该股东丧失其未缴纳出资的股权。

依照前款规定丧失的股权应当依法转让,或者相应减少注册资本并注销该股权;六个月内未转让或者注销的,由公司其他股东按照其出资比例足额缴纳相应出资。

股东对失权有异议的,应当自接到失权通知之日起三十日内,向人民法院提起诉讼。

7. 股东出资加速到期规定

新《公司法》第54条:公司不能清偿到期债务的,公司或者已到期债权的债权人有权要求已认缴出资但未届出资期限的股东提前缴纳出资。

(三)《公司法司法解释(三)》相关规定[①]

1. 出资方式、出资缴纳义务与出资违约责任规定

《公司法司法解释(三)》第8条:出资人以划拨土地使用权出资,或者以设定权利负担的土地使用权出资,公司、其他股东或者公司债权人主张认定出资人未履行出资义务的,人民法院应当责令当事人在指定的合理期间内办理土地变更手续或者解除权利负担;逾期未办理或者未解除的,人民法院应当认定出资人未依法全面履行出资义务。

《公司法司法解释(三)》第9条:出资人以非货币财产出资,未依法评估作价,公司、其他股东或者公司债权人请求认定出资人未履行出资义务的,人民法院应当委托具有合法资格的评估机构对该财产评估作价。评估确定的价额显著低于公司章程所定价额的,人民法院应当认定出资人未依法全面履行出资义务。

《公司法司法解释(三)》第10条:出资人以房屋、土地使用权或者需要办

[①] 随着新《公司法》实施,5个之前已经发布实施的司法解释将被废止,但这并不意味着该司法解释的规定不再有意义。《公司法司法解释(三)》相关规定与新《公司法》矛盾的地方自然不再适用,不矛盾且不违反其他法律规定且符合公平原则的,仍可作为裁判的说理理由。

理权属登记的知识产权等财产出资,已经交付公司使用但未办理权属变更手续,公司、其他股东或者公司债权人主张认定出资人未履行出资义务的,人民法院应当责令当事人在指定的合理期间内办理权属变更手续;在前述期间内办理了权属变更手续的,人民法院应当认定其已经履行了出资义务;出资人主张自其实际交付财产给公司使用时享有相应股东权利的,人民法院应予支持。

出资人以前款规定的财产出资,已经办理权属变更手续但未交付给公司使用,公司或者其他股东主张其向公司交付,并在实际交付之前不享有相应股东权利的,人民法院应予支持。

《公司法司法解释(三)》第11条:出资人以其他公司股权出资,符合下列条件的,人民法院应当认定出资人已履行出资义务:

(一)出资的股权由出资人合法持有并依法可以转让;

(二)出资的股权无权利瑕疵或者权利负担;

(三)出资人已履行关于股权转让的法定手续;

(四)出资的股权已依法进行了价值评估。

股权出资不符合前款第(一)(二)(三)项的规定,公司、其他股东或者公司债权人请求认定出资人未履行出资义务的,人民法院应当责令该出资人在指定的合理期间内采取补正措施,以符合上述条件;逾期未补正的,人民法院应当认定其未依法全面履行出资义务。

股权出资不符合本条第一款第(四)项的规定,公司、其他股东或者公司债权人请求认定出资人未履行出资义务的,人民法院应当按照本规定第九条的规定处理。

2.股东出资加速到期规定

《公司法司法解释(三)》第13条:股东未履行或者未全面履行出资义务,公司或者其他股东请求其向公司依法全面履行出资义务的,人民法院应予支持。

公司债权人请求未履行或者未全面履行出资义务的股东在未出资本息范围内对公司债务不能清偿的部分承担补充赔偿责任的,人民法院应予支持;未履行或者未全面履行出资义务的股东已经承担上述责任,其他债权人提出相同请求的,人民法院不予支持。

股东在公司设立时未履行或者未全面履行出资义务,依照本条第一款或者第二款提起诉讼的原告,请求公司的发起人与被告股东承担连带责任的,人民法院应予支持;公司的发起人承担责任后,可以向被告股东追偿。

股东在公司增资时未履行或者未全面履行出资义务,依照本条第一款或者第二款提起诉讼的原告,请求未尽公司法第一百四十七条第一款规定的义务而使出资未缴足的董事、高级管理人员承担相应责任的,人民法院应予支持;董事、高级管理人员承担责任后,可以向被告股东追偿。

二、新旧《公司法》比较

(一)有限责任公司注册资本

注册资本,理论上又称额面资本或者核定资本。资本是公司开展经营活动的财产基础,也是公司独立人格成立的基本条件,故注册资本是公司登记的事项。有限责任公司的注册资本是公司登记机关登记的全体股东认缴的出资额。认缴出资额指的是股东承诺缴纳而不一定实际缴纳的出资额,区别于实缴出资额。我国有限责任公司注册资本制度是认缴制而非实缴制,公司和股东有权自行约定资本缴纳期限和比例。

我国公司法上有限责任公司的资本缴纳制度经历了4个发展阶段:1993年公司法确立的资本实缴制、2005年《公司法》确立的有限制的资本认缴制、2013年《公司法》确立的完全资本认缴制、新《公司法》确立限期认缴制。在2013年《公司法》确立的完全认缴制下,公司资本缴纳的比例和期限不受任何限制。这一资本缴纳制度降低了公司设立的门槛,激发了大众创业的热情。然而,这些公司中有相当数量的是注册资本虚高、出资期限畸长的公司。认而不缴的注册资本给公司债权人制造了虚假的清偿能力外观,危害交易安全。完全认缴制实施以来,我国司法实践中已经出现了大量因公司注册资本未完全实缴而使公司债权人直接起诉公司股东要求清偿债权的纠纷。可见,完全认缴制是一把"双刃剑",其为激发市场主体活力所作出的贡献不可否定,但是它的消极影响也不容忽视。为解决完全认缴制所引发的问题,在新《公司法》制定的过程中,有的地方、部门、专家学者和社会公众提出,"自2014年修改公司法实施注册资本认缴登记制,取消出资期限、最低注册资本和首期出资比例以来,方便了公司设立,激发了创业活力,公司数量增加迅速。但实践中也出现股东认缴期限过长,影响交易安全、损害债权人利益的情形。建议在总结实践经验的基础上,进一步完善认缴登记制度,维护资本充实和交易安全"。新《公司法》第47条第1款所确立的限期认缴制便是对上述实践需求的回应。值得注意的是,限期认缴制并非对完全认缴制的全盘否定,而是对完全认缴制的修改和完善,限制股东出资的最长期限不会削弱完全认缴制的制度优势,反而会削减完全认缴制的消极影响。

关于限期认缴制对存量公司的适用。新《公司法》第266条确立了限期认缴制时间效力的过渡期模式,并将存量公司分为两类,一是出资期限超过5年,但出资期限、出资额不存在明显异常的公司;二是出资期限、出资额存在明显异常的公司。对于第一类公司,自2024年7月1日新《公司法》生效后,应当将超出5年的股东出资期限逐步缩短调整到5年以内。换言之,此类公司的股东无须在2024年7月1日立刻缴足出资,而是可以"逐步调整"。至于此类公司应当如何调整其出资期限,具体办法由国务院另行规定。可以预见的是,存量公司为使其股东的实缴出资期限符合新《公司法》的规定,可能采取的措施包括减资、注销等。对于第二类公司,由于其出资期限、出资额存在明显异常的情况,可能会威胁交易安全、市场监管正常秩序,公司登记机关可以依法要求该类公司及时调整股东出资期限。分析新《公司法》第266条的规范内容可见,公司登记机关关于是否责令公司调整出资期限、出资数额的决定必须依法作出。"出资期限、出资额明显异常"的情形、公司登记机关作出决定的程序、公司调整的期限及方式等具体事项由国务院另行规定。其中,笔者认为,公司"出资期限、出资额"是否异常并非一个简单的数额高低的问题,评判一个公司的出资期限是否畸长、出资额是否畸高须结合该公司经营活动所涉及的行业特征、公司的发展状况等因素综合考量。

(二)出资方式规定

《公司法》严格施行对股东的出资形式法定主义。一般通过列举规定股东可以采用的出资财产形式达到该限制目的,但从《公司法》的不断修订与发展的轨迹来看,我国公司法对股东出资形式采取逐渐放宽的态度。一方面,股东的出资形式逐渐增加,从仅限于货币、实物、工业产权、非专利技术、土地使用权,扩张到货币和实物、知识产权、土地使用权等可以用货币估价并可以依法转让的非货币财产,不仅法律条文中列举的种类增加,还允许其他可以用货币估价并依法转让的财产作为出资的一种,实现了较大的突破。而新《公司法》又增加了股权、债权两种股东出资类型。另一方面，既往《公司法》在列举式规定股东出资类型外，还对某些特殊出资类型在注册资本中的占比进行了规定。其中，《公司法》（1993年）规定"以工业产权、非专利技术作价出资的金额不得超过有限责任公司注册资本的百分之二十"，《公司法》（2005年）该条款修改为"全体股东的货币出资金额不得低于有限责任公司注册资本的百分之三十"，《公司法》（2013年）更是彻底删除了出资占比的规定，并沿用至今。

理论上，按照公司法的规定，股东的出资形式早已扩张到货币及可以估价并转让的非货币财产，但实践中遇到了明显的障碍。新《公司法》未明确列举但符合相关特征的出资方式，常常在公司登记环节被直接否定，登记机关以缺乏内部操作程序、不符合法律规定等理由拒绝登记。即使条文中列举的类型也会存在争议，例如，知识产权作为一个复杂的门类，一般认为部分知识产权类型无法直接用于出资。其中一个典型问题就是，专利许可使用权可否出资，实践中存在不同处理态度。虽然学术界主流意见认为，其作为知识产权的核心权利可以作价出资，实践中也早有相关诉讼判决，但实践中仍有不少声音认为应对知识产权进行限缩解释，使用权只能归类于债权而不属于可以出资的知识产权范畴。

事实上，商业实践并未因法律的禁止或实务部门的设障便放弃其认为具有经济效益的出资形式，而是采用迂回的方法规避各种禁止性规定。例如：股东认缴股份后，由公司购买其所持有的许可使用权、股权等，股东再使用公司的购买价款实缴出资。类似的迂回手段完全避开了法律对出资类型的限制，甚至使股权、劳务、信用出资均成为实际存在的出资类型，法律的严格规定形同虚设。考虑到法律规定与监管实践、商业实践的脱节，学术界对出资类型进行了诸多探索，多数意见认为，应当放开对出资类型的限制，将其范围扩张至债权、股权、信用、劳务等；更有甚者，认为应当直接取消对出资方式的禁止性规定，辅之以资本公示、董事会信义义务及连带责任、股份留存等相关制度实现对债权人的保护。①

实践中，一个无法回避的问题是在多种类型出资的前提下，非货币出资该如何估值？非货币出资应以货币形式估算其价值，主要考虑到两个方面的原

---

① 参见刘斌：《股东出资形式的规制逻辑与规范重构》，载《法学杂志》2020年第10期。

因：一为公司资本、股份均以货币的形式进行量化，出资经过货币形式估值才可确认公司资本额以及股东持有的股份份额；二为满足会计账簿的记录需求。对于一些难以作价的财产，需建立起非货币出资的估值体系，方可将公司法的规定落到实处，这需要资产价值评估方面的规则完善。

（三）出资缴纳义务与出资违约责任规定

旧《公司法》关于股东出资瑕疵责任的规定主要为足额缴纳，第28条规定，股东应当足额缴纳认缴出资，如不按期缴纳，除应当向公司足额缴纳外，还应当向已按期足额缴纳出资的股东承担违约责任。同样地，第83条针对股份有限公司也作出相似的规定。对于股东出资的加速到期，旧《公司法》并未作出规定，仅在《九民会议纪要》这一类审判实务的指导文件中有所提及。

在公司法修订过程中，《公司法（修订草案一审稿）》对出资瑕疵的法律责任和认缴制带来的出资问题作出了回应。

首先，出资瑕疵的补缴和赔偿责任。《公司法（修订草案一审稿）》第45条将未按期缴纳出资纳入瑕疵出资的范畴，并在第46条中规定，公司应当核查股东出资情况，在出现未按期缴纳认缴出资或非货币出资显著低于认缴出资额时，应当向该股东书面催缴。在第47条中加大设立时股东出资瑕疵的法律责任，明确补缴差额的同时应当加算利息，给公司造成损失的还应当承担法律责任，公司董事、监事和高级管理人员明知而未及时采取措施给公司造成损失的也应当承担赔偿责任。

其次，股东出资加速到期。为解决实践中较为棘手的股东出资加速到期诉求，《公司法（修订草案一审稿）》第48条明确提出，在"公司不能清偿到期债务"且"明显缺乏清偿能力"情况下，公司或者债权人有权要求未届认缴期的股东提前缴纳认缴的出资。

再次，未届期股权转让出资义务承担。《公司法（修订草案一审稿）》第89条规定，转让未届缴资期限的股权，出资义务由受让人承担。

最后，建立股东失权制度。《公司法（修订草案一审稿）》第46条中明确规定，股东在催缴书中载明的宽限期届至仍未缴纳出资的，公司可以直接向股东发出失权通知，该股东在通知发出之日起即丧失其未缴纳出资的股权。《公司法（修订草案二审稿）》对上述问题作了修改，主要包括：第一，将非货币出资瑕疵排除在外；第二，明确催缴的义务主体为公司董事会；第三，鉴于催缴制度已不再应用于非货币出资瑕疵情形,股东失权制度也将其排除在外;第四,回归现行法的规定,删除对股东补缴差额时加算利息的规定,同时,在董事、监事、高级管理人员责任认定上,删除"明知或应知"以及"未采取措施且造成损害"的条件,径直规定负责人的董事、监事、高级管理人员应当与股东承担连带赔偿责任;第五,在股东出资加速到期方面,删除公司"明显缺乏清偿能力"的限定,适度放宽了非破产加速到期的条件。新《公司法》在保留前述修订的同时,增加认缴出资必须在5年内缴清的新规定,这一规定在一定程度上回应了现实中出现的出资期限为几十年、上百年的问题。

(四)有限责任公司发起人资本充实责任规定

旧《公司法》第30条规定的有限责任公司发起人资本充实责任,仅适用虚增非货币出资。新《公司法》将其扩张适用于所有有限责任公司发起人出资不足的情形,即新增未按时足额缴纳货币出资这一情形。有限责任公司的发起人需要对公司设立货币出资和实缴非货币出资承担资本充实连带责任。发起人的资本充实责任属于无过错责任、行为责任,只要发起人未按照公司章程规定实际缴纳出资,或者实际出资的非货币财产的实际价额显著低于所认缴的出资额,就满足资本充实责任的构成要件。

相较于旧《公司法》第30条、《公司法司法解释(三)》第13条第3款关于有限责任公司发起人责任的规定,新《公司法》有以下两个方面修改:

第一,有限责任公司发起人的资本充实责任的适用情形有二:(1)其他发起人未按照公司章程规定实际缴纳出资。该情况包括出资期限届满时完全未履行出资义务和出资期限届满时未完全履行出资义务两种。(2)其他发起人实际出资的非货币财产的实际价额显著低于所认缴的出资额。对此,有两点需要关注:其一,此行为的对象仅限于实物、知识产权、土地使用权、股权、债权等非货币财产,不包括货币。原因在于,只有非货币财产须经评估作价才能作为股东出资的形式,股东以货币出资无须评估作价,也就不存在实际价额偏高或偏低的问题。其二,对于"显著低于"的判断应以股东出资时该非货币资产的评估额与认缴出资额的差值为标准。一般而言,若评估额低于认缴出资额30%以上,就可以视为满足本条所规定的"显著低于"。需要注意的是,如果发起人以符合法定条件的非货币财产出资后,因市场变化或者其他客观因素导致出资财产贬值,即便非货币财产价值大幅低于该发起人的认缴出资额,该发起人也无须承担补足出资责任。这是因为,在该发起人完成出资的时刻,该非货币出资与其认缴出资额是相匹配的。另外,根据《公司法司法解释(三)》第15条,当事人可以对此另作约定。

值得注意的是,新《公司法》第50条并未规定责任承担的顺序,但就理论上而言,首先应当由未按时足额缴纳货币出资或者虚增非货币出资的发起人补足出资,而后才应由其他发起人承担补充连带责任。

第二,有限责任公司发起人资本充实责任的范围,仅限于公司设立时其他发起人的实缴出资,而不包括其他发起人的认缴出资。首先需要界定的是,实缴出资和认缴出资的区别。实缴出资,是指公司成立前,发起人需要缴纳的出资;认缴出资,是指公司成立后,股东需要缴纳的出资。根据新《公司法》第47条、第49条的规定,有限责任公司实行限期认缴制,股东既可以选择实缴出资,也可以选择认缴出资。股东选择实缴出资的,应当在公司设立时缴足;股东选择认缴出资的,应当在公司成立之日起5年内缴足。根据本条规定,有限责任公司发起人仅需对其他发起人实缴出资部分承担连带责任,而无须对其他发起人认缴出资部分承担连带责任。换言之,发起人仅对公司章程规定其他发起人需在公司成立前缴纳的出资承担连带责任,无须对公司章程规定其他发起人需在公司成立后缴纳的出资承担连带责任。

(五)股份有限公司发起人之间资本充实责任规定

新旧《公司法》关于股份有限公司发起人责任规定,除资本缴纳模式由原先的完全认缴制改为完全实缴制外,基本一致。在股份有限公司设立过程中,发起人未按照其认购的股份缴纳股款或者以非货币财产作为出资,但其实际价值显著低于认购股份的情况下,相应产生发起人之间的连带责任。

具体而言,涉及两种行为模式:第一种模式是不按照认购的股份缴纳股款,此种可以定义为出资不足,即未充分完成发起人协议所约定的出资义务;第二种模式是出资的非货币财产实际价额显著低于认购股份,此种可以定义为出资不实。两类行为均属于发起人未能够完成应负担的出资义务,最终造成公司实际的出资额与章程规定的出资额不符。发起人有上述行为的法律后果是该发起人与其他发起人在出资不足的范围内承担连带责任,即发起人之间需要连带地向公司承担补足的责任。这样的规定看似对其他发起人并不公平,但其实体现了发起人之间共同的利益关联,在发起阶段全部发起人需共同对公司承担起出资充实的责任,任何一个发起人存在出资不实或不足的情况,所有发起人均应当承担补足责任,此种规定目的也是为确保公司所收取的出资是并无缺陷的,免得因个别发起人的出资不足影响公司整体的资本状况。

当然,此种连带责任在理论上应归属于不真正连带责任的范畴,其他发起人在承担连带责任后有权向出资不足或不实的发起人全额追偿,从而令该发起人承担最终责任。这种责任分配的依据是发起人之间签订的发起人协议。在公司设立过程中,发起人之间通常会签订发起人协议,其中包括了关于股份认购和股款缴纳的约定。这些协议是法律文件,具有法律约束力。如果某个发起人没有按照协议认真履行其股款缴纳义务,或者以非货币财产作为出资,但其实际价值明显低于认购的股份,这被视为违约行为,其他发起人承担连带责任相当于因出资不足或不实的发起人的违约行为造成了损失,其他发起人自然可以请求该发起人赔偿。同时,这一规定有助于保护其他发起人的权益和维护公司的财务健康。在股份有限公司设立过程中,各发起人承担了共同的责任和义务,其中之一就是按照协议认真履行股款缴纳义务,如果某个发起人未按约定缴纳股款,或者以低估的非货币财产作为出资,这可能导致公司资本不足,对公司的财务状况和经营活动构成风险。因此,在发起人之间共同承担连带补足责任后,允许其他发起人追偿,有利于维护其他发起人的权益和公司的经济稳定。

关于涉及非货币财产的估值问题。在某些情况下,发起人可能会以非货币财产(如房地产、知识产权等)作为出资,以替代现金。然而,这些非货币财产的价值必须明确且合理地估算,以确保公司的资本结构合法合规。如果估值明显低于认购股份的情况发生,这可能导致不公平的权益分配和公司经营的不稳定。因此,要求发起人以非货币财产作为出资时,其实际价值必须与认购股份相符合,否则将会产生相应的责任。进一步地讲,这一规定对于公司治理和股东关系的维护至关重要。它强调了发起人之间的互相信任和合作,以确保公司设立和运营的稳定性和透明性。发起人之间的合同关系和责任约定有助于建立公司内部的权力平衡和决策机制,避免了权力过于集中或不均衡的情况。这有助于维护公司的良好治理,从而为公司的可持续发展创造了有利条件。

这一规定也与公司的信誉和声誉相关。如果公司的发起人在设立阶段就无法履行其股款缴纳义务或以低估的非货币财产作为出资,这可能会影响公司的声誉和形象。信誉是公司在商业界的重要资产之一,影响公司与合作伙伴、客户和投资者之间的关系。因此,这一规定有助于确保公司设立和运营过程的诚信和合法性,维护了公司的商业声誉。

(六)催缴失权制度

自2013年公司注册资本认缴登记制改革以来,我国公司法在资本制度上施行法定资本制下的完全认缴制,股东实缴出资期限由公司自治,公司法不做强制性规定。但需要强调的是,股东认缴的出资额,并非一个抽象的数字,而是实实在在的、切实的法律责任。"认缴"虽然不等同于"实缴",但"认缴"并非意味着"认而不缴",而是指通过认缴确定出资义务和出资义务人后,出资义务人依照相关法律规定或者公司章程规定,在相应期限内缴足出资。

对此,新《公司法》第47条第1款规定了限期认缴制,即全体股东认缴的出资额由股东按照公司章程的规定自公司成立之日起5年内缴足。新《公司法》第54条规定了出资义务加速到期制度,即当公司不能清偿到期债务的,公司或者已到期债权的债权人有权要求已认缴出资但未届缴资期限的股东提前缴纳出资。《企业破产法》第35条规定了公司破产情形下的出资义务加速到期制度,即人民法院受理破产申请后,公司股东尚未完全履行出资义务的,管理人应当要求该股东缴纳所认缴的出资,而不受出资期限的限制。由此可见,"认缴"的真实含义,并非"认而不缴",而是一种确定出资义务和出资义务人的方式,出资义务人须依照相关法律规定和公司章程的规定,及时向公司缴足出资。

然而,实践中,股东逃避认缴出资义务的情况较为多见,给公司、其他股东和债权人造成了损失。为了遏制股东逃避出资义务的违法行为,公司有必要对股东的出资情况进行监督。新《公司法》构建催缴失权制度,其制度价值与功能主要有二:一是维护公司资本充实,保护公司债权人合法权益;二是保障公司其他股东合法权益。

1. 维护公司资本充实,保护公司债权人合法权益

公司在认缴制和实缴制下所享有的资产形态和所承担的风险并不相同。在注册资本认缴制下,股东认缴公司出资后,可以与公司约定出资期限,从而享有出资的期限利益;在出资未届期之前,如无法定事由,公司仅享有对股东的附缴款期限的出资债权,股东无须向公司提前缴付出资。在注册资本实缴制下,投资人必须向公司缴付出资,进而才能取得股权或者股份,成为公司股东。不难发现,公司在注册资本认缴制下享有的出资债权,不同于公司在注册资本实

缴制下享有的货币资金、银行存款、实物资产等财产。

在认缴制下,公司须承担股东个人的资力不足风险;并且,由于股东享有出资的期限利益,其也就无须向公司支付在出资期限内的资金利息,故公司在承担股东个人资力不足风险的同时,并没有获得应有的出资债权利息的风险补偿。而在实缴制下,公司已经取得了股东的出资,故无须承担股东个人的资力不足风险。因此,相较于实缴制,公司在认缴制下须承担股东个人的资力不足风险,由此公司资本在一定程度上受到了减损或者说侵蚀。在认缴制背景下,催缴失权制度具有维护公司资本充实的重要制度价值和功能。当股东未按期足额缴纳出资时,公司董事会应当向该股东催缴出资,经适格催缴后仍不缴足的,公司经董事会决议可以向该股东发出失权通知,使该股东在未缴足出资的范围内失权,由此督促股东按期足额缴纳出资,维护公司资本充实,进而能够起到保护公司债权人合法权益的作用。

2. 保障公司其他股东合法权益

催缴失权制度在维护公司资本充实的同时,也保护了其他股东合法权益。公司经营活动的开展,有赖于与经营活动相匹配的资本规模。股东出资形成的公司资本,是公司产出效益的必要条件,因而,原则上股东没有实际出资,就不能获得相应的股东权利,也不能获取相应的投资报酬。该理念体现在公司法的多个具体规则和制度中。

例如,根据《公司法司法解释(三)》第16条的规定,股东未履行或者未全面履行出资义务或者抽逃出资,公司可以根据公司章程或者股东会决议对其利润分配请求权、新股优先认购权、剩余财产分配请求权等股东权利作出相应的合理限制。再如,新《公司法》第210条第4款规定,在分配税后利润时,有限责任公司按照股东实缴的出资比例分配利润,但全体股东约定不按照出资比例分配利润的除外。新《公司法》第227条第1款规定,有限责任公司增加注册资本时,股东在同等条件下有权优先按照实缴的出资比例认缴出资。但是,全体股东约定不按照出资比例优先认缴出资的除外。

由上可知,股东依法依约按期足额向公司缴付出资,是公司得以正常开展经营活动、股东有权取得相应权利的必要条件。若部分股东不按期足额缴纳出资,侵蚀公司资本,这将阻滞公司开展相关经营活动,并将最终损害其他股东应有的投资权益。

在此情形下,通过催缴失权制度,向部分未按期足额缴纳出资的股东催缴,并在其未及时补缴时,使其在未缴足范围内失权,不再分享公司的投资收益,有助于保护公司其他股东的合法权益。

此外,催缴失权制度使未按期足额缴纳出资的股东,在未足额缴纳出资范围内失去相应股权,有助于实现股东平等。股东向公司缴付出资,是股东取得股权或股东资格的对价。如果未按期足额缴纳出资的股东仍然享有各类股东权利,不仅增加了公司治理中的代理成本,也对其他股东并不公平。催缴失权制度,使未按期足额缴纳出资的股东,在未缴足范围内失去相应的股东权利,使其与其他按期足额缴纳出资的股东相区别,符合比例原则的要求,是股东平等原则的体现。

(七)股东出资加速到期规定

公司因不能清偿到期债务而进入破产清算程序或启动非破产清算时,其未届期出资"加速到期",应作为清算财产的一部分,破产法中也有类似的规定,在公司进入破产清算程序时,破产管理人应要求股东全部履行其出资义务。在这一问题中比较具有争议的是:股东出资义务的加速到期是否可以扩展到清算程序以外,即公司无法清偿到期债务时,可否不进入破产清算程序而直接要求股东的出资义务加速到期以通过资金的实际注入拯救公司。这一规则在近些年得到了学术界关注,主要形成了以下两种观点。

一是支持说。近年来,支持将股东出资义务的加速到期扩展到清算程序外的呼声很高,其主要的理论依据是借鉴于美国的"法定债务理论":股东按照认缴额度缴足股款,是公司法规定的法定义务,在公司丧失清偿能力时,可以强制要求股东补足所有出资,并享有诉讼请求权。此外,还有学者通过对现行法的解释表明股东出资义务的加速到期的合法性,例如,《公司法司法解释(三)》第13条规定的"未履行或者未全面履行出资义务的股东"可扩张解释为到其出资与未届期出资的股东,进而将股东出资义务的全面履行扩张到未届期出资的全面履行。[1] 也有学者从资本维持的角度考虑,在公司资本全部实缴前,公司应当尽力保持资产大于负债,一旦公司失去偿债能力,法律应当要求股东补足资

---

[1] 参见王军:《公司资本制度》,北京大学出版社2022年版,第256、257页。

产以满足资本维持原则的基本要求。[1] 将股东出资义务的加速到期扩展到清算程序外还具有较高的实践价值,在公司破产前股东实际转移资产到公司名下,可能使公司具有偿债能力而继续存续,一般情况下,公司继续经营是有利于股东和大部分债权人甚至社会公众的。因而商事实践中也倾向于采取各种手段维持公司运营。

二是反对说。部分学者反对将股东出资义务的加速到期扩展到清算程序外,其从实在法出发,认为要求未届期的股东承担出资义务缺乏法律依据。股东出资加速到期的规范依据主要是《企业破产法》第35条,即法院受理公司破产申请后,公司的股东还未完全履行出资义务的,管理人应该要求其缴纳相应的出资,不受出资期限的限制。因而破产程序应当是出资义务加速到期的唯一合法适用情形。[2] 持"反对说"的学者对"支持说"进行了批驳,认为股东对自己的出资期限享有法定期限利益,没有法律明确规定不可进行限制。[3] 至于《公司法司法解释(三)》第13条的规定,从文义解释上看,股东的清偿责任范畴被确定为"未出资本息范围内",只能指出资期限已届至的情形。[4] 并且,股东出资义务的加速到期是对注册资本认缴制的违背,不合理地加重了股东义务,不宜将其扩张适用。

在两种学说的基础上,亦有学者持折中观点,认为在公司经营确实面临严重困难时,方可使股东出资义务加速到期,但经营的严重困难与"支持说"所言的公司失去偿债能力有何区别,实在难以区分,我们认为可将其归于"支持说"的观点中,在此不作赘述。总体而言,"支持说"在学界更为主流,但缺乏实在法的直接支持,实践中面临困境。学界与实务界的看法存在一定差异,源自学者对理论的探索和司法实践对现行法的坚守的不同,未来可能通过规范性文件统一认识。新《公司法》第54条明确规定,公司不能清偿到期债务的,公司或者已到期债权的债权人有权要求已认缴出资但未届出资期限的股东提前缴纳出资。这一规定对股东出资加速到期采取了支持态度,这也为以后的裁判起到了定分止争的作用。

---

[1] 参见李建伟:《认缴制下股东出资责任加速到期研究》,载《人民司法》2015年第9期。
[2] 参见王建文:《再论股东未届期出资义务的履行》,载《法学》2017年第9期。
[3] 参见黄耀文:《认缴资本制度下的债权人利益保护》,载《政法论坛》2015年第1期。
[4] 参见王建文:《再论股东未届期出资义务的履行》,载《法学》2017年第9期。

第三节　股东出资方式纠纷

一、查明事实

1.出资形式是否为法定出资形式;2.法定出资形式以外的出资股东出资,是否按照公司法定程序由股东会作出决议。

二、法律适用

旧《公司法》第3条:公司是企业法人,有独立的法人财产,享有法人财产权。公司以其全部财产对公司的债务承担责任。

有限责任公司的股东以其认缴的出资额为限对公司承担责任;股份有限公司的股东以其认购的股份为限对公司承担责任。

旧《公司法》第31条:有限责任公司成立后,应当向股东签发出资证明书。出资证明书应当载明下列事项:

(一)公司名称;

(二)公司成立日期;

(三)公司注册资本;

(四)股东的姓名或者名称、缴纳的出资额和出资日期;

(五)出资证明书的编号和核发日期。

出资证明书由公司盖章。

旧《公司法》第94条:股份有限公司的发起人应当承担下列责任:

(一)公司不能成立时,对设立行为所产生的债务和费用负连带责任;

(二)公司不能成立时,对认股人已缴纳的股款,负返还股款并加算银行同期存款利息的连带责任;

(三)在公司设立过程中,由于发起人的过失致使公司利益受到损害的,应当对公司承担赔偿责任。

《公司法司法解释(三)》第7条第1款:出资人以不享有处分权的财产出资,当事人之间对于出资行为效力产生争议的,人民法院可以参照民法典第三百一十一条的规定予以认定。

三、常见问题

（一）股权、债权能否作为非货币财产出资

旧《公司法》第27条未明确规定股权、债权可作为非货币财产出资，实践中，虽然股权、债权符合上述规定，但鉴于股权、债权的真实性以及价值难以评估，行政机关不予认可，未能发挥融资作用，但新《公司法》第48条规定："股东可以用货币出资，也可以用实物、知识产权、土地使用权、股权、债权等可以用货币估价并可以依法转让的非货币财产作价出资；但是，法律、行政法规规定不得作为出资的财产除外。对作为出资的非货币财产应当评估作价，核实财产，不得高估或者低估作价。法律、行政法规对评估作价有规定的，从其规定。"同时，该法第98条第2款又规定了股份有限公司发起人的出资，适用上述规定。在规定非货币财产出资范围时增加列举了股权、债权可以作价出资，进一步拓宽了股东非货币财产出资范围。明确规定债权，尤其是对目标公司外第三人享有的普通债权可以作价出资，结束了实践中的长期争议；规定股权可以作价出资，正式承认了股权出资的法律地位。

（二）股东的出资义务能否与对公司的债权抵销

股东以其对公司的债权出资包括两种形式：一是公司债权人以其对公司享有的债权增资入股，由债权人转化为股东；二是股东以对其公司享有的债权抵销其对公司负有的出资义务。除破产程序中明确规定不允许这种抵销外，现行法律法规对此并无禁止性规定。

根据《民法典》第568条的规定，在性质上股东对公司享有的债权与其出资义务可以抵销，特别是新《公司法》明确规定债权可以作为非货币财产出资方式之一，这一问题就更加确定了。然而实践中具体情形下是否允许两者互相抵销，取决于抵销是否令股东债权不合理地取得优先于外部债权人获得清偿的地位。

第一种情况，若公司资信状况良好、正常经营，股东债权抵销出资义务不存在侵蚀公司资本的危险，应当允许股东以对公司享有的债权抵销对公司的实缴出资义务。需要注意的是，抵销不能由股东擅自决定。股东向公司作出将其对

公司享有的债权抵销其出资义务的意思表示,该意思表示需取得公司或其他股东同意,取得抵销出资义务的书面文件,完成相应的手续。

第二种情况,在公司已经明显丧失清偿能力或无法正常经营的情形下,以及公司债权人提起瑕疵出资诉讼要求股东在瑕疵出资范围内承担责任时,为保护债权人权益,避免股东债权优先受偿,应当禁止以股东债权抵销出资义务。在公司不能清偿到期债务,债权人提起诉讼要求公司股东在未出资范围内承担责任的情形下,若允许未履行出资义务的股东就其对公司享有的债权与其对公司的出资义务相互抵销,无疑等同于赋予了该种股东债权优先于其他债权受偿的地位,会导致对公司债权人不公平的结果,也与公司法对于未履行出资的股东课以的法律责任相悖。此外,在公司已具备破产原因但未依法提出破产申请等情形下,为维护债权人的合法权益,即使未履行出资义务的股东对公司享有债权,该债权亦应当劣后于其他外部债权人受偿。具体案件审理中,需要结合公司经营情况、内部自治要求并结合债权人保护等因素进行综合考量。

典型案例	孙某与某文化传播公司、李某、郭某追加、变更被执行人异议之诉案[①]

【裁判要旨】

相较于股东对公司的权利而言,实缴出资系股东的法定义务,亦是第一位的,股东出资义务是否履行,关系公司、其他股东、债权人的利益,即股东的出资义务对应的权利主体具有多重性,包括公司、其他股东、债权人。如果允许股东以其对公司享有的债权抵销出资义务,等同于股东债权具有优先于其他债权受偿的权利,同时损害了其他债权人的利益。因此,股东以其为公司垫付资金或享有债权为由主张抵销其出资义务,难以认定股东履行了出资义务。

【案情简介】

2021年5月14日,北京仲裁委员会就申请人孙某与被申请人某文化传播公司、被申请人李某仲裁案件作出(2021)京仲调字第0367号调解书,仲裁庭

[①] 参见北京市第二中级人民法院(2022)京02民初45号民事判决书。

确认的调解结果如下:(一)确认被申请人应向申请人支付本金240,000元、收益48,000元、律师费30,000元,合计318,000元;(二)被申请人于2021年5月23日前向申请人支付本金、收益及律师费10万元;(三)被申请人于2021年6月6日前向申请人支付本金、收益及律师费5万元;(四)被申请人于2021年6月20日前向申请人支付本金、收益及律师费5万元;(五)被申请人于2021年7月4日前向申请人支付本金、收益及律师费5万元;(六)被申请人于2021年7月18日前向申请人支付本金、收益及律师费5万元;(七)被申请人于2021年7月31日前向申请人支付本金、收益及律师费18,000元;(八)本案仲裁费23,160.59元(仲裁员报酬为15,600.37元,机构费用为7560.22元,已由申请人向本会全额预交),全部由被申请人承担,被申请人于2021年7月31日前向申请人支付申请人代其垫付的仲裁费23,160.59元;(九)如被申请人未按上述约定履行任一笔款项支付义务,则未到期的付款义务提前到期,被申请人应向申请人支付以本调解书确定的付款义务中未付部分为基数,以年利率15%为标准,自逾期之日起计算至实际给付完毕之日止的逾期付款违约金;(十)申请人放弃其他仲裁请求,双方就本案再无其他争议。

孙某于2021年11月8日向法院申请执行(2021)京仲调字第0367号调解书,法院就该仲裁案件立案执行,执行案件案号为(2021)京02执1433号。2021年11月22日,法院作出(2021)京02执1433号之一执行裁定书,认定本案执行标的还剩42,564.56元,被执行人某文化传播公司、被执行人李某暂无财产可供执行,裁定:终结本次执行程序。

根据工商登记显示,某文化传播公司成立于2014年10月10日,现工商登记注册资本1,000,000元。股东李某认缴出资900,000元,认缴出资时间为2029年12月31日;股东杜某认缴出资50,000元,认缴出资时间为2029年12月31日;股东郭某认缴出资50,000元,认缴出资时间为2029年12月31日,出资方式均为货币。

中国执行信息公开网显示,某文化传播公司还涉及三起被强制执行案件,均以终结本次执行程序的方式结案,未履行的债务总金额为293,448元。

郭某提供了微信截图、演职人员聘用合同、联合投资合同、10万元转账凭证等证据,用以证明郭某为公司垫资183,357.53元,以抵销其认缴出资款。

【裁判结果】

一审法院认为,关于郭某是否已经履行了向某文化传播公司出资义务。

旧《公司法》第 28 条规定:股东应当按期足额缴纳公司章程中规定的各自所认缴的出资额。股东以货币出资的,应当将货币出资足额存入有限责任公司在银行开设的账户;以非货币财产出资的,应当依法办理其财产权的转移手续。旧《公司法》第 37 条规定:股东会行使下列职权:……(七)对公司增加或者减少注册资本作出决议。《公司注册资本登记管理规定》(已失效)第 7 条规定:债权人可以将其依法享有的对在中国境内设立的公司的债权,转为公司股权。债权转为公司股权的,公司应当增加注册资本。《公司注册资本登记管理规定》第 9 条规定:公司的注册资本由公司章程规定,登记机关按照公司章程规定予以登记。公司注册资本发生变化,应当修改公司章程并向公司登记机关依法申请办理变更登记。依据上述法律规定,股东实缴出资需要履行法定程序,即一是将实缴货币出资足额存入公司账户;二是形成相关股东会决议;三是需要向公司登记机关依法申请办理变更登记。本案中,郭某所主张的垫付资金均未打入某文化传播公司银行账户,且该资金作为实缴资本未经过股东会决议,亦未在公司登记机关办理变更登记,故郭某主张为公司垫付资金即视为其实缴出资,不符合法律规定,法院不予支持。

相较于股东对公司的权利而言,实缴出资系股东的法定义务,亦是第一位的,股东出资义务是否履行,关系公司、其他股东、债权人的利益,即股东的出资义务对应的权利主体具有多重性,包括公司、其他股东、债权人。郭某即使对公司享有债权,也系普通债权,二者性质不同,不能抵销。如果允许股东以其对公司享有的债权抵销出资义务,等同于股东债权具有优先于其他债权优先受偿的权利,同时损害了其他债权人的利益。郭某主张其为某文化传播公司垫付了资金,对公司形成债权,应当抵销其应履行的出资义务,法院不予支持。

基于上述分析,股东以其为公司垫付资金或享有债权为由主张抵销其出资义务,缺乏法律依据,法院难以认定郭某履行了向某文化传播公司出资 5 万元的义务。

【案例评析】

如果允许郭某就其对公司垫付资金或享有债权与其对公司的出资义务相互抵销,等同于赋予了郭某债权优先于其他债权受偿的地位,会导致对公司债权人不公平的结果,也与公司法对于股东履行出资义务的立法初衷相悖。因此,法院难以认定郭某履行了向某文化传播公司出资5万元的义务。

(三)无权处分财产出资的效力

《公司法司法解释(三)》第7条规定:"出资人以不享有处分权的财产出资,当事人之间对于出资行为效力产生争议的,人民法院可以参照民法典第三百一十一条的规定予以认定。"《民法典》第311条规定:"无处分权人将不动产或者动产转让给受让人的,所有权人有权追回;除法律另有规定外,符合下列情形的,受让人取得该不动产或者动产的所有权:(一)受让人受让该不动产或者动产时是善意;(二)以合理的价格转让;(三)转让的不动产或者动产依照法律规定应当登记的已经登记,不需要登记的已经交付给受让人。受让人依据前款规定取得不动产或者动产的所有权的,原所有权人有权向无处分权人请求损害赔偿。当事人善意取得其他物权的,参照适用前两款规定。"出资人用自己并不享有处分权的财产对公司进行出资的,应当分别处理。

第一,经权利人追认或者无处分权人订立合同后取得处分权的,股东出资的合同继续履行,经过交付或者办理权属变更手续后,无论公司善意与否,都不妨碍其继受取得出资财产,此时应当认定出资人全面履行了出资义务。

第二,权利人不追认,或无处分权人之后未取得处分权的,该出资合同不得履行。如出资人尚未将出资财产交付给公司或者尚未办理权属变更手续,自然停止履行,恢复原状,公司可追究出资人的瑕疵责任;如出资人已经将出资财产交付给公司或者办理权属变更手续的,原则上权利人有权追回,但例外情形是,如符合《民法典》第311条规定的条件,公司作为出资财产的受让人可以主张善意取得,从而拒绝原权利人的返还原物请求权,该财产为公司所得。

(四)非货币财产出资评估作价

与货币财产不同的是,非货币财产价值判断存在主观性和不确定性等特点,因此,为了保证公司资本的真实和确定,以非货币财产出资应当进行评估作价。

第一,关于非货币财产评估作价的时点问题。非货币财产出资作价评估中的评估时点,即对哪一时点的财产价值进行评估作价,对公司、出资股东、其他股东以及公司债权人等第三人的利益有重要影响。资本认缴制下,对非货币财产的评估时点实践中的争议主要在于:认缴非货币财产出资的,作价评估时,应当以公司设立时点进行评估,出资期限届至时进行评估,还是应当以实际缴纳非货币财产出资的时点进行评估。对于认缴出资来说,股东享有期限利益,公司设立时股东只是承诺了缴资数额,只有出资期限届至时,才转化成具体的出资义务,应当向公司实际缴纳出资。而在股东将出资实际交付给公司之前,非货币财产的贬值、毁损等风险应由股东承担,只有当出资实际交付给公司之后,风险才由公司承担。因此,对于认缴出资的非货币财产,作价评估的时间点既不是公司设立时,也不是出资期限届至时,而应当在非货币财产出资实际缴纳时进行评估,评估结果即为非货币财产出资价额。

第二,关于以评估结果认定出资不实的问题。以非货币财产评估结果参照公司章程确定的出资价额,如果评估确定的价值高于章程所定价额或者与章程所定价额相当,应认定出资人依法履行了出资义务。如果实际出资的非货币财产的实际价额显著低于所认缴的出资额的,应认定出资人未依法全面履行出资义务,构成股东出资不实。如果章程对出资人出资价额未作约定的,依注册资本总额与出资比例确定,如果没有确定出资比例的,各出资人按均等份额确定。如前所述,非货币财产出资正确的评估时点系出资实际缴纳之时,因此,是否出资不实应以非货币财产实际缴纳时的作价评估结果为准。

第四节　类型化纠纷中瑕疵出资股东责任

一、查明事实

1.股东所认缴的出资额是否按期足额缴纳;2.发起人协议与公司章程是否进行相关约定;3.公司债权人主张的债权与公司不能清偿债务的具体范围;4.董事、高级管理人员是否履行核查和书面催缴义务;5.瑕疵股东向公司承担的责任范围。

二、法律适用

旧《公司法》第 28 条:股东应当按期足额缴纳公司章程中规定的各自所认缴的出资额。股东以货币出资的,应当将货币出资足额存入有限责任公司在银行开设的账户;以非货币财产出资的,应当依法办理其财产权的转移手续。

股东不按照前款规定缴纳出资的,除应当向公司足额缴纳外,还应当向已按期足额缴纳出资的股东承担违约责任。

旧《公司法》第 31 条:有限责任公司成立后,应当向股东签发出资证明书。

出资证明书应当载明下列事项:

(一)公司名称;

(二)公司成立日期;

(三)公司注册资本;

(四)股东的姓名或者名称、缴纳的出资额和出资日期;

(五)出资证明书的编号和核发日期。

出资证明书由公司盖章。

旧《公司法》第 94 条:股份有限公司的发起人应当承担下列责任:

(一)公司不能成立时,对设立行为所产生的债务和费用负连带责任;

(二)公司不能成立时,对认股人已缴纳的股款,负返还股款并加算银行同期存款利息的连带责任;

(三)在公司设立过程中,由于发起人的过失致使公司利益受到损害的,应当对公司承担赔偿责任。

《公司法司法解释(三)》第 13 条:股东未履行或者未全面履行出资义务,公司或者其他股东请求其向公司依法全面履行出资义务的,人民法院应予支持。

公司债权人请求未履行或者未全面履行出资义务的股东在未出资本息范围内对公司债务不能清偿的部分承担补充赔偿责任的,人民法院应予支持;未履行或者未全面履行出资义务的股东已经承担上述责任,其他债权人提出相同请求的,人民法院不予支持。

股东在公司设立时未履行或者未全面履行出资义务,依照本条第一款或者第二款提起诉讼的原告,请求公司的发起人与被告股东承担连带责任的,人民法院应予支持;公司的发起人承担责任后,可以向被告股东追偿。

股东在公司增资时未履行或者未全面履行出资义务,依照本条第一款或者第二款提起诉讼的原告,请求未尽公司法第一百四十七条第一款规定的义务而使出资未缴足的董事、高级管理人员承担相应责任的,人民法院应予支持;董事、高级管理人员承担责任后,可以向被告股东追偿。

三、常见问题

(一)瑕疵出资股东对其他股东承担何种责任

旧《公司法》第28条第2款规定:"股东不按照前款规定缴纳出资的,除应当向公司足额缴纳外,还应当向已按期足额缴纳出资的股东承担违约责任。"该种违约责任的请求权源于在发起设立公司过程中,发起人签署的发起人协议或者股东签署的公司章程以合同安排的方式确定了出资关系,因此,出资瑕疵股东对其他股东所承担的责任系违约责任。

值得注意的是,根据新《公司法》删除了关于出资瑕疵股东对其他股东承担的违约责任的规定,新增了未出资股东对公司损失承担赔偿责任的规定。第一,股东对公司具有按期足额缴纳出资的义务,未按期足额缴纳出资可能影响公司的资本充实,对公司的经营发展产生影响,因而股东未按期足额缴纳出资给公司造成损失的,应当向公司承担赔偿责任。第二,公司依法成立后,股东出资义务的相对方是公司,并不是其他股东,故新《公司法》不再赋予已经依约出资的股东向违约股东主张违约责任的权利。需要注意的是,该规定并非周延的强制性规定,并不限制股东之间就出资问题专门约定违约责任。在此情形下,守约完全股东可依据相互之间的特别约定或章程中的明确约定,向其他违约股东主张违约责任。

(二)瑕疵出资股东对公司承担何种责任

股东与公司之间是法定关系,通过强行法的调整,出资瑕疵股东对公司主要承担资本充实责任,在出资瑕疵的情形中,公司获得对股东的直接诉权,且不受诉讼时效的限制。实践中,瑕疵股东向公司承担的责任范围存在争议。笔者认为,瑕疵股东向公司承担的责任范围当然包括未按期足额缴纳的出资或者作为出资的非货币财产的实际价额显著低于所认缴的出资额的差额部分,以及迟延出资的利息损失。关于是否包括可得利益损失,笔者认为,应当结合案件情况具体分析,可得利益损失的计算和认定应当合理运用可预见性规则,还需要结合减损规则、损益相抵规则以及过失相抵规定进行综合判断。

(三)瑕疵出资股东对公司债权人承担连带责任还是补充赔偿责任

《公司法司法解释(三)》第13条第2款规定:"公司债权人请求未履行或者未全面履行出资义务的股东在未出资本息范围内对公司债务不能清偿的部分承担补充赔偿责任的,人民法院应予支持;未履行或者未全面履行出资义务的股东已经承担上述责任,其他债权人提出相同请求的,人民法院不予支持。"该条规定了公司债权人对瑕疵出资股东的诉权。瑕疵出资股东承担责任的范围是未出资的本息范围之内。因此,瑕疵出资股东对公司债权人的责任并非连带责任,而仅仅是补充责任。所谓补充责任,是指公司债权人不能首先向瑕疵出资股东提出请求,只有在公司不能清偿债务的前提下,才能请求瑕疵出资股东承担未出资范围内的赔偿责任。

(四)认缴出资未到位,发起人之间是否承担责任

《公司法司法解释(三)》第13条第3款规定:"股东在公司设立时未履行或者未全面履行出资义务,依照本条第一款或者第二款提起诉讼的原告,请求公司的发起人与被告股东承担连带责任的,人民法院应予支持;公司的发起人承担责任后,可以向被告股东追偿。"实缴出资未到位,发起人之间承担连带责任,司法实践中并无争议。有观点认为,上述司法解释并非明确排除发起人之间对认缴出资不承担连带责任,为了保护公司和债权人的利益,应当对此予以肯定。但笔者认为,发起人彼此之间对认缴出资原则上不承担连带责任。理由如下:

第一,从文义解释来看,《公司法司法解释(三)》第13条第3款规定为"在公司设立时未履行或者未全面履行出资义务",而认缴出资不属于公司设立时即应履行的出资义务,属于公司设立后应该履行的义务,与该条款的文义不符。

第二,从整体解释来看,《公司法司法解释(三)》第13条第4款规定:股东在公司增资时未履行或者未全面履行出资义务,依照本条第1款或者第2款提

起诉讼的原告,请求未尽公司法第 147 条第 1 款规定的义务而使出资未缴足的董事、高级管理人员承担相应责任的,人民法院应予支持。董事、高级管理人员承担责任后,可以向被告股东追偿。可见在公司设立后运营过程中股东未履行出资义务承担管理责任的主体为公司高级管理人员,不包括股东。而认缴出资未到位属于公司运营过程中产生的股东未出资行为,故不宜判令发起人股东就此承担连带责任。

第三,从权责相统一的角度看,实缴制下,出资义务在设立阶段应全部完成,属于全体发起人履行设立职责的一部分,其对股东出资负有催促和核查义务,因此发起人之间就未出资承担连带责任,符合"有权必有责"。对于认缴出资,公司设立时并不需要实缴,而是在认缴期限届满时交纳,此时公司的经营管理主要由董事、高级管理人员经营管理,并非发起人主导,且发起人股东可能已经不是股东。基于发起人股东不再负有认缴出资的督促和核查义务,令其相互之间承担连带责任,违反"权责相统一"的法理。

第四,从公平角度看,让一个发起人小股东,在公司不担任任何职务,甚至是在离职后,不享有公司任何管理职责的情况下,对其他发起人的大额认缴出资未到位承担连带责任,有失公平,且有过度保护公司和债权人利益,忽视发起人合理利益之嫌。

而新《公司法》仅对规定内容进行了完善,使规则更加清晰,并未改变规则的实质要义。

典型案例　王某与乙公司追加、变更被执行人异议之诉案[①]

【裁判要旨】

1. 股东为设立公司签署了章程,认购了出资,系公司设立时的股东,依据《公司法司法解释(三)》第 1 条规定,应认定系公司的发起人。

2. 公司设立时,股东认缴的出资未到期,公司设立后该股东未按照章程规定履行出资人义务的,不应认定发起人对该股东的出资行为承担连带责任。

---

① 参见北京市第二中级人民法院(2023)第 02 民终 15730 号民事判决书。

【案情简介】

乙公司成立于2014年9月12日,成立时注册资金为100万元,股东为卞某、苗某、王某、尹某,其认缴出资数额分别为76万元、8万元、8万元、8万元,认缴出资期限均为2017年12月31日,出资方式均为货币。卞某系执行董事和法定代表人,其他人员非公司高级管理人员。认缴出资期限到期后,各股东均未按时缴纳出资。

甲公司与乙公司租赁合同纠纷一案,法院作出生效判决,判决乙公司支付150余万元款项。后甲公司申请强制执行未果,法院终结本次执行程序。执行过程中,甲公司向法院申请追加王某为本案被执行人,法院裁定驳回甲公司的追加请求。

甲公司不服,提起执行异议之诉,基于《公司法司法解释(三)》第13条第3款规定,请求追加王某为被执行人,在所有发起人认缴出资100万元的范围内,对生效判决项下确定乙公司的债务,承担补充赔偿责任。

【裁判结果】

一审、二审法院经审理认为,本案中,王某为设立乙公司签署了章程,认购了出资,系乙公司设立时的股东,依据《公司法司法解释(三)》第1条规定,应认定王某系乙公司的发起人。在乙公司设立时,发起人卞某、苗某、尹某认缴的出资均未到期,其不负有向公司履行出资的义务,不应认定卞某、苗某、尹某"在公司设立时未履行或者未全面履行出资义务",依据《公司法司法解释(三)》第13条第3款规定,甲公司主张王某对卞某、苗某、尹某的未出资行为承担连带责任,法院不予支持。最终判决王某仅在其未出资的8万元范围内对乙公司的债务承担补充赔偿责任。

【案例评析】

公司法在赋予发起人股东特别权利的同时,也课予其特别的义务,如本案中发起人之间就公司设立阶段的实缴出资承担连带责任。有权必有责,发起人、股东需要承担相应的责任和义务。在开办投资公司成为发起人、受让股权成为股东前,应当详细了解公司法等法律相关规定,做好各种风险防范。

| 典型案例 | 甲公司与乙公司、丙公司、丁公司、第三人戊公司股东出资纠纷案① |

【裁判要旨】

出资义务是股东最基本的义务,是股东的法定义务,同时也是股东之间以及股东和公司之间的一种约定义务。股东未按期出资,违反了确定性义务,已构成违约。但公司章程规定:各位股东应在收到公司发出的缴付出资通知书之日起 5 个工作日内完成出资。但公司未向各股东发出缴付出资通知书,并致函同意各股东暂缓缴纳股本金,不追究逾期出资责任。各股东均确认收到该函。由于公司同意股东暂缓缴纳股本金,不追究逾期出资责任,故股东无须承担违约责任。

【案情简介】

2015 年 4 月 29 日,戊公司成立。《戊公司章程》(2015 年版)第 6 条规定公司注册资本为 10,000 万元。第 7 条规定各股东认缴的出资额和出资方式为:戌公司认缴出资额 3600 万元,壬公司认缴出资额 3400 万元,乙公司认缴出资额 3000 万元。以上均为货币出资。

2016 年 4 月 1 日,戌公司向戊公司实际出资 3600 万元。

2016 年 6 月 28 日,戊公司在北京市工商行政管理局进行变更登记,变更后的股东为戌公司、甲公司和乙公司。

2017 年,戌公司与戊公司、乙公司、丙公司、丁公司、甲公司共同签署《关于戊公司的增资协议》(以下简称《增资协议》),并经工商登记备案。《增资协议》第 2.1 条规定,由戌公司、乙公司、丙公司、丁公司对戊公司增资,增资额为 20,000 万元。其中,戌公司认缴增资额为 4100 万元,丙公司认缴增资额为 7200 万元,乙公司认缴增资额为 4200 万元,丁公司认缴增资额为 4500 万元。

2017 年 1 月 20 日,戊公司修改公司章程并进行工商变更登记。注册资本变更为 30,000 万元;股东变更为戌公司、乙公司、丙公司、丁公司和甲公司。《戊公司章程》(2017 年版)第 7 条第 1 款规定,戌公司认缴 7700 万元,乙公司

---

① 参见北京市第二中级人民法院(2020)京 02 民初 450 号民事判决书。

认缴 7200 万元,丙公司认缴 7200 万元,丁公司认缴 4500 万元,甲公司认缴金额 3400 万元,各股东出资时间均为 2017 年 4 月 30 日前。《戊公司章程》(2017 年版)第 7 条第 2 款规定:各位股东应在收到公司发出的缴付出资通知书之日起 5 个工作日内完成出资缴付,逾期应按同期银行贷款利率向其他守约股东承担违约责任,且未按规定实缴出资的股东不得享有包括表决权在内的各项股东权利。

2017 年 2 月 27 日,甲公司通过中国建设银行向戊公司支付出资款 3400 万元。

2018 年 7 月至 2019 年 10 月,乙公司通过北京银行向戊公司入资四笔,分别是 3600 万元、3400 万元、10 万元、190 万元,共计 7200 万元。

2018 年 11 月,甲公司多次函告乙公司、丙公司、丁公司实缴出资,督促戊公司催告相关股东履行实缴出资义务。

2018 年 11 月至 12 月,丙公司通过中国建设银行先后向戊公司支付项目退出款七笔,分别是 600 万元、1000 万元、800 万元、100 万元、100 万元、200 万元和 800 万元,共计 3600 万元。戊公司将其持有的戊公司全部股权转让给丙公司,并于 2019 年 1 月 21 日完成工商登记变更。

2019 年 1 月 10 日,戊公司向丙公司、乙公司、甲公司、丁公司致函指出:"因戊公司的经营管理不规范、不到位,造成轻轨项目损失数亿元人民币,也间接给各股东造成了既得损失。鉴于此,戊公司同意各股东暂缓缴纳股本金,不追究逾期出资责任。"上述各公司均确认收到该函。

2019 年 10 月 30 日,丙公司通过北京银行向戊公司入资三笔,分别是 3600 万元、3600 万元、4100 万元,共计 11,300 万元。

另查:关于戊公司章程约定的各股东出资时间,2017 年公司内部章程记载为 2017 年 4 月 31 日前,北京工商机关登记备案的公司章程记载为 2017 年 4 月 30 日前。

2018 年 4 月 18 日,壬公司更名为甲公司。

甲公司向法院起诉请求乙公司向戊公司支付股东出资款 7190 万元;并且要求乙公司向甲公司支付违约金。

【裁判结果】

一审法院认为,出资义务是股东最基本的义务,是股东的法定义务,同时也是股东之间以及股东和公司之间的一种约定义务。《公司法》第 28 条第 1 款规定,股东应当按期足额缴纳公司章程中规定的各自所认缴的出资额。股东以货币出资的,应当将货币出资足额存入有限责任公司在银行开设的账户;以非货币财产出资的,应当依法办理其财产权的转移手续。《公司法司法解释(三)》第 13 条第 1 款规定,股东未履行或者未全面履行出资义务,公司或者其他股东请求其向公司依法全面履行出资义务的,人民法院应予支持。本案中,在工商机关登记备案的《戊公司章程》(2017 年版)载明,戊公司认缴 7700 万元,乙公司认缴 7200 万元,丙公司认缴 7200 万元,丁公司认缴 4500 万元,甲公司认缴 3400 万元,各股东出资时间均为 2017 年 4 月 30 日前。其中,乙公司实缴出资 7200 万元,已足额履行出资义务。戊公司将股权转让给丙公司,其之前已实际出资 3600 万元,尚欠 4100 万元,该出资应由丙公司缴纳,同时丙公司自身应缴纳出资 7200 万元,共计应缴出资 11,300 万元。根据查明的事实,丙公司已足额履行该出资义务。甲公司实缴出资 3400 万元,已足额履行出资义务。丁公司实缴出资 0 元,未履行出资义务。对于甲公司要求乙公司、丙公司履行股东出资义务的请求,一审法院不予支持;对于甲公司要求丁公司履行股东出资义务的请求,具有事实及法律依据,一审法院予以支持。

《公司法》第 28 条第 2 款规定,股东不按照前款规定缴纳出资的,除应当向公司足额缴纳外,还应当向已按期足额缴纳出资的股东承担违约责任。对于甲公司要求乙公司、丙公司和丁公司因未按期履行出资义务而支付违约金的请求,首先需确认各股东约定的履行出资义务的时间。戊公司内部章程(2017 年版)第 7 条第 1 款关于各股东出资时间的记载为 2017 年 4 月 31 日前,工商机关登记备案的《戊公司章程》(2017 年版)的记载为 2017 年 4 月 30 日前。鉴于 4 月不存在 31 日,根据通常理解,内部章程关于出资时间 2017 年 4 月 31 日之记载系为笔误。戊公司未形成新的股东会决议对章程内容进行修改,没有变更各股东的出资时间。因此,各股东应当在 2017 年 4 月 30 日前履行出资义务。其次,需确定乙公司、丙公司和丁公司是否构成违约。章程是股东共同一致意思表示的结果,对公司及其股东具有约束力。本案中,仅甲公司依章程约定,在 2017 年 4 月 30 日前履行了出资义务,乙公司、丙公司和丁公司均未按期出资,违反了确定性义务,已构成违约。最后,需确定乙公司、丙公司和丁公司是否对甲公司承担违约责任。《戊公司章程》(2017 年版)第 7 条第 2 款规定:各位股东应在收到公司发出的缴付出资通知书之日起 5 个工作日内完成出资。戊公司未向各股东发出缴付出资通知书,并于 2019 年 1 月 10 日致函同意各股东暂缓缴纳股本金,不追究逾期出资责任。各股东均确认收到该函。《戊公司章程》(2017年版)规定的承担违约责任的条件并未达成。此外,乙公司、丙公司和丁公司未按期出资的行为,对戊公司造成的是直接损失,对甲公司造成的是间接损失,且甲公司未对自身受到的损失进行举证证明。因此,对于甲公司要求乙公司、丙公司和丁公司支付违约金的请求,一审法院不予支持。

【案例评析】

瑕疵出资的股东应承担相应的出资责任。依契约股东对公司或其他股东应承担相应责任。首先,出资作为股东对公司的主要义务,公司可对不履行义务的股东提起诉讼;其次,某一股东的瑕疵出资会导致实质上股东权利义务的不平等,损害其他股东利益,因而其他股东也拥有合法的诉权。一般表现为四种形式:(1)补缴出资,瑕疵出资的股东应当向公司补缴出资,这是合同法上"继续履行"责任的体现;(2)承担违约责任,瑕疵出资的股东"应当向已按期足额缴纳出资的股东承担违约责任";(3)股东权利受限,公司可依据章程或决议对瑕疵出资股东的"利润分配请求权、新股优先认购权、剩余财产分配请求权等股东权利"进行合理限制;(4)股东资格解除,股东不履行出资义务或抽逃全部出资,公司可能享有解除合同的权利。

(五)董事和高级管理人员的责任

《公司法司法解释(三)》第13条第4款规定:"股东在公司增资时未履行或者未全面履行出资义务,依照本条第一款或者第二款提起诉讼的原告,请求未尽公司法第一百四十七条第一款规定的义务而使出资未缴足的董事、高级管理人员承担相应责任的,人民法院应予支持;董事、高级管理人员承担责任后,可以向被告股东追偿。"因此,在增资瑕疵出资情形中,除了被告股东之外,董事、高级管理人员承担责任,其原因在于增资时董事、高级管理人员对资本负有监督催缴之责。而实践中,董事和高级管理人员承担责任的情形是否为连带责任存在争议。

新《公司法》对此予以明确,强化了董事、高级管理人员的责任,第51条规定:"有限责任公司成立后,董事会应当对股东的出资情况进行核查,发现股东未按期足额缴纳公司章程规定的出资的,应当由公司向该股东发出书面催缴书,催缴出资。未及时履行前款规定的义务,给公司造成损失的,负有责任的董事应当承担赔偿责任。"第一,明确了董事会对股东出资情况的核查和书面催缴义务,根据该规定,承担核查和催缴义务的主体是董事会,催缴方式应当是发出书面催缴书催缴出资。第二,规定了董事会违反该义务的法律后果,根据该规定,承担责任的主体是负有责任的董事,承担责任的条件是董事会未及时履行核查和催缴义务给公司造成损失,承担责任的方式是赔偿损失。需要注意的是,董事承担赔偿责任应当符合以下构成要件:董事未履行催缴出资义务且具有过错;公司具有损失;损失与义务违反之间具有因果关系。股东在认缴出资时具有出资能力,但因董事怠于催缴且后续该股东经济状况恶化进而无法缴纳出资,构成责任成立的因果关系。

第五节　其他出资纠纷问题

一、查明事实

1.发起人认定标准;2.转让股东所认缴的出资额是否按期足额缴纳;3.股东出资义务是否满足加速到期条件。

二、法律适用

《公司法司法解释(三)》第1条:为设立公司而签署公司章程、向公司认购出资或者股份并履行公司设立职责的人,应当认定为公司的发起人,包括有限责任公司设立时的股东。

《公司法司法解释(三)》第19条:公司股东未履行或者未全面履行出资义务或者抽逃出资,公司或者其他股东请求其向公司全面履行出资义务或者返还出资,被告股东以诉讼时效为由进行抗辩的,人民法院不予支持。

公司债权人的债权未过诉讼时效期间,其依照本规定第十三条第二款、第十四条第二款的规定请求未履行或者未全面履行出资义务或者抽逃出资的股东承担赔偿责任,被告股东以出资义务或者返还出资义务超过诉讼时效期间为由进行抗辩的,人民法院不予支持。

《公司法司法解释(三)》第20条:当事人之间对是否已履行出资义务发生

争议,原告提供对股东履行出资义务产生合理怀疑证据的,被告股东应当就其已履行出资义务承担举证责任。

三、常见问题

(一)发起人应当如何认定

《公司法司法解释(三)》第1条规定:"为设立公司而签署公司章程、向公司认购出资或者股份并履行公司设立职责的人,应当认定为公司的发起人,包括有限责任公司设立时的股东。"认定某主体是否为发起人,包含了如下要求:一是在公司章程上签名;二是向公司认购出资或者股份;三是履行公司设立责任。问题在于三要件需要同时具备,还是只需要具备其中的任一项即可。

笔者认为,首先应当根据公司章程的记载确定发起人,凡是公司章程上签名的人可推定为发起人。如果在公司章程上签名的人能够证明其没有实际参加公司的设立活动,则可不作为发起人认定,相应的发起人责任即可免除;有的人实际参与了公司的设立活动,但没有在公司章程上签名,如有证据表明其实际参与了公司的发起设立工作,则应当确认其发起人身份。

其次,发起人向公司认购出资或股份。笔者认为,发起人的认定在于确认发起人的义务和责任,与发起人是否为将来公司股东没有关系。股东的出资义务和责任与发起人的义务和责任属于不同的概念和范畴。

(二)出资期限届满前转让股权的原股东对公司债权人的责任

股东出资认缴制下,未届认缴期限的股东依法享有期限利益,但是股东不得滥用其出资期限利益,恶意逃避债务,损害公司债权人权益。股东在知道公司对外负债且无力清偿的情况下转让未届出资期限的股权,其行为损害债权人利益,有违诚实信用原则,转让股东应在认缴出资范围内对公司不能清偿的债务承担补充赔偿责任。实践中,关于判断股东滥用期限利益转让未届认缴期股权的标准,可以从包括但不限于以下几个方面进行综合判断:第一,股权转让时间。如转让股权时公司债务是否已经形成,是否处于诉讼期间或者已经处于执行程序当中。第二,公司资产是否不足以清偿债务。股东转让股权时是否知道、应当知道或者应当预见到公司资不抵债、已具备破产原因的情形。第三,转让行为是否符合市场交易规律。转让股权是否约定对价、对价是否合理,转让股权后是否交接公章、证照等材料,是否告知公司资产、债务等情况。第四,其他因素,例如,受让股东是否具备出资能力、偿债能力和经营能力,受让后是否有实际参与经营活动;再如,原股东是否仍实际控制公司等。

应当注意的是,新《公司法》加重了转让人的责任。根据新《公司法》第88条第1款的规定:"股东转让已认缴出资但未届出资期限的股权的,由受让人承担缴纳该出资的义务;受让人未按期足额缴纳出资的,转让人对受让人未按期缴纳的出资承担补充责任。"该规定是完全规范,对未届期股权转让后的出资义务承担、出资责任承担作出了明确规定。该条款的构成要件与法律效果可解构为以下三个层面:

首先,被转让的是已认缴但未届出资期限的股权。在尚未届出资期限时,转让股东也可以将股权转让给受让人,此时随未届期股权转移的还有如期向公司缴付出资的出资义务。受让股东在继受取得股东资格后,在后续出资期限届满时需向公司履行如期缴纳出资的义务。

其次,当受让股东在出资期限届满后未能如期缴纳出资时,由此产生的出资责任也应由受让股东承担。出资责任是违反出资义务而产生的责任,理论上出资义务的违反有完全未履行、未完全履行、不适当履行三种可能,其中完全未履行包含拒绝出资、出资不能、抽逃出资,未完全履行主要是指货币或非货币的实物出资不足额,不适当履行主要是指迟延出资、标的物瑕疵、出资行为瑕疵等情形。出资责任即出资违约责任,受让股东应向公司足额缴纳出资。

最后,转让股东应对出资责任承担补充责任。现行规定要求转让股东在转让未届期股权后需承担补充出资责任,补充责任的典型特征是次位性,仅当受让股东不能承担出资责任时,公司方可向转让股东主张。应该说,转让股东承担补充责任的制度设计体现了立法者所作出的价值选择,债权人保护的目标优胜于股东的退出自由与期限利益,这一制度设计赋予了公司与债权人更多的博弈筹码,在受让股东无法履行出资义务时,转让股东需以其先前认缴承诺为限充实公司资本。但转让股东的责任也并非当然的、无条件的,而是次位性的、有条件的。结合新《公司法》改革的其他制度,如加速到期制度、催缴失权制度、五年实缴期限改革等可观察到,加强对债权人的保护力度是本次修法的重点,体现了立法者优化营商环境、构建良好市场秩序的决心。

（三）出资加速到期，转让人是否承担责任

通常情况下，债权人以公司不能清偿到期债务为由，请求未届出资期限即转让股权的股东在未出资范围内对公司不能清偿的债务承担补充赔偿责任的，人民法院一般不予支持。实务观点为，转让股权的股东具有期限利益，不能因转让股权而承担责任，除非转让人具有恶意。股权转让之前转让人因具有《九民会议纪要》第6条规定的股东认缴出资加速到期情形，已经丧失期限利益，转让人应当对公司债务承担相应补充赔偿责任。

值得注意的是，新《公司法》第88条第2款规定："未按照公司章程规定的出资日期缴纳出资或者作为出资的非货币财产的实际价额显著低于所认缴的出资额的股东转让股权的，转让人与受让人在出资不足的范围内承担连带责任；受让人不知道且不应当知道存在上述情形的，由转让人承担责任。"该条总体上沿袭了《公司法司法解释（三）》第18条，就该完全规范的构成要件与法律效果，可作如下解读。

其一，被转移的是瑕疵股权，移转的债务是出资责任而不是出资义务。相比未届期股权，瑕疵股权在转让发生时即已经发生义务违反情况。作为出资债务人的转让股东"未按照公司章程规定的出资日期缴纳出资"，又或者"作为出资的非货币财产的实际价额显著低于所认缴的出资额"。相比《公司法司法解释（三）》第18条所表述的"股东未履行或者未全面履行出资义务"，新《公司法》对义务违反形态的表述更为精确细致。

其二，转让股东与主观恶意的受让股东对出资责任承担连带责任。在对外关系上，作为出资之债的债权人，公司可以向受让股东或转让股东中的一方或双方主张全部未给付的出资。原则上，受让股东因其继受取得股东身份，需对外承担责任，但考虑到受让股东对瑕疵股权存在善意不知的可能，立法赋予受让股东抗辩权，在受让股东不知道且不应该知道存在瑕疵时，由转让股东单独承担出资责任。

其三，在对内关系上，新《公司法》删除了《公司法司法解释（三）》第18条第2款所规定的追偿权，应该认为，追偿权的有无依股东间关系调整即可，第88条主要解决的是对外出资责任的承担问题，现行法删除了司法解释的冗余表述，体现了立法技术上对旧有规定的调整与优化。在受让股东与转让股东没有关于追偿权的特殊约定时，是否赋予受让股东对转让股东的追偿权，需要结

合内部股权转让关系的对价、受让股东的主观状态、转让股东是否履行告知义务等因素综合判断。

（四）瑕疵出资诉讼的诉讼时效

对公司、其他股东或债权人作为原告提起的诉讼，是否适用诉讼时效，依据原告的身份不同，而有所不同。《公司法司法解释（三）》第19条规定："公司股东未履行或者未全面履行出资义务或者抽逃出资，公司或者其他股东请求其向公司全面履行出资义务或者返还出资，被告股东以诉讼时效为由进行抗辩的，人民法院不予支持。公司债权人的债权未过诉讼时效期间，其依照本规定第十三条第二款、第十四条第二款的规定请求未履行或者未全面履行出资义务或者抽逃出资的股东承担赔偿责任，被告股东以出资义务或者返还出资义务超过诉讼时效为由进行抗辩的，人民法院不予支持。"但是，应当注意的是，在债权人请求瑕疵出资的股东承担赔偿责任的纠纷中，受诉讼时效限制的是债权人与公司之间的基础债权，并非出资义务或者返还出资义务。

（五）债权人能否要求追加抽逃出资的股东承担补充赔偿责任

关于抽逃出资的认定及其举证责任问题，历来争议较大。《公司法司法解释（三）》第20条规定："当事人之间对是否已履行出资义务发生争议，原告提供对股东履行出资义务产生合理怀疑证据的，被告股东应当就其已履行出资义务承担举证责任。"笔者倾向于认为，对股东抽逃出资的认定，可以根据案件具体情况参照适用前述规定。实践中典型的情形是股东出资转入公司账号验资后，在短时间内又全部或大部分转出，一般情况下，可以将这种情形作为股东抽逃出资的合理怀疑证据，由股东证明其没有抽逃出资。但是，不能够机械参照这一规则。将举证责任分配给股东，还应当考察股东是否有了解、核查的义务以及是否有举证能力，只有在其有义务了解并有能力说明、有能力举证该款项转出的用途而未能作出合理解释并举证的情况下，才存在认定该股东抽逃出资的空间。实践中，应当综合考察案件情况，特别是被告股东的股权比例、对公司的控制力大小、在公司的任职情况（如是否担任法定代表人、监事、董事长、财务负责人等职务）等案件因素的基础上，谨慎作出认定，避免出现当事人权利义务严重失衡的结果。

应当注意的是，2011年发布的《公司法司法解释（三）》第12条规定："公司成立后,公司、股东或者公司债权人以相关股东的行为符合下列情形之一且损害公司权益为由,请求认定该股东抽逃出资的,人民法院应予支持:(一)将出资款项转入公司账户验资后又转出……"2014年,该司法解释修正时,删除了第一项的内容,但删除该内容并不是因为该情形不是抽逃出资的典型情形,而是为了配合《公司法》关于认缴制的改革。《最高人民法院〈关于李建成、常振敬与河北鼎力房地产开发有限公司等权属及侵权纠纷一案适用法律问题的请示的答复〉》(〔2014〕民二他字第19号)规定:2014年2月20日发布的《公司法司法解释(三)》施行后尚未终审的股东出资相关纠纷案件,人民法院经审理查明,公司成立后,股东将出资款项转入公司账户验资后,未经法定程序又转出,损害公司权益的,可以依照该规定第12条第4项的规定,认定该股东抽逃出资。最高人民法院的相关案例也反映了相同观点。

(六)未到期出资的股东加速到期

股东出资加速到期,是《九民会议纪要》中规定的公司股东对债权人承担责任的特殊情形。债权人起诉公司股东要求股东承担责任应当注意,在出资加速到期情形下,股东的责任范围仅为出资本金,不包括利息。原本股东的出资期限尚未届满,无须立即履行出资义务,只是在特定情形下,出资义务的履行期限提前届满,该种情况与未履行出资义务、抽逃出资不同,不存在逾期未出资或抽逃出资的问题,不属于违反出资义务,与《公司法司法解释(三)》第13条、第14条规定的未履行出资义务、抽逃出资时的股东责任范围不同。

值得注意的是,新《公司法》首次对有限责任公司非破产情形下股东出资义务加速到期制度作出规定。新《公司法》第54条规定:"公司不能清偿到期债务的,公司或者已到期债权的债权人有权要求已认缴出资但未届出资期限的股东提前缴纳出资。"自2013年《公司法》确立公司注册资本完全认缴制以来,非破产情形下股东出资义务能否加速到期,所涉理论争议颇大,裁判实践分歧巨大,已然成为公司法上的重难点问题之一。是否承认出资义务加速到期,如何设定加速到期的条件与后果,是新《公司法》立法过程中的重点事项。从本条规定可见,非破产情形下股东出资义务加速到期制度已经得到了公司法立法机关认可,其适用条件为"公司不能清偿到期债务",有权要求股东提前缴纳出资的主体包括公司和已到期债权的债权人,适用后果是股东提前缴纳出资且从文义上看,该提前缴纳的出资适用入库规则。

1. 非破产情形下股东出资义务加速到期制度的适用条件

根据新《公司法》第 54 条的规定,"不能清偿到期债务"是非破产情形下股东出资义务加速到期的唯一条件,表述上与《企业破产法》第 2 条所规定的破产界限条件中的"不能清偿到期债务"相同。新《公司法》与《企业破产法》均属于同一商事法律体系,在解释上应当遵循其内在逻辑的一致性。

通常认为,所谓"不能清偿到期债务",破产法理论上称为支付不能或无支付能力。从支付不能的构成来看,其取决于债务人的支付能力,而非支付意愿,需要比较可支配的资产和到期需支付的债务;从支付不能的程度上来看,也不必达到"很大程度",资金不足以偿付多个债权人之一即可构成支付不能,但很小的资金断裂不构成支付不能。不同于支付不能,停止支付是任何可归责于债务人的行为导致的未清偿或者未完全清偿,停止支付推定为支付不能。

《企业破产法司法解释(一)》第 2 条规定,"不能清偿到期债务"是指债权债务关系依法成立且债务履行期限已经届满的情况下,债务人未完全清偿债务。企业破产法上的"不能清偿到期债务"实则已经从"支付不能"被变通为"停止支付"概念。由于停止支付并非支付不能,无论是主观意愿上的停止支付,抑或客观能力导致的停止支付,均在此列。换言之,如新《公司法》第 54 条所规定的"不能清偿到期债务"与《企业破产法司法解释(一)》第 2 条的规定作同一解释,则非破产情形下股东出资义务加速到期制度的适用条件既包括公司主观上不愿意清偿到期债务,也包括公司客观上无法清偿到期债务。

该条规定的股东出资义务加速到期的构成标准实际上低于破产界限。由此,在不同情形下,其所适用的程序如下:如果公司的清偿能力超过了加速到期标准,此时不适用加速到期制度,也不适用破产程序,由公司对债权人进行个别清偿;如果公司的清偿能力触发了加速到期标准,但未达到破产界限,此时适用加速到期制度,不触发破产程序;如果公司的清偿能力已经达到了破产标准,同时也必然触发了加速到期标准,此时可能产生两种结果:其一,破产程序启动,公司债权人的债权通过破产程序处理;其二,破产程序因无当事人申请等原因无法启动,公司债权人的债权通过加速到期制度获得清偿。

2. 有权要求股东提前缴纳出资的两类主体

依照该条规定,在公司不能清偿到期债务的情况下,可要求股东提前缴纳出资的主体包括公司和已到期债权的债权人。

公司和债权人要求加速到期的逻辑基础并不相同,债权人要求加速到期系为其自身利益,故应限于债权人保护之必要限度;公司要求加速到期系为了公司利益,故其情形不应当受制于债权人要求加速到期之情形。

在新《公司法》修订过程中,该方面的争议主要集中在债权人直接受偿规则和入库规则之间。前者存在效率优势但在公平性上有缺失,后者则相反。"股东提前缴纳出资"的规定要求股东先向公司履行出资义务,继而由公司向其债权人清偿债务。对此,支持者认为,该种处理方案既符合法律逻辑,也兼顾了其他债权人的利益。反对的观点认为,这将极大地削弱债权人主张加速到期的主观能动性,影响加速到期规则的效率。笔者倾向认为,如果认定采用入库规则,加速到期制度会大打折扣,一方面,债权人要求股东承担清偿责任,不利于公司申请破产;另一方面,采用清偿规则并不损害债权人利益,因为只要其他债权人申请破产,判决将不再执行,这样的制度设计,有利于资不抵债的公司退出市场。关于这个问题,正在起草的司法解释亦在予以考虑,最终如何定夺,我们拭目以待。

典型案例 某石化公司与李某、某科技公司追加、变更被执行人异议之诉案[1]

【裁判要旨】

生效仲裁调解书已确认债务人的债务给付义务。债务人未在仲裁调解书规定的期限内清偿债务,应当认定债务人不能清偿到期债务。在执行程序中,因法院穷尽财产调查措施,债务人仍无财产可供执行,法院裁定终结本次执行程序,应当认定债务人明显缺乏清偿能力,具备《企业破产法司法解释(一)》第1条第1款规定的破产原因。法院穷尽执行措施无财产可供执行,已具备破产原因,但公司不申请破产的,应认定股东对公司的认缴出资加速到期。

【案情简介】

2020年10月22日,北京仲裁委员会就申请人某石化公司与被申请人某

---

[1] 参见北京市第二中级人民法院(2022)京02民初194号民事判决书。

科技公司仲裁案件出具(2020)京仲调字第0569号调解书,载明:在本案审理过程中,双方当事人经友好协商,就某石化公司和某科技公司之间的争议达成和解协议,并请求本案仲裁庭根据和解协议的内容制作调解书。根据双方的和解协议,仲裁庭确认的调解结果如下:(一)某科技公司于2020年11月20日前向某石化公司支付货款100,000元;(二)某科技公司于2020年12月25日前向某石化公司支付货款166,428.6元;(三)本案仲裁费18,152.08元(已由某石化公司全额预交),全部由某科技公司承担,某科技公司于2020年12月25日前向某石化公司支付某石化公司代其垫付的仲裁费18,152.08元;(四)如某科技公司未按期履行上述第(一)至(三)项的任意一期付款义务,则其余未到期款项全部提前到期,某石化公司可就全部未偿还金额立即向有管辖权的人民法院申请强制执行;(五)某石化公司放弃本案项下的其他仲裁请求,双方就本案再无其他争议。

2021年1月4日,某石化公司就上述仲裁案件向法院申请强制执行。2021年3月10日,法院作出(2021)京02执13号之一执行裁定书,载明:在执行过程中,法院于2021年1月4日开始通过全国网络查控系统及北京法院执行办案系统多次查询了某科技公司名下相关财产信息,未发现其有可供执行的财产线索。因法院穷尽财产调查措施之后,某科技公司暂无财产可供执行,法院裁定终结本次执行程序。

其后,某石化公司以某科技公司的股东李某未实际缴纳认缴出资为由,向法院申请追加李某为被执行人。2022年9月19日,法院作出(2022)京02执异336号执行裁定书,裁定驳回某石化公司的申请。该裁定书于2022年10月9日送达某石化公司,某石化公司不服,于2022年10月11日向法院提起本案诉讼。

某石化公司提交的某科技公司工商登记档案显示,某科技公司成立于2017年8月24日,注册资本5000万元,企业类型为有限责任公司(自然人投资或控股)。2020年6月10日,该公司原股东郑某将其在某科技公司的出资2050万元转让给李某。同日,某科技公司股东会作出决议,同意郑某将其持有的出资2050万元转让给李某,并同意修改公司章程。2020年6月11日,某科技公司章程载明:股东李某认缴出资2050万元,认缴出资期限为2037年7月31日。在法院审理过程中,某石化公司向法院表示:经其查询国家企业信用信息公示系统,某科技公司2020年度报告记载某科技公司股东李某认缴出资额为2050万元,认缴出资时间2037年7月31日,认缴出资方式为货币,实缴出资额为156.0857万元,实缴出资时间2021年12月31日,实缴出资方式为货币。同时,某石化公司向法院表示其坚持在本案所提出的诉讼请求,其诉讼请求不变,但同意在李某认缴出资额中扣除上述年度报告中记载的实缴出资额,由法院依法认定。

【裁判结果】

一审法院认为,某石化公司提交证据证明李某系某科技公司股东,认缴出资2050万元,认缴出资期限为2037年7月31日。同时,某石化公司称经其查询,某科技公司企业公示信息记载李某于2021年12月31日实缴出资156.0857万元。扣除某科技公司企业公示信息记载的实缴出资金额后,李某剩余的未实缴出资额为1893.9143万元,李某未提交证据证明其已实际缴纳该部分出资。

在注册资本认缴制下,股东依法享有期限利益。债权人以公司不能清偿到期债务为由,请求未届出资期限的股东在未出资范围内对公司不能清偿的债务承担补充赔偿责任的,人民法院不予支持。但是,下列情形除外:(1)公司作为被执行人的案件,人民法院穷尽执行措施无财产可供执行,已具备破产原因,但不申请破产的;(2)在公司债务产生后,公司股东(大)会决议或以其他方式延长股东出资期限的。《企业破产法司法解释(一)》第1条第1款规定,债务人不能清偿到期债务并且具有下列情形之一的,人民法院应当认定其具备破产原因:(1)资产不足以清偿全部债务;(2)明显缺乏清偿能力。第2条规定,下列情形同时存在的,人民法院应当认定债务人不能清偿到期债务:(1)债权债务关系依法成立;(2)债务履行期限已经届满;(3)债务人未完全清偿债务。第4条规定,债务人账面资产虽大于负债,但存在下列情形之一的,人民法院应当认定其明显缺乏清偿能力:(1)因资金严重不足或者财产不能变现等原因,无法清偿债务;(2)法定代表人下落不明且无其他人员负责管理财产,无法清偿债务;(3)经人民法院强制执行,无法清偿债务;(4)长期亏损且经营扭亏困难,无法清偿债务;(5)导致债务人丧失清偿能力的其他情形。

本案中,生效仲裁调解书已确认某科技公司对某石化公司的债务给付义务。某科技公司未在仲裁调解书规定的期限内清偿债务,应当认定某科技公司不能清偿到期债务。在执行程序中,因法院穷尽财产调查措施,某科技公司仍无财产可供执行,法院裁定终结本次执行程序,应当认定某科技公司明显缺乏清偿能力,具备《企业破产法司法解释(一)》第 1 条第 1 款规定的破产原因。在此情况下,本案符合"公司作为被执行人的案件,人民法院穷尽执行措施无财产可供执行,已具备破产原因,但不申请破产的"情形,故应认定李某对某科技公司的认缴出资加速到期。《民事执行规定》第 17 条规定,作为被执行人的营利法人,财产不足以清偿生效法律文书确定的债务,申请执行人申请变更、追加未缴纳或未足额缴纳出资的股东、出资人或依公司法规定对该出资承担连带责任的发起人为被执行人,在尚未缴纳出资的范围内依法承担责任的,人民法院应予支持。据此,根据某石化公司的请求,李某应当被追加为被执行人,并在未履行的出资额 1893.9143 万元范围内,对仲裁调解书确定的某石化公司债务不能清偿的部分承担补充赔偿责任。

【案例评析】

股东出资义务加速到期的主要规定源于《九民会议纪要》,在此之前,审判实务中的观点可谓是众说纷纭。肯定说认为可以加速到期,主要理由有:第一,应对《公司法司法解释(三)》所称的"未履行或者未全面履行出资义务"作扩张解释,不仅包括到期的履行违约行为,也包括尚未到期的未出资行为。第二,公司章程有关股东出资期限的约定系公司股东之间的内部约定,不能对抗外部第三人。第三,认缴制下公司股东的出资义务只是暂缓缴纳,而不是永久免除。在公司经营发生重大变化时,公司包括债权人可以要求股东缴纳出资,以用于清偿公司债务。第四,当公司的全部财产不足以清偿到期债务时,债权人要求出资未到期的股东承担出资责任以清偿公司债务,并不违背股东以其认缴的出资额为限对公司承担责任的规定。否定观点认为不可以加速到期,主要理由有:第一,除破产和解散外,对于股东出资未到期的其他情形,债权人缺乏法律依据或请求权基础。第二,对《公司法司法解释(三)》应采文义解释,不宜作扩张解释。"出资期限未届满的股东尚未完全缴纳其出资份额不应认定为'未履行或者未全面履行出资义务'"。第三,股东出资加速到期与法人人格独立原则相悖,"如果只要债权人债权不能获得清偿,动辄就向股东直接追索,有违法律创设公司制度的初衷"①。第四,股东出资信息已通过章程备案登记的方式向社会公示,公司债权人应受股东出资时间的约束,要求股东提前履行出资义务,实质是剥夺了股东的期限利益,不具有正当性。第五,在公司资产对各债权人已不具备清偿能力或可能丧失清偿能力,且公司存在其他债权人的情况下,赋予个别债权人请求股东提前履行出资义务的权利,实质上是允许公司进行个别清偿,这将损害公司其他债权人的利益。

《九民会议纪要》则出现了新的变化,第6条规定:在注册资本认缴制下,股东依法享有期限利益。债权人以公司不能清偿到期债务为由,请求未届出资期限的股东在未出资范围内对公司不能清偿的债务承担补充赔偿责任的,人民法院不予支持。但是,下列情形除外:(1)公司作为被执行人的案件,人民法院穷尽执行措施无财产可供执行,已具备破产原因,但不申请破产的;(2)在公司债务产生后,公司股东(大)会决议或以其他方式延长股东出资期限的。

针对如何判断"人民法院穷尽执行措施无财产可供执行,已具备破产原因",《九民会议纪要》征求意见稿中将该条的适用情形表述为"因穷尽执行措施无财产可供执行,被人民法院裁定终结本次执行的",而正式稿将"被人民法院裁定终结本次执行的"删去,替换成"已具备破产原因"。

关于股东出资加速到期的条件及后果,需要关注将要出台的司法解释。

---

① 参见俞巍、陈克:《公司资本登记制度改革后股东责任适法思路的变与不变》,载《法律适用》2014年第11期。

第四章　股东知情权纠纷[*]

股东知情权伴随股东身份而存在,系股东固有的权利。尽管股东知情权属自益权,但系股东行使共益权、主张其他自益权的基础。依法正确审理股东知情权纠纷,关乎股东利益、公司治理秩序,意义重大。但在股东知情权纠纷司法实践中,就管辖法律适用、原被告主体资格、知情权范围、行使程序、查阅方式、目的正当性判断等问题不无争议。

第一节　概　　述

一、概念界定

股东知情权是指法律赋予公司股东了解公司信息的权利,包括股东了解公司的经营状况、财务状况以及其他与股东利益存在密切关系的公司情况的权利。

二、诉讼主体

在股东知情权法律关系中,权利主体(原告)是公司股东,义务主体(被告)是公司。

---

[*] 参见新《公司法》第110条第4款规定:"上市公司股东查阅、复制相关材料的,应当遵守《中华人民共和国证券法》等法律、行政法规的规定。"上市公司股东知情权有其特殊规定,且在司法实践中此类纠纷极少,故不在本章讨论范围之内。

三、管辖

(一) 查明事实

1. 被告的主要办事机构所在地；2. 主要办事机构所在地不能确定的，被告的注册地或者登记地。

(二) 法律适用

《民事诉讼法》第 22 条第 2 款：对法人或者其他组织提起的民事诉讼，由被告住所地人民法院管辖。

《民事诉讼法》第 27 条：因公司设立、确认股东资格、分配利润、解散等纠纷提起的诉讼，由公司住所地人民法院管辖。

《民诉法司法解释》第 3 条：公民的住所地是指公民的户籍所在地，法人或者其他组织的住所地是指法人或者其他组织的主要办事机构所在地。

法人或者其他组织的主要办事机构所在地不能确定的，法人或者其他组织的注册地或者登记地为住所地。

(三) 法律条款援引

股东知情权案件由公司住所地法院管辖，当无争议，分歧在于适用《民事诉讼法》第 22 条第 2 款还是该法第 27 条。

分歧源于 2012 年修订后的《民事诉讼法》增加了第 27 条规定，因公司设立、确认股东资格、分配利润、解散等纠纷提起的诉讼，由公司住所地人民法院管辖。此后 2017 年、2021 年、2023 年三次修正的《民事诉讼法》均保留了上述规定。

关于股东知情权纠纷案件的管辖是否适用上述规定，最高人民法院认为，"适用本条规定的诉讼可基本概括为'公司诉讼'"；"在一般意义上，'公司诉讼'可以理解为是因公司纠纷而产生的诉讼"；"对于与公司有关的诉讼是否由公司住所地管辖，要综合进行判断分析，包括'纠纷是否涉及公司利益、对该类纠纷的法律适用是否适用公司法'等"。

按照上述观点，股东知情权纠纷应可以适用《民事诉讼法》第 27 条的规定，由公司住所地管辖。但事实上，如果按照《民事诉讼法》第 22 条第 2 款的规定，同样可以得出股东知情权纠纷由公司住所地管辖的结论。鉴于《民事诉讼法》第 27 条的规定并未明确列明股东知情权纠纷适用该条规定,在援引法律条文时,适用《民事诉讼法》第 22 条第 2 款的规定为宜。

第二节 新旧《公司法》相关规范对照

一、相关规范梳理

(一)旧《公司法》相关规定

1. 有限责任公司股东知情权规定

旧《公司法》第 33 条:股东有权查阅、复制公司章程、股东会会议记录、董事会会议决议、监事会会议决议和财务会计报告。

股东可以要求查阅公司会计账簿。股东要求查阅公司会计账簿的,应当向公司提出书面请求,说明目的。公司有合理根据认为股东查阅会计账簿有不正当目的,可能损害公司合法利益的,可以拒绝提供查阅,并应当自股东提出书面请求之日起十五日内书面答复股东并说明理由。公司拒绝提供查阅的,股东可以请求人民法院要求公司提供查阅。

2. 股份有限公司股东知情权规定

旧《公司法》第 97 条:股东有权查阅公司章程、股东名册、公司债券存根、股东大会会议记录、董事会会议决议、监事会会议决议、财务会计报告,对公司的经营提出建议或者质询。

(二)新《公司法》相关规定

1. 有限责任公司股东知情权规定

新《公司法》第 57 条:股东有权查阅、复制公司章程、股东名册、股东会会议记录、董事会会议决议、监事会会议决议和财务会计报告。

股东可以要求查阅公司会计账簿、会计凭证。股东要求查阅公司会计账簿、会计凭证的,应当向公司提出书面请求,说明目的。公司有合理根据认为股东查阅会计账簿、会计凭证有不正当目的,可能损害公司合法利益的,可以拒绝提供查阅,并应当自股东提出书面请求之日起十五日内书面答复股东并说明理由。公司拒绝提供查阅的,股东可以向人民法院提起诉讼。

股东查阅前款规定的材料,可以委托会计师事务所、律师事务所等中介机构进行。

股东及其委托的会计师事务所、律师事务所等中介机构查阅、复制有关材料,应当遵守有关保护国家秘密、商业秘密、个人隐私、个人信息等法律、行政法规的规定。

股东要求查阅、复制公司全资子公司相关材料的,适用前四款的规定。

2.股份有限公司股东知情权规定

新《公司法》第110条:股东有权查阅、复制公司章程、股东名册、股东会会议记录、董事会会议决议、监事会会议决议、财务会计报告,对公司的经营提出建议或者质询。

连续一百八十日以上单独或者合计持有公司百分之三以上股份的股东要求查阅公司的会计账簿、会计凭证的,适用本法第五十七条第二款、第三款、第四款的规定。公司章程对持股比例有较低规定的,从其规定。

股东要求查阅、复制公司全资子公司相关材料的,适用前两款的规定。

上市公司股东查阅、复制相关材料的,应当遵守《中华人民共和国证券法》等法律、行政法规的规定。

(三)《公司法司法解释(四)》相关规定[①]

由于股东知情权法律规定供给严重不足,为了满足司法实践的迫切需要,最高人民法院于2020年12月29日通过的《公司法司法解释(四)》,涉及股东知情权的条款多达6条。鉴于上述条款在司法实践中的重要性,故在本节中一并列明,具体规定包括以下方面。

1.特殊情形下非股东起诉应予受理

《公司法司法解释(四)》第7条:股东依据公司法第三十三条、第九十七条或者公司章程的规定,起诉请求查阅或者复制公司特定文件材料的,人民法院应当依法予以受理。

公司有证据证明前款规定的原告在起诉时不具有公司股东资格的,人民法

[①] 随着新《公司法》实施,五个之前已经发布实施的司法解释将被废止,但这并不意味着该司法解释的规定不再有意义。《公司法司法解释(四)》相关规定与新《公司法》矛盾的自然不再适用,不矛盾且不违反其他法律规定且符合公平原则的,仍可作为裁判的说理理由。

院应当驳回起诉,但原告有初步证据证明在持股期间其合法权益受到损害,请求依法查阅或者复制其持股期间的公司特定文件材料的除外。

2."不正当目的"情形列举

《公司法司法解释(四)》第 8 条:有限责任公司有证据证明股东存在下列情形之一的,人民法院应当认定股东有公司法第三十三条第二款规定的"不正当目的":

(一)股东自营或者为他人经营与公司主营业务有实质性竞争关系业务的,但公司章程另有规定或者全体股东另有约定的除外;

(二)股东为了向他人通报有关信息查阅公司会计账簿,可能损害公司合法利益的;

(三)股东在向公司提出查阅请求之日前的三年内,曾通过查阅公司会计账簿,向他人通报有关信息损害公司合法利益的;

(四)股东有不正当目的的其他情形。

3.法定知情权不可剥夺

《公司法司法解释(四)》第 9 条:公司章程、股东之间的协议等实质性剥夺股东依据公司法第三十三条、第九十七条规定查阅或者复制公司文件材料的权利,公司以此为由拒绝股东查阅或者复制的,人民法院不予支持。

4.裁判主文及执行规范

《公司法司法解释(四)》第 10 条:人民法院审理股东请求查阅或者复制公司特定文件材料的案件,对原告诉讼请求予以支持的,应当在判决中明确查阅或者复制公司特定文件材料的时间、地点和特定文件材料的名录。

股东依据人民法院生效判决查阅公司文件材料的,在该股东在场的情况下,可以由会计师、律师等依法或者依据执业行为规范负有保密义务的中介机构执业人员辅助进行。

5.泄露公司商业秘密侵权赔偿

《公司法司法解释(四)》第 11 条:股东行使知情权后泄露公司商业秘密导致公司合法利益受到损害,公司请求该股东赔偿相关损失的,人民法院应当予以支持。

根据本规定第十条辅助股东查阅公司文件材料的会计师、律师等泄露公司商业秘密导致公司合法利益受到损害,公司请求其赔偿相关损失的,人民法院应当予以支持。

6.文件资料制作、保存主体的赔偿责任

《公司法司法解释(四)》第12条:公司董事、高级管理人员等未依法履行职责,导致公司未依法制作或者保存公司法第三十三条、第九十七条规定的公司文件材料,给股东造成损失,股东依法请求负有相应责任的公司董事、高级管理人员承担民事赔偿责任的,人民法院应当予以支持。

二、新旧《公司法》比较

(一)新旧《公司法》条文横向比较

1.旧《公司法》条文横向比较

旧《公司法》中有限责任公司与股份公司股东知情权相同之处:(1)知情权范围均包括公司章程、股东会会议记录、董事会会议决议、监事会会议决议和财务会计报告。(2)信息获取方式均包括查阅。

不同之处:(1)知情权范围不同。一是有限公司股东知情权范围包括有限制条件的会计账簿,而股份公司没有,可能原因在于:股份公司股东人数较多,如允许查阅属于商业秘密的会计账簿,一方面可能会大大增加公司的应对负担,另一方面可能会增加损害公司利益的风险。二是有限责任股东知情权的范围不包括股东名册、债权存根,而股份公司包括。原因在于:其一,立法者认为有限责任公司股东人数较少,股东应当知晓其他股东情况,没有必要赋予该项查阅权利;其二,法律禁止有限责任公司发行债权,故有限责任公司根本没有债券存根,赋予股东该项权利没有实际意义。(2)信息获取方式不同。一是有限责任公司就一般资料既可以查阅,又可以复制,而股份公司仅规定查阅,未明确规定复制。可能原因仍旧是为了减小公司负担及降低公司商业秘密被泄露风险。二是未明确规定有限责任公司股东有质询权,而明确规定了股份公司股东有此权利。可能原因在于:立法者认为有限责任公司所有权和经营权一般不分离,无此必要,而股份有限公司所有权和经营权往往分离,有必要明确该项权利。笔者认为,质询权是股东固有的权利,即使法律未明确,股东亦应当享有该项权利,这是股东参与公司经营管理的重要方式之一。

另需要注意的是,就获取会计账目的方式,旧《公司法》仅规定了查阅,未明确规定复制。

2. 新《公司法》条文横向比较

新《公司法》中有限责任公司与股份公司股东知情权相同之处：(1)知情权范围相同。有限责任公司和股份有限公司均包括章程、股东名册、股东会会议记录、董事会会议决议、监事会会议决议、财务会计报告、会计账簿、会计凭证及全资子公司的上述材料。(2)章程等一般资料获取的方式均包括查阅和复制，会计账簿、会计凭证获取的方式仅规定为查阅，不包括复制。(3)查阅会计账簿、会计凭证均必须履行前置程序，且不应当有不正当目的。(4)都可委托中介机构进行查阅。

不同之处：(1)查阅会计账簿、会计凭证的股东是否存在限制不同。有限责任公司的所有股东都可查阅，而股份有限公司的只有符合特定条件才可查阅，即连续一百八十日以上单独或者合计持有公司百分之三以上股份的股东。可能的原因在于股份公司人数较多，以资合性为主，持有股份数量少的股东一般没有动力查阅涉及商业秘密的会计账簿和会计凭证，反之，很可能存在不正当目的。为了避免公司过重负担，尽量避免公司利益受损，平衡股东知情权利益和公司利益作出此选择。(2)信息获取方式不同。未明确规定有限责任公司股东有质询权，而明确规定了股份公司股东有此权利。可能原因在于：立法者认为有限公司所有权和经营权一般不分离，无此必要，而股份公司所有权和经营权往往分离，有必要明确该项权利。笔者认为，质询权是股东固有的权利，即使法律未明确规定，股东亦应当享有该项权利，这是股东参与公司经营管理的重要方式之一。

(二)新旧《公司法》条文纵向比较

1. 有限责任公司股东知情权纵向比较

新旧《公司法》关于有限责任公司股东知情权规定相同之处：(1)知情权范围均包括公司章程、股东会会议记录、董事会会议决议、监事会会议决议财务会计报告、会计账簿。(2)信息获取的方式相同。一般资料可以查阅和复制。会计账簿和会计凭证等特殊资料明确规定可以查阅，没有规定可以复制。(3)查阅特殊资料需要履行前置程序且股东不应该有不正当目的。

不同之处：(1)旧《公司法》未规定有限责任股东可以查阅股东名册、会计凭证，新《公司法》规定可以查阅股东名册、会计凭证。原因在于：一是有限责任公司尽管以"人和性"为主，但在公司法实践中，有限责任公司所有权和经营权分离不在少数,很多股东不知晓公司股东及其变化的具体情况,当前有必要赋予股东查阅和复制股东名册的权利。二是明确规定股东可以查阅会计凭证确实能够有效保障股东的合法权益,但也很有可能泄露商业秘密,给公司造成无可挽回的损失,立法过程中争议过大,最终旧《公司法》未予规定,刻意"留白",留待理论和实践发展,凝聚共识。在新《公司法》制定过程中,大多数意见还是认为应当允许股东查阅会计凭证,否则根本无法发现公司的财务问题,所担心公司利益受损的问题,可通过后续赔偿解决,不好据此否定股东查阅会计凭证的权利,新《公司法》最终对此作出明确规定。(2)旧《公司法》未明确规定股东可委托专业中介机构查阅会计账簿,新《公司法》明确规定可以委托专业机构查询。原因在于:会计账簿和会计凭证具有很强的专业性,股东未必是这方面的专业知识拥有者,为了更好地实现股东知情权,应当允许股东委托专业机构行使查阅权。(3)旧《公司法》不允许股东查阅和复制全资子公司的相关材料,而新《公司法》规定股东可以查阅和复制全资子公司的相关材料。原因在于:一是母公司与子公司均系独立法人,母公司股东对子公司行使知情权构成"僭越",与一般法理不符,故旧法对此未作规定,司法实践也不支持股东对子公司行使知情权。二是随着股东知情权理论和实践的发展,越来越多人主张和支持股东双重代表诉讼,新《公司法》立法过程中对此作出权衡,已经确立了股东可以对全资子公司的董监高及其他人员提起股东代表诉讼,在此情况下,为了确保股东双重代表诉讼具有可操作性和实际意义,应当也必须赋予股东对全资子公司"穿透"行使股东知情权。

2. 股份有限公司股东知情权纵向比较

新旧《公司法》关于股份公司股东知情权规定相同之处:(1)知情权的范围均包括公司章程、股东名册、股东会会议记录、董事会会议决议、监事会会议决议、财务会计报告。(2)信息获取的方式均包括查阅、质询。

不同之处:(1)旧《公司法》规定股份有限公司股东可以查阅公司债券,而新《公司法》对此未有规定。原因在于:当前债券发行实践中,发行的都是电子债券,公司没有债券存根,此规定已经不符合实际,故予以删除。(2)旧《公司法》未规定可以查阅会计凭证及子公司的相关资料、委托中介机构进行查阅,而新《公司法》对此有明确规定。之所以这样的规定理由同上。(3)旧《公司法》就股东一般资料的获取方式仅规定为查阅,未明确规定可以复制;而新《公司法》明确规定可以查阅和复制。原因在于:作此规定对公司利益的损害极小,又极大地便利了中小股东行使股东知情权。

第三节 原告主体资格的认定

一、查明事实

1.原告是否提供了其作为公司股东的相应凭证;2.原告的上述凭证能否推定其在起诉时仍然具有公司股东身份;3.公司提出抗辩的,区分是对股东身份的抗辩还是对原告行使知情权的抗辩,审查对股东身份的抗辩是否成立。

二、法律适用

1.旧《公司法》第25条:有限责任公司章程应当载明下列事项:

(一)公司名称和住所;

(二)公司经营范围;

(三)公司注册资本;

(四)股东的姓名或者名称;

(五)股东的出资方式、出资额和出资时间;

(六)公司的机构及其产生办法、职权、议事规则;

(七)公司法定代表人;

(八)股东会会议认为需要规定的其他事项。

股东应当在公司章程上签名、盖章。

对应新《公司法》第46条:有限责任公司章程应当载明下列事项:

(一)公司名称和住所;

(二)公司经营范围;

(三)公司注册资本;

(四)股东的姓名或者名称;

(五)股东的出资额、出资方式和出资日期;

(六)公司的机构及其产生办法、职权、议事规则;

（七）公司法定代表人的产生、变更办法；

（八）股东会认为需要规定的其他事项。

股东应当在公司章程上签名或者盖章。

2. 旧《公司法》第29条：股东认足公司章程规定的出资后，由全体股东指定的代表或者共同委托的代理人向公司登记机关报送公司登记申请书、公司章程等文件，申请设立登记。

对应新《公司法》第30条：申请设立公司，应当提交设立登记申请书、公司章程等文件，提交的相关材料应当真实、合法和有效。

申请材料不齐全或者不符合法定形式的，公司登记机关应当一次性告知需要补正的材料。

3. 旧《公司法》第31条：有限责任公司成立后，应当向股东签发出资证明书。

出资证明书应当载明下列事项：

（一）公司名称；

（二）公司成立日期；

（三）公司注册资本；

（四）股东的姓名或者名称、缴纳的出资额和出资日期；

（五）出资证明书的编号和核发日期。

出资证明书由公司盖章。

对应新《公司法》第55条：有限责任公司成立后，应当向股东签发出资证明书，记载下列事项：

（一）公司名称；

（二）公司成立日期；

（三）公司注册资本；

（四）股东的姓名或者名称、认缴和实缴的出资额、出资方式和出资日期；

（五）出资证明书的编号和核发日期。

出资证明书由法定代表人签名，并由公司盖章。

4. 旧《公司法》第32条：有限责任公司应当置备股东名册，记载下列事项：

（一）股东的姓名或者名称及住所；

（二）股东的出资额；

（三）出资证明书编号。

记载于股东名册的股东,可以依股东名册主张行使股东权利。

公司应当将股东的姓名或者名称向公司登记机关登记;登记事项发生变更的,应当办理变更登记。未经登记或者变更登记的,不得对抗第三人。

对应新《公司法》第56条:有限责任公司应当置备股东名册,记载下列事项:

（一）股东的姓名或者名称及住所;

（二）股东认缴和实缴的出资额、出资方式和出资日期;

（三）出资证明书编号;

（四）取得和丧失股东资格的日期。

记载于股东名册的股东,可以依股东名册主张行使股东权利。

5.旧《公司法》第81条:股份有限公司章程应当载明下列事项:

（一）公司名称和住所;

（二）公司经营范围;

（三）公司设立方式;

（四）公司股份总数、每股金额和注册资本;

（五）发起人的姓名或者名称、认购的股份数、出资方式和出资时间;

（六）董事会的组成、职权和议事规则;

（七）公司法定代表人;

（八）监事会的组成、职权和议事规则;

（九）公司利润分配办法;

（十）公司的解散事由与清算办法;

（十一）公司的通知和公告办法;

（十二）股东大会会议认为需要规定的其他事项。

对应新《公司法》第95条:股份有限公司章程应当载明下列事项:

（一）公司名称和住所;

（二）公司经营范围;

（三）公司设立方式;

（四）公司注册资本、已发行的股份数和设立时发行的股份数,面额股的每股金额;

（五）发行类别股的,每一类别股的股份数及其权利和义务;

（六）发起人的姓名或者名称、认购的股份数、出资方式；

（七）董事会的组成、职权和议事规则；

（八）公司法定代表人的产生、变更办法；

（九）监事会的组成、职权和议事规则；

（十）公司利润分配办法；

（十一）公司的解散事由与清算办法；

（十二）公司的通知和公告办法；

（十三）股东会认为需要规定的其他事项。

6. 旧《公司法》第85条：发起人向社会公开募集股份，必须公告招股说明书，并制作认股书。认股书应当载明本法第八十六条所列事项，由认股人填写认购股数、金额、住所，并签名、盖章。认股人按照所认购股数缴纳股款。

对应新《公司法》第100条：发起人向社会公开募集股份，应当公告招股说明书，并制作认股书。认股书应当载明本法第一百五十四条第二款、第三款所列事项，由认股人填写认购的股份数、金额、住所，并签名或者盖章。认股人应当按照所认购股份足额缴纳股款。

7. 旧《公司法》第88条：发起人向社会公开募集股份，应当同银行签订代收股款协议。

代收股款的银行应当按照协议代收和保存股款，向缴纳股款的认股人出具收款单据，并负有向有关部门出具收款证明的义务。

对应新《公司法》第156条：公司向社会公开募集股份，应当同银行签订代收股款协议。

代收股款的银行应当按照协议代收和保存股款，向缴纳股款的认股人出具收款单据，并负有向有关部门出具收款证明的义务。

公司发行股份募足股款后，应予公告。

8. 旧《公司法》第92条：董事会应于创立大会结束后三十日内，向公司登记机关报送下列文件，申请设立登记：

（一）公司登记申请书；

（二）创立大会的会议记录；

（三）公司章程；

（四）验资证明；

（五）法定代表人、董事、监事的任职文件及其身份证明；

（六）发起人的法人资格证明或者自然人身份证明；

（七）公司住所证明。

以募集方式设立股份有限公司公开发行股票的,还应当向公司登记机关报送国务院证券监督管理机构的核准文件。

对应新《公司法》第106条：董事会应当授权代表,于公司成立大会结束后三十日内向公司登记机关申请设立登记。

9.旧《公司法》第129条：公司发行的股票,可以为记名股票,也可以为无记名股票。公司向发起人、法人发行的股票,应当为记名股票,并应当记载该发起人、法人的名称或者姓名,不得另立户名或者以代表人姓名记名。

对应新《公司法》第147条：公司的股份采取股票的形式。股票是公司签发的证明股东所持股份的凭证。

公司发行的股票,应当为记名股票。

10.旧《公司法》第130条：公司发行记名股票的,应当置备股东名册,记载下列事项：

（一）股东的姓名或者名称及住所；

（二）各股东所持股份数；

（三）各股东所持股票的编号；

（四）各股东取得股份的日期。

发行无记名股票的,公司应当记载其股票数量、编号及发行日期。

11.旧《公司法》第132条：股份有限公司成立后,即向股东正式交付股票。公司成立前不得向股东交付股票。

对应新《公司法》第150条：股份有限公司成立后,即向股东正式交付股票。公司成立前不得向股东交付股票。

三、常见问题

（一）股东身份确认

股东知情权依附于股东身份而存在,原告诉请行使股东知情权的,应对其具有股东身份承担举证责任。一般情况下,原告可以通过出示相关公示性文件来证明其股东身份,若被告能够提出相反证据对原告的股东身份产生怀疑时,法院将进一步实体审查原告股东身份的真伪。

根据《公司法》及其相关规定,实践中原告可以用来证明其股东身份的文件包括但不限于:有限责任公司的公司章程、工商登记、出资证明书、股东名册等;股份有限责任公司的公司章程及工商登记(载有发起人股东的信息)、认股书和缴纳股款的单据、股票(区分记名股票和无记名股票)、股东名册(发行记名股票的股份有限公司应当置备)等。除此之外,其他的证据亦具有相应的证明效力,如生效的裁判文书、被继承人的遗嘱等。但是对于涉及股权转让法律关系时,受让人以股权转让协议证明其股东资格的,因涉及案外第三人的实际履行情况,股东知情权案件与股东身份案件不宜一并审查处理。

(二)非股东能否行使股东知情权

此案例场景主要适用失去股东身份的当事人能否行使股东知情权情形。

在公司存续过程中,股东可能因为将全部股权转让给第三人或因未履行出资义务被股东会决议解除股东资格而丧失股东身份。由于股东知情权是股东权利的内容之一,该权利与股东身份直接相关,因此行使股东知情权的主体原则上只能是现行股东,失去股东身份,其请求对公司行使股东知情权的权利也随之丧失。如果股东在失去股东身份后,发现其在持股期间的权利受到损害,那么该股东难以通过行使知情权的方式获取对其可能有帮助的公司信息。因此,《公司法司法解释(四)》第7条第2款规定:"公司有证据证明前款规定的原告在起诉时不具有公司股东资格的,人民法院应当驳回起诉,但原告有初步证据证明在持股期间其合法权益受到损害,请求依法查阅或者复制其持股期间的公司特定文件材料的除外。"

(三)实际出资人能否行使股东知情权

此案例场景主要适用隐名投资中的实际出资人能否行使享有股东知情权情形。

隐名投资通常系指双方协议约定由实际出资人出资并享有投资收益但并不登记在册,而将名义股东登记在股东名册、工商登记之中。实践中常将此类实际出资人称为隐名股东,但严格来说"隐名股东"并非公司法上的概念。

公司法作为规范公司的组织和行为以及调整公司与股东、第三人之间关系的法律,更为关注的是公司的稳定性和形式要件的完备性。实际出资人与记载于股东名册的股东之间有关"名实出资"的约定,仅在订约人之间产生效力,一般不能对抗公司。因此,除非实际出资人的股东资格已经得到了确认,否则其不具有直接向公司行使股东知情权的权利。北京市高级人民法院曾在其指导意见的第 16 条规定:"公司的实际出资人在其股东身份未显名化之前,不具有股东知情权诉讼的原告主体资格,其已诉至法院的,应裁定驳回起诉。"

典型案例　黄某与某科技公司股东知情权纠纷案[①]

【裁判要旨】

实际出资人并非公司股东,不享有股东知情权,其只能基于代持协议要求名义出资人行使股东知情权,通过间接方式了解公司经营管理状况。

【案情简介】

某科技公司成立于 2015 年 1 月 23 日,注册资本 2000 万元,股东为雷某、黄某,法定代表人为雷某。其中,雷某认缴出资 1000 万元,持股比例 50%;黄某认缴出资 1000 万元,持股比例 50%(2015 年 4 月经股东会决议成为公司股东)。

黄某向某科技公司邮寄了查阅复制相关资料的通知书,某科技公司拒绝,黄某遂诉至法院,请求法院判令某科技公司提供相应的资料供黄某查阅复制。某科技公司的主要抗辩事由之一为:公司最初的股东是黄小某,由于黄小某存在身份上的限制,其将该股权转让给了其父亲黄某,黄某与黄小某之间系股权代持关系,黄某未曾参与过公司经营管理,都是黄小某参与,故黄某不是某科技公司的股东,实际股东是黄某的儿子黄小某。黄某认可其系黄小某的父亲,亦认可其未实际参与公司经营管理,但认为黄小某系受其委托参与公司经营管理,坚持认为其系公司股东,有权行使股东知情权。

【裁判结果】

一审法院认为,股东知情权系法律赋予公司股东了解公司信息的权利,在股东知情权法律关系中,权利主体是公司股东,义务主体是公司。此处的"股东"系指进行工商登记,对外具有公示效力的显名股东。黄某作为某科技公司

[①] 参见北京市第二中级人民法院(2023)京 02 民终 12903 号民事判决书。

的工商登记在册的股东,有权以股东知情权受到侵害为由提起诉讼,是适格的原告。判决支持了黄某的部分诉讼请求。

某科技公司不服,持包含上述抗辩的理由上诉。二审法院认为,黄某是某科技公司的股东,在没有变更工商登记之前,黄某作为某科技公司的股东,有权行使股东知情权。最终判决:驳回上诉,维持原判。

【案例评析】

某科技公司的抗辩貌似有道理,实则根本不成立,其受到非严谨法律概念"隐名股东"的误导,错误地理解了公司法意义上股东的界定。公司法意义上的股东是指因向公司出资、受让股份、继承并完成一定行为的主体,对公司享有管理权、利润分配权、剩余资产管理权。股权系集财产权和身份权为一体的权利。从公司法意义上来讲,股权代持协议中的委托人,隐名投资协议中的投资人,均是实际投资人,尽管俗称"隐名股东",在未有证据显示黄某、黄小某、某科技公司曾一致确认黄小某系股东并记载公司名册的情况下,黄小某绝非公司法意义上的股东,其并不直接享有公司法规定的股东的直接权利,一审、二审法院认定黄某是某科技公司股东,正确无误。值得注意的是,一审、二审法院认为公司的股东是工商登记的股东,此种说法并不严谨。工商登记仅在对外方面具有对抗效力,在处理股东与公司内部关系中并不当然适用,在有确切证据证明登记股东非股东情况下,登记股东并非公司股东。具体到本案中,如果公司股东名册真实,黄小某登记在股东名册中,黄某主张其系公司股东,基于本案系公司内部纠纷,就应据此认定黄小某系某科技公司股东。新《公司法》第86条第2款规定:"股权转让的,受让人自记载于股东名册时起可以向公司主张行使股东权利。"即对上述观点的佐证。

(四)瑕疵出资股东能否行使股东知情权

此案例场景主要适用未出资、未完全出资、迟延出资、抽逃出资股东能否行使股东知情权。

瑕疵出资是否影响股东知情权的行使,对此有不同认识。我们认为,股东对公司未履行出资义务,或者未足额履行出资义务,或者在公司成立后又抽逃资金的,应当按照公司法的规定履行相应的义务。但股东知情权纠纷和股东出资纠纷并非同一法律关系,二者不构成相互履行的有效抗辩关系。知情权系股东固有权利,股东虽然存在出资瑕疵,但在其未丧失公司股东身份之前,仍为公司股东,可按照公司法或公司章程的规定行使相应的股东权。除非公司章程或股东与公司之间另有约定,否则一般不能以股东出资存在瑕疵为由否定其应享有的知情权。

典型案例　谷某与某信息公司股东知情权纠纷案①

【裁判要旨】

股东知情权属于股东固有权利,具备股东身份即享有该权利。即使逾期出资,只要未被依法除名,仍具有股东身份,依然可以依法享有股东知情权。

【案情简介】

某信息公司成立于2015年10月30日,注册资本为2000万元。公司成立时的章程显示:股东有徐某、谷某、刘某三人,出资额分别为1020万元、880万元、100万元,出资时间均为2019年6月30日,三人出资比例分别为51%、44%、5%。

谷某向某信息公司邮寄了查阅复制相关资料的通知书,某科技公司拒绝,谷某遂诉至法院,请求法院判令某信息公司提供相应的资料供谷某查阅复制。某信息公司的主要抗辩事由之一为:谷某未按期出资,不享有股东知情权。

【裁判结果】

一审法院认为,股东知情权是法律赋予公司股东了解公司经营、财务等与股东利益相关的公司情况的权利,系股东享有的法定权利。根据前述法律规定,只要具有股东身份,即享有知情权,而与是否瑕疵出资没有直接关系。前已查明,谷某自某科技公司成立即为公司股东,根据前述法律规定,其享有股东知情权,该权利不因其未履行出资义务而受到限制。某信息公司的抗辩,没有法律依据。遂判决支持了谷某诉讼请求。

某信息公司不服,提起上诉。二审法院认为,股东知情权系股东了解公司经营、财务等与股东利益相关的公司情况的权利,属于股东享有的法定的、固有的权利,非因法定事由不应被剥夺。某信息公司以谷某未履行出资义务为由主张谷某无权行使股东知情权,缺乏依据。法院最终判决驳回上诉,维持原判。

---

① 参见北京市第二中级人民法院(2023)京02民终11600号民事判决书。

【案例评析】

股东知情权,只要是股东,即享有该权利,此乃固有权利之本意。有人可能提出对违约股东太过"温柔",没有体现出对违约股东的惩罚。其实不然,一方面,就股东瑕疵出资责任,公司法已经作出了明确规定,无须股东知情权越俎代庖,承担此重任。另一方面,出资瑕疵并不意味着对公司"不忠不勤",赋予其股东知情权,以便其了解公司事务,能更好参与公司管理,对公司未必是坏事。如果据此剥夺股东知情权,在有限责任公司中,若出现极端情况,股东均未出资,那么将出现不参与公司经营管理决策的股东无法行使股东知情权;而参与公司经营管理决策的股东实际享有股东知情权的不公平现象。

如果股东不补足出资,公司既可通过司法途径要求股东缴纳出资,亦可通过除名规定或失权规定对该股东予以惩戒,此乃正当法律之道。

第四节　被告主体资格认定

一、查明事实

1.被告是否为公司法意义上的公司;2.被告成立或者改制成为公司的时间;3.被告属于有限责任公司还是股份有限公司。

二、法律适用

1.旧《公司法》第3条:公司是企业法人,有独立的法人财产,享有法人财产权。公司以其全部财产对公司的债务承担责任。

有限责任公司的股东以其认缴的出资额为限对公司承担责任;股份有限公司的股东以其认购的股份为限对公司承担责任。

对应新《公司法》第3条:公司是企业法人,有独立的法人财产,享有法人财产权。公司以其全部财产对公司的债务承担责任。

公司的合法权益受法律保护,不受侵犯。

2.旧《公司法》第6条:设立公司,应当依法向公司登记机关申请设立登记。符合本法规定的设立条件的,由公司登记机关分别登记为有限责任公司或者股份有限公司;不符合本法规定的设立条件的,不得登记为有限责任公司或者股份有限公司。

法律、行政法规规定设立公司必须报经批准的,应当在公司登记前依法办理批准手续。

公众可以向公司登记机关申请查询公司登记事项,公司登记机关应当提供查询服务。

对应新《公司法》第29条:设立公司,应当依法向公司登记机关申请设立登记。

法律、行政法规规定设立公司必须报经批准的,应当在公司登记前依法办理批准手续。

对应新《公司法》第31条:申请设立公司,符合本法规定的设立条件的,由公司登记机关分别登记为有限责任公司或者股份有限公司;不符合本法规定的设立条件的,不得登记为有限责任公司或者股份有限公司。

对应新《公司法》第32条:公司登记事项包括:

(一)名称;

(二)住所;

(三)注册资本;

(四)经营范围;

(五)法定代表人的姓名;

(六)有限责任公司股东、股份有限公司发起人的姓名或者名称。

公司登记机关应当将前款规定的公司登记事项通过国家企业信用信息公示系统向社会公示。

三、常见问题

(一)非公司组织体能否成为被告

此案例场景主要适用分公司、非营利法人、特别法人能否成为股东知情权纠纷案件的被告。

公司股东享有对公司的知情权,这是公司法赋予公司股东的法定权利,公司制以外的其他经济组织、企业、社会团体、事业单位和国家机关均不存在公司法意义上的股东以及股东特有的对公司的知情权利。因此,非公司法人或其他组织不能成为股东知情权案件的被告。但是,非公司法人或其他组织的投资人或者所有人可以根据章程的约定等行使对法人的知情权,只不过该知情权不属于公司法意义上的股东知情权。

(二)改制前的非公司法人能否成为被告

此案例场景主要适用股东能否对改制之前的非公司法人享有股东知情权。

股东对改制之前的非公司法人行使知情权,一般不应予支持。笔者认为,在非公司法人改制成为有限责任公司之前,其不属于公司法意义上的有限责任公司,因而也就不存在公司法意义上的公司股东,当然也就谈不上依附于股东身份的知情权。将有限责任公司股东对公司的知情权任意类比扩大适用到其他组织,应当极其慎重,综合考虑当事人之间的关系、赋权必要性、查阅的目的予以确定。

第五节 股东知情权的范围

一、查明事实

1.股东要求行使知情权的对象以及时间范围;2.公司章程中关于股东知情权范围的界定。

二、法律适用

1.旧《公司法》第33条:股东有权查阅、复制公司章程、股东会会议记录、董事会会议决议、监事会会议决议和财务会计报告。

股东可以要求查阅公司会计账簿。股东要求查阅公司会计账簿的,应当向公司提出书面请求,说明目的。公司有合理根据认为股东查阅会计账簿有不正当目的,可能损害公司合法利益的,可以拒绝提供查阅,并应当自股东提出书面请求之日起十五日内书面答复股东并说明理由。公司拒绝提供查阅的,股东可以请求人民法院要求公司提供查阅。

对应新《公司法》第57条:股东有权查阅、复制公司章程、股东名册、股东会会议记录、董事会会议决议、监事会会议决议和财务会计报告。

股东可以要求查阅公司会计账簿、会计凭证。股东要求查阅公司会计账簿、会计凭证的,应当向公司提出书面请求,说明目的。公司有合理根据认为股东查阅会计账簿、会计凭证有不正当目的,可能损害公司合法利益的,可以拒绝提供查阅,并应当自股东提出书面请求之日起十五日内书面答复股东并说明理由。公司拒绝提供查阅的,股东可以向人民法院提起诉讼。

股东查阅前款规定的材料,可以委托会计师事务所、律师事务所等中介机构进行。

股东及其委托的会计师事务所、律师事务所等中介机构查阅、复制有关材料,应当遵守有关保护国家秘密、商业秘密、个人隐私、个人信息等法律、行政法规的规定。

股东要求查阅、复制公司全资子公司相关材料的,适用前四款的规定。

2. 旧《公司法》第 97 条:股东有权查阅公司章程、股东名册、公司债券存根、股东大会会议记录、董事会会议决议、监事会会议决议、财务会计报告,对公司的经营提出建议或者质询。

对应新《公司法》第 110 条:股东有权查阅、复制公司章程、股东名册、股东会会议记录、董事会会议决议、监事会会议决议、财务会计报告,对公司的经营提出建议或者质询。

连续一百八十日以上单独或者合计持有公司百分之三以上股份的股东要求查阅公司的会计账簿、会计凭证的,适用本法第五十七条第二款、第三款、第四款的规定。公司章程对持股比例有较低规定的,从其规定。

股东要求查阅、复制公司全资子公司相关材料的,适用前两款的规定。

上市公司股东查阅、复制相关材料的,应当遵守《中华人民共和国证券法》等法律、行政法规的规定。

3. 旧《公司法》第 116 条:公司应当定期向股东披露董事、监事、高级管理人员从公司获得报酬的情况。

对应新《公司法》第 129 条:公司应当定期向股东披露董事、监事、高级管理人员从公司获得报酬的情况。

三、常见问题

(一)不同类型公司股东知情权法定范围

关于有限责任公司股东知情权的法定范围,旧《公司法》规定包括有权查阅、复制公司章程、股东会会议记录、董事会会议决议和监事会会议决议以及财务会计报告,有权要求查阅公司会计账簿;关于股份有限公司股东知情权的法定范围,旧《公司法》包括查阅公司章程、股东名册、公司债券存根、股东大会会议记录、董事会会议决议和监事会会议决议以及财务会计报告,同时规定股份有限公司应当定期向股东披露董事、监事、高级管理人员从公司获得报酬的情况。新《公司法》不分公司的性质一律允许查阅公司及其全资子公司的会计账簿、会计凭证。

股东知情权属于股东固有权,是股东监督经营者的重要权利,在公司法上应属强行性规范,因此不得通过约定限缩其范围甚至进行排除。当然,公司章程可以在法律规定的基础上,对股东知情权的范围进行扩大化。

(二)能否对成为股东前的信息行使知情权

此案例场景主要适用原告能否对其成为股东前的公司资料行使股东知情权。

基于公司经营具有连续性的现实,为了保障股东获得完整的公司信息,股东应该有权查阅其加入公司前的相关资料。法律并未禁止后续股东查阅、复制其加入公司前的公司财务会计报表。更何况,公司运营是个持续性过程,如果拒绝公司的后续股东行使对加入公司前的公司信息的知情权,将导致股东获得的相关信息残缺不全,从而减损股东知情权的制度价值。只要股东的请求不违反诚实信用原则和公平合理原则,如要求查阅的财务账册不是过于久远以致给公司经营管理造成不合理的负担,以及不存在所要求查阅的账册与股东的现实决策和权利救济无关等情形,公司就有义务给予配合,以保障股东正当权利的实现。

(三)有限责任公司股东知情权的边界

根据旧《公司法》第33条的规定,有限责任公司股东按照公司法的规定对公司会计资料行使知情权的对象分为两个层次,第一个层次是公司的财务会计报告,股东可以直接要求查阅、复制;第二个层次是公司的会计账簿,股东必须事先向公司提出书面请求并说明正当目的,且只能进行查阅。然而近年来,有限责任公司的股东诉请行使知情权的范围往往不再限于财务会计报告和会计账簿,越来越多的股东要求进一步查阅公司的会计凭证以充分实现其固有的知情权,因此司法实践中关于可否准许股东查阅会计凭证往往成为一个重大的争议焦点。

从旧《公司法》第33条关于查阅财务会计报告和会计账簿的规定来看,就财务会计报告,股东既可以查阅,也可以复制,无须说明任何理由,但就会计账簿,股东仅可查阅,不可复制,且需要提出书面请求,并说明理由。可见,股东要求知晓相关文件材料秘密性越强,对其限制理应越多。会计凭证属于比会计账簿级别更高的商业机密,即使认为旧《公司法》未排除特定情形下法院有权判决股东查阅公司会计凭证,对股东查阅会计凭证的限制也应高于旧《公司法》关于查阅会计账簿的规定。股东要求查阅会计凭证,应陈述更充分的理由及提供有效证据,证明确有必要查阅会计凭证,否法院将不予支持。

需要注意的是,新《公司法》第57条第2款规定:"股东可以要求查阅公司会计账簿、会计凭证。股东要求查阅公司会计账簿、会计凭证的,应当向公司提出书面请求,说明目的。公司有合理根据认为股东查阅会计账簿、会计凭证有不正当目的,可能损害公司合法利益的,可以拒绝提供查阅,并应当自股东提出书面请求之日起十五日内书面答复股东并说明理由。公司拒绝提供查阅的,股东可以向人民法院提起诉讼。"依据该规定,股东有权查阅会计凭证。根据《会计法》上的概念,会计凭证包括记账凭证和原始凭证。至此,关于股东知情权的范围是否包括会计凭证终于尘埃落定。新《公司法》的该项规定系在综合考量公司利益和中小股东利益的基础上作出的最佳价值判断,体现了新《公司法》加强对中小股东利益保护的理念。

还应注意的是,新《公司法》第57条第5款规定:"股东要求查阅、复制公司全资子公司相关材料的,适用前四款的规定。"依据该规定,股东知情权的范围扩展到有限责任公司全资子公司的相关材料。之所以如此规定,同样是为了加强保护中小股东利益,进而为中小股东参与公司治理及监督创造便利条件。

衍生的问题是,新《公司法》2024年7月1日施行,股东在过渡阶段请求查阅公司会计凭证,法院能否参照新《公司法》予以支持。笔者倾向认为,基于新法不溯及既往原则,更改的规则原则上不应适用,但存在例外情形。新修订《公司法》增加"会计凭证"作为股东知情权的查阅对象,基于现行法律规定的"会计账簿"是否包含"会计凭证"本身存在争议,此条修订是基于不损害公司合法利益的前提下,回应争议、加强中小股东利益保护。参照《民法典时间效力规定》第2条及《公司法时间效力解释》第4条之规定精神,该修订法条对当前过渡阶段具有参照适用价值,可以作为说理理由。

第四章　股东知情权纠纷

典型案例　周某诉某投资公司股东知情权纠纷案[①]

【裁判要旨】

1.《公司法司法解释(四)》第 7 条仅明确有限责任公司股东有权依据旧《公司法》第 33 条第 1 款提起股东知情权诉讼,但并未明确该诉讼是否存在旧《公司法》第 33 条第 2 款规定的类似前置程序。基于司法权有限、必要介入公司治理事项、减少公司管理成本及节约司法资源设置前置程序的目的,股东依据《公司法》第 33 条第 1 款提起诉讼亦应履行必要的前置程序义务。

2. 一般情况下,股东提起知情权诉讼,必须履行前置程序义务,但法律不应强人所难,如果查明的相关事实表明,根本不存在该种可能性的,上述义务应当豁免,不应以股东未履行前置程序为由驳回起诉。

3. 会计账簿与会计凭证在会计法上并非同一概念,旧《公司法》第 33 条及相关司法解释并未明确股东知情权的范围包括会计凭证,这并非法律漏洞,而是有意为之。在无公司章程约定的情形下,股东知情权的范围原则上不包括会计凭证。

【案情简介】

周某诉称:某投资公司系在北京市工商行政管理局丰台分局注册成立的有限责任公司,注册资本 1000 万元。周某系经过工商备案登记的股东之一,持有 90 万元出资。周某从 2018 年 7 月起向某投资公司提出要求查阅公司资料和财务账簿,但某投资公司以保密为由,对周某查阅要求不予配合。故周某诉至法院提出诉讼请求:1. 某投资公司向周某提供自 2006 年 1 月 24 日至判决生效之日的历次公司章程及公司章程修正案、股东会会议记录、董事会会议决议、监事会会议决议、财务会计报告供周某查阅复制;2. 某投资公司向周某提供自 2006 年 1 月 24 日至 2018 年 12 月 31 日的会计账簿(含总账、明细账、日记账和其他辅助性账簿)和会计凭证(含记账凭证、相关原始凭证及作为原始凭证附件入账备查的有关资料)以供周某查阅;3. 本案诉讼费用由某投资公司承担。

某投资公司辩称,对于周某的第一项诉求,某投资公司并未不配合周某查阅复制,在 2018 年 6 月、7 月,周某曾与某投资公司联系要求查阅相关的章程

[①] 参见北京市第二中级人民法院(2020)京 02 民终 3303 号民事判决书。

和修正案等并进行审计,某投资公司对此予以认可,但认为周某委托的审计公司应与某投资公司签订保密协议及提供审计公司人员的身份信息,周某未予提供,因此某投资公司认为周某委托的审计公司不具备查阅资格,此后周某未再主动与某投资公司联络查阅复制等内容,因此某投资公司认为周某的诉求不成立,某投资公司没有拒绝履行周某的股东权利,请求驳回周某的诉求。

法院经审理查明:某投资公司成立于2003年4月16日,现股东为北京新世纪服装商贸城市场有限公司、周某、卢某、周赵某、伍某。某投资公司章程规定,股东会由全体股东组成,是公司的权力机构;股东有权查阅股东会会议记录和公司财务会计报告。2018年8月6日,周某通过EMS向某投资公司邮寄关于查阅公司资料和财务会计账簿的申请函,并说明了查阅目的,要求行使股东知情权并列明行使股东知情权的范围。

上述事实有某投资公司工商登记信息、邮政EMS快递凭单、关于查阅公司资料和财务会计账簿的申请函、某投资公司章程等证据在案佐证。

【裁判结果】

一审法院于2019年11月4日作出(2019)京0106民初6856号民事判决:一、某投资公司于该判决生效之日起十日内将该公司自2006年1月24日至今的公司章程、股东会会议记录、董事会会议决议、监事会会议决议、财务会计报告备至于某服装大厦八层供周某查阅、复制,自查阅、复制之日起不得超过十个工作日;二、某投资公司于该判决生效之日起十日内将该公司自2006年1月24日至2018年12月31日的会计账簿(含总账、明细账、日记账、其他辅助性账簿)备至于某服装大厦八层供周某查阅,自查阅之日起不得超过十个工作日;三、驳回周某其他诉讼请求。宣判后,某投资公司提出上诉,二审法院于2020年5月14日作出(2020)京02民终3303号判决,驳回上诉,维持原判。

【案例评析】

本案中双方争议的焦点以及二审法院对延伸法律问题的论述,几乎囊括了该类纠纷所涉全部难点。

一、对一般资料行使股东知情权是否需要履行前置程序

旧《公司法》第33条第1款规定:"股东有权查阅、复制公司章程、股东会会议记录、董事会会议决议、监事会会议决议和财务会计报告。"就股东通过诉讼方式要求查阅、复制公司章程、股东会会议记录等是否存在前置程序未予明确。

关于股东依据旧《公司法》第33条第1款规定提起诉讼是否需要履行必要的前置程序。笔者认为,股东享有该条款规定的知情权,且无须说明理由即可查阅相关文件材料,确定无疑,但其是否可不经前置程序向公司提出请求,径行诉讼,仍需考量相关法益。一是股东知情权范围、行使时间、方式、程序、地点等内容,全体股东或章程可对此作出约定或规定,属于公司自治范畴。根据司法权有限、必要介入公司治理事项原则,股东提起股东知情权诉讼前应先向公司提出该项要求。二是从司法救济权本身性质来看,只有权利受到侵害或者可能受到侵害,才有必要赋予司法救济权。股东未向公司提出行使股东知情权的请求,其权利行使是否受阻并不确定,直接赋予其诉讼权利,必要性不足,故股东就知情权寻求司法救济前有必要先向公司提出该项要求。三是如果允许股东径行提起知情权诉讼,在公司同意且实际履行其义务的情形下,可能增加公司管理成本,有损公司利益,也浪费司法资源。基于以上分析,笔者认为,股东知情权诉讼应履行必要的前置程序。

二、前置程序是否以公司实际收到股东请求为必要

股东起诉知情权诉讼,应当履行必要的或法定的前置程序。一般情况下,股东没有履行前置程序的,应当驳回起诉。但是,该前置程序针对的是公司治理的一般情况,即在股东向公司提出请求时,存在公司同意的可能性。法律不应强人所难,如果查明的相关事实表明,根本不存在该种可能性的,则股东上述义务应当豁免,法院不应以股东未履行前置程序为由驳回起诉。

况且,经查,在本案一审诉讼之前,周某通过邮政特快专递方式向某投资公司实际办公地送达查阅相关文件的申请函,被"拒收"。该事实表明周某积极履行前置程序,因某投资公司自身原因导致其未能实际收到上述申请函,故应当认定周某履行了前置程序。某投资公司以其未实际收到申请函为由主张周某未履行前置程序,显然与事实不符,且有违法理,不应予以支持。

三、股东法定知情权范围是否包括会计凭证

《公司法司法解释(四)》第7条第1款规定:"股东依据公司法第三十三条、第九十七条或者公司章程的规定,起诉请求查阅或者复制公司特定文件材料的,人民法院应当依法予以受理。"依据该条款规定,股东知情权范围源于法定和章定。法定知情权范围与章定知情权范围关系为:法定知情权范围系法律保护股东最低程度的知情权,属于强制性的规定,章程不可排除该权利,但可作出超过法定知情权范围的规定,法律对此予以尊重。

本案中,某投资公司章程未就股东知情权作出规定,故周某作为股东行使知情权范围的依据为旧《公司法》第33条的规定,其亦是据此提出主张。周某主张其有权查阅会计凭证,理由有二:一是会计账簿本身包含会计凭证;二是不允许查阅会计凭证就无法核实会计账簿真实性。

1. 会计账簿是否包含会计凭证

会计账簿属于会计学和会计法上的概念,会计账簿是否包含会计凭证应据此认定。《会计法》第9条第1款规定:"各单位必须根据实际发生的经济业务事项进行会计核算,填制会计凭证,登记会计账簿,编制财务会计报告";第13条规定:"会计凭证、会计账簿、财务会计报告和其他会计资料,必须符合国家统一的会计制度的规定",据此,会计账簿与会计凭证、财务会计报告在会计法上系不同的财务文件资料,也不存在包含关系。另外,旧《公司法》第33条既提到会计账簿,又提到财务会计报告,且就股东行使知情权作出不同规定。基于上述分析,本院认为旧《公司法》第33条中的会计账簿并不包含会计凭证,故周某据此要求查阅会计凭证,法院不予支持。

2. 以核实会计账簿真实性为由能否查阅会计凭证

会计凭证系登记会计账簿的依据,会计账簿系登记财务会计报告的依据。允许查阅会计凭证,股东的确可以核实会计账簿真实性,了解公司经营真实情况,更能全面实际落实股东知情权。但是必须看到,会计账簿和会计凭证属于不公开的文件资料,涉及公司的商业机密,关乎公司利益,故是否允许股东查阅会计凭证应平衡好股东知情权和公司利益保护二者之间关系。

旧《公司法》第33条规定了股东法定知情权范围,系股东最低程度的知情权,并未包含会计凭证。同时应当看到,权利的救济,不仅仅依靠旧《公司法》上的股东知情权救济,还可以通过旧《公司法》上其他权利保护及其他民事法律和公法渠道进行,故在无旧《公司法》明文规定,且无章程规定的情形下,股东无权查阅会计凭证。

即使认为旧《公司法》未排除特定情形下法院有权判决股东查阅公司会计凭证,本案中周某提出的查阅理由亦不足以令法院作出该判决。从旧《公司法》第33条关于查阅财务会计报告和会计账簿的规定来看,就财务会计报告,股东既可以查阅,也可以复制,无须说明任何理由;但就会计账簿,股东仅可查阅,不可复制,且需要提出书面请求,并说明理由。可见,股东要求知晓相关文件材料秘密性越强,对其限制理应越多。会计凭证属于比会计账簿级别更高的商业机密,故对股东查阅会计凭证的限制应高于旧《公司法》关于查阅会计账簿的规定。股东要求查阅会计凭证,应陈述更充分的理由及提供有效证据,证明确有必要查阅会计凭证,否则其合法权益将受损或具有受损的极大可能性。但在本案中,周某提出查阅会计凭证的理由仅为核实会计账簿的真实性,该理由并无特殊性,不予支持。

需要注意的是:1. 本案在新《公司法》颁布且未实施之前作出,其不予支持查阅会计凭证的理由之一系旧《公司法》没有规定,待新《公司法》施行后,该理由即失去法律依据。

2. 即便依据新《公司法》的规定,股东有权查阅会计凭证,也不意味着法院必须支持其诉讼请求,因为还要具备两个条件:一是要说明目的,二是要目的正当。本案中,法院在不绝对将会计凭证排除在股东知情权范围之外的同时,认为依据周某陈述的查阅目的,不足以支持其诉讼请求,亦是一种合法合理的审理思路,作出该判决,并无不当。即便在新《公司法》施行后,该判决也存在借鉴意义。

3. 在新《公司法》已经颁布但尚未实施的过渡阶段,鉴于其明确规定查阅范围包括会计凭证,尽管未正式实施,但法院以旧法未规定为由不支持查阅与当前理念和共识不符,且之前查阅范围是否包括会计凭证本就存在争议,故当前过渡阶段也应判决支持查阅会计凭证,这更有利于保护民事主体的合法权益,更有利于维护社会和经济秩序,更有利于弘扬社会主义核心价值观。

典型案例 某集团公司与某科贸公司股东知情权纠纷案[①]

【裁判要旨】

公司法规定的有限责任公司股东查阅对象并不包括会计凭证,该条不得作为有限责任公司股东查阅会计凭证的法律依据,但是公司未履行向股东提供经审计的财务会计报告的法定义务,有限责任公司股东依据公司章程赋予的了解公司经营、财务状况的权利,请求查阅公司会计凭证的,应予支持。

[①] 参见北京市第二中级人民法院(2017)京02民终5124号民事判决书。

【案情简介】

某集团公司诉称：某集团公司持有某科贸公司35.6%股权，但某集团公司并不了解某科贸公司的经营状况。某集团公司多次要求某科贸公司提供实际经营和财务收支的状况，但均被拒绝。某集团公司向某科贸公司发出书面申请，要求查阅某科贸公司的财务会计账簿，但某科贸公司未作回复。故某集团公司请求：判令某科贸公司提供自成立之日起至2016年7月的所有原始凭证、记账凭证、会计账簿、会计报表、财务报告等财务会计资料供某集团公司查阅。

某科贸公司辩称：1. 根据旧《公司法》有关规定，股东只可以查阅会计账簿和财务报告，会计凭证不在旧《公司法》规定的可查阅范围之内；2. 某集团公司对某科贸公司经营及财务情况理应知晓；3. 某集团公司与某科贸公司存在利益上的冲突，某集团公司查阅会计账簿和财务报告可能会损害某科贸公司的合法利益和商业机会。

法院经审理查明：某科贸公司成立于2000年1月10日，公司注册资本280.92万元。其中股东某商业中心出资180.92万元，占比64.4%；某集团公司出资100万元，占比35.6%。公司章程第五章"股东的权利和义务"下设的第7条规定了股东享有的权利，包括有"了解公司经营状况和财务状况"的权利。2016年8月3日，某集团公司向某科贸公司邮寄了《关于要求查阅公司会计账簿的申请书》，要求查阅某科贸公司的财务会计账簿、原始凭证、记账凭证、财务报告等会计资料。截至某集团公司起诉之日，某科贸公司未作回复。

【裁判结果】

一审法院判决：判决生效后10日内，某科贸公司备置该公司会计账簿（包括原始凭证和记账凭证）、财务会计报告（包括会计报表）供某集团公司查阅。

宣判后，某科贸公司不服提起上诉。二审法院认为：根据《会计法》相关规定，会计凭证包括原始凭证和记账凭证，记账凭证根据经过审核的原始凭证及有关资料编制，会计账簿以经过审核的会计凭证为依据，按照不同的会计科目登记造册而形成，财务会计报告根据经过审核的会计账簿记录和有关资料编制。会计凭证是最原始、最直接的会计资料，公司应当将会计凭证和有关资料按照国家统一的会计制度规范准确、完整地登记、核算，编制形成会计账簿、财务会计报告。会计凭证与会计账簿既相互联系，又相互独立，二者并非同一概念。公司章程是股东经过协商一致确立的，作为公司设立、运行的基本规则，是公司及股东均必须予以遵循的准则。某科贸公司章程赋予公司股东有"了解公司经营状况和财务状况"的权利,该规定是某科贸公司在法律框架内确立的运行规则,对某科贸公司及其股东具有约束力。根据旧《公司法》第164条第1款、第165条第1款及《会计法》第20条第2款的规定,某科贸公司应当在每一会计年度终了时编制财务会计报告,经会计师事务所审计后,将经过审计的财务会计报告与审计报告一并向某集团公司提供,确保某集团公司能够了解某科贸公司真实、完整的经营状况和财务状况,但本案中没有证据证明某科贸公司向作为股东的某集团公司提供公司经过审计的财务会计报告、审计报告,因此,某集团公司请求查阅某科贸公司原始凭证、记账凭证系行使章程赋予的股东权利,并未违反法律及公司章程的禁止性规定。最终判决驳回上诉,维持原判。

【案例评析】

公司法立法上的空白以及理论上的论证,必然反映在相关的司法实践中,给司法实践带来相应的矛盾与困惑,司法裁判也在支持查阅会计凭证和不支持查阅会计凭证之间摇摆。

支持的观点,从保护中小股东知情权的角度出发,认为原始凭证、记账凭证是一切财务会计资料最原始、最直接的记录和依据,如果股东仅能查阅公司的会计账簿,不能查阅公司的会计凭证,则股东无法核实公司登记的会计账簿和财务会计报告是否与会计凭证的内容相符,那么股东通过行使知情权了解公司经营状况并进一步行使其他股东权利的目的也无法得到保障。基于此,有限责任公司股东有权查阅公司原始凭证、记账凭证。部分省市高级法院出台的审理公司纠纷的指导意见中也持同样的观点。[①]

不支持的观点,从依法裁判和实际效果的角度分析,认为旧《公司法》第33条并未规定原始凭证、记账凭证在有限责任公司股东的查阅范围内,在此情况下,不宜直接依据该条规定判决有限责任公司股东查阅公司会计凭证。该观点的理由主要包括:1.我国是成文法国家,作出判决必须有明确的法律依据,严格依照法律规定裁判。根据《会计法》的相关规定,会计凭证与会计账簿、财务会计报告并非同一概念,也不存在包含关系,旧《公司法》第33条规定的会计账

---

① 参见《北京市高级人民法院关于印发〈北京市高级人民法院关于审理公司纠纷案件若干问题的指导意见(试行)的通知》;《山东省高级人民法院关于审理公司纠纷案件若干问题的意见(试行)》;《江西省高级人民法院关于审理公司纠纷若干问题的指导意见》;《浙江省高级人民法院民事审判第二庭关于商事审判若干疑难问题解答(2010年)》。

簿并不当然包含会计凭证。因此,依据该条规定,不能得出有限责任公司股东可以查阅公司会计凭证的结论。就该问题,最高人民法院曾考虑在司法解释中进行适当突破,《公司法司法解释(四)》(征求意见稿)单独设置了一个条文规定有限责任公司股东有权查阅公司会计凭证,但是最终正式颁布实施的《公司法司法解释(四)》删除了该条款,这个变化也从侧面反映出最高人民法院对有限责任公司股东查阅公司会计凭证持谨慎态度,依据现行法律规定,不能当然地、确定无疑地得出有权查阅的结论。2. 从财会工作的角度来说,会计学本身是一门具有自身逻辑性和专业性的学科,从原始凭证形成记账凭证,再形成会计账簿和财务会计报告,并不是简单的转录、登记工作,而是涉及非常专业的会计知识和大量的职业判断,只有经过专门训练、具有相关专门知识的人员才能完成。鉴定财务会计报告真实性、完整性的审计学,也是一门独立的、专业的学科,专业人员根据公司情况,通过对公司会计凭证等资料进行专门的审计程序,才能从一定程度上确认公司会计账簿、财务会计报告的真实、完整性。而且,旧《公司法》第33条规定的有限责任公司股东对公司会计账簿的知情权仅限于"查阅"的权利,并不包括"复制"权,有限责任公司股东仅凭"查阅"会计凭证,客观上根本不可能实现核实公司会计账簿、财务会计报告真实性的初衷。

本案判决从章程的约束力以及股东权利实现的效果入手,在衡量方便公司正常经营与保护股东知情权之间确立了一项裁判规则,即以当事人意思自治和公司法定义务为切入点,将股东知情权的范围限定在一个可伸缩的范围内。法院实际认为,某科贸公司的章程赋予股东有"了解公司经营状况和财务状况"的权利,该规定是某科贸公司在法律框架内确立的运行规则,并不违反现行法律的禁止性规定,对某科贸公司及其股东具有约束力。而本案中某科贸公司没有提供证据证明其已按照旧《公司法》的规定,将公司经过审计的财务会计报告、审计报告提供给股东,导致章程赋予股东"了解公司经营状况和财务状况"的权利无法实现,在此情况下,某集团公司作为股东主张查阅某科贸公司会计凭证,系行使章程赋予的股东权利,并未违反法律的禁止性规定,在某集团公司该权利已受侵害的情况下,法院应当根据章程的约定判决支持其查阅会计凭证的请求。如果公司依法履行了将经过审计的财务会计报告与审计报告一并向股东提供的法定义务,且审计报告显示公司编制的财务会计报告是公允、真实、全面的,则股东了解公司经营状况和财务状况的权利得到了保障,出于维护公司经营稳定、方便的考虑,不应再支持有限责任公司股东查阅公司会计凭证的请求。

  本案判决提出的破解之道,将章程中"了解公司经营状况和财务状况"作为股东查阅会计凭证的权利来源,值得商榷。因为该项章程中的权利本就属于股东固有的权利,无章程约定,亦当然享有。之所以作出此判决,根源还在于裁判者认为股东仅查阅会计凭证不足以了解公司真实的财务状况。既然如此,莫不如直接以公司未按法律规定向股东提供经审计的财务报告,诉讼中亦拒绝提供,且无证据表明其存在财务会计报告为由,支持原告查阅会计凭证的请求。

第六节　股东知情权行使程序

一、查明事实

  1.公司股东查阅、复制公司章程等一般资料是否须履行前置程序;2.公司的股东要求查阅会计账簿是否向公司提出过书面请求并说明理由;3.公司的股东提出查阅请求的方式,公司是否收到了查阅请求;4.公司是否拒绝提供查阅或者在15日内未予回复。

二、法律适用

  1.旧《公司法》第33条:股东有权查阅、复制公司章程、股东会会议记录、董事会会议决议、监事会会议决议和财务会计报告。

  股东可以要求查阅公司会计账簿。股东要求查阅公司会计账簿的,应当向公司提出书面请求,说明目的。公司有合理根据认为股东查阅会计账簿有不正当目的,可能损害公司合法利益的,可以拒绝提供查阅,并应当自股东提出书面请求之日起十五日内书面答复股东并说明理由。公司拒绝提供查阅的,股东可以请求人民法院要求公司提供查阅。

  对应新《公司法》第57条:股东有权查阅、复制公司章程、股东名册、股东会会议记录、董事会会议决议、监事会会议决议和财务会计报告。

  股东可以要求查阅公司会计账簿、会计凭证。股东要求查阅公司会计账簿、会计凭证的,应当向公司提出书面请求,说明目的。公司有合理根据认为股东查阅会计账簿、会计凭证有不正当目的,可能损害公司合法利益的,可以拒绝提供查阅,并应当自股东提出书面请求之日起十五日内书面答复股东并说明理由。公司拒绝提供查阅的,股东可以向人民法院提起诉讼。

股东查阅前款规定的材料,可以委托会计师事务所、律师事务所等中介机构进行。

股东及其委托的会计师事务所、律师事务所等中介机构查阅、复制有关材料,应当遵守有关保护国家秘密、商业秘密、个人隐私、个人信息等法律、行政法规的规定。

股东要求查阅、复制公司全资子公司相关材料的,适用前四款的规定。

2.旧《公司法》第 97 条:股东有权查阅公司章程、股东名册、公司债券存根、股东大会会议记录、董事会会议决议、监事会会议决议、财务会计报告,对公司的经营提出建议或者质询。

对应新《公司法》第 110 条:股东有权查阅、复制公司章程、股东名册、股东会会议记录、董事会会议决议、监事会会议决议、财务会计报告,对公司的经营提出建议或者质询。

连续一百八十日以上单独或者合计持有公司百分之三以上股份的股东要求查阅公司的会计账簿、会计凭证的,适用本法第五十七条第二款、第三款、第四款的规定。公司章程对持股比例有较低规定的,从其规定。

股东要求查阅、复制公司全资子公司相关材料的,适用前两款的规定。

上市公司股东查阅、复制相关材料的,应当遵守《中华人民共和国证券法》等法律、行政法规的规定。

三、常见问题

(一)查阅、复制一般资料是否履行前置程序

此案例场景主要适用有限责任公司股东查阅、复制公司章程等一般资料是否必须履行前置程序。

笔者认为,股东知情权诉讼都应履行必要的前置程序。股东享有旧《公司法》第 33 条第 1 款规定的知情权,且无须说明理由即可查阅相关文件材料,确定无疑,但其是否可不经向公司提出请求,径行诉讼,仍需考量相关法益。一是股东知情权范围、行使时间、方式、程序、地点等内容,全体股东或章程可对此作

出约定或规定,属于公司自治范畴。根据司法权有限、必要介入公司治理事项原则,股东提起股东知情权诉讼前应先向公司提出该项要求。二是从司法救济权本身性质来看,只有权利受到侵害或者可能受到侵害,才有必要赋予司法救济权。股东未向公司提出行使股东知情权的请求,其权利行使是否受阻并不确定,直接赋予其诉讼权利,必要性不足,故股东就知情权寻求司法救济前有必要先向公司提出该项要求。三是如果允许股东径行提起知情权诉讼,在公司同意且实际履行其义务的情形下,可能增加公司管理成本,有损公司利益,也浪费司法资源。

(二)邮寄书面请求"未收到"

实践中股东经常通过邮寄方式向公司提出查阅的书面请求,并于诉讼中提交签收邮单予以佐证,若公司抗辩称其未收到上述邮件或者上述邮件中并未实际装有查阅的请求文件,举证责任如何分配?

笔者认为,快递详情单是附在快递内件封装袋表面的,如在快递详情单的"内件品名"一项中,寄件人已注明该快递内件为:"请求查阅和复制公司资料的书面申请"。如此,即便不拆封该快递封装袋,公司也可以知悉寄件人意图和内件的性质;若公司收到无内件快递,在公司足以知悉快递内件性质的前提下,既未向寄件人或快递公司查询,也未向公司股东询问核实,诉讼中又未能提交任何证据证明其理由成立的,公司的抗辩不应得到支持。反之,如在快递详情单的"内件品名"一项中无任何内容,公司予以抗辩的,股东应当进一步举证证明邮寄的物品确为查阅申请,否则承担举证不能的后果。

例如,在北京市第二中级人民法院(2022)京02民终6404号案件中,法院即认为,罗某主张其已经向某公司邮寄了书面请求,且该公司已经签收。但某公司否认收到了相应材料,现罗某未能提供证据证明其邮寄书面请求的地址为某公司地址,亦未能证明该邮件收件人周某与某公司之间的关系,罗某应当承担举证不利的后果。故,在无法认定罗某已经履行了提前告知程序的情况下,一审法院支持罗某关于查阅公司会计账簿的诉讼请求,处理有误,予以纠正,最终改判驳回罗某请求查阅会计账簿的诉讼请求。

(三)前置程序的补正

旧《公司法》规定:"股东可以要求查阅公司会计账簿。股东要求查阅公司会计账簿的,应当向公司提出书面请求,说明目的。"此款规定通常被称作股东对公司会计账簿行使查阅权的前置法定程序。如果股东向法院诉请对公司的会计账簿等材料行使知情权时,其并未向公司提出书面请求并说明目的或者该书面请求未送达公司,股东提起诉讼行为本身是否能够视为履行了该前置程序?

从立法目的分析,公司法规定了前置程序,意味着股东首先应在公司内部寻求救济,公司法对股东知情权的干涉还应遵循穷尽内部救济的规则。如果股东的权利通过前置程序在公司内部即可得到救济,就没有必要再寻求司法保护,只有在股东寻求内部救济失效的情况下,司法才可以进行实体性的干预。因此,如果股东没有向公司提出书面请求,要求查阅会计账簿,公司就不可能知道并进而作出决定。股东直接向法院提起诉讼,违背了公司自治的精神和穷尽内部救济原则,其起诉不应受理。

需要注意的是,如果有限责任公司股东在一审开庭前完成了前置程序,公司仍不同意查阅、复制相关材料,鉴于前置程序已经完成,诉讼程序未受过大影响,避免当事人诉累,可不必裁定驳回股东起诉,继续审理此案。如果有限责任公司股东在一审判决后,二审裁判作出前完成了前置程序,则属于案件基础事实发生变化,为了保护审级利益,应适用《民事诉讼法》的相关规定予以处理,二审中不宜直接认定股东已完成前置程序,据此审理并作出裁判。

(四)前置程序豁免

如前所述,股东起诉知情权诉讼,应当履行必要的或法定的前置程序。一般情况下,股东没有履行前置程序的,应当驳回起诉。但是,该前置程序针对的是公司治理的一般情况,即在股东向公司提出请求时,存在公司同意的可能性。法律不应强人所难,如果查明的相关事实表明,根本不存在该种可能性的,股东上述义务应当豁免,不应以股东未履行前置程序为由驳回起诉。比如,股东通过邮政特快专递方式向公司办公地送达查阅相关文件的申请函,被"拒收",公司登记地无人经营,股东亦不知晓公司的实际办公地等。

第七节 其他问题

一、查阅会计账簿正当目的的判定

(一)查明事实

1. 股东是否提出了对公司会计账簿的查阅请求;2. 该公司是否为有限责任

公司;3.股东查阅会计账簿的理由是否正当。

(二)法律适用

1.旧《公司法》第33条:股东有权查阅、复制公司章程、股东会会议记录、董事会会议决议、监事会会议决议和财务会计报告。

股东可以要求查阅公司会计账簿。股东要求查阅公司会计账簿的,应当向公司提出书面请求,说明目的。公司有合理根据认为股东查阅会计账簿有不正当目的,可能损害公司合法利益的,可以拒绝提供查阅,并应当自股东提出书面请求之日起十五日内书面答复股东并说明理由。公司拒绝提供查阅的,股东可以请求人民法院要求公司提供查阅。

对应新《公司法》第57条:股东有权查阅、复制公司章程、股东名册、股东会会议记录、董事会会议决议、监事会会议决议和财务会计报告。

股东可以要求查阅公司会计账簿、会计凭证。股东要求查阅公司会计账簿、会计凭证的,应当向公司提出书面请求,说明目的。公司有合理根据认为股东查阅会计账簿、会计凭证有不正当目的,可能损害公司合法利益的,可以拒绝提供查阅,并应当自股东提出书面请求之日起十五日内书面答复股东并说明理由。公司拒绝提供查阅的,股东可以向人民法院提起诉讼。

股东查阅前款规定的材料,可以委托会计师事务所、律师事务所等中介机构进行。

股东及其委托的会计师事务所、律师事务所等中介机构查阅、复制有关材料,应当遵守有关保护国家秘密、商业秘密、个人隐私、个人信息等法律、行政法规的规定。

股东要求查阅、复制公司全资子公司相关材料的,适用前四款的规定。

2.旧《公司法》第97条:股东有权查阅公司章程、股东名册、公司债券存根、股东大会会议记录、董事会会议决议、监事会会议决议、财务会计报告,对公司的经营提出建议或者质询。

对应新《公司法》第110条:股东有权查阅、复制公司章程、股东名册、股东会会议记录、董事会会议决议、监事会会议决议、财务会计报告,对公司的经营提出建议或者质询。

连续一百八十日以上单独或者合计持有公司百分之三以上股份的股东要求查阅公司的会计账簿、会计凭证的,适用本法第五十七条第二款、第三款、第四款的规定。公司章程对持股比例有较低规定的,从其规定。

股东要求查阅、复制公司全资子公司相关材料的,适用前两款的规定。

上市公司股东查阅、复制相关材料的,应当遵守《中华人民共和国证券法》等法律、行政法规的规定。

3.《公司法司法解释(四)》第 8 条:有限责任公司有证据证明股东存在下列情形之一的,人民法院应当认定股东有公司法第三十三条第二款规定的"不正当目的":

(一)股东自营或者为他人经营与公司主营业务有实质性竞争关系业务的,但公司章程另有规定或者全体股东另有约定的除外;

(二)股东为了向他人通报有关信息查阅公司会计账簿,可能损害公司合法利益的;

(三)股东在向公司提出查阅请求之日前的三年内,曾通过查阅公司会计账簿,向他人通报有关信息损害公司合法利益的;

(四)股东有不正当目的的其他情形。

(三)查阅目的非正当性认定

股东查阅目的正当与否是判定股东是否有权查阅公司账簿的基础之一。目的正当性要求股东查阅公司账簿具有善意,且其所要查阅的资料应与其意图直接相关。《公司法司法解释(四)》第 8 条采取了列举加兜底的方式对股东的不正当目的进行了规定:"(一)股东自营或者为他人经营与公司主营业务有实质性竞争关系业务的,但公司章程另有规定或者全体股东另有约定的除外;(二)股东为了向他人通报有关信息查阅公司会计账簿,可能损害公司合法利益的;(三)股东在向公司提出查阅请求之日前的三年内,曾通过查阅公司会计账簿,向他人通报有关信息损害公司合法利益的;(四)股东有不正当目的的其他情形。"因此,一般情况下,公司如果主张股东行使知情权出于不正当目的,应该由公司承担举证责任,但也并不排除股东证明其目的的正当性或提供证据反驳公司的举证责任。

当股东查阅目的的正当性与不正当性交织存在时应该如何处理？在此种情况下,法院应当平衡股东和公司间的利益,将股东知情权的范围限于其正当目的之内,而不是"一刀切"地支持或否定股东的账簿查阅权。公司法关于股东存在不正当目的公司可以拒绝查阅的立法初衷便在于解决股东查阅权和公司正常经营权间的冲突,平衡两者间的合法利益。因此,利益平衡是法院在司法裁判过程中应当把握的一项重要原则。

典型案例　郭某与舞蹈公司股东知情权纠纷案①

【裁判要旨】

公司拒绝向股东提供查阅会计账簿的,应当举证证明股东查阅会计账簿有不正当目的可能损害公司合法利益。公司提供的证据能够高度盖然性地认定存在上述事实的情形,对股东要求查阅会计账簿的,不应予以支持。

【案情简介】

2016年5月3日,某舞蹈公司成立。2020年4月16日,郭某和赵某受让某舞蹈公司股权,持股比例分别为30%和70%,经营范围包括舞蹈培训住所地位于北京市东城区。

郭某诉至法院请求查阅某舞蹈公司包括会计账目在内的有关资料。

一审庭审中,某舞蹈公司主张郭某经营与公司主营业务有实质性竞争关系业务的案外公司某艺术公司,查阅会计账簿有不正当目的,可能损害公司合法利益,并提交了以下证据:1.(2021)京方圆内经证字第21418号公证书,载明北京市东城区朝阳门内大街8处张贴有该公司招生海报,其上载有郭某的电话号码作为联系电话;2.(2021)京方圆内经证字第21216号公证书,载明郭某的抖音账号"舞××"(抖音号×××)备注内容为"毕业军艺,某艺术公司创始人,国家一级功夫熊猫舞蹈演员";3.郭某与某舞蹈公司学生家长的微信聊天记录,载明郭某自述已经不在某舞蹈公司处,出来单干了,承诺还是原来某舞蹈公司的老师和收费价格,并给予原来某舞蹈公司的学员一定的优惠。经质证,郭某不认可证据1的真实性,认可招生海报载明的联系电话系其本人号码,但认为招生海报上的二维码有涂改痕迹,故不认可招生海报的真实性,认为系某舞蹈公司伪造,对此郭某未能提交反证。郭某认可证据2的真实性,但不认可证明目的,认为郭某与某艺术公司创始人系朋友关系,其与某艺术公司无实质关

---

① 参见北京市第二中级人民法院(2022)京02民终4058号民事判决书。

系,其账号简介的表述仅是出于朋友宣传和吸引流量增长粉丝数的目的。郭某认可证据 3 的真实性,但不认可证明目的,认为该证据反而能证明某舞蹈公司法定代表人存在损害公司利益的行为。根据企业公示和登记信息显示,某艺术公司工商登记地址为北京市东城区朝阳门内大街,经营范围包括舞蹈培训。

【裁判结果】

一审法院认为,结合某艺术公司招生海报内容、郭某在其抖音账号的备注以及其与案外人的微信聊天记录,可以认定郭某存在自营或者为他人经营某艺术公司,而某舞蹈公司与某艺术公司住所地距离较近且经营范围均包括舞蹈培训,故一审法院认定郭某存在股东自营或者为他人经营与公司主营业务有实质性竞争关系业务的情形。遂判决驳回了郭某请求会计账目的诉讼请求。

郭某不服一审法院判决,坚持认为其查阅某舞蹈公司不存在不正当目的。二审法院认为,郭某主张其不存在经营或为他人经营某艺术公司的情形。首先,某艺术公司与某舞蹈公司的经营范围均包括舞蹈培训,且两公司住所地较近,两公司在经营上存在竞争关系。其次,虽然郭某并非某艺术公司工商登记的股东或高级管理人员,但根据某舞蹈公司一审提交的证据,某艺术公司的招生海报中所留电话系郭某的电话、郭某的抖音号备注为"某艺术公司创始人",郭某在与案外人的微信聊天中亦提及离开某舞蹈公司的相关情况,上述证据之间可以相互印证,形成较为完整的证据链,可以证明郭某存在自营或者为他人经营与公司主营业务有实质性竞争关系业务的情形。最终判决驳回上诉,维持原判。

【案例评析】

本案中,某舞蹈公司证据意识超强,提供的证据清晰证明郭某在自营或为他人经营与某舞蹈公司有竞争关系的业务,且两公司距离十分相近,充分证明了二者存在实质竞争,亦证明了郭某事实上存在抢夺公司客户的行为,故其要求查阅某舞蹈公司的会计账簿,显然不能得到支持。

笔者查询了北京市第二中级人民法院自 2020 年至 2023 年 4 年间审理的股东知情权纠纷案件,总共有 82 起案件,仅有 4 起案件判决驳回了股东关于查阅会计账簿的诉讼请求,本案是其中之一。究其原因,一是旧《公司法》仅规定公司有合理根据认为股东查阅会计账簿有不正当目的,可能损害公司合法利益的,可以拒绝提供查阅,但"不正当目的"具体外延情形模糊不确定。二是尽管《公司法司法解释(四)》对此情形进行了具体化列举,但举证责任在公司,公司在实践中很难举出充分有效的证据予以证明。三是请求查阅公司相关资料的原告一般都是公司的中小股东,在裁判者眼中,他们是弱者,要特别注重保护中小股东的利益,在对"不正当情形"具体情形的认定过程中,既对证据的审查比较严格,又对条文的理解倾向从严解释,比如公司已经提供证据证明股东所任职的其他公司与公司法定登记经营范围有重合之处,有判决以公司法定登记经营范围并不代表公司实际经营该业务为由不认定"股东有不正当目的",有的判决以两公司的开展业务的地域不重合为由不认定"股东有不正当目的"。

基于当前公司实践和社会整体信用情况,笔者倾向认为,《公司法司法解释(四)》就第8条第1款第1项规定的"有限责任公司有证据证明股东存在下列情形之一的,人民法院应当认定股东有公司法第三十三条第二款规定的'不正当目的':(一)股东自营或者为他人经营与公司主营业务有实质性竞争关系业务的,但公司章程另有规定或者全体股东另有约定的除外"情形,证据审查标准及事实高度盖然性的认定标准不宜过苛。

二、股东获取公司信息具体方式

(一)查明事实

(1)股东提出的请求是委托他人查阅还是借助他人辅助实施查阅;(2)受托人的身份;(3)股东提出的请求是查阅、摘抄、复制、拍照还是拷贝。

(二)法律适用

1.《民法典》第161条:民事主体可以通过代理人实施民事法律行为。依照法律规定、当事人约定或者民事法律行为的性质,应当由本人亲自实施的民事法律行为,不得代理。

2.旧《公司法》第33条:股东有权查阅、复制公司章程、股东会会议记录、董事会会议决议、监事会会议决议和财务会计报告。

股东可以要求查阅公司会计账簿。股东要求查阅公司会计账簿的,应当向公司提出书面请求,说明目的。公司有合理根据认为股东查阅会计账簿有不正当目的,可能损害公司合法利益的,可以拒绝提供查阅,并应当自股东提出书面请求之日起十五日内书面答复股东并说明理由。公司拒绝提供查阅的,股东可以请求人民法院要求公司提供查阅。

对应新《公司法》第57条:股东有权查阅、复制公司章程、股东名册、股东会会议记录、董事会会议决议、监事会会议决议和财务会计报告。

股东可以要求查阅公司会计账簿、会计凭证。股东要求查阅公司会计账簿、会计凭证的,应当向公司提出书面请求,说明目的。公司有合理根据认为股东查阅会计账簿、会计凭证有不正当目的,可能损害公司合法利益的,可以拒绝提供查阅,并应当自股东提出书面请求之日起十五日内书面答复股东并说明理由。公司拒绝提供查阅的,股东可以向人民法院提起诉讼。

股东查阅前款规定的材料,可以委托会计师事务所、律师事务所等中介机构进行。

股东及其委托的会计师事务所、律师事务所等中介机构查阅、复制有关材料,应当遵守有关保护国家秘密、商业秘密、个人隐私、个人信息等法律、行政法规的规定。

股东要求查阅、复制公司全资子公司相关材料的,适用前四款的规定。

3.旧《公司法》第97条:股东有权查阅公司章程、股东名册、公司债券存根、股东大会会议记录、董事会会议决议、监事会会议决议、财务会计报告,对公司的经营提出建议或者质询。

对应新《公司法》第110条:股东有权查阅、复制公司章程、股东名册、股东会会议记录、董事会会议决议、监事会会议决议、财务会计报告,对公司的经营提出建议或者质询。

连续一百八十日以上单独或者合计持有公司百分之三以上股份的股东要求查阅公司的会计账簿、会计凭证的,适用本法第五十七条第二款、第三款、第四款的规定。公司章程对持股比例有较低规定的,从其规定。

股东要求查阅、复制公司全资子公司相关材料的,适用前两款的规定。

上市公司股东查阅、复制相关材料的,应当遵守《中华人民共和国证券法》等法律、行政法规的规定。

4.《公司法司法解释(四)》第10条:人民法院审理股东请求查阅或者复制公司特定文件材料的案件,对原告诉讼请求予以支持的,应当在判决中明确查阅或者复制公司特定文件材料的时间、地点和特定文件材料的名录。

股东依据人民法院生效判决查阅公司文件材料的,在该股东在场的情况下,可以由会计师、律师等依法或者依据执业行为规范负有保密义务的中介机构执业人员辅助进行。

殊值注意的是:新《公司法》第57条及110条的规定已经涵盖了该司法解

释规定的内容,该规定已丧失裁判价值。

(三)常见问题

1. 股东能否委托他人查阅

股东是否能够委托他人查阅,在《公司法司法解释(四)》出台前,实践中的认识并不统一。有法院认为股东有权委托他人代为行使相关权利,有法院认为,旧《公司法》并未规定股东可以委托他人进行查阅。在没有征得被告公司同意的情况下,原告股东(系自然人)要求委托具有专业资质的会计机构进行查阅公司账簿没有依据。上述不同观点的根本分歧在于"股东知情权是否属于不得代理的专属权利",这种分歧不仅反映了不同法院对该问题在法律层面上的不同认识,同时还反映了不同法院在对该类案件裁判时的不同价值取向。笔者认为,股东知情权具有身份属性和专属性质,不得委托他人实施查阅,但为了保障股东实现其知情权利,"股东依据人民法院生效判决查阅公司文件材料的,在该股东在场的情况下,可以由会计师、律师等依法或者依据执业行为规范负有保密义务的中介机构执业人员辅助进行"。因此,现阶段审判中应该注意区分委托会计师、律师查阅和由会计师、律师等辅助股东实施查阅的不同。

需要注意的是,新《公司法》第57条第3款规定:"股东查阅前款规定的材料,可以委托会计师事务所、律师事务所等中介机构进行。"至此,上述争议终于一锤定音。

需要进一步思考的是,股东能否委托自然人或其他中介机构查阅相关资料。笔者认为,从上述规定来看,股东不能委托自然人查阅公司相关资料,原因在于:公司相关资料涉及公司秘密,对外并不公开,一旦泄露,可能对公司产生不可估量的损失,而对自然人进行此方面的约束规则相较于中介机构来较弱,故不允许股东委托自然人查阅公司资料。从上述规定来看,并未排除股东委托其他中介机构查阅公司资料,但从其列举的具体中介机构律师事务所和会计师事务所来看,股东委托的中介机构应是具备查阅资料相关能力的中介机构;另外,如果公司资料中涉及评估等专业资料,理应允许股东委托评估公司查阅公司材料,据此,笔者认为股东委托的中介机构不限于律师事务所和会计师事务所。

2. 获取信息的具体方式

此案例场景主要适用股东能否查阅、复制、摘抄、拍照、拷贝有关材料情形。历次经修正的《公司法》,就章程等一般材料,均明确规定股东有权查阅和复制。查阅是指查看和阅读,复制是指对纸质文件进行复印,摘抄是指摘录资料中部分内容,拍照系对可视文件拍摄,是更快捷的复制方式,拷贝是指对电子文件的复制,亦是更快的复制方式。虽然公司法没有明确规定股东有权摘抄、拍照、拷贝上述一般材料,但明确规定可以复制,既然都能复制,当然可以摘抄;拍照、拷贝,实质上是属于复制,亦应当予以准许。

就会计账簿、会计凭证而言,均明确规定股东有权查阅,并没有赋予股东摘抄、复制等其他权利;《公司法修订草案三审稿》第56条仅明确规定:股东有权查阅会计账簿,亦未赋予股东摘抄和复制的权利。最终通过的新《公司法》也没有赋予股东复制会计账簿、会计凭证的权利,仅明确规定可以查阅。在一般情况下,股东无权复制会计账簿、会计凭证,当然也无权拍照、拷贝会计账簿。至于股东能否摘抄会计账簿、会计凭证内容,笔者认为,股东有权查阅会计账簿,考虑到会计账簿一般内容较多,应当允许股东对其关注的重点内容予以摘抄。

三、股东知情权是否存在诉讼时效

有观点认为,股东知情权属于完整、持续性权利,并且由于股东身份,可以随时要求公司履行知情权之此项义务,若公司未向股东提供相关知情权范畴的信息,属于对股东知情权的侵犯,且此种侵权行为是一种连续的状态,故知情权诉讼时效应从侵权行为终了之日起计算。也有观点认为,《最高人民法院关于审理民事案件适用诉讼时效制度若干问题的规定》第1条明确规定:"当事人可以对债权请求权提出诉讼时效抗辩。"因此,诉讼时效只适用于债权请求权,股东知情权不受诉讼时效限制。

笔者认为,股东知情权属于股东基于其身份而享有的固有权利,具有明显的身份属性且不含有财产性的给付内容,虽然其权能中包含具体的给付请求权,但其性质和债权请求权具有明显区别,即使权利人不行使由此产生的具体的给付请求权,只要股东身份存续,股东知情权并不因此归于消灭或罹于时效。

四、抗辩材料已经灭失的处理

此案例场景主要适用公司抗辩不存在股东要求查阅的文件,如何处理?

笔者认为,为防止公司文件的灭失,股东在知情权诉讼中,申请对公司账簿等文件进行诉讼保全的,应予准许。股东诉请行使知情权时,如果有确切的证据证明股东要求查阅的文件客观上不存在,应该判决驳回股东的诉讼请求,并告知股东有权另行起诉要求相关人员承担民事赔偿责任。如果仅是公司陈述无相关文件,无确切证据证明股东要求查阅的文件客观上不存在,应支持股东的诉讼请求,经强制执行程序保障股东的知情权。

典型案例　谷某与某信息公司股东知情权纠纷案[①]

【裁判要旨】

公司辩称不存在财务会计报告等资料的,应当对此承担举证责任,否则,应当支持股东的诉讼请求。如果通过执行程序仍无法获取相关资料,股东可请求负有责任的董事、高级管理人员赔偿相应损失。

【案情简介】

某信息公司成立于2015年10月30日,注册资本为2000万元。公司成立时的章程显示:股东有徐某、谷某、刘某三人,出资额分别为1020万元、880万元、100万元,出资时间均为2019年6月30日,三人出资比例分别为51%、44%、5%。

谷某向某信息公司邮寄了查阅复制相关资料的通知书,某信息公司拒绝,谷某遂诉至法院,请求法院判令某信息公司提供相应的资料供谷某查阅复制。某信息公司的主要抗辩事由之一为:谷某未按期出资,不享有股东知情权。

【裁判结果】

因某信息公司在一审中未提出不存在相关资料的抗辩,一审法院没有对此予以回应。

某信息公司在二审中提出上述上诉理由,二审法院认为,某信息公司辩称2018年1月1日到2020年5月没有财务会计报告、会计账簿,因该辩称仅有其陈述,无其他有效证据证明,故难以采信。最终判决:驳回上诉,维持原判。

【案例评析】

本案中,某信息公司辩称没有财务会计报告、会计账簿等材料,此种情况下

[①] 参见北京市第二中级人民法院(2023)京02民终11600号民事判决书。

法院如何处理是个难题,是否需要查明公司有哪些资料以决定是否支持股东的诉讼请求,还是不予审查直接支持股东的诉讼请求。基于财务会计报告系公司自行持有,法院没有侦查手段,根本无法查明,故第一种观点不可取。如果不进行审查,一律进行判决,若事后证明确实不存在,则有损法院判决的权威性,第二种观点不可取。适当的做法,令公司既承担行为意义上的举证责任,又承担结果意义上的举证责任,如确实不存在,则应判决驳回原告的诉讼请求,如真伪不明,则判决支持原告的诉讼请求。具体到本案中,基于以上观点,且公司在一审中未就此提出抗辩的行为,二审法院判决的正确性毋庸置疑。

五、裁判主文的表述

《公司法司法解释(四)》第10条第1款规定:"人民法院审理股东请求查阅或者复制公司特定文件材料的案件,对原告诉讼请求予以支持的,应当在判决中明确查阅或者复制公司特定文件材料的时间、地点和特定文件材料的名录。"但司法实践中出现,审理中公司已不在注册地办公,且无实际经营场所,亦不提供查阅、复制有关材料地点,双方对查阅地点协商不成。笔者认为,此时可以原告提供的地址作为查阅地点。同时对股东查阅的时限,应根据查阅资料的多少和难易程度予以明确。

六、能否重复进行查阅

司法实践中,在股东已经获取过公司相关资料或法院已经判决公司履行提供相关资料后,该股东再次提起诉讼请求查阅相同资料,应否支持,存在争议。大多数观点认为,股东已经获得相关资料,再次要求查阅,不应予以支持,否则会增加公司负担,或者构成重复诉讼。有少数观点认为,原则上不应准许,特殊情况例外。笔者同意后一种观点,如果股东确有证据证明其曾经查阅过的资料因保管不善等原因灭失,且有必要再次查阅的理由,该理由不能是笼统的"了解公司运营情况",而是具体的理由且有初步证据证明,如"董监高损害公司利益",此时可认为发生了新的事实,确有必要通过行使股东知情权保护股东其他利益,不构成重复诉讼。

第五章　请求公司收购股份纠纷

第一节　概　　述

一、概念界定

请求公司收购股份纠纷是异议股东行使股份收购请求权发生的纠纷。异议股东股份收购请求权，也称异议股东评估权、股份评估回购请求权，是指当股东会基于多数表决，就有关公司重大事项作出决议时，持异议的少数股东要求对其所持有股份的价值进行评估并由公司以公平价格予以购买的权利。异议股东股份收购请求权制度的价值主要在于保护中小股东的利益。

二、特征

股份收购请求权具有以下特征：第一，股份收购请求权属于股东自益权，是股东为了自身利益而行使的，公司不得以决议符合公司整体利益为由抗辩；第二，股份收购请求权是救济性权利，是多数决规则的补充，为少数股东提供权利救济的途径，公司不能以决议合法有效进行抗辩；第三，股份收购请求权是法定权利，在出现法定事由时可以行使，不以已经产生损害或即将产生损害为前提；第四，股份收购请求权纠纷处理公司内部关系，不涉及作为外部主体的公司债权人的利益；第五，股份收购请求权的行使须平衡股东与公司利益，应当确定合理的价格。

三、诉讼主体

在请求公司收购股份纠纷中，原告是公司股东，被告是公司。

四、管辖

由被告公司住所地人民法院管辖。

(一)查明事实

1.被告的主要办事机构所在地;2.主要办事机构所在地不能确定的,被告的注册地或者登记地。

(二)法律适用

《民事诉讼法》第 22 条第 2 款、第 27 条,《民诉法司法解释》第 3 条、第 22 条。

(三)确定管辖的法律依据

在《民事诉讼法》第 27 条和《民诉法司法解释》第 22 条所列举的公司纠纷类型中没有直接涉及请求公司收购股份纠纷。但是《民诉法司法解释》第 22 条列举的公司纠纷类型后使用了"等"字,亦可认为所列举事项未囊括全部类型。一般而言,认为仅涉及公司内部纠纷的案件及涉及公司组织形式变化的案件应使用特殊地域管辖。此外,该类型纠纷的被告为公司,适用《民事诉讼法》第 22 条第 2 款的规定,亦可得出相同的结论。

第二节 新旧《公司法》相关规范对照

一、有限责任公司异议股东请求收购股权规定

(一)旧《公司法》相关规定

旧《公司法》第 74 条:有下列情形之一的,对股东会该项决议投反对票的股东可以请求公司按照合理的价格收购其股权:

(1)公司连续五年不向股东分配利润,而公司该五年连续盈利,并且符合本法规定的分配利润条件的;

(2)公司合并、分立、转让主要财产的;

(3)公司章程规定的营业期限届满或者章程规定的其他解散事由出现,股东会会议通过决议修改章程使公司存续的。

自股东会会议决议通过之日起六十日内,股东与公司不能达成股权收购协议的,股东可以自股东会会议决议通过之日起九十日内向人民法院提起诉讼。

(二)新《公司法》相关规定

新《公司法》第 89 条:有下列情形之一的,对股东会该项决议投反对票的股东可以请求公司按照合理的价格收购其股权:

(1)公司连续五年不向股东分配利润,而公司该五年连续盈利,并且符合本法规定的分配利润条件;

(2)公司合并、分立、转让主要财产;

(3)公司章程规定的营业期限届满或者章程规定的其他解散事由出现,股东会通过决议修改章程使公司存续。

自股东会决议作出之日起六十日内,股东与公司不能达成股权收购协议的,股东可以自股东会决议作出之日起九十日内向人民法院提起诉讼。

公司的控股股东滥用股东权利,严重损害公司或者其他股东利益的,其他股东有权请求公司按照合理的价格收购其股权。

公司因本条第一款、第三款规定的情形收购的本公司股权,应当在六个月内依法转让或者注销。

(三)新旧《公司法》相同点

新旧《公司法》对有限责任公司基于投反对票的股东请求股权回购,公司进而被动收购股权均有规定,旧《公司法》第 74 条与新《公司法》第 89 条均规定有限责任公司的股东如果对股东会决议投反对票,可以请求公司按照合理的价格收购其股权。旧《公司法》第 74 条与新《公司法》第 89 条规定的有限责任公司被动收购公司股权的情形均包括:(1)公司连续五年不向股东分配利润,而公司该五年连续盈利,并且符合本法规定的分配利润条件;(2)公司合并、分立、转让主要财产;(3)公司章程规定的营业期限届满或者章程规定的其他解散事由出现,股东会通过决议修改章程使公司存续。

有限责任公司异议股东关于请求公司收购股权权利的行使均规定有前置程序和起诉期限,即自股东会会议决议通过(旧《公司法》)/自股东会决议作出(新《公司法》)之日起六十日内,股东提出请求与公司进行协商,如果股东与公司不能达成股权收购协议的,股东可以自股东会会议决议通过(旧《公司法》)/自股东会决议作出(新《公司法》)之日起九十日内向法院提起诉讼。

(四)新《公司法》新增部分

1. 新《公司法》增设了有限责任公司股东压迫时回购救济机制

新《公司法》第 89 条第 3 款规定:"公司的控股股东滥用股东权利,严重损害公司或者其他股东利益的,其他股东有权请求公司按照合理的价格收购其股权。"

该款系新《公司法》新增内容,为中小股东摆脱控股股东压迫退出公司提供了通道。

2. 新《公司法》增加了有限责任公司收购股权后如何处理

新《公司法》第 89 条:对有限责任公司收购本公司股权后的处理作出了明确规定,即应当在六个月内依法转让或者注销。

3. 新增原因分析

(1)股东压迫是一种复合性的、综合式的股东利益侵害行为。当控股股东利用控制权压迫其他股东的程度达到足以摧毁二者之间信任基础的程度时,应允许受压迫的股东以合理的价格退出公司。

(2)旧《公司法》第 74 条对有限责任公司收购本公司股权后的处理未作规定,此为旧《公司法》的立法漏洞。

(五)新旧《公司法》修改部分

1. 新旧《公司法》修改内容

旧《公司法》第 74 条规定表述为自股东会会议决议通过之日起 60 日内,股东与公司不能达成股份收购协议的;新《公司法》第 89 条规定表述为自股东会决议作出之日起 60 日内,股东与公司不能达成股份收购协议的。新《公司法》修正了旧《公司法》的立法瑕疵,更加符合客观实际。

2. 修改原因分析

考虑到股东会决议通过的时间与作出决议的时间可能不一致,也可能是通过决议后但未作出决议,新《公司法》统一表述为自股东会决议作出之日起 60 日内。

二、股份有限公司主动回购公司股份的情形

（一）旧《公司法》相关规定

旧《公司法》第142条：公司不得收购本公司股份。但是，有下列情形之一的除外：

（一）减少公司注册资本；

（二）与持有本公司股份的其他公司合并；

（三）将股份用于员工持股计划或者股权激励；

（四）股东因对股东大会作出的公司合并、分立决议持异议，要求公司收购其股份；

（五）将股份用于转换上市公司发行的可转换为股票的公司债券；

（六）上市公司为维护公司价值及股东权益所必需。

公司因前款第（一）项、第（二）项规定的情形收购本公司股份的，应当经股东大会决议；公司因前款第（三）项、第（五）项、第（六）项规定的情形收购本公司股份的，可以依照公司章程的规定或者股东大会的授权，经三分之二以上董事出席的董事会会议决议。

公司依照本条第一款规定收购本公司股份后，属于第（一）项情形的，应当自收购之日起十日内注销；属于第（二）项、第（四）项情形的，应当在六个月内转让或者注销；属于第（三）项、第（五）项、第（六）项情形的，公司合计持有的本公司股份数不得超过本公司已发行股份总额的百分之十，并应当在三年内转让或者注销。

上市公司收购本公司股份的，应当依照《证券法》的规定履行信息披露义务。上市公司因本条第一款第（三）项、第（五）项、第（六）项规定的情形收购本公司股份的，应当通过公开的集中交易方式进行。

公司不得接受本公司的股票作为质押权的标的。

（二）新《公司法》相关规定

新《公司法》第162条：公司不得收购本公司股份。但是，有下列情形之一的除外：

（一）减少公司注册资本；

(二)与持有本公司股份的其他公司合并;

(三)将股份用于员工持股计划或者股权激励;

(四)股东因对股东会作出的公司合并、分立决议持异议,要求公司收购其股份;

(五)将股份用于转换公司发行的可转换为股票的公司债券;

(六)上市公司为维护公司价值及股东权益所必需。

公司因前款第一项、第二项规定的情形收购本公司股份的,应当经股东会决议;公司因前款第三项、第五项、第六项规定的情形收购本公司股份的,可以按照公司章程或者股东会的授权,经三分之二以上董事出席的董事会会议决议。

公司依照本条第一款规定收购本公司股份后,属于第一项情形的,应当自收购之日起十日内注销;属于第二项、第四项情形的,应当在六个月内转让或者注销;属于第三项、第五项、第六项情形的,公司合计持有的本公司股份数不得超过本公司已发行股份总数的百分之十,并应当在三年内转让或者注销。

上市公司收购本公司股份的,应当依照《证券法》的规定履行信息披露义务。上市公司因本条第一款第三项、第五项、第六项规定的情形收购本公司股份的,应当通过公开的集中交易方式进行。

公司不得接受本公司的股份作为质权的标的。

(三)新旧《公司法》相同点

原则上,公司不得收购本公司股份。旧《公司法》第142条与新《公司法》第162条均规定了股份有限公司主动回购公司股份的例外情形。具体情形均包括:(1)减少公司注册资本;(2)与持有本公司股份的其他公司合并;(3)将股份用于员工持股计划或者股权激励;(4)股东因对股东会作出的公司合并、分立决议持异议,要求公司收购其股份;(5)将股份用于转换公司发行的可转换为股票的公司债券;(6)上市公司为维护公司价值及股东权益所必需。

(四)新《公司法》的相关修改

因该规定适用良好,新《公司法》并未作出修改。

三、股份有限公司异议股东请求回购股权的规定

（一）旧《公司法》相关规定

旧《公司法》关于股份有限公司的异议股东回购股权的情形未作规定。

（二）新《公司法》相关规定

新《公司法》第161条：有下列情形之一的，对股东会该项决议投反对票的股东可以请求公司按照合理的价格收购其股份，公开发行股份的公司除外：

（1）公司连续五年不向股东分配利润，而公司该五年连续盈利，并且符合本法规定的分配利润条件；

（2）公司转让主要财产；

（3）公司章程规定的营业期限届满或者章程规定的其他解散事由出现，股东会通过决议修改章程使公司存续。

自股东会决议作出之日起六十日内，股东与公司不能达成股份收购协议的，股东可以自股东会决议作出之日起九十日内向人民法院提起诉讼。

公司因本条第一款规定的情形收购的本公司股份，应当在六个月内依法转让或者注销。

（三）新《公司法》新增部分

1. 新《公司法》新增内容

新《公司法》增设了股份有限公司异议股东回购请求权。旧《公司法》仅规定有限责任公司股东可以主动请求公司收购其股权；新《公司法》新增未公开发行股份的股份有限公司股东可以主动请求公司收购其股份。

2. 新增原因分析

旧《公司法》中并未赋予股份有限公司股东享有异议股东回购请求权。法理上一般认为，股份有限公司股权转让容易，不需要此种权利。但商事实践中，对于非上市的普通股份有限公司来说，因股份缺乏公开的交易市场，虽然原股东不享有优先购买权，但转让也并非易事，所以，确有赋予非公开发行股份的股份有限公司相关股东异议回购请求权的必要。因此，新《公司法》增设了股份有限公司异议股东回购请求权，即新《公司法》第161条。行使权利的程序与有限责任公司股东异议回购请求权相同。

需要注意的是,股份有限公司的异议股东回购请求权排除了"公司合并、分立"情形,且未设置股东压迫情形下回购救济一般条款。原因可能如下:第一,股份有限公司以资合性为主,股东退出较容易,应该与有限责任公司的规则有所不同;第二,股份有限公司的合并、分立一般会遵循商业规律,通过此方式损害股东利益的情形不多见;第三,股份有限公司股东的压迫在实践中的情形比较少。

同时注意,异议股东股份回购请求权不适用于具有股份活跃交易市场的公司,公开发行股份的公司面向社会、向不特定的任何人发行股份,股份具有较高的流通性,新《公司法》第161条将公开发行股份的公司排除在外。

第三节　起诉前置程序

一、法律适用

旧《公司法》第74条:有下列情形之一的,对股东会该项决议投反对票的股东可以请求公司按照合理的价格收购其股权:

(一)公司连续五年不向股东分配利润,而公司该五年连续盈利,并且符合本法规定的分配利润条件的;

(二)公司合并、分立、转让主要财产的;

(三)公司章程规定的营业期限届满或者章程规定的其他解散事由出现,股东会会议通过决议修改章程使公司存续的。

自股东会会议决议通过之日起六十日内,股东与公司不能达成股权收购协议的,股东可以自股东会会议决议通过之日起九十日内向人民法院提起诉讼。

对应新《公司法》第89条:有下列情形之一的,对股东会该项决议投反对票的股东可以请求公司按照合理的价格收购其股权:

(一)公司连续五年不向股东分配利润,而公司该五年连续盈利,并且符合本法规定的分配利润条件;

(二)公司合并、分立、转让主要财产;

(三)公司章程规定的营业期限届满或者章程规定的其他解散事由出现,

股东会通过决议修改章程使公司存续。

自股东会决议作出之日起六十日内,股东与公司不能达成股权收购协议的,股东可以自股东会决议作出之日起九十日内向人民法院提起诉讼。

公司的控股股东滥用股东权利,严重损害公司或者其他股东利益的,其他股东有权请求公司按照合理的价格收购其股权。

公司因本条第一款、第三款规定的情形收购的本公司股权,应当在六个月内依法转让或者注销。

新《公司法》第161条:有下列情形之一的,对股东会该项决议投反对票的股东可以请求公司按照合理的价格收购其股份,公开发行股份的公司除外:

(一)公司连续五年不向股东分配利润,而公司该五年连续盈利,并且符合本法规定的分配利润条件;

(二)公司转让主要财产;

(三)公司章程规定的营业期限届满或者章程规定的其他解散事由出现,股东会通过决议修改章程使公司存续。

自股东会决议作出之日起六十日内,股东与公司不能达成股份收购协议的,股东可以自股东会决议作出之日起九十日内向人民法院提起诉讼。

公司因本条第一款规定的情形收购的本公司股份,应当在六个月内依法转让或者注销。

二、60日的性质和意义

新《公司法》第89条、第161条规定自股东会决议作出之日起60日内,股东与公司不能达成股权收购协议的,股东可以自股东会决议作出之日起90日内向人民法院提起诉讼。旧《公司法》第74条规定表述为自股东会会议决议通过之日起60日内,股东与公司不能达成股份收购协议的;新《公司法》第89条、第161条规定表述为自股东会决议作出之日起60日内,股东与公司不能达成股份收购协议的。考虑到股东会决议的形成与作出时间可能存在不一致的情况,新《公司法》统一表述为自股东会决议作出之日起60日内。

新《公司法》中规定的60日为股东与公司的协商期,程序上公司股东应当先行向公司提出收购股份请求,并与公司协商。60日为最长协商期,如果公司不同意收购股份或者双方对回购价格、条件不能达成一致的,股东方可起诉。

如果股东与公司长时间不能就股权收购达成协议,那么,既可能影响请求收购股东的合法权益,也可能对公司正常生产经营造成困扰。

在请求公司收购股份纠纷类案件中,该60日为原告股东要求公司回购其股权的期限,公司股东不能自股东会决议作出之日起超过60日才向公司提出收购股份请求。

如果公司股东与公司之间在自股东会决议作出之日起60日内达成股权回购协议的,公司股东与公司之间因为达成了股权回购协议而形成了新的权利义务关系。如果公司股东和公司之间因股权回购协议内容的履行等产生争议,应以合同纠纷为由提起诉讼,而不能请求公司收购股份为由提起诉讼。在此情形下,请求公司收购股份纠纷转化为合同纠纷。

如果公司股东与公司之间在自股东会决议作出之日起90日之后达成股权回购协议的,公司股东与公司之间同样因达成了股权回购协议而形成了新的合同关系,此时请求公司收购股份纠纷转化为合同纠纷。

自股东会决议作出之日起60日内,公司股东未向公司提出收购股份请求,未与公司进行协商即向法院起诉请求公司收购股份的,原则上应裁定驳回起诉。如果公司股东与公司进行协商,无法达成一致,协商期的等待毫无意义,公司股东亦可自股东会决议作出之日起60日内向法院起诉请求公司收购股份。

三、90日的性质和意义

新《公司法》第89条、第161条规定自股东会决议作出之日起60日内,股东与公司不能达成股权收购协议的,股东可以自股东会决议作出之日起90日内向人民法院提起诉讼。

新《公司法》中规定的90日为异议股东通过诉讼的公权力途径解决争议的期间,类似于除斥期间。有限责任公司和未公开发行股份的股份有限公司的股东请求公司收购股份的权利类似于形成权。《公司法司法解释(一)》第3条规定,原告以旧《公司法》第22条第2款、第74条第2款(对应新《公司法》第89条第2款)规定事由,向人民法院提起诉讼时,超过公司法规定期限的,人民法院不予受理。旧《公司法》第74条第2款(对应新《公司法》第89条第2款)规定,股东应当自股东会决议作出之日起90日内起诉,该期间类似于除斥期间,一般不适用中止、中断情形,股东超过该期限起诉的,法院应不予受理或裁定驳回起诉。

但有一种情形值得研究，即公司对股东超过诉讼期限起诉存在过错，而原告股东无过错的情况下，法院是否应予处理。例如，公司在90日内明确告知股东同意回购，而在90日之后却告知股东不同意回购，笔者倾向于认为，因公司存在欺瞒行为，原告无过错，对于原告股东的起诉法院可以考虑受理。

典型案例 王某诉北京某电子科技公司请求公司收购股份纠纷案[①]

【裁判要旨】

1. 有限责任公司股东通过诉讼途径行使请求公司收购股份权必须满足一定程序性条件。

2. 旧《公司法》第74条与新《公司法》第89条对有限责任公司股东通过诉讼途径行使请求公司收购股份权均规定必须满足一定的程序性条件。从主体条件上看，原告应为对股东会决议投反对票的股东。从时间条件上看，应自股东会会议决议通过（旧《公司法》）/作出（新《公司法》）之日起60日内，股东与公司不能达成股权收购协议的，股东可以自股东会会议决议通过（旧《公司法》）/作出（新《公司法》）之日起90日内向法院提起诉讼。股东请求公司收购其股权，应对股东会的决议投反对票，并且在股东会决议作出之日起60日内与公司就股权回购事宜进行协商。如果无法达成一致意见的，异议股东可以自股东会决议作出之日起90日内向法院提起请求公司收购股份纠纷之诉。

【案情简介】

原告王某诉称：北京某电子科技公司章程约定，在骨干人员股东离职后冻结其股东资格，其股权按照公司董事会决定转让给公司其他骨干人员或由控股股东收购，不得转让给公司外其他人员。在王某2017年4月离职后，北京某电子科技公司一直未决议将王某持有的股权转让给其他骨干人员或予以回购，并事实上剥夺了王某的股东资格。故请求判令：1. 北京某电子科技公司以1,400,640元收购王某持有的800,000元出资，具体金额以股权评估价值为

---

① 参见北京市第二中级人民法院（2023）京02民终4267号民事判决书。

183

准;2.诉讼费用由北京某电子科技公司承担。

被告北京某电子科技公司辩称:一、本案尚未满足旧《公司法》第74条规定,王某无权要求被告收购其股权。股东请求公司收购股权的前提是对相关决议投反对票,然而在北京某电子科技公司2018年第三次股东会中,明确通过了六项决议,其中议案四是2017年度利润分配议案,对此,王某作出了同意的表决,并且在决议签字页签字,并没有投出反对票,北京某电子科技公司2017年度未向王某分配利润是基于股东决议同意。本案并没有满足法定的股权回购条件。二、根据旧《公司法》第74条第2款规定,本案已超过主张公司收购股权的除斥期间,王某无权要求北京某电子科技公司收购其股权。三、王某主张的回购价格计算方式和依据不明确,数额不合理。

法院经审理查明:2014年9月5日,北京某电子科技公司召开2014年第三次股东会(临时会议)会议,作出同意王某等接收其他股东转让的北京某电子科技公司的股权等决议内容,其中,同意王某接收胡某转让的在北京某电子科技公司0.71206%的股权。

北京某电子科技公司的公司章程在第八章规定了股东转让出资的条件,其中第十四条规定,王某等十一人作为骨干人员持有公司股权,如因离岗、离职(如调离、开除、除名、解聘、自行脱离企业、不辞而别、内退、退休、病退、长期病休等),应在6个月内转让其所持全部股份,超过6个月尚未办理股权转让的,从第6个月结束之日起冻结应转未转股权的权益,同时终止应转未转股权持有人的行权资格,其所占股份份额通过股东会后可分配给符合条件的他人购买。

王某于2017年4月离职,王某离职后北京某电子科技公司形成的2017年第二次股东会决议、2018年第一次股东会决议、2018年第二次股东会决议、2019年第一次股东会决议、2020年第一次股东会决议,以及2021年的第五届第一次股东会决议的签字页均无王某签名,王某主张上述股东会会议其均未获得通知,也未参加会议。2018年第一次股东会通过以下决议:一、同意公司经营期限变更为长期。二、同意将公司章程第十一章第三十四条进行修改;原章程为:公司经营期限为二十年,从《企业法人营业执照》签发之日起计算。修改后章程为:公司经营期限为长期,从《企业法人营业执照》签发之日起计算。股东会决议签字处王某的签名处为空白。针对上述王某未签名情况,北京某电子科技公司在案件审理过程中提交书面情况说明称,公司历年来只有部分年度会

第五章　请求公司收购股份纠纷

决议采用现场召开形式并下发会议通知,其他决议均采用传签形式、不下发通知。2018年第三次股东会之后的所有股东会均采用传签形式、不下发通知。

王某认可其参加了2018年10月17日北京某电子科技公司2018年第三次股东会。双方一致确认,依北京某电子科技公司原公司章程规定的经营期限计算,起止日期为1998年10月5日至2018年10月4日。

【裁判结果】

一审法院于2022年12月5日作出一审判决:驳回王某的全部诉讼请求。王某不服一审判决,以其系非因自身过错而未参加公司延长经营期限的股东会并投出反对票,应视为已符合公司收购股权的条件为由提起上诉。二审法院于2023年4月28日作出二审判决,驳回上诉,维持原判。

【案例评析】

二审中,王某明确其要求北京某电子科技公司收购股份的事由,系基于公司章程规定的营业期限届满后,股东会决议修改公司章程使公司延续,即依据旧《公司法》第74条第1款第3项之规定;对于一审中关于公司连续5年未分配利润的事由,即旧《公司法》第74条第1款第1项之规定,其于二审中不再主张。

法院生效裁判认为,本案的争议焦点为:王某要求收购其股权的诉讼请求是否成立。

旧《公司法》第74条规定:"有下列情形之一的,对股东会该项决议投反对票的股东可以请求公司按照合理的价格收购其股权:(一)公司连续五年不向股东分配利润,而公司该五年连续盈利,并且符合本法规定的分配利润条件的;(二)公司合并、分立、转让主要财产的;(三)公司章程规定的营业期限届满或者章程规定的其他解散事由出现,股东会会议通过决议修改章程使公司存续的。自股东会会议决议通过之日起六十日内,股东与公司不能达成股权收购协议的,股东可以自股东会会议决议通过之日起九十日内向人民法院提起诉讼。"本案中,王某于二审中明确其向北京某电子科技公司主张收购股权的法律依据,系基于前述规定的第1款第3项,并明确不依据前述规定第1款第1项的事由主张权利。

北京某电子科技公司原公司章程规定的经营期限截止日期为2018年10月4日,后北京某电子科技公司通过股东会决议修改公司章程的形式将经营期

185

限变更为长期。现王某依据旧《公司法》第74条第1款第3项之规定,要求北京某电子科技公司收购其股权。依据法律规定,该项诉讼请求的成立须以下两个程序性条件为前提:其一,主体条件上属于异议股东,即一审判决认定的对该项决议投反对票的股东;其二,时间条件上须于股东会决议通过后限定期限内提出。法院注意到,现有证据无法证明王某曾就上述决议投反对票的认定外,王某于2021年9月提起本案诉讼请求,在时间条件上亦不符合法律规定。王某虽解释称其于2021年8月方才知晓公司经营期限变更为长期的事实,但根据本案现有证据显示,依北京某电子科技公司原经营期限,至2018年10月4日已经届满,但在此后公司仍持续经营,王某亦认可其参加了此后2018年10月17日的股东会。而公司经营期限属于公开事项,一般社会公众即可对此予以查询了解,王某作为北京某电子科技公司原任职员工及公司股东,即使如其所述,在2021年8月前并不知晓北京某电子科技公司原有经营期限的规定、对经营期限并未在意,此情节亦应归属于其自身原因所致。在此情况下,法院难以突破法定期限对王某的诉讼请求予以支持。至于王某主张的北京某电子科技公司多次不通知其参会导致其无法行使股东权利一节,属于股东会会议程序合法性及决议效力范畴,如王某对此存在争议,可另行采取合法途径予以解决。

第四节　原告主体资格的认定

一、法律适用

1.旧《公司法》第74条:有下列情形之一的,对股东会该项决议投反对票的股东可以请求公司按照合理的价格收购其股权:

(一)公司连续五年不向股东分配利润,而公司该五年连续盈利,并且符合本法规定的分配利润条件的;

(二)公司合并、分立、转让主要财产的;

(三)公司章程规定的营业期限届满或者章程规定的其他解散事由出现,股东会会议通过决议修改章程使公司存续的。

自股东会会议决议通过之日起六十日内,股东与公司不能达成股权收购协议的,股东可以自股东会会议决议通过之日起九十日内向人民法院提起诉讼。

对应新《公司法》第 89 条:有下列情形之一的,对股东会该项决议投反对票的股东可以请求公司按照合理的价格收购其股权:

(一)公司连续五年不向股东分配利润,而公司该五年连续盈利,并且符合本法规定的分配利润条件;

(二)公司合并、分立、转让主要财产;

(三)公司章程规定的营业期限届满或者章程规定的其他解散事由出现,股东会通过决议修改章程使公司存续。

自股东会决议作出之日起六十日内,股东与公司不能达成股权收购协议的,股东可以自股东会决议作出之日起九十日内向人民法院提起诉讼。

公司的控股股东滥用股东权利,严重损害公司或者其他股东利益的,其他股东有权请求公司按照合理的价格收购其股权。

公司因本条第一款、第三款规定的情形收购的本公司股权,应当在六个月内依法转让或者注销。

2. 旧《公司法》第 142 条:公司不得收购本公司股份。但是,有下列情形之一的除外:

(一)减少公司注册资本;

(二)与持有本公司股份的其他公司合并;

(三)将股份用于员工持股计划或者股权激励;

(四)股东因对股东大会作出的公司合并、分立决议持异议,要求公司收购其股份;

(五)将股份用于转换上市公司发行的可转换为股票的公司债券;

(六)上市公司为维护公司价值及股东权益所必需。

公司因前款第(一)项、第(二)项规定的情形收购本公司股份的,应当经股东大会决议;公司因前款第(三)项、第(五)项、第(六)项规定的情形收购本公司股份的,可以依照公司章程的规定或者股东大会的授权,经三分之二以上董事出席的董事会会议决议。

公司依照本条第一款规定收购本公司股份后,属于第(一)项情形的,应当自收购之日起十日内注销;属于第(二)项、第(四)项情形的,应当在六个月内转让或者注销;属于第(三)项、第(五)项、第(六)项情形的,公司合计持有的本公司股份数不得超过本公司已发行股份总额的百分之十,并应当在三年内转让或者注销。

上市公司收购本公司股份的,应当依照《证券法》的规定履行信息披露义务。上市公司因本条第一款第(三)项、第(五)项、第(六)项规定的情形收购本公司股份的,应当通过公开的集中交易方式进行。

公司不得接受本公司的股票作为质押权的标的。

对应新《公司法》第 162 条:公司不得收购本公司股份。但是,有下列情形之一的除外:

(一)减少公司注册资本;

(二)与持有本公司股份的其他公司合并;

(三)将股份用于员工持股计划或者股权激励;

(四)股东因对股东会作出的公司合并、分立决议持异议,要求公司收购其股份;

(五)将股份用于转换公司发行的可转换为股票的公司债券;

(六)上市公司为维护公司价值及股东权益所必需。

公司因前款第一项、第二项规定的情形收购本公司股份的,应当经股东会决议;公司因前款第三项、第五项、第六项规定的情形收购本公司股份的,可以按照公司章程或者股东会的授权,经三分之二以上董事出席的董事会会议决议。

公司依照本条第一款规定收购本公司股份后,属于第一项情形的,应当自收购之日起十日内注销;属于第二项、第四项情形的,应当在六个月内转让或者注销;属于第三项、第五项、第六项情形的,公司合计持有的本公司股份数不得超过本公司已发行股份总数的百分之十,并应当在三年内转让或者注销。

上市公司收购本公司股份的,应当依照《证券法》的规定履行信息披露义务。上市公司因本条第一款第三项、第五项、第六项规定的情形收购本公司股份的,应当通过公开的集中交易方式进行。

公司不得接受本公司的股份作为质权的标的。

新《公司法》第 161 条:

有下列情形之一的,对股东会该项决议投反对票的股东可以请求公司按照合理的价格收购其股份,公开发行股份的公司除外:

(一)公司连续五年不向股东分配利润,而公司该五年连续盈利,并且符合本法规定的分配利润条件;

(二)公司转让主要财产;

(三)公司章程规定的营业期限届满或者章程规定的其他解散事由出现,股东会通过决议修改章程使公司存续。

自股东会决议作出之日起六十日内,股东与公司不能达成股份收购协议的,股东可以自股东会决议作出之日起九十日内向人民法院提起诉讼。

公司因本条第一款规定的情形收购的本公司股份,应当在六个月内依法转让或者注销。

二、常见问题

1. 前股东能否请求公司收购股份

股东会决议作出之日为公司股东,后因转让股份等原因失去股东身份,在此情形下,前任股东已丧失公司股份,不能再请求公司收购股份。同时,其已不再持有股份,不存在要求回购的前提条件。

2. 继受股东能否请求公司收购股份

股东会决议作出之日不是公司股东,后因股权转让等原因成为公司股东,股权权能自一般股权转让后获得。由于前任股东针对已作出的股东会决议已经行使过表决权,该新任股东不能承接前任股东对已作出的股东会决议的反对权。如转让股东已经投反对票,受让股东无权要求公司回购股权,因为对已作出的股东会决议的投票表决权是带有身份性质的权利,是专属于原股东的身份权,该投票表决权不以股权的转让而转让。且新任股东在购买股权/股份时,应对公司股东会已经作出的决议是知晓的。综上所述,新任股东因成为股东之前的公司决议而提出公司回购股份/股权的,无法得到支持。

3. 隐名股东能否请求公司收购股份

一般情况下,回购请求权应当由名义股东行使。笔者认为,隐名股东不是公司名义上的股东,不能请求公司收购股份。对股东会决议投反对票的表决权利应当由名义股东行使。请求公司收购股份纠纷案件中,原告主体应当为在册登记的股东或者依据出资证明等能确定股东身份的公司股东。原告应提供其作为公司股东及持股份额的相应凭证。

第五节　回购条件审查

一、法律适用

1. 旧《公司法》第 74 条：有下列情形之一的，对股东会该项决议投反对票的股东可以请求公司按照合理的价格收购其股权：

（一）公司连续五年不向股东分配利润，而公司该五年连续盈利，并且符合本法规定的分配利润条件的；

（二）公司合并、分立、转让主要财产的；

（三）公司章程规定的营业期限届满或者章程规定的其他解散事由出现，股东会会议通过决议修改章程使公司存续的。

自股东会会议决议通过之日起六十日内，股东与公司不能达成股权收购协议的，股东可以自股东会会议决议通过之日起九十日内向人民法院提起诉讼。

对应新《公司法》第 89 条：有下列情形之一的，对股东会该项决议投反对票的股东可以请求公司按照合理的价格收购其股权：

（一）公司连续五年不向股东分配利润，而公司该五年连续盈利，并且符合本法规定的分配利润条件；

（二）公司合并、分立、转让主要财产；

（三）公司章程规定的营业期限届满或者章程规定的其他解散事由出现，股东会通过决议修改章程使公司存续。

自股东会决议作出之日起六十日内，股东与公司不能达成股权收购协议的，股东可以自股东会决议作出之日起九十日内向人民法院提起诉讼。

公司的控股股东滥用股东权利，严重损害公司或者其他股东利益的，其他股东有权请求公司按照合理的价格收购其股权。

公司因本条第一款、第三款规定的情形收购的本公司股权，应当在六个月内依法转让或者注销。

2.旧《公司法》第142条:公司不得收购本公司股份。但是,有下列情形之一的除外:

(一)减少公司注册资本;

(二)与持有本公司股份的其他公司合并;

(三)将股份用于员工持股计划或者股权激励;

(四)股东因对股东大会作出的公司合并、分立决议持异议,要求公司收购其股份;

(五)将股份用于转换上市公司发行的可转换为股票的公司债券;

(六)上市公司为维护公司价值及股东权益所必需。

公司因前款第(一)项、第(二)项规定的情形收购本公司股份的,应当经股东大会决议;公司因前款第(三)项、第(五)项、第(六)项规定的情形收购本公司股份的,可以依照公司章程的规定或者股东大会的授权,经三分之二以上董事出席的董事会会议决议。

公司依照本条第一款规定收购本公司股份后,属于第(一)项情形的,应当自收购之日起十日内注销;属于第(二)项、第(四)项情形的,应当在六个月内转让或者注销;属于第(三)项、第(五)项、第(六)项情形的,公司合计持有的本公司股份数不得超过本公司已发行股份总额的百分之十,并应当在三年内转让或者注销。

上市公司收购本公司股份的,应当依照《证券法》的规定履行信息披露义务。上市公司因本条第一款第(三)项、第(五)项、第(六)项规定的情形收购本公司股份的,应当通过公开的集中交易方式进行。

公司不得接受本公司的股票作为质押权的标的。

对应新《公司法》第162条:公司不得收购本公司股份。但是,有下列情形之一的除外:

(一)减少公司注册资本;

(二)与持有本公司股份的其他公司合并;

(三)将股份用于员工持股计划或者股权激励;

(四)股东因对股东会作出的公司合并、分立决议持异议,要求公司收购其股份;

(五)将股份用于转换公司发行的可转换为股票的公司债券;

(六)上市公司为维护公司价值及股东权益所必需。

公司因前款第一项、第二项规定的情形收购本公司股份的,应当经股东会决议;公司因前款第三项、第五项、第六项规定的情形收购本公司股份的,可以按照公司章程或者股东会的授权,经三分之二以上董事出席的董事会会议决议。

公司依照本条第一款规定收购本公司股份后,属于第一项情形的,应当自收购之日起十日内注销;属于第二项、第四项情形的,应当在六个月内转让或者注销;属于第三项、第五项、第六项情形的,公司合计持有的本公司股份数不得超过本公司已发行股份总数的百分之十,并应当在三年内转让或者注销。

上市公司收购本公司股份的,应当依照《证券法》的规定履行信息披露义务。上市公司因本条第一款第三项、第五项、第六项规定的情形收购本公司股份的,应当通过公开的集中交易方式进行。

公司不得接受本公司的股份作为质权的标的。

新《公司法》第161条:有下列情形之一的,对股东会该项决议投反对票的股东可以请求公司按照合理的价格收购其股份,公开发行股份的公司除外:

(一)公司连续五年不向股东分配利润,而公司该五年连续盈利,并且符合本法规定的分配利润条件;

(二)公司转让主要财产;

(三)公司章程规定的营业期限届满或者章程规定的其他解散事由出现,股东会通过决议修改章程使公司存续。

自股东会决议作出之日起六十日内,股东与公司不能达成股份收购协议的,股东可以自股东会决议作出之日起九十日内向人民法院提起诉讼。

公司因本条第一款规定的情形收购的本公司股份,应当在六个月内依法转让或者注销。

二、常见问题

1. 未参会股东是否享有股份收购请求权

旧《公司法》第74条(对应新《公司法》第89条)、新《公司法》第161条的立法精神在于保护异议股东的合法权益,之所以对投反对票作出规定,意在要求异议股东将反对意见向其他股东明示。股东未参与股东会应分情况加以讨论。

（1）情形一，公司通知股东参加股东会，股东无合法理由未参加股东会。在此情形下，应视为股东主动放弃对公司决议投反对票的权利，故未参与股东会股东无权要求公司收购其股份。

（2）情形二，公司未通知股东参加股东会，股东非因自身过错而未参加股东会。有观点认为，在此情形下，公司股东无从了解股东会决议并针对股东会决议投反对票。股东获知股东会决议内容后及时提出异议的，有权依法请求公司收购其股权，但该期间不宜过长。具体可以参照新《公司法》第26条第2款规定，公司决议撤销纠纷的期间，即自股东会决议作出之日起1年内股东没有行使请求公司收购股份请求权的，该权利消灭。笔者倾向于认为，在此情形下，未参与股东会的股东应通过提起公司决议撤销纠纷之诉的途径来行使其合法权利。因为一是提起公司决议撤销纠纷之诉有合法依据，而认为股东可提起请求公司收购股份之诉的观点无法律依据；二是对于一种情形的救济原则上只规定一种途径，提起公司决议撤销纠纷之诉也可以保护此情形下股东权利，且比较便利，没有必要再赋予其他救济途径。

2. 被冒签名的股东能否要求公司收购其股份

以非本人签名为由，对股东会决议提出异议的股东，能否起诉要求公司收购其股份。股东会中表决不体现股东真实意思的，视为股东未参与表决。对于未参与表决的股东，区分参加股东会和未参加股东会两种。对于参加股东会中途退场或者拒绝在股东会决议上署名的未合法行使表决权的股东，基于保障公司有序经营和维护公司合法权益的考虑，应当认定股东放弃对股东会决议投反对票的权利。该类股东事后起诉要求公司收购其股份的，法院不予支持。对于未参加股东会被伪造签名的股东，事后及时提起书面异议的，比照常见问题1进行处理。

3. 公司不召开分配利润的股东会时股东是否有权要求回购

请求公司回购的主体原则上限于对股东会决议投反对票的股东。在公司不召开关于分配利润的股东会不形成关于分配利润的股东会决议的情形下，应区分股东是否可以自行召集股东会议。根据旧《公司法》第39条（对应新《公司法》第62条）规定，代表1/10以上表决权的股东有权提议召开临时股东会议。代表1/10以上表决权的股东可以通过提议召开临时股东会议的方式进行救济。对于无法自行召集股东会议的股东,即代表不足 1/10 以上表决权的股东,法律上没有规定,笔者倾向于认为应结合具体情形进行分析。在公司连续 5 年盈利且符合法律规定的分配利润条件的前提下,如果公司不召开关于分配利润的股东会不形成关于分配利润的股东会决议的,代表不足 1/10 以上表决权的股东一直在向公司要求召开关于分配利润的股东会的,代表不足 1/10 以上表决权的股东有权要求公司收购股份。关于举证责任的分配,为防止股东滥用诉权,代表不足 1/10 以上表决权的股东应提交初步证据证明公司连续 5 年盈利且有符合法律规定的分配利润的条件,该证据可通过行使股东知情权等途径获得。

4. 投反对票能否扩大解释为对股东会决议持异议

笔者认为,新《公司法》第 89 条、第 162 条中的对股东会决议投反对票不能扩大解释为对股东会决议持异议。从文意上解释,对股东会决议投反对票与对股东会决议持异议含义不同。也存在对股东会决议持异议但未投反对票的情形。从立法体系上解释,新《公司法》第 162 条关于股份有限公司主动回购公司股份的情形中有关股东因对股东会作出的公司合并、分立决议持异议,要求公司收购其股份的表述。该表述与新《公司法》第 89 条、第 161 条关于有限责任公司、未公开发行股份的股份有限公司被动回购公司股份的情形中关于对股东会决议投反对票的股东的表述为不同表述。故投反对票与持异议为不同表述,不能扩大解释。

5. 如何认定公司"转让主要财产"

"转让主要财产"是非依营业常规出售公司全部或者实质性资产。如依据常规营业方式出售公司资产的,不属于本情形。审理中,应当结合公司营业范围、转让财产是否是公司常规经营核心资产,该财产占公司资产的比例,转让财产的行为是否实质影响了公司设立目的及公司存续、是否影响了公司的正常经营和盈利等多方面因素进行综合考量。

6. 有限责任公司能否主动回购股权

法律并非当然禁止有限责任公司与股东协议主动回购股权,而是禁止通过股权回购方式抽逃出资而损害债权人利益。一般情况下,如果回购行为不会导致侵害资本进而侵害债权人利益的后果,则可允许有限责任公司主动回购股权。例如,公司利用可分配利润回购股权或履行了减资程序等。在公司已经明显丧失清偿能力或无法正常经营的情形下,不允许有限责任公司主动收购公司股权。当公司经营不善时,有限责任公司的股东完全可能通过串通合谋,以持股员工或者管理层身份通过"人走股留"手段实现离职退股、抽逃出资目的,从而架空资本维持原则,置债权人于风险之中。①

典型案例 郑某诉某科技股份公司请求公司收购股份纠纷案②

【裁判要旨】

旧《公司法》中并未赋予股份有限公司股东享有异议股东回购请求权。股份有限公司进入破产程序并不符合旧《公司法》中关于公司可以收购本公司股份的规定。新《公司法》中新增设了股份有限公司异议股东回购请求权,即新《公司法》第161条。股份有限公司的异议股东回购请求权排除了"公司合并、分立"情形。异议股东股份回购请求权不适用于具有股份活跃交易市场的公司,公开发行股份的公司面向社会、向不特定的任何人发行股份,股份具有较高的流通性,新《公司法》第161条将公开发行股份的公司排除在外。故,公开发行股份的股份有限公司的股东并不享有异议股东回购请求权。

【案情简介】

原告郑某诉称:郑某在某证券公司营业部开有证券交易账户,并开通了新三板股票交易业务。2018年11月27日至12月28日,郑某三次在网上接受转让某科技股份公司流通股份共计19,000股。2019年3月15日,法院裁定某科技股份公司进入破产清算程序并摇号确定破产管理人。破产管理人按照《企业破产法》有关规定进驻公司启动破产审查工作。2019年6月27日、7月1日某科技股份公司分别披露了《关于公司被申请破产清算提示性的公告》《关于债权申报公告》,根据《全国中小企业股份转让系统》业务规则,某科技股份公司股票于2019年5月6日开始停牌,暂停转让。旧《公司法》第74条是针对有限责任公司异议股东股份回购请求权的规定。公司解散是合并、分立的一种情形。旧《公司法》第74条第1款第2项、第3项与第142条第1款第4项规定

---

① 参见吴飞飞:《论"人走股留"纠纷裁判规则的适用困境与改进》,载《现代法学》2023年第1期。
② 参见北京市第三中级人民法院(2021)京03民终9652号民事判决书。

的精神一致,所以对于公司合并、分立,异议股东回购请求权通用于股份有限公司与有限责任公司。郑某曾两次电话请求回购股份,某科技股份公司不予理会,故诉至法院,请求判令:1.某科技股份公司按每股6.4元的价格回购郑某持有的流通股份19,000股,并支付利息(自2016年3月22日起,按照年利率12%的标准计算至实际付清之日止)。

被告某科技股份公司辩称:郑某为某科技股份公司的投资人,其购买某科技股份公司股份属实,郑某的起诉及诉讼请求于法无据,不同意其诉讼请求。

法院经审理查明:郑某在某证券公司营业部开有证券交易账户。2018年11月27日,郑某买入某科技股份公司股份16,000股,2018年12月26日,郑某买入某科技股份公司股份1000股,2018年12月28日,郑某买入某科技股份公司股份2000股。以上股份受让价格均为每股0.2元。

2019年3月15日,北京某法院裁定受理某阀门公司对某科技股份公司破产清算的申请。2019年5月24日,北京某法院通过随机摇号指定某律师事务所作为某科技股份公司的破产管理人。郑某认为某科技股份公司进入破产程序,属于公司合并、分立的情形,要求某科技股份公司按照股票定向增发的价格收购股份。

【裁判结果】

一审法院于2021年3月27日作出一审判决:驳回郑某的全部诉讼请求。郑某不服一审判决,以破产解散是公司合并、分立的一种情形为由提起上诉。二审法院于2021年7月26日作出二审判决驳回上诉,维持原判。

【案例评析】

旧《公司法》第142条规定,公司不得收购本公司股份。但是,有下列情形之一的除外:(1)减少公司注册资本;(2)与持有本公司股份的其他公司合并;(3)将股份用于员工持股计划或者股权激励;(4)股东因对股东大会作出的公司合并、分立决议持异议,要求公司收购其股份;(5)将股份用于转换上市公司发行的可转换为股票的公司债券;(6)上市公司为维护公司价值及股东权益所必需。本案中,郑某以某科技股份公司进入破产清算程序为由主张由某科技股份公司回购其持有的流通股份,不符合旧《公司法》中公司可以收购本公司股份的规定。故,对于郑某的诉讼请求,不予支持。

第六节 回 购 价 格

一、回购价格的确定原则

请求公司收购股份纠纷中,资产评估是案件审理中的重要一环,对于案件审理过程和结果有直接影响,也是审理的重点和难点。确定一个合理价格是平衡股东利益和公司利益的重要环节,既不能损害股东利益,也不宜过度保护。

二、法律适用

1. 旧《公司法》第 74 条:有下列情形之一的,对股东会该项决议投反对票的股东可以请求公司按照合理的价格收购其股权:

(一)公司连续五年不向股东分配利润,而公司该五年连续盈利,并且符合本法规定的分配利润条件的;

(二)公司合并、分立、转让主要财产的;

(三)公司章程规定的营业期限届满或者章程规定的其他解散事由出现,股东会会议通过决议修改章程使公司存续的。

自股东会会议决议通过之日起六十日内,股东与公司不能达成股权收购协议的,股东可以自股东会会议决议通过之日起九十日内向人民法院提起诉讼。

对应新《公司法》第 89 条:有下列情形之一的,对股东会该项决议投反对票的股东可以请求公司按照合理的价格收购其股权:

(一)公司连续五年不向股东分配利润,而公司该五年连续盈利,并且符合本法规定的分配利润条件;

(二)公司合并、分立、转让主要财产;

(三)公司章程规定的营业期限届满或者章程规定的其他解散事由出现,股东会通过决议修改章程使公司存续。

自股东会决议作出之日起六十日内,股东与公司不能达成股权收购协议的,股东可以自股东会决议作出之日起九十日内向人民法院提起诉讼。

公司的控股股东滥用股东权利,严重损害公司或者其他股东利益的,其他股东有权请求公司按照合理的价格收购其股权。

公司因本条第一款、第三款规定的情形收购的本公司股权,应当在六个月内依法转让或者注销。

2.旧《公司法》第142条:公司不得收购本公司股份。但是,有下列情形之一的除外:

(一)减少公司注册资本;

(二)与持有本公司股份的其他公司合并;

(三)将股份用于员工持股计划或者股权激励;

(四)股东因对股东大会作出的公司合并、分立决议持异议,要求公司收购其股份;

(五)将股份用于转换上市公司发行的可转换为股票的公司债券;

(六)上市公司为维护公司价值及股东权益所必需。

公司因前款第(一)项、第(二)项规定的情形收购本公司股份的,应当经股东大会决议;公司因前款第(三)项、第(五)项、第(六)项规定的情形收购本公司股份的,可以依照公司章程的规定或者股东大会的授权,经三分之二以上董事出席的董事会会议决议。

公司依照本条第一款规定收购本公司股份后,属于第(一)项情形的,应当自收购之日起十日内注销;属于第(二)项、第(四)项情形的,应当在六个月内转让或者注销;属于第(三)项、第(五)项、第(六)项情形的,公司合计持有的本公司股份数不得超过本公司已发行股份总额的百分之十,并应当在三年内转让或者注销。

上市公司收购本公司股份的,应当依照《证券法》的规定履行信息披露义务。上市公司因本条第一款第(三)项、第(五)项、第(六)项规定的情形收购本公司股份的,应当通过公开的集中交易方式进行。

公司不得接受本公司的股票作为质押权的标的。

对应新《公司法》第162条:公司不得收购本公司股份。但是,有下列情形之一的除外:

(一)减少公司注册资本;

(二)与持有本公司股份的其他公司合并;

(三)将股份用于员工持股计划或者股权激励;

（四）股东因对股东会作出的公司合并、分立决议持异议，要求公司收购其股份；

（五）将股份用于转换公司发行的可转换为股票的公司债券；

（六）上市公司为维护公司价值及股东权益所必需。

公司因前款第一项、第二项规定的情形收购本公司股份的，应当经股东会决议；公司因前款第三项、第五项、第六项规定的情形收购本公司股份的，可以按照公司章程或者股东会的授权，经三分之二以上董事出席的董事会会议决议。

公司依照本条第一款规定收购本公司股份后，属于第一项情形的，应当自收购之日起十日内注销；属于第二项、第四项情形的，应当在六个月内转让或者注销；属于第三项、第五项、第六项情形的，公司合计持有的本公司股份数不得超过本公司已发行股份总数的百分之十，并应当在三年内转让或者注销。

上市公司收购本公司股份的，应当依照《证券法》的规定履行信息披露义务。上市公司因本条第一款第三项、第五项、第六项规定的情形收购本公司股份的，应当通过公开的集中交易方式进行。

公司不得接受本公司的股份作为质权的标的。

新《公司法》第161条：有下列情形之一的，对股东会该项决议投反对票的股东可以请求公司按照合理的价格收购其股份，公开发行股份的公司除外：

（一）公司连续五年不向股东分配利润，而公司该五年连续盈利，并且符合本法规定的分配利润条件；

（二）公司转让主要财产；

（三）公司章程规定的营业期限届满或者章程规定的其他解散事由出现，股东会通过决议修改章程使公司存续。

自股东会决议作出之日起六十日内，股东与公司不能达成股份收购协议的，股东可以自股东会决议作出之日起九十日内向人民法院提起诉讼。

公司因本条第一款规定的情形收购的本公司股份，应当在六个月内依法转让或者注销。

三、常见问题

1. 如何确定回购价格

旧《公司法》第74条（对应新《公司法》第89条）、新《公司法》第161条中并未对合理的价格的确定方式作出具体的规定。合理的价格应理解为市场公允价格,需根据具体案情进行确认。在股东与公司之间对股权回购有明确约定的情况下,可以按照已有有效约定计算回购价格;没有约定的,由股东和公司协商确定,在双方不能达成一致意见时,应参考公司已有审计报告,由专业的评估机构鉴定评估确定具体回购价格。异议股东请求公司回购股权的合理价格的确定,主要是基于评估报告和审计报告。评估报告系针对股权经济价值的评估,审计报告则是对公司财务报告的审计,体现公司的账面价值、会计价值。

2. 股东与公司之间约定回购价格是否应受到限制

如前所述,在股东与公司之间对股权回购有明确约定的情况下,可以按照已有有效约定计算回购价格。在公司章程对股权回购价格有明确约定的情形下,因公司章程是调整公司所有股东之间、股东与公司之间法律关系的纲领性文件,是股东与公司意思自治的体现,只要公司章程不违反法律、行政法规的强制性规定,全体股东和公司都要遵守章程的约定,故可以适用公司章程对股权回购价格的约定确定回购价格。但是,笔者认为,股东与公司之间约定的回购价格应该受到限制。股东与公司之间约定的回购价格应为合理价格。合理价格的确定应综合参考评估或审计、公司已有审计报告、近期同类交易价格、相关资产评估报告等最终确认。如果股东与公司约定的回购价格过高,可能涉及侵蚀公司资本等问题。

3. 评估基准日如何确定

通过资产评估机构确定股权价格的,应以股东申请退出公司之日,即股东要求回购之日为标准。

典型案例　曾某诉北京某投资公司请求公司收购股份纠纷案[①]

【裁判要旨】

有限责任公司的异议股东请求公司回购股权的,就回购价格无法协商达成一致意见的,应委托专业的审计机构和评估机构进行审计和评估,以确定股权

[①] 参见北京市第二中级人民法院(2023)京02民终9435号民事判决书。

回购的合理价格。需要注意的是,评估方法包括成本法、收益法等,不同的评估方法会得出不同的结论。如本案中,公司一方主张评估过程应考虑流动性折扣系数、非控股股权折扣系数、有关税费等技术性因素和通用系数,控股股东所持股权的单价更高,存在控制权溢价。股东一方主张以公司的净资产为基础按异议股东的持股比例确定股权回购合理价格。由于审计和评估涉及专业领域,在审理涉及需要通过审计和评估确定回购价格的请求公司收购股份纠纷类案件中,宜引入专家证人就审计、评估中的相关问题进行说明。同时,在确定评估前,应组织双方当事人协商统一评估方法。

【案情简介】

原告曾某诉称:曾某为北京某投资公司股东。2020年8月20日,北京某投资公司召开2020年第一次股东会,全体股东对包括《北京某投资公司关于变更公司经营范围及公司营业期限并修改公司章程的提案》等6项议案进行了表决,修改了公司营业范围,并将原公司经营期限20年修改为长期。曾某不同意在营业期限届满后继续经营,因此对该议案投了反对票。曾某于2020年9月25日向北京某投资公司送达了《关于请求公司收购本人股权的函》,请求该公司以合理价格收购曾某持有的公司股权,但该公司拒绝,之后也未向曾某提出新的收购报价。双方协商未果,故曾某诉至法院,请求判令:1.北京某投资公司向曾某支付股权回购款5,282,484.44元;2.诉讼费由北京某投资公司承担。

被告北京某投资公司辩称:一、曾某之前提出收购价格高于实际价格。二、北京某投资公司收购曾某的股份需按规定履行有关决策和国资审批程序,收购价格需依据经核准备案的资产评估报告确定。北京某投资公司在与曾某沟通过程中,始终向曾某解释上述规定,但是曾某不予理解和认可,对履行国资审批所需时间不予接受,同时提出不合理、无根据的估价,因此双方无法达成一致意见,故有关决策和国资报批未启动。

法院经审理查明:北京某投资公司设立于2001年。根据该公司2019年12月的公司章程记载,公司注册资本为1690万元,其中曾某出资199万元;公司营业期限为20年,从《企业法人营业执照》签发之日起计算。

2020年8月20日,北京某投资公司召开2020年第一次股东会,全体股东参会。会议讨论的第六项议题为《关于变更公司经营范围及公司营业期限并修改公司章程的提案》,拟将公司营业期限修改为长期。曾某和王某对修改营业期限的议题投反对票,其余股东(占总股本的79.29%)均投赞成票。公司通过此项决议。

2020年9月25日,曾某向北京某投资公司发送《关于请求公司收购本人股权的函》,请求该公司参考每股3.50元至3.90元的价格收购股权,并请求该公司于2020年10月16日前予以书面答复。双方对收购价格产生争议。

另外,王某亦起诉北京某投资公司,要求该公司收购股权。

审理过程中,双方对股权收购价格无法协商,后曾某申请对其持有的北京某投资公司的11.78%的股权价值进行评估。另案中王某亦申请对其持有的北京某投资公司的8.94%的股权价值进行评估。法院经摇号确定由某会计师事务所有限公司进行审计,由某资产评估有限公司进行评估。

某资产评估有限公司出具评估报告,评估结论为:北京某投资公司股东全部权益价值为37,917,946.65元。评估报告中认为:本案涉及公司回购股东的股权,与通常意义上的股权转让不同,其交易对方非为内部股东或第三人,而是被评估单位;从北京某资产公司各方股东权益公平合理的角度,本次股权回购对价应与曾某起诉状中要求的企业解散诉求相匹配;根据法律法规,企业解散撤销时,其持有的划拨土地使用权无法自由转让,应报经政府部门收回或处置,故本次对被评估单位子公司某农场公司名下持有的划拨土地使用权不再另行评估,仅以账面价值列示评估价值。曾某不认可评估机构上述理由,要求对上述土地使用权价值进行补充评估。

2022年10月17日,某资产评估有限公司出具补充评估的说明,评估结论为:土地的账面价值为212.13万元,评估价值为909.48万元,评估增值697.35万元;纳入该宗地评估价值,则北京某投资公司股东全部权益评估值为4486.13万元。

曾某认可上述评估结论,并主张按照纳入土地评估价值的评估总价值4486.13万元除以总股数1690再乘以曾某持有的股数199,得出的金额作为回购的价格。

北京某投资公司不认可曾某主张的回购价格,理由如下:第一,目前产生了两个评估值,应该以第一次评估报告中的评估值3791.79万元作为基础计算股权价值。涉案的土地为划拨农用地。存在主动或被动无偿收回的可能,被无偿收回的情况下,所涉补偿仅局限于地上建筑物。由于使用用途严格受限,无法通过转让、出租、抵押等方式实现所涉土地价值,故不应该考虑通过转让、出租、抵押等方式确认其价值。结合当前农业种植收益状况,对于划拨农用地,账面价值 212 万余元已属高估价值。第二,计算曾某的股权收购价格时还应该乘以流动性折扣系数和非控股股权折扣系数。目前评估机构没有计算这两个系数。第三,北京某投资公司自行聘请了第三方机构对上述两个系数进行评估,目前还没有得到明确的意见,因此北京某投资公司在本案中对合理价格无法提出明确的意见。曾某主张的价格过高,不同意。第四,审计和评估费应该由曾某承担。第五,结合本案实际情况,请求法院判决支付回购款的期限不短于 6 个月。

【裁判结果】

一审法院于 2022 年 11 月 17 日作出一审判决:北京某投资公司于判决生效之日起三十日内以 5,282,484.44 元的价格回购曾某持有的北京某投资公司的全部股权。北京某投资公司不服一审判决,以不能仅以全部权益价值评估报告作为依据,评估过程中需要考虑流动性折扣系数、非控股股权折扣系数、有关税费等技术性因素和通用系数,曾某持有的股权价值不应按照全部股权评估价值乘以其股权比例的方法计算为由提起上诉,请求改判北京某投资公司支付曾某股权回购款 2,232,447.15 元。二审法院于 2023 年 9 月 22 日作出二审判决:驳回上诉,维持原判。

【案例评析】

本案中,北京某投资公司作出股东会决议,通过修改公司章程使北京某投资公司在原章程规定的营业期限届满后继续存续,故曾某作为投反对票的股东有权要求北京某投资公司以合理的价格收购其股权。

法院通过委托审计、评估,以北京某投资公司的净资产为基础按异议股东的持股比例确定股权回购的合理价格。北京某投资公司上诉要求在确定曾某持有的股权价格时考虑非控股股权折扣系数,缺乏法律依据。北京某投资公司还主张本案应考虑流动性折扣系数,对此评估人员作出答复,表示本案评估采用的是非流动性口径,无须考虑流动性系数。北京某投资公司还提出要求按照评估机构第一次出具的评估报告确定其公司资产价值,但通过比较评估机构第一次出具的评估报告和第二次出具的补充评估说明,评估机构第一次出具的评估报告不能反映案涉土地使用权的实际价值,法院要求评估机构对该土地使用权的价值进行补充评估,处理正确。

典型案例　范某诉北京某科技公司请求公司收购股份纠纷案[①]

【裁判要旨】

有限责任公司的异议股东请求公司回购股权的,原则上应由股东与公司协商确定合理价格;如股东与公司无法达成一致意见的,应通过审计以及评估以确定回购股权的公允市场价值。如果审计机构与评估机构均因客观障碍无法发表审计或评估意见的,应考虑财务制度不完善或执行不当系公司原因还是系股东个人过失。如无法进行审计并依据审计报告获取评估结论的原因在于公司,则应当采用足以保护股东对股权所享有合理期待利益的方式适用损失填平原则来确定股权的合理价值。有限责任公司的收入、资产、投资收益等作为计算股权合理价值的基数。

【案情简介】

原告范某诉称:2008年9月25日范某与冯某、范某2共同出资设立北京某科技公司。北京某科技公司于2017年6月23日召开股东大会,决议转让公司主要财产。范某作为公司股东对该项决议投反对票,可以自股东会决议通过之日起90日内提起诉讼。故诉至法院,请求判令:1.北京某科技公司按照合理价格收购范某持有的北京某科技公司1.08%的股权;2.本案诉讼费用由北京某科技公司承担。

北京某科技公司辩称:同意按照北京某科技公司2016年度企业所得税汇算清缴鉴证报告书中公司净资产乘以范某所持股权比例计算的价格回购范某所持股权。北京某科技公司的三位股东存在亲属关系,彼此充分了解,公司人合性强。北京某科技公司系三位股东成立的上市公司持股平台,除持有上市公司股份外,无其他经营业务。

法院经审理查明:北京某科技公司成立于2008年9月25日,原始股东包括范某2、冯某与范某三人。

北京某科技公司是上市公司北京某科技股份公司的控股股东。

2017年6月23日,北京某科技公司全体股东到会就《关于公司将所持北

[①] 参见北京市第二中级人民法院(2023)京02民终7362号民事判决书。

京某科技股份公司部分股份转让给冯某的议案》进行审议并作出了表决。其中范某2、冯某投同意票,占注册资本的98.92%;范某投反对票,占注册资本的1.08%。表决结果为通过。

北京某科技股份公司上市于2011年9月8日。北京某科技股份公司先后于2012年6月5日、2013年6月5日、2014年6月20日、2015年9月22日、2016年8月11日、2017年7月18日、2018年7月19日向股东作出分红。

范某主张北京某科技公司所开立中国农业银行的尾号为4140的银行账户内以下转账均为分红或股份转让收入:1. 2008年11月4日从北京某科技公司其他账户转来的95,383,995.10元;2. 2010年9月28日北京某科技股份公司向北京某科技公司转账的77,000,000元;3. 2010年9月29日北京某科技股份公司向北京某科技公司转账的39,601,269.60元;4. 2010年11月3日江西某高科技公司向北京某科技公司转账45,000,000元的股权转让收益;5. 2012年6月18日北京某科技股份公司向北京某科技公司转账的86,101,785.60元;6. 2013年6月20日北京某科技股份公司向北京某科技公司转账的17,220,357.12元;7. 2014年6月26日北京某科技股份公司向北京某科技公司转账的11,480,238.08元;8. 2016年8月18日北京某科技股份公司向北京某科技公司转账的45,920,952.32元;9. 2017年7月31日北京某科技股份公司向北京某科技公司转账的45,920,952.32元。

2018年5月31日,北京某科技股份公司的日股票交易价格(收盘价)为4.99元;2018年5月30日的收盘价为4.94元。

从2016年所得税汇算清缴鉴证报告附件2016年12月31日资产负债表中可以看出,公司年末的所有者权益合计为518,541,107.67元。

为确定案涉股权的公允价格,法院委托审计机构对北京某科技公司自2008年9月25日至2018年5月14日的全部财务账目进行审计。审计机构开展审计工作后,认为由于存在如对账单不完整、不连续,对账单前后不一致,记账凭证缺失附件,审计报告数据不符,无法佐证整体资产情况等情况,导致无法形成系统的审核过程,审计受限,对审计事项无法发表审计意见。

此外,法院委托评估机构对北京某科技公司的股东全部收益价值进行评估,评估结论为由于存在诸多问题(如对账单不完整、不连续,对账单前后不一致,记账凭证缺失附件,审计报告数据不符,无法佐证整体资产情况),且评估机构开展的评估手段存在受限情况,无法形成评估判断,造成评估机构对北京某科技公司自 2008 年 9 月 25 日至 2017 年 11 月 30 日的全部资产情况无法发表评估结论。

【裁判结果】

一审法院于 2022 年 12 月 30 日作出一审判决:一、北京某科技公司于判决生效之日起三十日内以人民币 63,900,820.49 元收购范某持有的北京某科技股份公司 1.08%(对应出资额为 129,600 元)的股权;二、驳回范某的其他诉讼请求。范某不服一审判决计算的股权合理价格,提起上诉,请求依法改判重新确定股权回购价格。二审法院于 2023 年 7 月 31 日作出二审判决:驳回上诉,维持原判。

【案例评析】

本案争议焦点为如何确定案涉股权收购的合理价格。

首先,本案中,范某与北京某科技公司无法通过协商的方式确定案涉股权收购价格,并提起诉讼。法院先后委托审计机构对 2008 年 9 月 25 日至 2018 年 5 月 14 日的全部财务账目进行审计,委托评估机构对北京某科技公司的股东全部收益价值进行评估,均因对账单不完整、不连续,对账单前后不一致,记账凭证缺失附件,审计报告数据不符,无法佐证整体资产情况等因素致使审计机构无法发表审计意见,评估机构无法发表评估结论。法院在穷尽前述价格认定程序的情况下,考虑到无法审计、评估系北京某科技公司财务制度不完善或执行不当所致,以保护范某对案涉股权所享有的合理期待利益为原则,基于双方共同确认北京某科技公司系北京某科技股份公司的持股平台,没有其他主营业务的情况,结合北京某科技公司的市场价值、投资收益等因素确定以北京某科技股份公司股票市值、被推定为投资收益以及分红的入账款项作为计算案涉股权合理价值的基数。

其次,关于股票价格基准日的确定。北京某科技公司与冯某于 2017 年 8 月 7 日就北京某科技公司向冯某部分转让其持有的北京某科技股份公司股份签订《股权转让协议》,约定股权转让价格为协议签署日前一日北京某科技股份公司二级市场收盘价的 9 折,即 4.75×90%=4.275 元。鉴于北京某科技公司持有北京某科技股份公司的股权比例已发生变化,法院以北京某科技公司向冯某转让其主要财产之日作为案涉股票价格基准日。

第七节 其他问题

一、法律适用

1.旧《公司法》第74条:有下列情形之一的,对股东会该项决议投反对票的股东可以请求公司按照合理的价格收购其股权:

(一)公司连续五年不向股东分配利润,而公司该五年连续盈利,并且符合本法规定的分配利润条件的;

(二)公司合并、分立、转让主要财产的;

(三)公司章程规定的营业期限届满或者章程规定的其他解散事由出现,股东会会议通过决议修改章程使公司存续的。

自股东会会议决议通过之日起六十日内,股东与公司不能达成股权收购协议的,股东可以自股东会会议决议通过之日起九十日内向人民法院提起诉讼。

对应新《公司法》第89条:有下列情形之一的,对股东会该项决议投反对票的股东可以请求公司按照合理的价格收购其股权:

(一)公司连续五年不向股东分配利润,而公司该五年连续盈利,并且符合本法规定的分配利润条件;

(二)公司合并、分立、转让主要财产;

(三)公司章程规定的营业期限届满或者章程规定的其他解散事由出现,股东会通过决议修改章程使公司存续。

自股东会决议作出之日起六十日内,股东与公司不能达成股权收购协议的,股东可以自股东会决议作出之日起九十日内向人民法院提起诉讼。

公司的控股股东滥用股东权利,严重损害公司或者其他股东利益的,其他股东有权请求公司按照合理的价格收购其股权。

公司因本条第一款、第三款规定的情形收购的本公司股权,应当在六个月内依法转让或者注销。

2.旧《公司法》第142条:公司不得收购本公司股份。但是,有下列情形之一的除外:

（一）减少公司注册资本；

（二）与持有本公司股份的其他公司合并；

（三）将股份用于员工持股计划或者股权激励；

（四）股东因对股东大会作出的公司合并、分立决议持异议，要求公司收购其股份；

（五）将股份用于转换上市公司发行的可转换为股票的公司债券；

（六）上市公司为维护公司价值及股东权益所必需。

公司因前款第（一）项、第（二）项规定的情形收购本公司股份的，应当经股东大会决议；公司因前款第（三）项、第（五）项、第（六）项规定的情形收购本公司股份的，可以依照公司章程的规定或者股东大会的授权，经三分之二以上董事出席的董事会会议决议。

公司依照本条第一款规定收购本公司股份后，属于第（一）项情形的，应当自收购之日起十日内注销；属于第（二）项、第（四）项情形的，应当在六个月内转让或者注销；属于第（三）项、第（五）项、第（六）项情形的，公司合计持有的本公司股份数不得超过本公司已发行股份总额的百分之十，并应当在三年内转让或者注销。

上市公司收购本公司股份的，应当依照《证券法》的规定履行信息披露义务。上市公司因本条第一款第（三）项、第（五）项、第（六）项规定的情形收购本公司股份的，应当通过公开的集中交易方式进行。

公司不得接受本公司的股票作为质押权的标的。

对应新《公司法》第162条：公司不得收购本公司股份。但是，有下列情形之一的除外：

（一）减少公司注册资本；

（二）与持有本公司股份的其他公司合并；

（三）将股份用于员工持股计划或者股权激励；

（四）股东因对股东会作出的公司合并、分立决议持异议，要求公司收购其股份；

（五）将股份用于转换公司发行的可转换为股票的公司债券；

（六）上市公司为维护公司价值及股东权益所必需。

公司因前款第一项、第二项规定的情形收购本公司股份的，应当经股东会决议；公司因前款第三项、第五项、第六项规定的情形收购本公司股份的，可以按照公司章程或者股东会的授权，经三分之二以上董事出席的董事会会议决议。

公司依照本条第一款规定收购本公司股份后，属于第一项情形的，应当自收购之日起十日内注销；属于第二项、第四项情形的，应当在六个月内转让或者注销；属于第三项、第五项、第六项情形的，公司合计持有的本公司股份数不得超过本公司已发行股份总数的百分之十，并应当在三年内转让或者注销。

上市公司收购本公司股份的，应当依照《证券法》的规定履行信息披露义务。上市公司因本条第一款第三项、第五项、第六项规定的情形收购本公司股份的，应当通过公开的集中交易方式进行。

公司不得接受本公司的股份作为质权的标的。

新《公司法》第161条：有下列情形之一的，对股东会该项决议投反对票的股东可以请求公司按照合理的价格收购其股份，公开发行股份的公司除外：

（一）公司连续五年不向股东分配利润，而公司该五年连续盈利，并且符合本法规定的分配利润条件；

（二）公司转让主要财产；

（三）公司章程规定的营业期限届满或者章程规定的其他解散事由出现，股东会通过决议修改章程使公司存续。

自股东会决议作出之日起六十日内，股东与公司不能达成股份收购协议的，股东可以自股东会决议作出之日起九十日内向人民法院提起诉讼。

公司因本条第一款规定的情形收购的本公司股份，应当在六个月内依法转让或者注销。

二、常见问题

1. 股东是否有权依照章程要求公司回购股份

公司股东以存在公司章程规定的其他股东请求收购事由起诉请求公司回购股份的，应分情况进行讨论。对于有限责任公司而言，旧《公司法》第74条（对应新《公司法》第89条）规定了有限责任公司异议股东回购请求权。对于有限责任公司而言，因公司具有"人合性"，公司章程可以约定除法条规定外的其他股东请求收购事由，但回购价格需为合理价格，不涉及抽逃出资。对于股份有限公司而言,旧《公司法》第 142 条(对应新《公司法》第 162 条)规定股份有限公司原则上不得收购本公司股份,只有在新《公司法》第 162 条规定的情形下,股份公司可以收购本公司股份。对于股份有限公司而言,因公司具有资合性,股东请求收购股份事由不得再做扩大解释。

2. 新股东决议变更就决议内容是否有效

诉讼中,公司拒绝回购,并作出新的决议,放弃或者变更原决议内容的,如何处理。在诉讼过程中,因对评估结果不满意或基于其他考量,公司作出新的股东会决议变更原决议内容的,因原告股东起诉的基础不存在,股东请求回购股份的请求不应再得到支持。

3. 股东起诉是否必须明确总金额

原告股东以对公司资产状况不了解为由,需要对公司资产进行评估后方可确定收购价格,请求法院判令公司以合理价格收购股份的,应当认为诉讼请求明确,应当继续审理。

4. 公司收购本公司股份/股权后的处理

旧《公司法》第 74 条对有限责任公司收购本公司股权后的处理未作规定。旧《公司法》第 142 条对股份有限公司收购本公司股份后的处理规定为:"公司依照本条第一款规定收购本公司股份后,属于第(一)项情形的,应当自收购之日起十日内注销;属于第(二)项、第(四)项情形的,应当在六个月内转让或者注销;属于第(三)项、第(五)项、第(六)项情形的,公司合计持有的本公司股份数不得超过本公司已发行股份总额的百分之十,并应当在三年内转让或者注销。"从立法目的来看,该条并非绝对禁止公司回购之行为,而是对回购之目的和处理方式作出了限制性规定。[①] 为防止公司长时间持有自己的股份,避免公司的实际财产能力与其明示的资本数额和信用脱节,新《公司法》第 89 条、第 161 条对有限责任公司、股份有限公司收购本公司股权/股份后的处理规定为,应当在 6 个月内依法转让或者注销。新《公司法》第 162 条对股份有限公司收购本公司股份后的处理同旧《公司法》第 142 条。

根据资本维持原则,转让股权/股份的价格应高于股权/股份对应的注册资

---

① 参见顾全:《民事法律行为效力评价体系研究及司法实证——以区分原则和法益位阶为视角》,人民法院出版社 2021 年版,第 94 页。

本的价格。股权/股份的注销属于减资,应符合相应的减资程序。如果无法进行合法减资,现任股东可以按照持股比例收购股权/股份。异议股东与公司之间就回购事宜产生的纠纷系公司内部纠纷,不能影响外部债权人的利益。如果公司在收购本公司股份/股权后未按照法律规定进行转让或者注销的,应承担相应法律责任。

第六章　股权转让纠纷[*]

股权转让是现代公司制度的重要内容,也日益成为现代交易中最重要的资本募集、资源优化配置的手段。随着股权转让交易的增多,围绕股权转让引发的纠纷案件也层出不穷。审理该类案件时既需要立足于公司法相关法律规范,也需要兼顾合同相关法律规范。同时,案件的事实较为复杂、转让主体之间的约定不明确、涉及利益主体较多等因素,给案件审理带来了极大的难度。

第一节　概　　述

一、概念界定

股权转让是股东与受让人意思表示一致,依照法律或公司章程的规定将自己的股权让与受让人,使受让人继受取得股权成为公司股东。股权转让纠纷则是因股权转让引发的纠纷,既包括股权转让合同主体之间的纠纷,也包括其他主体就股权转让提出异议引发的纠纷。鉴于有限责任公司占据市场主体的大部分、有限责任公司股权转让法律规范较为原则、有限责任公司运作不规范现象较多等因素,实践中股权转让纠纷多发生在有限责任公司中,所以本规范将所涉股权转让纠纷限定在有限责任公司股权转让引发的纠纷。

二、诉讼类型

既包括股权转让合同纠纷,也包括其他主体就股权转让提出异议引发的纠

---

[*] 在司法实践中股份有限公司股权转让纠纷极少,故不在本章讨论范围之内。

纷。后者既包括侵犯其他股东优先购买权引发的纠纷，也包括股权代持时实际出资人或者显名股东对股权转让提出异议的纠纷，股东配偶对股权转让提出异议的纠纷亦包括在内。

三、诉讼主体

股权转让合同纠纷中，诉讼主体多为股权转让双方，通常情况下以权利受损的当事人为原告，列股权转让合同的相对人为被告。特殊情况下，如涉及公司利益或者为查明案件事实的，可根据需要追加公司为无独立请求权第三人。其他主体就股权转让提出异议引发的纠纷中，诉讼主体除股权转让合同双方外，还包括主张优先购买权被侵犯的其他股东、出资股权被转让的实际出资人、不知晓股权转让的股东配偶等。

关于股权转让纠纷中当事人要求办理工商变更登记，能否一并处理的问题，从旧《公司法》第32条第3款、新《公司法》第35条第1款、第87条以及《市场主体登记管理条例》第24条的规定来看，股东发生变化，由公司向登记机关提交相应的材料申请变更登记，也就是说，申请工商登记变更的主体是公司，而非股权转让的当事人。如股权转让双方对合同并无争议，仅是公司拒绝配合办理变更登记手续，受让人不应提起股权转让纠纷解决登记问题，应以公司为被告提起请求公司变更登记之诉。如受让人与转让人就股权转让合同产生较大争议，为减少诉累，受让人可在股权转让纠纷中解决与转让人之间的争议，同时一并提起请求变更登记。由于变更登记的义务主体一般为公司，所以应追加公司作为诉讼主体。至于究竟追加为第三人还是被告，可视公司的陈述意见予以确定，如果公司反对原告的诉求，则列为被告，如公司不反对，则列为第三人。判项的准确表述应该是：公司在××日（具体期限视情况而定）内将转让人名下持有的公司股权（股权比例或出资数额要具体）变更登记至受让人名下，转让人和受让人予以协助。

需要指出的是，如转让人诉请给付款项或者解除合同时，一般不会将公司列为案件当事人，该种情形下，受让人不宜通过提起反诉的方式主张变更登记问题。受让人可在与转让人的纠纷解决后，通知公司办理变更登记，如公司拒绝办理变更登记手续，可提起请求变更公司登记纠纷诉讼解决。

四、管辖

(一)股权转让合同纠纷的管辖问题

1. 查明事实

(1)合同是否对管辖有特殊约定;(2)被告住所地;(3)合同履行地。

2. 法律适用

《民事诉讼法》第 24 条:因合同纠纷提起的诉讼,由被告住所地或者合同履行地人民法院管辖。

《民诉法司法解释》第 18 条:合同约定履行地点的,以约定的履行地点为合同履行地。

合同对履行地点没有约定或者约定不明确,争议标的为给付货币的,接收货币一方所在地为合同履行地;交付不动产的,不动产所在地为合同履行地;其他标的,履行义务一方所在地为合同履行地。即时结清的合同,交易行为地为合同履行地。

合同没有实际履行,当事人双方住所地都不在合同约定的履行地的,由被告住所地人民法院管辖。

(二)其他主体就股权转让提出异议引发的纠纷

1. 查明事实

(1)被告住所地;(2)合同签订地、合同履行地。

2. 法律适用

《民事诉讼法》第 22 条:对公民提起的民事诉讼,由被告住所地人民法院管辖;被告住所地与经常居住地不一致的,由经常居住地人民法院管辖。

对法人或者其他组织提起的民事诉讼,由被告住所地人民法院管辖。

同一诉讼的几个被告住所地、经常居住地在两个以上人民法院辖区的,各该人民法院都有管辖权。

《民事诉讼法》第 29 条:因侵权行为提起的诉讼,由侵权行为地或者被告住所地人民法院管辖。

《民诉法司法解释》第 24 条:民事诉讼法第二十九条规定的侵权行为地,包括侵权行为实施地、侵权结果发生地。

3.常见问题

（1）是否适用公司类特殊地域管辖

《民事诉讼法》第 27 条规定："因公司设立、确认股东资格、分配利润、解散等纠纷提起的诉讼,由公司住所地人民法院管辖。"《民诉法司法解释》第 22 条规定："因股东名册记载、请求变更公司登记、股东知情权、公司决议、公司合并、公司分立、公司减资、公司增资等纠纷提起的诉讼,依照民事诉讼法第二十七条规定确定管辖。"基于上述规定,实践中部分观点认为,在未约定管辖的情况下,因股权转让合同纠纷提起的诉讼,原则上由公司住所地人民法院管辖。股权转让合同纠纷属于具有给付之诉性质的诉讼,该类诉讼虽然或多或少牵涉公司,但或者属于传统的民事纠纷范畴,或者虽涉及公司法上的权利义务关系,但并不具有组织法上纠纷的性质,故就内涵而言,公司股东转让股权引发的纠纷与《民事诉讼法》第 27 条、《民诉法司法解释》第 22 条所规定的纠纷不同,所以不宜根据公司类特殊地域管辖的规定处理管辖问题,在没有法律明文规定专属管辖、专门管辖或者地域管辖等情形下,应根据合同纠纷相关管辖规定确定管辖。

（2）股东优先购买权纠纷如何确定管辖

该类诉讼与公司有关,但并非关于公司的组织法性质的诉讼,也不涉及多项法律关系,对该纠纷作出的判决仅对股权转让双方、主张受侵害的其他股东有法律效力。所以针对该类案件确定管辖时,不应适用公司类特殊地域管辖的规定。同时该类诉讼一般由主张优先购买权的其他股东作为原告提起,股权转让双方为被告,其实质为因侵权行为引起的纠纷,所以应按照侵权纠纷相关管辖规定确定管辖。

第二节　新旧《公司法》相关规范对照

一、相关规范梳理

（一）旧《公司法》相关规定

1.股东出资登记相关规定

旧《公司法》第 6 条第 3 款:公众可以向公司登记机关申请查询公司登记

事项,公司登记机关应当提供查询服务。

旧《公司法》第25条:有限责任公司章程应当载明下列事项:

(一)公司名称和住所;

(二)公司经营范围;

(三)公司注册资本;

(四)股东的姓名或者名称;

(五)股东的出资方式、出资额和出资时间;

(六)公司的机构及其产生办法、职权、议事规则;

(七)公司法定代表人;

(八)股东会会议认为需要规定的其他事项。

股东应当在公司章程上签名、盖章。

旧《公司法》第32条:有限责任公司应当置备股东名册,记载下列事项:

(一)股东的姓名或者名称及住所;

(二)股东的出资额;

(三)出资证明书编号。

记载于股东名册的股东,可以依股东名册主张行使股东权利。

公司应当将股东的姓名或者名称向公司登记机关登记;登记事项发生变更的,应当办理变更登记。未经登记或者变更登记的,不得对抗第三人。

2.股权转让登记相关规定

旧《公司法》第73条:依照本法第七十一条、第七十二条转让股权后,公司应当注销原股东的出资证明书,向新股东签发出资证明书,并相应修改公司章程和股东名册中有关股东及其出资额的记载。对公司章程的该项修改不需再由股东会表决。

3.股东优先购买权相关规定

旧《公司法》第71条:有限责任公司的股东之间可以相互转让其全部或者部分股权。

股东向股东以外的人转让股权,应当经其他股东过半数同意。股东应就其股权转让事项书面通知其他股东征求同意,其他股东自接到书面通知之日起满三十日未答复的,视为同意转让。其他股东半数以上不同意转让的,不同意的股东应当购买该转让的股权;不购买的,视为同意转让。

经股东同意转让的股权,在同等条件下,其他股东有优先购买权。两个以上股东主张行使优先购买权的,协商确定各自的购买比例;协商不成的,按照转让时各自的出资比例行使优先购买权。

公司章程对股权转让另有规定的,从其规定。

旧《公司法》第72条:人民法院依照法律规定的强制执行程序转让股东的股权时,应当通知公司及全体股东,其他股东在同等条件下有优先购买权。其他股东自人民法院通知之日起满二十日不行使优先购买权的,视为放弃优先购买权。

4.股权回购请求权相关规定

旧《公司法》第74条:有下列情形之一的,对股东会该项决议投反对票的股东可以请求公司按照合理的价格收购其股权:

(一)公司连续五年不向股东分配利润,而公司该五年连续盈利,并且符合本法规定的分配利润条件的;

(二)公司合并、分立、转让主要财产的;

(三)公司章程规定的营业期限届满或者章程规定的其他解散事由出现,股东会会议通过决议修改章程使公司存续的。

自股东会会议决议通过之日起六十日内,股东与公司不能达成股权收购协议的,股东可以自股东会会议决议通过之日起九十日内向人民法院提起诉讼。

5.未出资股权转让相关规定

旧《公司法》无相关规定。

6.股权继承相关规定

旧《公司法》第75条:自然人股东死亡后,其合法继承人可以继承股东资格;但是,公司章程另有规定的除外。

(二)新《公司法》相关规定

1.股东出资登记相关规定

新《公司法》第32条:公司登记事项包括:

(一)名称;

(二)住所;

(三)注册资本;

(四)经营范围;

（五）法定代表人的姓名；

（六）有限责任公司股东、股份有限公司发起人的姓名或者名称。

公司登记机关应当将前款规定的公司登记事项通过国家企业信用信息公示系统向社会公示。

新《公司法》第46条：有限责任公司章程应当载明下列事项：

（一）公司名称和住所；

（二）公司经营范围；

（三）公司注册资本；

（四）股东的姓名或者名称；

（五）股东的出资额、出资方式和出资日期；

（六）公司的机构及其产生办法、职权、议事规则；

（七）公司法定代表人的产生、变更办法；

（八）股东会认为需要规定的其他事项。

股东应当在公司章程上签名或者盖章。

新《公司法》第56条：有限责任公司应当置备股东名册，记载下列事项：

（一）股东的姓名或者名称及住所；

（二）股东认缴和实缴的出资额、出资方式和出资日期；

（三）出资证明书编号；

（四）取得和丧失股东资格的日期。

记载于股东名册的股东，可以依股东名册主张行使股东权利。

2. 股权转让登记相关规定

新《公司法》第86条：股东转让股权的，应当书面通知公司，请求变更股东名册；需要办理变更登记的，并请求公司向公司登记机关办理变更登记。公司拒绝或者在合理期限内不予答复的，转让人、受让人可以依法向人民法院提起诉讼。

股权转让的，受让人自记载于股东名册时起可以向公司主张行使股东权利。

新《公司法》第87条：依照本法转让股权后，公司应当及时注销原股东的出资证明书，向新股东签发出资证明书，并相应修改公司章程和股东名册中有关股东及其出资额的记载。对公司章程的该项修改不需再由股东会表决。

3.股东优先购买权相关规定

新《公司法》第84条:有限责任公司的股东之间可以相互转让其全部或者部分股权。

股东向股东以外的人转让股权的,应当将股权转让的数量、价格、支付方式和期限等事项书面通知其他股东,其他股东在同等条件下有优先购买权。股东自接到书面通知之日起三十日内未答复的,视为放弃优先购买权。两个以上股东行使优先购买权的,协商确定各自的购买比例;协商不成的,按照转让时各自的出资比例行使优先购买权。

公司章程对股权转让另有规定的,从其规定。

新《公司法》第85条:人民法院依照法律规定的强制执行程序转让股东的股权时,应当通知公司及全体股东,其他股东在同等条件下有优先购买权。其他股东自人民法院通知之日起满二十日不行使优先购买权的,视为放弃优先购买权。

4.股权回购请求权相关规定

新《公司法》第89条:有下列情形之一的,对股东会该项决议投反对票的股东可以请求公司按照合理的价格收购其股权:

(一)公司连续五年不向股东分配利润,而公司该五年连续盈利,并且符合本法规定的分配利润条件;

(二)公司合并、分立、转让主要财产;

(三)公司章程规定的营业期限届满或者章程规定的其他解散事由出现,股东会通过决议修改章程使公司存续。

自股东会决议作出之日起六十日内,股东与公司不能达成股权收购协议的,股东可以自股东会决议作出之日起九十日内向人民法院提起诉讼。

公司的控股股东滥用股东权利,严重损害公司或者其他股东利益的,其他股东有权请求公司按照合理的价格收购其股权。

公司因本条第一款、第三款规定的情形收购的本公司股权,应当在六个月内依法转让或者注销。

5.未出资股权转让相关规定

新《公司法》第88条:股东转让已认缴出资但未届出资期限的股权的,由受让人承担缴纳该出资的义务;受让人未按期足额缴纳出资的,转让人对受让人未按期缴纳的出资承担补充责任。

未按照公司章程规定的出资日期缴纳出资或者作为出资的非货币财产的实际价额显著低于所认缴的出资额的股东转让股权的,转让人与受让人在出资不足的范围内承担连带责任;受让人不知道且不应当知道存在上述情形的,由转让人承担责任。

6. 股权继承相关规定

新《公司法》第90条:自然人股东死亡后,其合法继承人可以继承股东资格;但是,公司章程另有规定的除外。

(三)《公司法司法解释(四)》相关规定[①]

为了满足司法实践的迫切需要,最高人民法院于2020年12月29日通过的《公司法司法解释(四)》,涉及股东优先购买权、股权继承的条款多条。鉴于上述条款在司法实践中的重要性,故在本节中一并列明,具体规定包括:

《公司法司法解释(四)》第16条:有限责任公司的自然人股东因继承发生变化时,其他股东主张依据公司法第七十一条第三款规定行使优先购买权的,人民法院不予支持,但公司章程另有规定或者全体股东另有约定的除外。

《公司法司法解释(四)》第17条:有限责任公司的股东向股东以外的人转让股权,应就其股权转让事项以书面或者其他能够确认收悉的合理方式通知其他股东征求同意。其他股东半数以上不同意转让,不同意的股东不购买的,人民法院应当认定视为同意转让。

经股东同意转让的股权,其他股东主张转让股东应当向其以书面或者其他能够确认收悉的合理方式通知转让股权的同等条件的,人民法院应当予以支持。

经股东同意转让的股权,在同等条件下,转让股东以外的其他股东主张优先购买的,人民法院应当予以支持,但转让股东依据本规定第二十条放弃转让的除外。

《公司法司法解释(四)》第18条:人民法院在判断是否符合公司法第七十一条第三款及本规定所称的"同等条件"时,应当考虑转让股权的数量、价格、

---

① 随着新《公司法》实施,5个之前已经发布实施的司法解释将被废止,但这并不意味着该司法解释的规定不再有意义。《公司法司法解释(四)》相关规定与新《公司法》矛盾的自然不再适用,不矛盾且不违反其他法律规定且符合公平原则的,仍可作为裁判的说理理由。

支付方式及期限等因素。

《公司法司法解释(四)》第19条:有限责任公司的股东主张优先购买转让股权的,应当在收到通知后,在公司章程规定的行使期间内提出购买请求。公司章程没有规定行使期间或者规定不明确的,以通知确定的期间为准,通知确定的期间短于三十日或者未明确行使期间的,行使期间为三十日。

《公司法司法解释(四)》第20条:有限责任公司的转让股东,在其他股东主张优先购买后又不同意转让股权的,对其他股东优先购买的主张,人民法院不予支持,但公司章程另有规定或者全体股东另有约定的除外。其他股东主张转让股东赔偿其损失合理的,人民法院应当予以支持。

《公司法司法解释(四)》第21条:有限责任公司的股东向股东以外的人转让股权,未就其股权转让事项征求其他股东意见,或者以欺诈、恶意串通等手段,损害其他股东优先购买权,其他股东主张按照同等条件购买该转让股权的,人民法院应当予以支持,但其他股东自知道或者应当知道行使优先购买权的同等条件之日起三十日内没有主张,或者自股权变更登记之日起超过一年的除外。

前款规定的其他股东仅提出确认股权转让合同及股权变动效力等请求,未同时主张按照同等条件购买转让股权的,人民法院不予支持,但其他股东非因自身原因导致无法行使优先购买权,请求损害赔偿的除外。

股东以外的股权受让人,因股东行使优先购买权而不能实现合同目的的,可以依法请求转让股东承担相应民事责任。

《公司法司法解释(四)》第22条:通过拍卖向股东以外的人转让有限责任公司股权的,适用公司法第七十一条第二款、第三款或者第七十二条规定的"书面通知""通知""同等条件"时,根据相关法律、司法解释确定。

在依法设立的产权交易场所转让有限责任公司国有股权的,适用公司法第七十一条第二款、第三款或者第七十二条规定的"书面通知""通知""同等条件"时,可以参照产权交易场所的交易规则。

二、新旧《公司法》比较

(一)新旧《公司法》条文横向比较

1. 旧《公司法》条文归纳

旧《公司法》在股权转让方面的规定体现以下特征:

（1）信息披露要求的加强。旧《公司法》对于信息披露要求虽未直接提出更为严格的规定，但为了加强信息披露的规范性、透明度和有效性，亦在原有的基础上进行了一些调整和完善，旨在优化信息披露制度，强调信息披露的真实、准确、及时和完整，确保在股权转让过程中充分披露相关信息，提高交易的透明度和合规性，保障投资者的合法权益，促进市场的健康发展。

（2）交易程序的优化。旧《公司法》及《公司法司法解释（四）》优化了股权转让的交易程序，简化了交易流程和手续，提高了交易的效率和便利性。

（3）股权转让价格的合理确定。旧《公司法》及《公司法司法解释（四）》对股权转让价格的确定提出了更为详细的规定，包括了确定价格的方法和标准，防止了价格的恶意操纵和不当干预。

（4）股权转让合同的约束力加强。旧《公司法》通过对股权转让合同的条款明确性、履行义务强化、违约责任规定和司法保护措施加强等方面的调整，加强了对股权转让合同的约束力，增强了交易的稳定性和可预期性。

2. 新《公司法》条文横向比较

新《公司法》在股权转让方面的规定体现以下特征：

（1）信息技术应用的推动。新《公司法》更加注重信息技术在股权转让中的应用，使电子合同、电子签名和区块链等新技术在股权转让中的适用存在可能性，推动电子化、网络化、智能化的交易模式和服务平台，提高交易的便捷性和效率，促进信息技术与法律制度的融合发展。

（2）法律制度的完善和创新。新《公司法》进一步完善和创新股权转让的法律制度，包括加强对交易程序和合同约束力的规范，强化信息披露和监管机制，加强违约处罚和纠纷解决机制，以提高交易的安全性和可靠性。

（3）市场监管体系的强化。新《公司法》加强对股权转让市场的监管力度，建立健全监管体系和执法机制，加大对违法违规行为的查处和惩处力度，保障交易的公开、公正和合法。

（二）新旧《公司法》条文纵向比较

1. 涉股东出资登记的纵向比较

旧《公司法》没有规定公司登记事项的内涵，仅在第6条第3款规定公司登记机关应根据公众申请提供查询服务。新《公司法》在第32条第1款首次在法律层面就公司登记事项予以系统规定并明确为具体的六项事项；在第32

条第 2 款将旧《公司法》第 6 条第 3 款规定内容修改为公司登记机关负有主动公示公司登记事项的义务,首次在法律层面设立公司登记事项公示制度。

新《公司法》作出上述修正的原因在于,一方面,公司的名称、住所、注册资本、经营范围、法定代表人姓名、有限责任公司股东、股份有限公司发起人的姓名或者名称这些核心信息属于其他市场主体及时了解该公司并据此作出相应商事决策的必要信息,故在法律而非行政法规及其实施细则层面将上述信息纳入公司登记及公示信息,对于整体交易安全的保护和交易秩序的维护具有重要意义;另一方面,国家企业信用信息公示系统的健全和完善,为上述公司登记事项的公示制度提供技术支持。

新《公司法》在第 46 条的表述上,对旧《公司法》第 25 条规定的涉及股东出资的公司章程法定记载事项、公司章程任意记载事项、对股东签名或盖章的要求这三部分内容予以优化;在内涵上,将公司法定代表人的产生、变更办法新增为公司章程必须记载的法定事项。一方面,通过优化原条文的表述,使文义表示更加严谨精简,增强法律的适用性;另一方面,根据新《公司法》第 10 条第 1 款"公司的法定代表人按照公司章程的规定,由代表公司执行公司事务的董事或者经理担任"的规定,应将法定代表人的产生、变更办法纳入公司章程法定记载事项范围。

新《公司法》第 56 条在表述上,对旧《公司法》第 32 条规定的涉及股东出资的股东名册法定记载事项予以优化,将出资额分为认缴和实缴两类;在内涵上,将认缴和实缴的出资方式和出资日期、股东资格取得和丧失的日期新增为股东名册必须记载的法定事项,删除原条文中对股东姓名或名称登记的规定。

一方面,通过优化原条文的表述,使文义表示更加严谨精简,增强法律的适用性;另一方面,根据新《公司法》第 86 条第 2 款的规定,股东名册具有确定股东身份的效力,股东名册是股权转移的生效要件,故股东资格取得和丧失的日期对于认定股权归属尤为重要,且该记录能够直观反映公司股权结构的演变过程和历任股东在任时间,有利于公司及相关利害关系人及时识别公司的经营等状况并作出有效商事决策,促进交易安全和稳定,故应将该信息新增为股东名册必须记载的法定事项;根据新《公司法》第 32 条关于公司登记事项及其公示的规定、新《公司法》第 34 条关于公司登记事项变更登记和登记公示效力的规定,关于股东姓名或名称的登记及其效力问题已作为公司登记事项之一在上述条文中予以明确规定,基于节省立法条文、精简立法结构的考量,无须在新《公司法》第56条中单独予以规定,故删除旧《公司法》第32条中的相关条款。

2.涉股权转让登记的纵向比较

新《公司法》第86条为新增条文,其第1款首次明确在股权转让后,转让人负有通知公司变更股东名册的义务、公司负有变更股东名册和登记的义务,转让人和受让人均享有诉请公司履行前述义务的权利;第2款首次明确股东名册为受让人确定其股东身份的依据,是股权转移的生效要件,受让人有权依据股东名册向公司主张行使股东权利。

该第1款规定旨在规范股权转让后相关变更登记程序,有利于解决实践中股权转让后受让人迟迟无法变更登记为股东的问题。

该第2款规定系对股权转让时股权变动效力发生的时间节点的认定,亦即理论界和实务界关于股权变更模式的争议进行的明确,立法者更倾向于采信凭股东名册记载的形式主义学说,原因是股东名册中股东姓名或名册的变更代表公司对相应股东资格予以变更的认可,故公司及其他股东应受其约束,受让人有权依据变更后的股东名册向公司主张行使其股东权利。此外,该学说亦系国际通行做法。

关于股东转让股权后公司应进行的相关操作程序,新《公司法》未作实质性修改。

3.涉股东优先购买权的纵向比较

新《公司法》第84条删除旧《公司法》第71条中"经其他股东过半数同意"的要求;借鉴《公司法司法解释(四)》第18条关于有限公司股权转让同等条件的规定,明确规定股权转让股东对其他股东负有的书面通知义务项下的具体通知事项包括但不限于股权转让的数量、价格、支付方式和期限等,该处变化与既往司法实践中的观点一致,未作实质性变更。

究其原因,系为更好体现商事活动中的意思自治原则,减少不必要程序对转股股东交易自由的过度限制,新《公司法》第84条对有限责任公司股东对外转让股权的程序规则予以简化,从旧《公司法》第71条规定的"其他股东过半数同意权+股东优先购买权"的双层保障模式变更为"其他股东优先购买权"的单层模式;为更好保障其他股东的优先购买权,亦为促进股权转让交易的规范和稳定,故在立法层面首次明确转让股东在对外转让股权时应向其他股东书面通知的具体事项。

关于法院在强制执行程序中转让股东股权时的股东优先购买权的行使程序,新《公司法》未作修改。

4.涉股权回购请求权的纵向比较

新《公司法》第89条在表述上,对旧《公司法》第74条第1款规定的内容予以优化;在内涵上,将原条文第2款的协商期限限制为"自股东会决议作出之日起六十日内",诉请期限限制为"自股东会决议作出之日起九十日内",新增的第3款规定了中小股东为摆脱控股股东滥用股权的压迫有权要求公司以合理价格回购其股权,新增的第4款规定了有限责任公司回购股权的处置方式,即在6个月内办理完成转让或注销程序。

具体修改原因如下:为使文义表示更加严谨精简,增强法律的适用性,新《公司法》对旧《公司法》第74条第1款规定的有限责任公司异议股东请求公司回购其股权的三种情形表述予以优化;为贯彻产权平等的政策要求,在控股股东滥用权利情形下实现对中小股东合法权益的保护,缓和控股股东与中小股东之间的冲突和矛盾,减少公司僵局甚至公司解散情形的出现,同时借鉴关于股东压制救济的国外司法实践,新《公司法》在原有规定的异议股东有权行使股权回购请求权的三种情形外,新增第四种情形,即受压迫的中小股东不仅有权请求因控股股东滥用权利而产生的相关损害赔偿救济外,还有权请求公司按照合理的价格回购其股权;旧《公司法》仅在第142条第3款规定了股份有限公司对回购股权应在一定期限内完成转让或注销,未对有限责任公司回购股份的处置方式及期限予以规定,新《公司法》在本条增加第4款对此予以明确规定,有利于促进股份回购资本规制的统一,维护公司资本真实。

5.涉未出资股权转让的纵向比较

旧《公司法》未对未出资股权转让后对应出资义务的责任承担主体予以明确,新《公司法》在第88条第1款明确了未届出资期限的股权转让后,受让人在出资期限届满时应履行实缴出资义务,转让人对受让人未按期缴纳的出资承担补充责任;《公司法司法解释(三)》第18条对瑕疵出资的股权转让相关主体责任分配进行了规定,新《公司法》对该表述予以优化完善,在第88条第2款规定了已届出资期限但没有出资或出资不足的股权转让后的相关责任主体。

究其原因,系为实现公司资本充实,防止股东利用出资期限和股权转让逃避出资义务,新《公司法》规定股权在转让时尚未届至出资期限的,受让人是第一顺位的出资责任人,转让人就受让人不能承担的部分承担补充责任;股权在转让时出资期限已届满但转让人未完全履行或完全未履行实缴出资义务的,转让人与受让人在出资不足的范围内承担连带责任,受让人为善意的情况下,由转让人承担责任。

6. 涉股权继承的纵向比较

新《公司法》未作修正。

第三节　股权转让合同的效力认定

一、查明事实

1. 法律、行政法规对股权转让是否有限制性规定;2. 公司章程对股权转让是否有限制性规定;3. 合同是否存在非股权转让的真实意思;4. 股权转让双方是否存在恶意串通损害第三人利益的行为。

二、法律适用

1.《民法典》第 146 条:行为人与相对人以虚假的意思表示实施的民事法律行为无效。

以虚假的意思表示隐藏的民事法律行为的效力,依照有关法律规定处理。

2.《民法典》第 153 条:违反法律、行政法规的强制性规定的民事法律行为无效。但是,该强制性规定不导致该民事法律行为无效的除外。

违背公序良俗的民事法律行为无效。

3.《民法典》第 154 条:行为人与相对人恶意串通,损害他人合法权益的民事法律行为无效。

4.《民法典》第 467 条:本法或者其他法律没有明文规定的合同,适用本编通则的规定,并可以参照适用本编或者其他法律最相类似合同的规定。

在中华人民共和国境内履行的中外合资经营企业合同、中外合作经营企业合同、中外合作勘探开发自然资源合同,适用中华人民共和国法律。

5.《民法典》第646条:法律对其他有偿合同有规定的,依照其规定;没有规定的,参照适用买卖合同的有关规定。

6.《买卖合同司法解释》第32条:法律或者行政法规对债权转让、股权转让等权利转让合同有规定的,依照其规定;没有规定的,人民法院可以根据民法典第四百六十七条和第六百四十六条的规定,参照适用买卖合同的有关规定。

权利转让或者其他有偿合同参照适用买卖合同的有关规定的,人民法院应当首先引用民法典第六百四十六条的规定,再引用买卖合同的有关规定。

7.《合同编通则司法解释》第16条:合同违反法律、行政法规的强制性规定,有下列情形之一,由行为人承担行政责任或者刑事责任能够实现强制性规定的立法目的的,人民法院可以依据民法典第一百五十三条第一款关于"该强制性规定不导致该民事法律行为无效的除外"的规定认定该合同不因违反强制性规定无效:

(一)强制性规定虽然旨在维护社会公共秩序,但是合同的实际履行对社会公共秩序造成的影响显著轻微,认定合同无效将导致案件处理结果有失公平公正;

(二)强制性规定旨在维护政府的税收、土地出让金等国家利益或者其他民事主体的合法利益而非合同当事人的民事权益,认定合同有效不会影响该规范目的的实现;

(三)强制性规定旨在要求当事人一方加强风险控制、内部管理等,对方无能力或者无义务审查合同是否违反强制性规定,认定合同无效将使其承担不利后果;

(四)当事人一方虽然在订立合同时违反强制性规定,但是在合同订立后其已经具备补正违反强制性规定的条件却违背诚信原则不予补正;

(五)法律、司法解释规定的其他情形。

法律、行政法规的强制性规定旨在规制合同订立后的履行行为,当事人以合同违反强制性规定为由请求认定合同无效的,人民法院不予支持。但是,合同履行必然导致违反强制性规定或者法律、司法解释另有规定的除外。

依据前两款认定合同有效,但是当事人的违法行为未经处理的,人民法院应当向有关行政管理部门提出司法建议。当事人的行为涉嫌犯罪的,应当将案件线索移送刑事侦查机关;属于刑事自诉案件的,应当告知当事人可以向有管辖权的人民法院另行提起诉讼。

8.《合同编通则司法解释》第 17 条:合同虽然不违反法律、行政法规的强制性规定,但是有下列情形之一,人民法院应当依据民法典第一百五十三条第二款的规定认定合同无效:

(一)合同影响政治安全、经济安全、军事安全等国家安全的;

(二)合同影响社会稳定、公平竞争秩序或者损害社会公共利益等违背社会公共秩序的;

(三)合同背离社会公德、家庭伦理或者有损人格尊严等违背善良风俗的。

人民法院在认定合同是否违背公序良俗时,应当以社会主义核心价值观为导向,综合考虑当事人的主观动机和交易目的、政府部门的监管强度、一定期限内当事人从事类似交易的频次、行为的社会后果等因素,并在裁判文书中充分说理。当事人确因生活需要进行交易,未给社会公共秩序造成重大影响,且不影响国家安全,也不违背善良风俗的,人民法院不应当认定合同无效。

三、常见问题

(一)法定程序缺失的国有股权转让合同效力

《企业国有资产法》第 51 条至第 57 条对国有资产转让的具体流程进行了规定。如该国有股权转让将导致国家对该企业不再具有控股地位的,应报请本级人民政府批准。同时国有股权转让时应依法对股权进行评估,除按照国家规定可以直接协议转让的以外,应在依法设立的产权交易场所公开进行。如依法应办理批准手续但未办理批准手续的,《九民会议纪要》第 37 条对此已予以明确,该股权转让合同属于成立但未生效的合同。

《企业国有资产法》第 54 条规定,通常情况下国有资产转让应在依法设立的产权交易场所公开进行。如未在规定交易场所进行交易的,该国有资产交易是否为正当转让存疑。《企业国有资产法》第 54 条系规制合同签订前的行为,客观上是通过在规定场所交易确保国有资产交易的程序以及价格妥当,如违反上述规定,将导致无法实现强制性规定的立法目的,故此如未在依法设立的产权交易场所进行股权转让,致使国有资产流失,或者国家利益、社会公共利益受损的,应认定该股权转让合同无效。

国有股权转让未进行评估的,违反了《企业国有资产法》第55条"国有资产转让应当以依法评估的、经履行出资人职责的机构认可或者由履行出资人职责的机构报经本级人民政府核准的价格为依据,合理确定最低转让价格"的规定,属于《民法典》第153条违反强制性规定的情形。同时结合《合同编通则司法解释》第16条违反强制性规定并不无效的除外情形规定,如认定违反评估程序的合同有效,将导致涉及国家利益的合同主体一方利益无法实现,将影响评估规定的规范目的实现。但在能够保证国有权益并未因转让股权未进行评估而受到损失的情况下,未经过评估程序可不作为导致合同无效的理由。

(二)夫妻一方擅自转让股权合同效力

股东基于其在公司中的角色和定位,享有一系列综合性的权利。这些权利包括但不限于获得资产收益、参与公司的关键决策及挑选管理层等,既具有财产权的特征,又具有人身权的特征。公司法明确指出,要获得无缺陷的股东身份和相应的权利,需要同时满足两个条件:首先是对公司进行实际出资或承诺出资这一实质要求;其次是在公司股东名册上进行登记等程序要求。这表明,仅仅因为投资资金来源于夫妻共同财产,并不能自动将股权视为夫妻共同财产。在股权仅在夫妻一方名下登记的情况下,该方股东应独立行使股权所赋予的所有权利,包括但不限于单独处分股权。除非存在恶意串通损害另一方利益等导致合同无效的不当行为,否则,股东一方应根据合同规定履行其股权转让的责任,通过股权转让获得的收益亦应视为夫妻共同财产的一部分。但是,如果配偶有证据证明受让人与转让人恶意串通损害出让人配偶合法权益的,该配偶有权依法主张股权转让合同无效。

需要注意的是,股东进行涉及较大财产价值的股权交易时,因该行为对股东配偶影响较大,为避免争议,受让方可以要求股东配偶配合出具同意出售的声明,否则股东配偶在股权交易未完成时,其明确向股权转让受让人表示不同意履行该交易时,笔者倾向认为,可以由股权转让受让人向转让股东主张赔偿责任,而股权转让合同不宜继续履行,即参照适用善意取得制度。

典型案例　李某诉王某、阎某1确认合同无效纠纷案[①]

【裁判要旨】

股东对外转让登记在其名下的股权,不能仅以股权转让未经配偶同意为由否认股权转让合同的效力。此时应结合《民法典》《公司法》等民商事法律综合审查。在有证据证明受让人与转让人恶意串通损害转让人配偶合法权益的情况下,转让人配偶有权援引《民法典》关于民事法律行为无效的相关规定,主张股权转让合同无效。认定恶意串通中的恶意,应从行为人的行为是否违反诚实信用原则、是否不正当地损害他人利益等层面综合判定,并达到待证事实存在的可能性能够排除合理怀疑的证明标准。

【案情简介】

李某与王某于2009年8月18日登记结婚,于2019年12月20日办理协议离婚。

王某与阎某1自2014年10月17日登记为某科技公司股东,分别持股66.7%、33.3%,直至2019年10月23日,某科技公司股东变更为阎某1、阎某2,分别持股99%、1%。王某与阎某1自2014年11月20日登记为某管理公司股东,分别持股66.7%、33.3%,直至2019年10月15日,某科技公司股东变更为阎某1、阎某2,分别持股99%、1%。王某、阎某1认可某科技公司总认缴出资为888万元,股东完成实缴出资788万元,其中王某实缴出资525.6万元,王某对某管理公司的认缴出资部分没有进行实缴。

2021年,在李某与王某离婚后财产纠纷中,李某要求判令王某支付某科技公司股权转让款296.148万元等。王某在该案审理中提交落款日期为2018年5月2日的两份《公司股权转让协议》,分别约定王某以290万元价格将某科技公司66.7%的股权、以10万元价格将某管理公司66.7%的股权转让给阎某1。王某、阎某1主张同日王某收到阎某1转账400万元,其中300万元为股权转让款,另100万元为借款,并提交落款时间为同日的载明"今有王某向阎某1借到100万元,约定于2021年5月2日前还清"的《借条》。2018年5月3日王

[①] 参见北京市第二中级人民法院(2024)京02民终2811号民事判决书。

某向李某转账130万元,2019年1月3日王某向某时代公司转账155万元。关于为何在签订两份《公司股权转让协议》之后长时间没有过户,阎某1表示2019年发生了疫情,2019年9月才进行了股权变更。

根据某科技公司和某管理公司的登记档案记载,2019年9月16日王某分别与阎某1、阎某2签订未记载转让价格的《转让协议》,将持有的某管理公司股权中的65.7万元和1万元分别转让给阎某1、阎某2;分别与阎某1、阎某2签订未记载转让价格的《转让协议》,将持有的某科技公司股权中的583.416万元和8.88万元分别转让给阎某1、阎某2。

2017年9月19日,某科技公司(时任法定代表人阎某1)以6,889,316元购入某房屋。

后李某诉至法院,请求确认2018年5月2日的两份《公司股权转让协议》存在恶意串通损害其权益情形而无效。

王某、阎某1辩称,不同意李某的诉讼请求,李某对案涉《公司股权转让协议》知悉同意并实际收取了股权转让款。

【裁判结果】

一审法院认为,首先,两份《公司股权转让协议》落款日期为2018年5月2日,但双方并未在合理期限办理变更登记,而且在2019年9月16日办理股权变更登记时,亦未按照《公司股权转让协议》约定全部变更登记至受让人阎某1名下,以上事实不符合商事交易的通常特征。其次,虽然王某、阎某1提交了借条及转账凭证,但在阎某1支付股权转让款300万元的同时又另行借款100万元,本案中无法合理确认该借条形成时间的客观性;再结合阎某1与王某并不仅仅存在400万元转账事实,且《公司股权转让协议》中关于股权转让价格的具体金额并未有客观证据证明,故无法通过借条以及转账事实倒推《公司股权转让协议》的客观性。最后,王某在收到400万元转账后虽有给李某转账两笔的事实,但两笔转账时间存在一定间隔,且并未备注款项用途,故无法通过该转账事实证明李某知悉股权转让事实。综上所述,法院对李某的事实主张予以采信。

王某、阎某1不服一审判决,提出上诉。二审法院经审理,维持一审判决。

【案例评析】

股权转让这一商事行为受公司法调整,股东个人是公司法确认的合法处分主体,股东对外转让登记在其名下的股权属于有权处分,并非必须经过其配偶同意,不能仅以股权转让未经配偶同意为由否认股权转让合同的效力。但是,股权具有财产价值,属于夫妻共同财产利益的组成部分,夫妻关系存续期间夫妻一方负有不得实施转移或者变卖股权等方式严重损害夫妻共同财产利益行为的法定义务。如果夫妻一方所实施的不合理低价转让股权的行为,客观上减少了夫妻可供分割的共同财产,而股权受让人作为交易相对人亦知道或者应当知道该情形的,配偶作为债权受损方可以通过债权保全制度请求撤销。有证据证明受让人与出让人恶意串通损害出让人配偶合法权益的,则该配偶有权依法主张股权转让合同无效。本案中,李某与王某曾系夫妻,李某主张王某与阎某1之间恶意串通签订案涉两份《公司股权转让协议》,故本案争议焦点为王某与阎某1签订案涉两份《公司股权转让协议》是否存在恶意串通继而损害李某利益的行为。

  首先,从协议主体的身份来看,王某与阎某1通过对某科技公司、某管理公司持股经营形成长期的合作关系,不可因商事交易行为而以保护交易安全为由当然否定二人不可能构成恶意串通。相反,因两人存在长期合作关系,王某、阎某1之间具有恶意串通签订协议的可能性。当然,仅凭该因素不足以认定恶意串通的构成,还需要结合其他条件予以综合判断。其次,从股权转让价格的合理性来看,案涉两份《公司股权转让协议》约定的价格并未经过合理程序确定。王某、阎某1以二人系公司股东继而对公司状况比较清楚为由解释未进行审计或者评估的合理性。但根据二审审理中王某、阎某1的陈述,王某对某科技公司完成500余万元的实缴出资,同时某科技公司名下尚有一套价值较高的房屋。在上述情况下,王某将其持有某科技公司、某管理公司的股权以共计300万元的价格转让给阎某1,缺乏合理性。阎某1对某科技公司购买房屋价款的来源虽进行了解释,但该解释缺乏证据予以支持,同时王某从阎某1处借款再转借给公司,亦缺乏合理性。再次,从股权转让款支付情况来看,王某、阎某1并未提供充分证据证明股权转让款完成了实际支付。阎某1于2018年5月2日向王某转款400万元,并未备注该次所转款项的具体性质,阎某1主张该400万元中有300万元系股权转让款,该说法缺乏客观证据支持。同时阎某1所主张400万元中的100万元为其向王某出借的款项,但没有证据证明王某偿还阎某1该部分款项,也没有证据证明阎某1曾要求王某偿还过该部分款项。最后,从股权转让的变更登记情况来看,王某与阎某1并未对2018年5月2日签订的《公司股权转让协议》却在2019年9月才完成工商变更进行合理性解释。阎某1对上述情况给出了解释,该解释缺乏证据支持,且其提到2019年发生疫情也不符合事实。此外,王某主张其向李某支付的130万元、155万元均为阎某1支付的股权转让款,但两次转款时间相隔8个月,王某无法以此证明阎某1已完成股权转让款的实际支付。综合上述情况,法院认定王某、阎某1恶意串通签订案涉两份《公司股权转让协议》,两份协议应属无效。

典型案例 某租赁公司诉某建设公司、某管理公司债权人撤销权纠纷案[1]

【裁判要旨】

在某些情形下,交易双方出于某些原因或商业背景将股权转让对价设置为零,即以零对价进行股权转让交易。就零对价股权转让协议的效力和性质,原则上应认定为有效,有无效事由的除外。就债权人得否请求撤销债务人的零对价股权转让协议,应认定零对价股权转让不当然构成法律规定的无偿转让财产,如无明确赠与的意思表示,应认定为正常的股权转让行为。零对价股权转让协议系双务合同,受让人负对待给付义务,原则上债权人无权对此行使撤销权。

【案情简介】

2017年6月22日,某租赁公司(出租人)与某工程公司(承租人)签订《融资租赁合同(回租)》,租金分20期支付。后某工程公司未如约支付租金,某租赁公司先后就已到期租金分别诉至法院并在法院主持下,某租赁公司与某工程公司及某建设公司等保证人分别达成三份和解协议。其中,协议一已履行完毕,协议二、协议三均约定某建设公司在第六顺位对协议项下某工程公司的债务承担连带保证责任。

2018年6月27日,某建设公司与某管理公司签署《股东转让出资合同书》,约定某建设公司将其持有的某控股公司100%股权(原认缴出资8亿元)

---

[1] 参见北京市第二中级人民法院(2020)京02民终2194号民事判决书。

全部转让给某管理公司,转让金额为 0 元。某建设公司提交审计报告及评估报告书显示某建设公司未实缴出资,某控股公司股权评估值为 0 元。

某租赁公司以某建设公司将其持有的某控股公司 100% 股权以零对价转让给某管理公司,该无偿转让行为严重损害了其债权为由,诉至法院请求撤销该股权转让。

某建设公司辩称,本次股权转让由独立第三方机构出具审计、评估报告,某建设公司未实缴出资,某控股公司无资产只有负债,审计评估价值为 0 元客观真实,股权转让没有损害债权人的债权利益,某租赁公司无权要求撤销。

某管理公司述称,某管理公司与某建设公司在对标的公司进行审计、评估后,经上级股东批准进行了股权转让,该转让合法有效。

【裁判结果】

一审法院认为,某建设公司将其持有的某控股公司的股权以 0 元对价转让给某管理公司系无偿转让,故判决撤销《股东转让出资合同书》,某管理公司与某建设公司将某管理公司持有的某控股公司 100% 股权恢复登记至某建设公司名下。

某建设公司、某管理公司提出上诉。二审法院经审理认为案涉零对价股权转让并非法律意义上的无偿转让,且某租赁公司没有证明其债权遭受了损害,故改判撤销一审判决,驳回某租赁公司的诉讼请求。

【案例评析】

在商事交易中,股东转让其所持有的公司股权时,多以取得资本溢价为目的与受让方订立股权转让协议。然而在某些情形下,交易双方出于某些原因或商业背景将股权转让对价设置为零,即以零对价进行股权转让交易。该零对价股权转让协议的效力和性质如何,债权人能否请求撤销债务人的零对价股权转让协议,实践中法院对此认定不一。故明确零对价股权转让协议相关法律问题的处理,对于统一裁判尺度和提升司法公信力具有重要意义。

首先,关于零对价股权转让协议的效力认定问题。以零对价转让的股权可分为三种类型:1. 已届出资期限未实缴出资;2. 未届出资期限未实缴出资;3. 目标公司净资产为零或负。目标公司的经营状况与股权价值密切相关,第三种类型既可能出现在已实缴出资的股权转让中,亦可能出现在未实缴出资的股权转让中。本案某建设公司未实缴出资,且目标公司评估价值为零。对于第一种类型,瑕疵出资的股权转让协议如不存在合同无效事由,且双方达成合意,那么该协议原则上合法有效。如果瑕疵股权转让给受让人,受让人对此并不知情且尽到了必要的形式审查义务仍不知道该股权为瑕疵股权,基于对受让方信赖利益的保护,受让方可以依法行使民法上的撤销权来维护自身合法权益。对于第二种类型,因股东出资义务是否履行与股东权利的取得并非绝对关系,亦非必备要件,享有出资期限利益的股权转让亦有合法性,且从股权转让的实质来看,股权转让的并非实体出资,而是一种资格,故应认定未届出资期限未实缴出资的股权转让是合法有效的。对于第三种类型,目标公司多经营不善,长期处于亏损状态,但目标公司可能在品牌影响力、人才储备及客户资源等方面具有一定优势,故受让人出于商业等考虑对目标公司进行零对价承债式收购,而在程序上,交易双方应履行必要的审计、评估等手续,对目标公司的股权价值进行了全面的评估。在不构成关联交易、不存在损害公司及股东利益、不存在重大法律障碍、符合相关行政部门审批标准的情况下,该股权转让有效。综合上述分析结论,零对价股权转让协议原则上应认定为有效,双方基于真实意思表示签订股权转让协议,独立第三方机构出具评估报告显示目标公司价值为零符合客观规律,本案中虽某建设公司未实缴出资,但不影响该股权转让协议的效力。

其次,关于零对价股权转让是否当然构成法律规定的无偿转让财产的问题。在转让方举证证明股权价值为零的合理性或者股权受让方需承担对待给付义务的情形下,应将零对价股权转让认定为正常的股权转让行为,不能仅以零对价便机械认定属于无偿转让可撤销。应当注意到,零对价股权转让并不一定会造成债权担保的责任财产不当减少,更不一定会害及债权人利益。相反,零对价转让股权不仅可能没有减损债权人的偿债能力,还可能间接提高了债权人的清偿能力,客观上减轻了债权人的负担,减少了经营风险和管理成本。回归到本案例中,某建设公司在第六顺位承担保证责任,只有前五顺位的保证人均不能履行时案涉股权转让才可能会影响债权实现。且在完成案涉股权转让后,某建设公司对标的公司8亿元的出资义务转由某管理公司履行,某建设公司无须追缴出资,这客观上降低某建设公司资金压力,间接提高了某建设公司的担保能力。

(三)名义股东转让股权合同效力

名义股东与实际出资人约定由名义股东进行股权代持,虽然名义股东可以对外行使股东权利,但因该股权取得之出资由实际出资人进行,所以不宜认定名义股东可以擅自处分该股权。《公司法司法解释(三)》第25条明确,未经实际出资人同意名义股东擅自处分股权时,人民法院可以参照《民法典》第311条善意取得规定处理。善意取得制度在股权转让领域的适用应建立在股权转让合同并非无效但股权转让行为属于无权处分的认定前提,如果股权转让合同存在无效事由,则无参照善意取得规定处理的必要。所以名义股东未经实际出资人同意对外转让股权,不导致转让合同无效,但名义股东的处分行为属于无权处分。

一方面,如股权受让人明确知晓名义股东与实际出资人的股权代持约定,但仍在未取得实际出资人同意情形下受让股权,股权受让人不构成善意取得,其权利无法对抗实际出资人的权利。另一方面,如股权受让人不知晓股权代持事宜,在股权并未转移至股权受让人时,实际出资人可向股权受让人主张权利,股权转让合同双方不能要求合同继续履行,但股权受让人可向名义股东主张赔偿责任。需要注意的是,如交易相对方已善意取得转让的股权,实际出资人无法行使追回权,其可以向名义股东主张赔偿责任。

(四)瑕疵出资股权转让合同效力

虚假出资、出资不足或抽逃出资的股东与他人签订的股权转让合同的效力,应根据受让人的意思表示是否真实来处理,即以转让人对受让人是否构成欺诈确定股权转让合同的效力。如转让人隐瞒出资瑕疵的事实,受让人亦不知情,受让人有权以欺诈为由请求撤销合同,当然行使撤销权应在《民法典》第152条规定的期限内完成。如受让人知晓出资瑕疵仍自愿与转让人签订合同,则受让人无权撤销合同,还可能会与转让人一同向公司承担出资不实的责任。

新《公司法》第88条对因出资引发的股权转让双方责任承担问题进行了规定。瑕疵股权转让如不导致转让合同无效,但受让人不知晓转让人未按照章程规定实缴出资或者不知晓转让人以非货币方式出资时存在未足额实缴出资,受让人可不与转让人一并承担责任。

(五)侵犯优先购买权股权转让合同效力

《九民会议纪要》第9条规定系在实际上对主张优先购买权的股东、转让股东和股权受让人三方的利益进行同等保护。一方面,如其他股东主张优先购买权,在符合规定时,可予以支持。另一方面,股权转让合同并不当然因侵犯优先购买权而无效,如无其他影响合同效力的事由,应认定该转让合同有效。其他股东行使优先购买权导致股权转让合同无法履行,股权受让人可要求股权转让人承担违约责任。基于上述规定,其他股东要求撤销股权转让合同,也缺乏法律依据,不能成立。

需要注意的是,外商投资企业的股东未经其他股东同意擅自对外转让股权,其他股东以未征得其同意为由请求撤销股权转让合同的,根据《最高人民法院关于审理外商投资企业纠纷案件若干问题的规定(一)》第11条、第12条规定,可予以支持。

(六)违反公司章程的股权转让合同效力

新《公司法》第84条第3款明确规定,公司章程对股权转让另有规定的,从其规定。基于上述规定,应认定公司章程可以对股权转让进行合理限制,这属于公司自治的体现。但公司股权为股东的财产权利,公司章程不能违反法律规定,损害股东的合法权利。换言之,公司章程可以对股权转让进行合理限制,但不得绝对禁止或通过其他约定变相禁止股权转让、实质上禁止股权转让。如公司章程进行了上述规定,其损害了股东的合法权利,应认定为无效。

(七)股权转让中"阴阳合同"的效力

出于规避公司其他股东行使优先购买权、逃避国家税收以及股权工商变更登记等目的,交易双方会在股权转让时就同一交易事项签订两份甚至两份以上的交易条件不一致的合同,其中,记载双方真实交易条件并作为双方履约依据的合同为"阴合同",交易条款并非双方真实意思表示但出示给相应国家机关进行备案或作为缴纳税款等依据的合同为"阳合同"。就上述"阴阳合同"的效力认定问题,应认定"阳合同"属于《民法典》第146条规定的"行为人与相对人以虚假的意思表示实施的民事法律行为",该通谋实施的虚假意思表示无效;"阴合同"体现的是交易双方的真实意思表示,对其效力应依据该行为自身的效力要件依法认定,不应不加限制地一律否定或承认其效力。

(八)涉外商投资的股权转让合同效力

外商投资者不得投资外商投资准入负面清单明确禁止投资的领域。外商投资者必须采取必要措施满足准入特别管理措施的要求,才可以投资外商投资准入负面清单规定限制投资的领域。

如果违反规定,境外注册成立的公司通过受让股权的方式投资外商投资准入负面清单明确禁止投资的领域,那么相应的股权转让协议应为无效。

第四节　股权转让合同违约救济

一、查明事实

1.合同约定的权利义务;2.当事人就各自义务的履行情况,未履行时是否存在正当理由;3.是否存在客观不能履行的情形;4.合同约定或法定的解除权条件是否成就。

二、法律适用

1.《买卖合同司法解释》第32条:法律或者行政法规对债权转让、股权转让等权利转让合同有规定的,依照其规定;没有规定的,人民法院可以根据民法典第四百六十七条和第六百四十六条的规定,参照适用买卖合同的有关规定。

权利转让或者其他有偿合同参照适用买卖合同的有关规定的,人民法院应当首先引用民法典第六百四十六条的规定,再引用买卖合同的有关规定。

2.《民法典》第562条:当事人协商一致,可以解除合同。

当事人可以约定一方解除合同的事由。解除合同的事由发生时,解除权人可以解除合同。

《民法典》第563条:有下列情形之一的,当事人可以解除合同:

(一)因不可抗力致使不能实现合同目的;

(二)在履行期限届满前,当事人一方明确表示或者以自己的行为表明不履行主要债务;

(三)当事人一方迟延履行主要债务,经催告后在合理期限内仍未履行;

(四)当事人一方迟延履行债务或者有其他违约行为致使不能实现合同目的;

(五)法律规定的其他情形。

以持续履行的债务为内容的不定期合同,当事人可以随时解除合同,但是应当在合理期限之前通知对方。

《民法典》第564条:法律规定或者当事人约定解除权行使期限,期限届满当事人不行使的,该权利消灭。

法律没有规定或者当事人没有约定解除权行使期限,自解除权人知道或者应当知道解除事由之日起一年内不行使,或者经对方催告后在合理期限内不行使的,该权利消灭。

《民法典》第565条:当事人一方依法主张解除合同的,应当通知对方。合同自通知到达对方时解除;通知载明债务人在一定期限内不履行债务则合同自动解除,债务人在该期限内未履行债务的,合同自通知载明的期限届满时解除。对方对解除合同有异议的,任何一方当事人均可以请求人民法院或者仲裁机构确认解除行为的效力。

当事人一方未通知对方,直接以提起诉讼或者申请仲裁的方式依法主张解除合同,人民法院或者仲裁机构确认该主张的,合同自起诉状副本或者仲裁申请书副本送达对方时解除。

《民法典》第566条:合同解除后,尚未履行的,终止履行;已经履行的,根据履行情况和合同性质,当事人可以请求恢复原状或者采取其他补救措施,并有权请求赔偿损失。

合同因违约解除的,解除权人可以请求违约方承担违约责任,但是当事人另有约定的除外。

主合同解除后,担保人对债务人应当承担的民事责任仍应当承担担保责任,但是担保合同另有约定的除外。

《民法典》第580条:当事人一方不履行非金钱债务或者履行非金钱债务不符合约定的,对方可以请求履行,但是有下列情形之一的除外:

(一)法律上或者事实上不能履行;

(二)债务的标的不适于强制履行或者履行费用过高;

(三)债权人在合理期限内未请求履行。

有前款规定的除外情形之一,致使不能实现合同目的的,人民法院或者仲裁机构可以根据当事人的请求终止合同权利义务关系,但是不影响违约责任的承担。

《民法典》第 595 条:买卖合同是出卖人转移标的物的所有权于买受人,买受人支付价款的合同。

《民法典》第 596 条:买卖合同的内容一般包括标的物的名称、数量、质量、价款、履行期限、履行地点和方式、包装方式、检验标准和方法、结算方式、合同使用的文字及其效力等条款。

《民法典》第 597 条:因出卖人未取得处分权致使标的物所有权不能转移的,买受人可以解除合同并请求出卖人承担违约责任。

法律、行政法规禁止或者限制转让的标的物,依照其规定。

《民法典》第 598 条:出卖人应当履行向买受人交付标的物或者交付提取标的物的单证,并转移标的物所有权的义务。

《民法典》第 599 条:出卖人应当按照约定或者交易习惯向买受人交付提取标的物单证以外的有关单证和资料。

《民法典》第 600 条:出卖具有知识产权的标的物的,除法律另有规定或者当事人另有约定外,该标的物的知识产权不属于买受人。

《民法典》第 601 条:出卖人应当按照约定的时间交付标的物。约定交付期限的,出卖人可以在该交付期限内的任何时间交付。

《民法典》第 602 条:当事人没有约定标的物的交付期限或者约定不明确的,适用本法第五百一十条、第五百一十一条第四项的规定。

《民法典》第 610 条:因标的物不符合质量要求,致使不能实现合同目的的,买受人可以拒绝接受标的物或者解除合同。买受人拒绝接受标的物或者解除合同的,标的物毁损、灭失的风险由出卖人承担。

《民法典》第 612 条:出卖人就交付的标的物,负有保证第三人对该标的物不享有任何权利的义务,但是法律另有规定的除外。

《民法典》第 613 条:买受人订立合同时知道或者应当知道第三人对买卖的标的物享有权利的,出卖人不承担前条规定的义务。

《民法典》第 615 条:出卖人应当按照约定的质量要求交付标的物。出卖人提供有关标的物质量说明的,交付的标的物应当符合该说明的质量要求。

《民法典》第 616 条:当事人对标的物的质量要求没有约定或者约定不明确,依据本法第五百一十条的规定仍不能确定的,适用本法第五百一十一条第一项的规定。

《民法典》第 617 条:出卖人交付的标的物不符合质量要求的,买受人可以依据本法第五百八十二条至第五百八十四条的规定请求承担违约责任。

《民法典》第 618 条:当事人约定减轻或者免除出卖人对标的物瑕疵承担的责任,因出卖人故意或者重大过失不告知买受人标的物瑕疵的,出卖人无权主张减轻或者免除责任。

《民法典》第 646 条:法律对其他有偿合同有规定的,依照其规定;没有规定的,参照适用买卖合同的有关规定。

三、常见问题

(一)股权变更时间节点确认

依据新《公司法》第 56 条、《九民会议纪要》第 8 条规定,股权转让合同中的受让人以其姓名或名称记载于股东名册为由主张已取得股权的,应依法予以支持。换言之,股权变动生效的节点以受让人记载于股东名册为准。当然,受让人记载于股东名册后,仍应要求公司为其办理工商登记,未经登记不得对抗善意第三人。实践中,存在股东名册不规范的情况,有关公司的文件如公司章程、会议纪要等,只要能够证明公司认可受让人为股东的,都可以认为产生股东名册变更的效果,在公司内部中,应认定受让人为股东。受让人通过上述方式实际取得股权后,可以对内行使股东权利、参与股东会会议。

(二)能否适用分期付款合同解除规定

《民法典》第 634 条规定了分期付款买卖合同的法定解除情形。分期付款买卖一般发生于经营者与消费者之间,出卖人大多数情况下已将标的物交付买受人但买受人尚未能支付全部款项,出卖人在价款回收上存在一定的风险。相反,涉分期付款买卖的股权转让合同中,如转让人已将受让人记载于股东名册并办理变更登记,股权的价值仍在于公司,转让人一般不存在收回价款的风险。同时,一项股权交易,关联诸多方面,如其他股东对受让人的接受和信任,记载到股东名册和工商部门登记股权,社会成本和影响已经发生。从维护交易安全的角度,动辄解除合同对公司经营管理的稳定性产生不利影响。基于此,如受让人不构成根本违约或者未出现股权转让合同约定的解除情形,不宜依据《民法典》第 634 条确认转让人享有合同解除权。最高人民法院指导案例 67 号即

(2015)民申字第 2532 号案对上述规则予以明确,最高人民法院公布的该案裁判要旨为:有限责任公司的股权分期支付转让款中发生股权受让人延迟或拒付等违约情形,股权转让人要求解除双方签订的股权转让合同的,不适用《合同法》第 167 条(《民法典》第 634 条)关于分期付款买卖中出卖人在买受人未支付到期价款的金额达到合同全部价款的 1/5 时即可解除合同的规定。

(三)转让人对公司财产存在虚假陈述的处理

股权转让不涉及物的转让,不存在标的物品质问题,但仍可能存在价值减少的问题。如转让人对公司财产存在虚假陈述,则对应公司财产的股权价值将难以得到保证。受让人即使受领了股权,也会因公司财产与转让人陈述不一致对股权价值有所影响,此时应认定转让的股权存在瑕疵,但该瑕疵并非权利担保中的第三人主张权利情形,而是股权交换价值的减少,应属于物的瑕疵担保责任。存在上述情形,股权受让人可要求转让人减少转让价款或者承担违约责任。但转让人对受让人所作虚假陈述导致受让人根本目的无法实现时,受让人亦可以行使合同解除权。

(四)买受人对股权价值的注意义务

如果股权转让人在移交资料中已经披露债务及担保情况,受让人接收后并未提出异议的,应认定其知晓公司债务情况。双方基于转让人披露的公司状况确定股权转让价格,是双方的真实意思。在此情况下受让人在受让股权后再以转让人隐瞒重大债务为由要求解除协议或赔偿,缺乏依据。如股权转让双方对确定股权转让价格的基础产生争议,双方亦未就目标公司的债务及担保情况的披露具体过程签订确认文件,受让人以转让人未能如实披露为由要求解除合同的,一般不予支持。

典型案例 蔡某诉郝某股权转让纠纷案[①]

【裁判要旨】

如股权转让人对公司财产存在虚假陈述,则对应公司财产的股权价值将难

---

① 参见北京市第二中级人民法院(2024)京 02 民终 1258 号民事判决书。

以得到保证。受让人即使受领了股权,也会因公司财产与转让人陈述不一致而对股权价值的认识有所影响,此时应认定转让的股权存在瑕疵,且该股权交换价值的减少属于物的瑕疵担保责任,并非权利担保中的第三人主张权利情形。股权转让人应主动提示重大瑕疵并配合受让人作相应尽职调查,受让人经过尽职调查后同意继续交易,视为转让人完成信息披露义务。

【案情简介】

2023年4月20日,郝某与蔡某签订《公司整体转让合同书》,约定郝某将其全资持股的某制作公司股权及公司生产设备、客户资源等全部变更、移交至蔡某,转让价格26.8万元(含5月和6月房租共2万元);合同签订当日付款21.8万元,郝某完成80%股权及法定代表人的变更,合同签订日后90日内付尾款5万元,郝某完成剩余20%股权的变更登记;郝某确保其提供的全部客户资源等真实,否则赔偿蔡某的经济损失;郝某承诺3年内不在该地区开展同类型业务活动,如郝某刻意隐瞒私自开店或将客户资源泄密导致客户丢失,郝某应无条件返还全部费用,若因蔡某经营不善,导致客户丢失,蔡某自行承担。

合同签订后,蔡某和蔡某之夫刘某共向郝某支付20万元。刘某向郝某出具欠条,载明欠转让首付款1.8万元,2023年4月24日付清第一期款。刘某为某快印公司法定代表人,郝某主张刘某与其系同行,具有行业专业知识,在签订合同前已对公司相关情况调查清楚。

2023年4月24日,郝某向刘某交接《对外沟通联系方式及客户联系电话》,首页附有二人捺印并载明前台电脑密码、开单子软件密码、税控数字证书及密码交接,其余三页载明客户名称及联系电话。蔡某称只看到了首页,客户名单没有看到,而且客户名单上没有任何签字和手印。

2023年4月26日,郝某与刘某通过微信沟通交接事宜,郝某称:"22日咱们交接的全部客户信息,约好25日交接剩下的机器,你说要看病不交接,要等你老婆来,20日以来我每天都在公司等你们来交接,一直不来,你们是在推什么呢?是不要了吗?"刘某回复:"在医院,节后抽空碰下面。"郝某称:"你要有事先忙你的,这边5月15日前我可以先盯着。变工商资料可以先给到我,先让财务变更着。"

2023年5月13日,蔡某向郝某发出告知函,要求郝某提供某制作公司的财务、资产、业务情况,表示如在 2023 年 5 月 15 日前未按要求提供,蔡某将行使合同解除权。郝某表示已将蔡某的收款码放至公司收款,因蔡某不配合办理交接手续,自己帮忙继续经营,但收入都是属于蔡某;为便于交接,蔡某垫付了公司第三季度的房租 3 万元;过户需要蔡某的配合,随时可以过户。

蔡某诉至法院,要求解除《公司整体转让合同书》,郝某返还蔡某股权转让款 20 万元以及利息。

郝某不同意蔡某的诉求并提起反诉,要求蔡某支付剩余股权转让款 6.8 万元并赔偿第三季度租金 3 万元。

蔡某不同意的郝某的反诉请求。

【裁判结果】

一审法院认为,本案的争议焦点为案涉合同应否解除。案涉合同约定郝某应积极配合蔡某做好交接,现根据郝某提交的《对外沟通联系方式及客户联系电话》,可知郝某已经履行了提交客户资源纸质版的义务。蔡某主张只看到了首页、没有看到客户名单,因首页标题及页眉均有"客户联系电话"的字样,蔡某之夫刘某在首页上签字捺印,应视为其已经收到客户资源纸质版。蔡某作出告知函,要求郝某提交相关文件,但因系蔡某单方作出上述告知书,双方在合同中并未明确约定此项内容,蔡某据此认为郝某违约并要求解除《公司整体转让合同书》、返还股权转让款及利息的诉讼请求,依据不足,法院不予支持。鉴于尾款支付时间已经届至,故对郝某要求蔡某支付剩余款项 6.8 万元的诉讼请求,法院予以支持。郝某为维护公司正常经营所垫付的第三季度房租 3 万元,应由蔡某承担。

蔡某不服一审判决,提出上诉。二审法院经审理认为,一审判决处理结果正确,应予维持。

【案例评析】

与前述案例一样,本案亦系典型的涉及股权转让的合同纠纷,且本案所涉股权转让合同应予解除还是继续履行的争点问题,更是涉股权转让的合同纠纷中非常常见、典型的情形。该类纠纷与一般的合同纠纷在本质上并无差异,股权在该类合同中的意义通常作为合同指向的标的物,并不发生特别的股权意义,因此不会触发股权相关的法律制度、规则和实践问题,故在审理此类合同纠纷案件时通常无须考虑股权相关的公司法、证券法等问题,而应是展开常见的对合同法、财产法相关法律制度、规则和实践的分析。

回归到本案例,股权转让作为双方争议的交易中的一个步骤,实际争议是对合同解除权的讨论,本案例的作出法院即一针见血地指出争议焦点为蔡某就本案合同是否享有解除权,随后在买卖合同的框架中适用买卖合同的规则分配交易双方的权利义务,并因案涉交易对象涉及客户资源这一较复杂的公司资产,而我国法律并未有明确的规则对公司交易进行界定,本案对股权转让交易模式中该项资产的信息披露、品质担保、风险转移等方面所适用的审查标准有借鉴意义。

本案中,根据《公司整体转让合同书》的约定,郝某将某制作公司的全部出资、客户资源等整体转让给蔡某,并通知蔡某办理交接,向蔡某提供《对外沟通联系方式及客户联系电话》,蔡某一方在该材料首页捺印,据此,法院认定郝某履行了提交客户资源纸质版的义务,对蔡某的诉讼请求不予支持是合理合法的。因双方并未就客户资源的具体情况进行明确约定,蔡某一方也在郝某提供的客户资源材料上签字予以确认,所以在现有证据下无法认定郝某未完成提供客户资源的义务。郝某提供证据显示蔡某之夫刘某名下有经营图文快印业务的公司,故应认定蔡某一方在签订案涉合同及接受郝某的履行行为时具有相应的注意义务。在无法认定郝某存在违反合同义务导致蔡某合同目的无法实现的情况下,无法认定蔡某享有法定的合同解除权。故本案例的作出法院支持郝某提起的反诉请求,对此处理也是正确的。同时应注意的是,郝某与蔡某之间的合同尚在履行之中,如后续郝某未能完成股权转让等义务,蔡某可另行主张权利。

(五)未完成股权变更是否有权解除合同

股权受让人依约支付股权转让款后,转让股东应通知公司将受让人记载于股东名册,待受让人记载于股东名册或公司文件显示公司认可该受让人为公司股东后,受让人即成为公司股东。如股权转让合同约定转让人为受让人办理股权变更登记手续,转让人应积极通知公司办理股权变更登记手续,公司拒不办理时转让人或者受让人均可以起诉公司。笔者倾向认为,除非股权转让合同明确约定未办理股权变更登记手续时,受让人有权解除合同,否则未办理股权变更登记手续不足以认定股权转让合同目的无法实现,在转让股东同意配合办理的情况下,受让人不享有合同解除权。

(六)违约方能否以无法履行为由请求终止合同

《民法典》第 580 条第 2 款是关于陷入合同僵局违约方可终止合同的相关规定。因目标公司已注销或破产,就双方之间的股权转让事项已存在法律上或者事实上不能履行的情形,且无法强制履行,故合同目的已无法实现,在此情况下,股权转让合同应予终止,但不影响违约方违约责任的承担。关于损失赔偿一项,如违约方系转让人,则可将守约方已付股权转让款及相应资金占用损失作为损失赔偿考量范围。如违约方系受让人,因违约方应依约支付的股权转让款的对价为受让股权,但因目标公司注销或破产,已无法取得股权,故在此情况下,不宜将等额股权转让款作为损失进行考量,而是应根据守约方付出的相应成本、目标公司注销或破产的原因等因素综合酌情予以认定。

(七)股权转让合同解除后转让股权是否应予返还

关于股权转让合同解除后应否恢复原状,应当从商事交易的特殊性角度出发,从严把握解除权和恢复原状的适用条件。在考量股权转让合同应否恢复原状时需要考虑公司的状况,顾及公司的稳定性和人合性特征,而不是合同解除后必须恢复原状。如不宜通过恢复原状的方式解决双方纠纷,可通过赔偿损失来解决。

当然如双方当事人之间纠纷产生的时间与股权转让协议签订的时间相隔较短,公司生产经营、股权价值未发生重大变化,可判令股权转让合同解除后恢复原状。

(八)受让人转股后能否因转让人抽逃出资解除合同

受让人已将股权对外转让,一方面,应认定其已实际行使股东权利,另一方面,其在合同解除后客观上亦无法将股权返还给转让人。所以如受让人与转让人明确约定转让人应保证注册资本实缴的情况下,受让人有证据证明转让人在转让前存在抽逃出资的行为,可要求转让人承担赔偿责任。同时,关于原股东在持股期间存在抽逃出资行为,公司或者其他股东亦可追究原股东责任。

(九)股东转让未届期股权对公司债权人的责任

股东出资认缴制下,未届认缴期限的股东依法享有期限利益,但是股东不得滥用其出资期限利益,恶意逃避债务,损害公司债权人权益。股东在知道公司对外负债且无力清偿的情况下转让未届出资期限的股权,其行为损害债权人利益,有违诚实信用原则,转让股东应在认缴出资范围内对公司不能清偿的债务承担补充赔偿责任。实践中,关于判断股东滥用期限利益转让未届认缴期股权的标准,可以从包括但不限于以下几个方面进行综合判断:第一,股权转让时间。如转让股权时公司债务是否已经形成,是否处于诉讼期间或者已经处于执行程序当中。第二,公司资产是否不足以清偿债务。股东转让股权时是否知道、应当知道或者应当预见到公司资不抵债、已具备破产原因的情形。第三,转让行为是否符合市场交易规律。转让股权是否约定对价、对价是否合理,转让股权后是否交接公章、证照等材料,是否告知公司资产、债务等情况。第四,其他因素,例如,受让股东是否具备出资能力、偿债能力和经营能力,受让后是否有实际参与经营活动;再如,原股东是否仍实际控制公司等。

新《公司法》第54条和第88条进行了明确规定,一方面,公司不能清偿债务时债权人可要求股东提前缴纳出资;另一方面,受让人未按期足额缴纳出资的,转让人应就未按期缴纳的出资承担补充责任。所以,当未届出资期限的股权转让,无论转让人是否存在逃废债的故意,只要受让人在公司不能清偿债务时无法履行未实缴部分的出资义务,那么转让人就需要在其转让未实缴出资部分承担补充责任。相较于此前的司法实践认定,新《公司法》的规定加重了转让人在股权转让时审慎义务,也明确转让人的责任劣后于受让人的责任,但并未明确转让人恶意转让时的责任承担规则。在尚未有明确法律或者司法解释规定时,笔者倾向认为,沿用此前关于恶意转让的认定思路,当认定转让人恶意转让股权时,依据共同侵权的有关法律规定判令转让人与受让人就补充赔偿责任承担连带责任。

至于股东提前交纳出资的方式,是按照入库原则向公司支付出资款还是按照直接清偿原则向债权人支付,在出台司法解释等明确意见前,笔者倾向于参考债权人代位权的规则由未出资股东向债权人直接支付。之所以如此认为,是因为公司不能清偿债务时,根据新《公司法》的规定,公司有权要求股东提前出资,但公司怠于向股东主张时债权人可以要求公司提前出资,此时便与债权人代位权的行使有高度重合,同时直接清偿也有利于提高债权人的积极性。当然,如果其他债权人也向股东主张权利,发现包括股东出资在内的财产仍不足以清偿公司到期债务时,在后主张债权人可申请公司破产避免己方得不到受偿。

（十）转让人未依约清偿公司债务如何承担责任

股权转让协议的双方在协议中明确约定各方对转让前后的债务承担，股权转让双方应依约履行。债权人要求公司承担责任时，受让人以其与转让人的约定作为抗辩，理由不能成立。如股权受让人在受让后发现公司需负担转让前未结清的债务，可向转让人主张违约责任。违约赔偿责任应以实际损失为限，可根据隐瞒债务情况、股权估值考虑因素、股权转让价格及股权比例等情况综合确定。

第五节 股东优先购买权法律纠纷

一、查明事实

1.原告是否享有优先购买权；2.原告是否存在放弃行使优先购买权的情形；3.原告要求行使优先购买权是否具备可履行的条件；4.公司章程关于股权转让的规定；5.其他股东知晓同等条件的时间或者股权变更登记的时间。

二、法律适用

1.旧《公司法》第71条：有限责任公司的股东之间可以相互转让其全部或者部分股权。

股东向股东以外的人转让股权，应当经其他股东过半数同意。股东应就其股权转让事项书面通知其他股东征求同意，其他股东自接到书面通知之日起满三十日未答复的，视为同意转让。其他股东半数以上不同意转让的，不同意的股东应当购买该转让的股权；不购买的，视为同意转让。

经股东同意转让的股权，在同等条件下，其他股东有优先购买权。两个以上股东主张行使优先购买权的，协商确定各自的购买比例；协商不成的，按照转让时各自的出资比例行使优先购买权。

公司章程对股权转让另有规定的，从其规定。

对应新《公司法》第84条：有限责任公司的股东之间可以相互转让其全部

或者部分股权。

股东向股东以外的人转让股权的,应当将股权转让的数量、价格、支付方式和期限等事项书面通知其他股东,其他股东在同等条件下有优先购买权。股东自接到书面通知之日起三十日内未答复的,视为放弃优先购买权。两个以上股东行使优先购买权的,协商确定各自的购买比例;协商不成的,按照转让时各自的出资比例行使优先购买权。

公司章程对股权转让另有规定的,从其规定。

2. 旧《公司法》第72条:人民法院依照法律规定的强制执行程序转让股东的股权时,应当通知公司及全体股东,其他股东在同等条件下有优先购买权。其他股东自人民法院通知之日起满二十日不行使优先购买权的,视为放弃优先购买权。

对应新《公司法》第85条:人民法院依照法律规定的强制执行程序转让股东的股权时,应当通知公司及全体股东,其他股东在同等条件下有优先购买权。其他股东自人民法院通知之日起满二十日不行使优先购买权的,视为放弃优先购买权。

3.《公司法司法解释(四)》第16条:有限责任公司的自然人股东因继承发生变化时,其他股东主张依据公司法第七十一条第三款规定行使优先购买权的,人民法院不予支持,但公司章程另有规定或者全体股东另有约定的除外。

4.《公司法司法解释(四)》第17条:有限责任公司的股东向股东以外的人转让股权,应就其股权转让事项以书面或者其他能够确认收悉的合理方式通知其他股东征求同意。其他股东半数以上不同意转让,不同意的股东不购买的,人民法院应当认定视为同意转让。

经股东同意转让的股权,其他股东主张转让股东应当向其以书面或者其他能够确认收悉的合理方式通知转让股权的同等条件的,人民法院应当予以支持。

经股东同意转让的股权,在同等条件下,转让股东以外的其他股东主张优先购买的,人民法院应当予以支持,但转让股东依据本规定第二十条放弃转让的除外。

5.《公司法司法解释(四)》第18条:人民法院在判断是否符合公司法第七十一条第三款及本规定所称的"同等条件"时,应当考虑转让股权的数量、价格、支付方式及期限等因素。

6.《公司法司法解释(四)》第19条:有限责任公司的股东主张优先购买转让股权的,应当在收到通知后,在公司章程规定的行使期间内提出购买请求。公司章程没有规定行使期间或者规定不明确的,以通知确定的期间为准,通知确定的期间短于三十日或者未明确行使期间的,行使期间为三十日。

7.《公司法司法解释(四)》第20条:有限责任公司的转让股东,在其他股东主张优先购买后又不同意转让股权的,对其他股东优先购买的主张,人民法院不予支持,但公司章程另有规定或者全体股东另有约定的除外。其他股东主张转让股东赔偿其损失合理的,人民法院应当予以支持。

8.《公司法司法解释(四)》第21条:有限责任公司的股东向股东以外的人转让股权,未就其股权转让事项征求其他股东意见,或者以欺诈、恶意串通等手段,损害其他股东优先购买权,其他股东主张按照同等条件购买该转让股权的,人民法院应当予以支持,但其他股东自知道或者应当知道行使优先购买权的同等条件之日起三十日内没有主张,或者自股权变更登记之日起超过一年的除外。

前款规定的其他股东仅提出确认股权转让合同及股权变动效力等请求,未同时主张按照同等条件购买转让股权的,人民法院不予支持,但其他股东非因自身原因导致无法行使优先购买权,请求损害赔偿的除外。

股东以外的股权受让人,因股东行使优先购买权而不能实现合同目的的,可以依法请求转让股东承担相应民事责任。

9.《公司法司法解释(四)》第22条:通过拍卖向股东以外的人转让有限责任公司股权的,适用公司法第七十一条第二款、第三款或者第七十二条规定的"书面通知""通知""同等条件"时,根据相关法律、司法解释确定。

在依法设立的产权交易场所转让有限责任公司国有股权的,适用公司法第七十一条第二款、第三款或者第七十二条规定的"书面通知""通知""同等条件"时,可以参照产权交易场所的交易规则。

三、常见问题

(一)优先购买权股东如何保障自身权利

其他股东如认为转让股东损害其优先购买权,首要救济方式应当是按照同等条件购买转让股权。如其他股东仅是要求确认股权转让合同及股权变动效力等而未同时要求按照同等条件购买转让股权的,其诉讼请求不能得到支持。当然有可能转让股东没有通知其他股东股权转让事宜,其他股东如未在知道或者应当知道行使优先购买权的同等条件之日起三十日内或者自股权变更登记之日起一年内提出主张,则相关权利得不到法院支持。如股权变更至受让人名下到其他股东发现的时间已超过一年,其他股东无法行使优先购买权,但不影响其因优先购买权无法行使向股权转让人主张损害赔偿责任。

如股权受让人起诉股权转让人配合办理股权转移登记手续时,其他股东知晓该诉讼后如主张优先购买权,应申请以第三人身份参与诉讼,并同时主张在同等条件下行使优先购买权。其他股东在知晓上述诉讼后,不宜在另案主张行使优先购买权。

需要注意的是,如转让人之外的一位股东主张优先购买权的,可向转让人了解其是否通知全部股东,法院亦可以通知其他股东到庭说明情况。如其他股东亦要求行使优先购买权,可在征求现有原告的意见后,追加其他股东为共同原告或者有独立请求权第三人。

(二)损害股东优先购买权的行为认定

股东对外转让股权时未通知其他股东,属于损害其他股东优先购买权的行为。股东名义上以较高的价格将股权转让给非股东主体,实际上却以较低的价格与非股东主体履行股权转让合同,亦可认定为损害其他股东优先购买权的行为。股东首次转让部分股权时以较高的价格将股权转让给非股东主体,客观上阻却其他股东行使优先购买权,但较短时间内再次转让剩余股权时却以较低的价格转让给此前受让股权的非股东主体,亦可认定恶意串通损害其他股东优先购买权的行为。

(三)股东要求优先购买后转让人能否放弃转让

除非公司章程和全体股东有其他约定,转让股东一般可以在其他股东行使优先购买权时放弃转让。如转让股东多次在其他股东行使优先购买权时放弃转让的,既有可能因为滥用权利而导致反悔权被给予否定性评价,也需对因反悔行为导致行使优先购买权股东造成的损失承担赔偿责任。

(四)涉亲权事由下其他股东的优先购买权

新《公司法》第 90 条规定,"自然人股东死亡后,其合法继承人可以继承股东资格;但是,公司章程另有规定的除外"。自然人股东死亡是必然会发生的事情,如各股东基于人合性考虑完全可以在公司章程中明确规定自然人股东死亡后继承人可取的股权对价而非直接继承股权。如公司章程中未进行限制,笔者认为其他股东不得因优先购买权而限制死亡自然人股东的继承人通过继承方式取得公司股权。

除了继承这种情形外,在公司章程未进行限制时,公司法并没有明确在以非交易的方式将股权由现股东名下转移到非股东主体名下时其他股东能否行使优先购买权。有观点认为,其他股东优先购买权仅在股权因交易产生转让时才产生,即公司法所规定的转让不包括交易之外的事由导致股权主体变更的情形。笔者倾向认为,除非法律明确规定或者章程明确限制的情形下,都应允许其他股东在股权主体发生变更时行使优先购买权。公司法在规定股权转让有关内容时,亦在该部分讨论继承引发股东资格变更的情形,并进行例外规定,即公司章程没有限制的情形下公司法亦不以允许其他股东享有优先购买权的方式限制股东资格继承。既然继承引发的股权变更亦属于交易之外的事由导致股权转让的情形,所以体系解释的视野下,没有理由将转让仅限定为因交易产生的转让的情形,还应包括因继承、离婚等产生股权主体变更的情形。对于章程没有限制转让但公司法亦没有明确排除优先购买权的情形下,为维护公司人合性,应允许其他股东行使优先购买权。

《最高人民法院关于适用〈中华人民共和国民法典〉婚姻家庭编的解释(一)》第73条对夫妻离婚时一方名下公司股权处分处理进行了规定,根据该规定,除非配偶也是公司股东时不存在优先购买权的问题,如配偶并非公司股东时,其他股东可以行使优先购买权。至于该情形下同等条件如何确定,因涉及夫妻关系等身份因素,可根据案件的具体情况,对案涉股权进行价格评估后合理确定同等条件。涉及股权价格确定后,主张行使优先购买权的其他股东向股东配偶支付对价后可取得公司股权。

(五)涉赠与时其他股东能否行使优先购买权

新《公司法》第84条明确规定,股东向股东以外的人转让股权的,其他股东股东可在同等条件下主张优先购买权。该处的同等条件包括股权转让的数量、价格、支付方式和期限等事项。实践中部分观点认为,股权赠与的情形下,双方并不存在交易对价,因而不存在同等条件,其他股东不应享有优先购买权。

法律规定的对外转让并未明确排除股权赠与的情形。夫妻离婚时股权转让亦非股权对外交易，但相关规定亦明确夫妻离婚转让股权时其他股东也享有优先购买权，所以不得以有偿转让的发生作为优先购买权产生的充分必要条件。同时，有限责任公司具有且侧重于人合性，优先购买权的规定正是立法者为了维护公司股东之间的信赖关系所作出的保障性规定，所以如股权赠与时其他股东不享有优先购买权，新加入股东与其他股东未必能良好合作，势必影响公司人合性。其他股东主张名为股权赠与实为有偿股权转让，也将会负担较重的举证责任，实践中难以操作。综合上述因素，笔者认为股东对外赠与股权时，其他股东能行使优先购买权。至于该情形下同等条件如何确定，可根据案件的具体情况，对案涉股权进行价格评估后合理确定同等条件。涉及股权价格确定后，主张行使优先购买权的其他股东可根据股东的指示将对价支付给股权受赠人后取得公司股权。

（六）涉回购交易时其他股东能否行使优先购买权

"对赌协议"又称估值调整协议，指投资方与融资方在达成股权性融资协议时，为解决交易双方对目标公司未来发展的不确定性、信息的不对称以及投资成本而设计的包含了股权回购、金钱补偿等对未来目标公司的估值进行调整的协议，是私募股权投资中常用的投资方法。对赌条款是投资方为保障资金安全及利益的最大化所设定的投资条件，在目标公司未完成对赌目标时多设定以股权回购方式要求对赌方回购投资方持有的目标公司股权，实质为附条件的股权转让行为。该股权转让是对赌方在对赌失败后被动性受让投资方股权的合同约定，应属有效。对赌股权回购不同于一般股权转让，一般不宜适用股东优先购买权规则对其进行限制。一方面，其他股东主动行使优先购买权的可能性较低。对赌协议约定股权回购条件，投资方决定要求对方回购股权前，也会对其继续持有股权的利益与要求回购后享有的利益进行对比，只有在后者大于前者时才可能要求回购。彼时，股权价值往往大打折扣，投资方选择回购才符合其客观利益，同时其他股东行使优先购买权不符合其客观利益。另一方面，投资方基于投资协议成为目标公司股东时，目标公司全体股东对其投资目的及对赌协议是明知的，即使对赌协议约定的对赌主体非目标公司股东，也可推定目标公司股东对于对赌失败后投资方转让股权的行为是知晓并同意的，因此，即使受让主体为股东之外的第三人，也视为目标公司股东放弃优先购买权。

第七章 公司决议纠纷

公司运营的基本前提是能够有效地形成决策。不同于自然人，公司作为法律拟制的主体，无法独立自主地形成意思，必须通过股东会、董事会以决议的方式形成意思，而当股东、董事、监事等对决议效力持有争议时，公司决议纠纷诉讼也随之产生。公司决议效力的认定涉及公司内部自治、股东权利保护和外部债权人保护三重价值目标的实现，在公司法规则体系中具有极为重要的地位和意义。2005年，我国对《公司法》进行了大幅修订，参照大陆法系的典型立法模式规定了股东会及董事会决议的无效与可撤销两种瑕疵类型。2017年9月1日施行的《公司法司法解释（四）》，将公司决议瑕疵类型的"二分法"转变为"三分法"，增加了"决议不成立"这一瑕疵类型，新《公司法》进一步完善了公司决议制度，至此形成了我国现行的公司决议纠纷诉讼的制度框架。

第一节 概 述

一、概念界定

公司决议纠纷是指公司股东会、董事会决议的内容违反法律、行政法规或公司章程的，股东会或者董事会的会议召集程序、表决方式违反法律、行政法规或者公司章程，股东向人民法院提起诉讼，要求确认股东会、董事会决议的效力或者撤销股东会、董事会决议引发的纠纷。相应地，在该第三级案由下，又有公司决议效力确认纠纷与公司决议撤销纠纷两个第四级案由。笔者认为，成立和生效是民事法律行为的不同状态，建议根据公司决议瑕疵的三种类型进行案由划分，新增公司决议不成立纠纷这一第四级案由。值得注意的是，在《民事案件案由规定》(2020年修正)颁布后,依然没有公司决议不成立纠纷,故涉及该类纠纷,案由应定为公司决议纠纷。

上述定义未涉及监事会决议,如果监事会的决议程序或内容存在上述情形的,能否提起此类诉讼呢?有观点认为,如果监事会决议程序或内容有瑕疵,也应该赋予权利人救济途径,参照适用股东会或董事会决议的相关规定对监事会决议的效力进行评价。反对观点认为,公司法对此无明确规定系有意为之,允许提起董事决议效力之诉,缺乏法律依据。

二、诉讼主体

(一)主体范围的确定

《公司法司法解释(四)》第2条规定:"依据民法典第八十五条、公司法第二十二条第二款请求撤销股东会或者股东大会、董事会决议的原告,应当在起诉时具有公司股东资格。"该解释第3条规定:"原告请求确认股东会或者股东大会、董事会决议不成立、无效或者撤销决议的案件,应当列公司为被告。对决议涉及的其他利害关系人,可以依法列为第三人。一审法庭辩论终结前,其他有原告资格的人以相同的诉讼请求申请参加前款规定诉讼的,可以列为共同原告。"

根据上述规定,公司决议效力确认纠纷中,起诉决议无效或不成立的,原告包括公司股东、董事、监事、高级管理人员以及其他与决议内容有利害关系的主体;公司决议撤销纠纷中,原告只能是公司股东。上述两类纠纷中,被告均是公司,可将与诉争决议有关的其他公司股东、董事等列为案件的第三人。

法律之所以对决议无效、不成立与撤销诉讼的原告诉讼主体范围进行区别,取决于三类诉讼的法律性质与功能定位。从法律性质上讲,决议无效或不成立之诉属于确认之诉,理论上只要存在诉讼利益,任何人均可提起,而决议撤销诉讼的性质为形成之诉,单方即可行使,且产生将已发生法律效力的决议归于无效的法律后果,因此法律需要对其作出明确细致的规定。从功能定位上讲,因为决议可撤销的瑕疵远小于决议无效与决议不成立的瑕疵,我国现行制度一直在为决议撤销诉讼"做减法",除规定了撤销权的行使期间,还规定了裁量驳回制度。按照这一精神,亦需要对决议撤销诉讼的原告诉讼主体范围进行限定,避免其他任意主体通过任意启动决议撤销的诉讼程序影响公司意志及其所涉的法律关系的稳定。[①]

（二）公司决议撤销纠纷的诉讼主体资格

关于公司决议撤销纠纷的诉讼主体资格认定,实践中的常见情形及处理方式为:(1)起诉时已不具有股东资格的,不具有诉讼主体资格。(2)隐名股东在"显名"前,不享有诉讼主体资格。(3)股东资格被公司决议剥夺的,具有诉讼主体资格,有权对将其除名的决议提起诉讼。(4)股东资格系公司决议后取得的,在起诉时已为公司股东,具有诉讼主体资格。

原告就其具备诉讼主体资格负有举证责任。

（三）董事能否针对公司决议提起撤销

从实然层面,法律并未赋予除股东外的主体提起公司决议撤销纠纷的权利。从应然层面,第一,董事诉请撤销股东会决议的常见情形为,针对罢免其董事职务的股东会决议提起撤销。然而董事与股东会属于被管理者与管理者之间的关系,无论管理者罢免理由是否正确或成立,董事都无权撤销该决议,否则公司管理将陷入混乱。董事如需进行权利救济,可寻求合同法或劳动法等其他救济途径。第二,董事会决议的内容一般是执行股东会决议,对公司的经营管理制定具体方案。故董事会决议的影响范围较股东会决议较小,但其内容更为直接和具体。对于符合可撤销条件的会议程序瑕疵,若允许董事提起撤销,将影响公司管理和经营的稳定性,故董事无权对董事会决议提起撤销。若该决议瑕疵严重到导致决议不成立或无效,那么董事可针对该协议提起公司决议效力确认纠纷。

三、管辖

组织体的事项变更应属于特殊地域管辖,即由公司住所地人民法院管辖。

（一）查明事实

1.被告的主要办事机构所在地;2.主要办事机构所在地不能确定的,被告的注册地或者登记地。

[①] 参见最高人民法院民事审判第二庭:《最高人民法院公司法司法解释(四)理解与适用》,人民法院出版社2017年版,第63页。

(二)法律适用

《民事诉讼法》第22条第2款：对法人或者其他组织提起的民事诉讼，由被告住所地人民法院管辖。

《民事诉讼法》第27条：因公司设立、确认股东资格、分配利润、解散等纠纷提起的诉讼，由公司住所地人民法院管辖。

《民诉法司法解释》第3条：公民的住所地是指公民的户籍所在地，法人或者其他组织的住所地是指法人或者其他组织的主要办事机构所在地。

法人或者其他组织的主要办事机构所在地不能确定的，法人或者其他组织的注册地或者登记地为住所地。

四、审理范围

(一)一诉多求能否合并审理

在公司决议效力确认诉讼中，往往存在一诉多求的现象，例如在同一诉讼中，既主张确认股东会决议无效，又主张确认股权转让合同无效。笔者认为一诉多求不应合并审理。首先诉权性质不同，虽然均为确认之诉，但确认股东会决议属于确认一个法律行为，确认股权转让合同效力属于确认合同的效力，二者性质不同；其次诉讼主体不同，确认股东会决议效力公司为被告，而确认股权转让合同效力的诉讼主体为转让合同的双方当事人；最后两者案由不同，确认股东会决议效力诉讼属于一个纯公司法的诉讼，效力的判断依据是公司法，确认股权转让合同效力之诉，本质是一个合同纠纷、债权纠纷，并不是一个单纯的公司法诉讼。综上所述，对于该类纠纷，应当根据具体诉讼请求的性质与种类，分列几个案件进行审理与裁判。

(二)如何处理确认公司决议有效的请求

当事人要求确认公司决议有效，要根据具体案情分别处理。如无人对诉争决议的效力存有异议，或当事人、利益相关方对诉争决议的效力均不持异议，那么一项法律关系在成立后就是有效的，在未经司法裁判宣布无效之前，其效力是确定的，当事人无须通过司法诉讼来进行确认，此时应当裁定驳回原告的起诉。如诉争决议的效力存在争议，对决议效力持有异议的一方未提起效力确认之诉，但拒不配合履行决议内容，对决议效力不持异议一方提起诉讼要求确认决议有效,该诉讼此时已具备法律上的争诉性,且符合起诉的法定条件,应当依法进行审理。

第二节 新旧《公司法》相关规范对照

一、相关规范梳理

(一)旧《公司法》相关规定

公司决议的无效或被撤销

旧《公司法》第22条:公司股东会或者股东大会、董事会的决议内容违反法律、行政法规的无效。

股东会或者股东大会、董事会的会议召集程序、表决方式违反法律、行政法规或者公司章程,或者决议内容违反公司章程的,股东可以自决议作出之日起六十日内,请求人民法院撤销。

股东依照前款规定提起诉讼的,人民法院可以应公司的请求,要求股东提供相应担保。

公司根据股东会或者股东大会、董事会决议已办理变更登记的,人民法院宣告该决议无效或者撤销该决议后,公司应当向公司登记机关申请撤销变更登记。

(二)《公司法司法解释(四)》相关规定

1. 无效之诉及不成立之诉的原告

《公司法司法解释(四)》第1条规定:公司股东、董事、监事等请求确认股东会或者股东大会、董事会决议无效或者不成立的,人民法院应当依法予以受理。

2. 决议撤销之诉的原告

《公司法司法解释(四)》第2条:依据民法典第八十五条,公司法第二十二条第二款请求撤销股东会或者股东大会、董事会决议的原告,应当在起诉时具有公司股东资格。

3. 其他当事人的诉讼地位

《公司法司法解释（四）》第3条：原告请求确认股东会或者股东大会、董事会决议不成立、无效或者撤销决议的案件，应当列公司为被告。对决议涉及的其他利害关系人，可以依法列为第三人。

一审法庭辩论终结前，其他有原告资格的人以相同的诉讼请求申请参加前款规定诉讼的，可以列为共同原告。

4. 可撤销决议的裁量驳回

《公司法司法解释（四）》第4条：股东请求撤销股东会或者股东大会、董事会决议，符合民法典第八十五条、公司法第二十二条第二款规定的，人民法院应当予以支持，但会议召集程序或者表决方式仅有轻微瑕疵，且对决议未产生实质影响的，人民法院不予支持。

5. 决议不成立

《公司法司法解释（四）》第5条：股东会或者股东大会、董事会决议存在下列情形之一，当事人主张决议不成立的，人民法院应当予以支持：

（一）公司未召开会议的，但依据公司法第三十七条第二款或者公司章程规定可以不召开股东会或者股东大会而直接作出决定，并由全体股东在决定文件上签名、盖章的除外；

（二）会议未对决议事项进行表决的；

（三）出席会议的人数或者股东所持表决权不符合公司法或者公司章程规定的；

（四）会议的表决结果未达到公司法或者公司章程规定的通过比例的；

（五）导致决议不成立的其他情形。

6. 决议无效或者被撤销的效力

《公司法司法解释（四）》第6条：股东会或者股东大会、董事会决议被人民法院判决确认无效或者撤销的，公司依据该决议与善意相对人形成的民事法律关系不受影响。

（三）新《公司法》相关规定

1. 电子通信会议和表决规定

新《公司法》第24条：公司股东会、董事会、监事会召开会议和表决可以采用电子通信方式，公司章程另有规定的除外。

2. 决议无效规定

新《公司法》第 25 条：公司股东会、董事会的决议内容违反法律、行政法规的无效。

3. 决议可撤销规定

新《公司法》第 26 条：公司股东会、董事会的会议召集程序、表决方式违反法律、行政法规或者公司章程，或者决议内容违反公司章程的，股东自决议作出之日起六十日内，可以请求人民法院撤销。但是，股东会、董事会的会议召集程序或者表决方式仅有轻微瑕疵，对决议未产生实质影响的除外。

未被通知参加股东会会议的股东自知道或者应当知道股东会决议作出之日起六十日内，可以请求人民法院撤销；自决议作出之日起一年内没有行使撤销权的，撤销权消灭。

4. 决议不成立规定

新《公司法》第 27 条：有下列情形之一的，公司股东会、董事会的决议不成立：

（一）未召开股东会、董事会会议作出决议；

（二）股东会、董事会会议未对决议事项进行表决；

（三）出席会议的人数或者所持表决权数未达到本法或者公司章程规定的人数或者所持表决权数；

（四）同意决议事项的人数或者所持表决权数未达到本法或者公司章程规定的人数或者所持表决权数。

5. 瑕疵决议的效力规定

新《公司法》第 28 条：公司股东会、董事会决议被人民法院宣告无效、撤销或者确认不成立的，公司应当向公司登记机关申请撤销根据该决议已办理的登记。

股东会、董事会决议被人民法院宣告无效、撤销或者确认不成立的，公司根据该决议与善意相对人形成的民事法律关系不受影响。

二、新旧《公司法》比较

（一）电子通信会议和表决规定纵向比较

公司可以通过电子通信方式召开股东会、董事会、监事会并进行表决，是新

《公司法》新增的规定。以上述方式开会或表决,既可以提高公司决策的效率,也可以节约会议成本。在我国,随着信息技术的发展,以电子通信方式召开会议、进行表决已经具备现实条件,故新《公司法》特增设此条款。然而,采取现场方式还是电子通信方式召开会议、进行表决,属于公司自治事项,所以该条规定,公司章程可以对会议的召开和表决方式另作规定,从而排除该条的适用。

(二)公司决议无效规定纵向比较

关于公司决议无效的规定,新《公司法》未进行实质修改。因新法对于股份有限公司的股东会议不再采用"股东大会"的表述,故决议无效的条款亦随之删去该表述。

(三)公司决议可撤销规定纵向比较

1. 相同之处:(1)提起决议撤销诉讼的主体为股东;(2)决议可撤销情形包括会议召集程序、表决方式违反法律、行政法规或者公司章程,或者决议内容违反公司章程的相关规定。

2. 不同之处:(1)新《公司法》第26条第1款吸收了《公司法司法解释(四)》第4条规定的决议撤销诉讼中的裁量驳回制度。(2)第2款增设了未被通知参加股东会的股东提起撤销之诉的法定期限,保障了这类股东的撤销权利;同时又针对该权利特别规定了为期一年的最长行权期限,以防决议效力长期不稳定。(3)由于股东对瑕疵决议享有撤销权是股东,尤其是中小股东利益受到侵害时的救济途径,是股东利益的应有保护手段,且决议在被法院判决撤销之前属于有效状态,不影响公司日程的经营运转,因此,公司要求起诉撤销决议的股东提供担保不具有足够的必要性,新《公司法》删去了公司该项权利的规定。

3. 修改原因:如果股东会、董事会的召集程序或表决方式仅有轻微瑕疵、几乎不影响决议内容和结果的,在实体上就没有撤销决议、重新召开会议的必要。裁量驳回制度能够节省公司重新召开会议的时间成本、人力物力成本,提高公司的经营效率。该制度作为司法解释条款在实践中适用良好,本次修改将其上升为法律规范,在更高层级的法律中固定下来。

另外,考虑到存在股东未被通知参加股东会会议、对作出股东会决议并不知情的情况,根据原公司法的规定,该类股东可能在毫不知情的情况下丧失对股东会决议的撤销权。因此,新《公司法》第 26 条第 2 款创设了这类股东提起撤销之诉的法定期限规定,填补了旧《公司法》第 22 条第 2 款的法律漏洞,增加了对未被通知参加股东会的股东之权利保障。同时,为了避免这类股东一直未能知道或应当知道股东会决议,导致该决议的效力长期处于不确定的状态,影响公司经营的稳定性和相对人交易的安全性,该条第 2 款特别规定了为期一年的撤销权最长行使期限,该期限不可中断或延长。

(四) 决议不成立规定纵向比较

1. 不同之处:该条为新《公司法》新增条款,吸收了《公司法司法解释(四)》第 5 条的前四项规定,以列举的方式规定了四种主要的决议不成立情形。司法解释规定的第五项"导致决议不成立的其他情形",即兜底条款,未被纳入新《公司法》。

2. 修改原因:决议作为一种民事法律行为,存在是否成立和生效的问题。《民法典》第 134 条第 2 款规定:"法人、非法人组织依照法律或者章程规定的议事方式和表决程序作出决议的,该决议行为成立。"因此,没有依照法律或章程规定的议事方式和表决程序作出的决议不能成立。我国公司法遵循《民法典》的精神和规定,关于决议行为的效力状态,采用"三分法"的体系,即分为决议不成立、无效和可撤销三种状态。此前,对于决议不成立的情形仅在司法解释中予以规定,本次修改正式将不成立的相关规定纳入公司法,上升为更高层级的法律规范。鉴于司法实践中,适用《公司法司法解释(四)》第 5 条的情形较为少见,且决议的成立事关公司决策和经营交易的稳定性,不宜将不成立的情形作宽泛规定,因此本次修改在不成立情形中未规定兜底条款。

(五) 瑕疵决议的效力规定纵向比较

1. 不同之处:将《公司法司法解释(四)》第 6 条"股东会或者股东大会、董事会决议被人民法院判决确认无效或者撤销的,公司依据该决议与善意相对人形成的民事法律关系不受影响"纳入新《公司法》,并在此基础上增加了"确认不成立"的情形,继续完善了决议效力"三分法"的法律规定体系。

2. 修改原因:一方面,司法解释的有关规定适用良好;另一方面,填补了此前缺少不成立决议对外效力认定规则这一法律漏洞。

第三节　实体瑕疵的效力认定

一、查明事实

原告主张决议内容违反了哪些具体规定：1. 公司章程的具体规定；2. 相关法律、行政法规的具体规定。

二、法律规定

（一）公司法总则相关规定

1. 旧《公司法》第 3 条：公司是企业法人，有独立的法人财产，享有法人财产权。公司以其全部财产对公司的债务承担责任。

有限责任公司的股东以其认缴的出资额为限对公司承担责任；股份有限公司的股东以其认购的股份为限对公司承担责任。

对应新《公司法》第 3 条：公司是企业法人，有独立的法人财产，享有法人财产权。公司以其全部财产对公司的债务承担责任。

公司的合法权益受法律保护，不受侵犯。

2. 旧《公司法》第 4 条：公司股东依法享有资产收益、参与重大决策和选择管理者等权利。

对应新《公司法》第 4 条：有限责任公司的股东以其认缴的出资额为限对公司承担责任；股份有限公司的股东以其认购的股份为限对公司承担责任。

公司股东对公司依法享有资产收益、参与重大决策和选择管理者等权利。

（二）有限责任公司的相关规定

1. 旧《公司法》第 25 条：有限责任公司章程应当载明下列事项：

（一）公司名称和住所；

（二）公司经营范围；

（三）公司注册资本；

（四）股东的姓名或者名称；

（五）股东的出资方式、出资额和出资时间；

（六）公司的机构及其产生办法、职权、议事规则；

（七）公司法定代表人；

（八）股东会会议认为需要规定的其他事项。

股东应当在公司章程上签名、盖章。

对应新《公司法》第46条：有限责任公司章程应当载明下列事项：

（一）公司名称和住所；

（二）公司经营范围；

（三）公司注册资本；

（四）股东的姓名或者名称；

（五）股东的出资额、出资方式和出资日期；

（六）公司的机构及其产生办法、职权、议事规则；

（七）公司法定代表人的产生、变更办法；

（八）股东会认为需要规定的其他事项。

股东应当在公司章程上签名或者盖章。

2.旧《公司法》第28条：股东应当按期足额缴纳公司章程中规定的各自所认缴的出资额。股东以货币出资的，应当将货币出资足额存入有限责任公司在银行开设的账户；以非货币财产出资的，应当依法办理其财产权的转移手续。

股东不按照前款规定缴纳出资的，除应当向公司足额缴纳外，还应当向已按期足额缴纳出资的股东承担违约责任。

对应新《公司法》第49条：股东应当按期足额缴纳公司章程规定的各自所认缴的出资额。

股东以货币出资的，应当将货币出资足额存入有限责任公司在银行开设的账户；以非货币财产出资的，应当依法办理其财产权的转移手续。

股东未按期足额缴纳出资的，除应当向公司足额缴纳外，还应当对给公司造成的损失承担赔偿责任。

3.旧《公司法》第33条：股东有权查阅、复制公司章程、股东会会议记录、董事会会议决议、监事会会议决议和财务会计报告。

股东可以要求查阅公司会计账簿。股东要求查阅公司会计账簿的，应当向公司提出书面请求，说明目的。公司有合理根据认为股东查阅会计账簿有不正当目的，可能损害公司合法利益的，可以拒绝提供查阅，并应当自股东提出书面请求之日起十五日内书面答复股东并说明理由。公司拒绝提供查阅的,股东可以请求人民法院要求公司提供查阅。

对应新《公司法》第57条:股东有权查阅、复制公司章程、股东名册、股东会会议记录、董事会会议决议、监事会会议决议和财务会计报告。

股东可以要求查阅公司会计账簿、会计凭证。股东要求查阅公司会计账簿、会计凭证的,应当向公司提出书面请求,说明目的。公司有合理根据认为股东查阅会计账簿、会计凭证有不正当目的,可能损害公司合法利益的,可以拒绝提供查阅,并应当自股东提出书面请求之日起十五日内书面答复股东并说明理由。公司拒绝提供查阅的,股东可以向人民法院提起诉讼。

股东查阅前款规定的材料,可以委托会计师事务所、律师事务所等中介机构进行。

股东及其委托的会计师事务所、律师事务所等中介机构查阅、复制有关材料,应当遵守有关保护国家秘密、商业秘密、个人隐私、个人信息等法律、行政法规的规定。

股东要求查阅、复制公司全资子公司相关材料的,适用前四款的规定。

4.旧《公司法》第34条:股东按照实缴的出资比例分取红利;公司新增资本时,股东有权优先按照实缴的出资比例认缴出资。但是,全体股东约定不按照出资比例分取红利或者不按照出资比例优先认缴出资的除外。

对应新《公司法》第227条:有限责任公司增加注册资本时,股东在同等条件下有权优先按照实缴的出资比例认缴出资。但是,全体股东约定不按照出资比例优先认缴出资的除外。

股份有限公司为增加注册资本发行新股时,股东不享有优先认购权,公司章程另有规定或者股东会决议决定股东享有优先认购权的除外。

5.旧《公司法》第35条:公司成立后,股东不得抽逃出资。

对应新《公司法》第53条第1款:公司成立后,股东不得抽逃出资。

(三)股份有限公司的相关规定

1.旧《公司法》第81条:股份有限公司章程应当载明下列事项:

(一)公司名称和住所;

(二)公司经营范围;

(三)公司设立方式;

（四）公司股份总数、每股金额和注册资本；

（五）发起人的姓名或者名称、认购的股份数、出资方式和出资时间；

（六）董事会的组成、职权和议事规则；

（七）公司法定代表人；

（八）监事会的组成、职权和议事规则；

（九）公司利润分配办法；

（十）公司的解散事由与清算办法；

（十一）公司的通知和公告办法；

（十二）股东大会会议认为需要规定的其他事项。

对应新《公司法》第95条：股份有限公司章程应当载明下列事项：

（一）公司名称和住所；

（二）公司经营范围；

（三）公司设立方式；

（四）公司注册资本、已发行的股份数和设立时发行的股份数，面额股的每股金额；

（五）发行类别股的，每一类别股的股份数及其权利和义务；

（六）发起人的姓名或者名称、认购的股份数、出资方式；

（七）董事会的组成、职权和议事规则；

（八）公司法定代表人的产生、变更办法；

（九）监事会的组成、职权和议事规则；

（十）公司利润分配办法；

（十一）公司的解散事由与清算办法；

（十二）公司的通知和公告办法；

（十三）股东会认为需要规定的其他事项。

2.旧《公司法》第91条：发起人、认股人缴纳股款或者交付抵作股款的出资后，除未按期募足股份、发起人未按期召开创立大会或者创立大会决议不设立公司的情形外，不得抽回其股本。

对应新《公司法》第105条：公司设立时应发行的股份未募足，或者发行股份的股款缴足后，发起人在三十日内未召开成立大会的，认股人可以按照所缴股款并加算银行同期存款利息，要求发起人返还。

发起人、认股人缴纳股款或者交付非货币财产出资后,除未按期募足股份、发起人未按期召开成立大会或者成立大会决议不设立公司的情形外,不得抽回其股本。

3.旧《公司法》第97条:股东有权查阅公司章程、股东名册、公司债券存根、股东大会会议记录、董事会会议决议、监事会会议决议、财务会计报告,对公司的经营提出建议或者质询。

对应新《公司法》第110条:股东有权查阅、复制公司章程、股东名册、股东会会议记录、董事会会议决议、监事会会议决议、财务会计报告,对公司的经营提出建议或者质询。

连续一百八十日以上单独或者合计持有公司百分之三以上股份的股东要求查阅公司的会计账簿、会计凭证的,适用本法第五十七条第二款、第三款、第四款的规定。公司章程对持股比例有较低规定的,从其规定。

股东要求查阅、复制公司全资子公司相关材料的,适用前两款的规定。

上市公司股东查阅、复制相关材料的,应当遵守《中华人民共和国证券法》等法律、行政法规的规定。

(四)公司财务、会计的相关规定

1.旧《公司法》第166条:公司分配当年税后利润时,应当提取利润的百分之十列入公司法定公积金。公司法定公积金累计额为公司注册资本的百分之五十以上的,可以不再提取。

公司的法定公积金不足以弥补以前年度亏损的,在依照前款规定提取法定公积金之前,应当先用当年利润弥补亏损。

公司从税后利润中提取法定公积金后,经股东会或者股东大会决议,还可以从税后利润中提取任意公积金。

公司弥补亏损和提取公积金后所余税后利润,有限责任公司依照本法第三十四条的规定分配;股份有限公司按照股东持有的股份比例分配,但股份有限公司章程规定不按持股比例分配的除外。

股东会、股东大会或者董事会违反前款规定,在公司弥补亏损和提取法定公积金之前向股东分配利润的,股东必须将违反规定分配的利润退还公司。

公司持有的本公司股份不得分配利润。

对应新《公司法》第210条:公司分配当年税后利润时,应当提取利润的百分之十列入公司法定公积金。公司法定公积金累计额为公司注册资本的百分之五十以上的,可以不再提取。

公司的法定公积金不足以弥补以前年度亏损的,在依照前款规定提取法定公积金之前,应当先用当年利润弥补亏损。

公司从税后利润中提取法定公积金后,经股东会决议,还可以从税后利润中提取任意公积金。

公司弥补亏损和提取公积金后所余税后利润,有限责任公司按照股东实缴的出资比例分配利润,全体股东约定不按照出资比例分配利润的除外;股份有限公司按照股东所持有的股份比例分配利润,公司章程另有规定的除外。

公司持有的本公司股份不得分配利润。

2.旧《公司法》第168条:公司的公积金用于弥补公司的亏损、扩大公司生产经营或者转为增加公司资本。但是,资本公积金不得用于弥补公司的亏损。

法定公积金转为资本时,所留存的该项公积金不得少于转增前公司注册资本的百分之二十五。

对应新《公司法》第214条:公司的公积金用于弥补公司的亏损、扩大公司生产经营或者转为增加公司注册资本。

公积金弥补公司亏损,应当先使用任意公积金和法定公积金;仍不能弥补的,可以按照规定使用资本公积金。

法定公积金转为增加注册资本时,所留存的该项公积金不得少于转增前公司注册资本的百分之二十五。

3.旧《公司法》第171条:公司除法定的会计账簿外,不得另立会计账簿。

对公司资产,不得以任何个人名义开立账户存储。

对应新《公司法》第217条:公司除法定的会计账簿外,不得另立会计账簿。

对公司资金,不得以任何个人名义开立账户存储。

(五)《民法典》相关规定

1.《民法典》第153条:违反法律、行政法规的强制性规定的民事法律行为无效。但是,该强制性规定不导致该民事法律行为无效的除外。

违背公序良俗的民事法律行为无效。

2.《民法典》第154条:行为人与相对人恶意串通,损害他人合法权益的民事法律行为无效。

三、常见问题

(一)决议内容违反公司章程:可撤销

需要注意的是,若公司全体股东就公司管理或权利分配等事项达成过一致协议,涉诉决议内容符合全体股东的一致约定,但与公司章程的规定不符,是否属于可撤销的情形?笔者认为这种情况下,该决议仍然可撤销。首先,股东协议与公司章程虽然都是法律行为,但是二者之间存在本质区别。股东协议属于契约法的范畴,只能约束协议当事人;而公司章程属于组织体行为规定,可以规范公司的股东、董事、监事、高管、其他员工等。其次,公司章程的修改有法律规定的程序要求,欲修改公司章程,必须按照程序进行,否则就应按照原章程执行。最后,若全体股东就某一问题达成一致协议,那么股东可以通过正规流程来修改公司章程。司法判决不能跳过公司章程修改的流程,直接对股东协议进行等同于公司章程的认定。

(二)决议内容违反法律、行政法规:无效

常见情形有以下三类:

1. 侵害公司利益。根据新《公司法》第3条的规定,公司是企业法人,享有法人财产权,公司的合法权益受法律保护,不受侵犯。内容侵害公司法人独立财产权、违反公司资本维持原则的,决议应属无效。

2. 侵害公司股东利益。投资者的合法权利受法律保护,包括但不限于股东的知情权、参与决策权、利润分配请求权、选择管理者权、优先购买权等,内容侵害股东合法权益的决议应属无效。

该类情形以侵害中小股东利益最为常见。例如,公司决议在未经中小股东本人同意的情况下处分其股权,或直接要求其退出公司、将股权转让;股东会作出的增资决议,剥夺了部分中小股东的优先认缴权等。然而,实践中,由于具体商业行为的背景和影响较为复杂,对于决议无效的法律评价不等于无效后必然产生恢复原状的法律后果。例如,在某些特殊情况下,公司增资具有正当目的、决议已经履行、恢复原状成本较高、股东本身认缴意愿并不强烈的,基于平衡维护交易稳定、节约社会资源和股东权利救济等多项利益之间的冲突,实现社会效益最大化的考量,亦有突破恢复原状的空间。当股东难以通过决议无效恢复

至增资前的状态,此时亦可通过诸如提起损害赔偿诉讼的方式进行救济。

3. 其他违反法律强制性规定。公司决议属于民事法律行为,应遵守相关的效力规则。当公司决议存在意思表示虚假、恶意串通损害他人权益、违背公序良俗以及违反法律、行政法规强制性规定等情形时,决议亦属无效。

典型案例 张某诉某论坛公司决议效力确认纠纷案[①]

【裁判要旨】

1. 有限责任公司可以在公司章程中约定股东除名事由,并据此作出股东除名决议。被除名股东认为决议内容违反法律、行政法规的,可以向人民法院提起请求确认决议无效之诉。

2. 公司在章程中未约定除名事由,或虽通过修订章程增加了股东除名事由,但被除名股东未表决同意,公司作出除名决议后,被除名股东请求确认决议无效的,法院应当着重审查除名决议是否具有实质上的正当性和重大必要性,除名事由不构成严重影响公司存续、损害公司利益情形,且侵害被除名股东公平交易权的,依法应当认定为无效。

【案情简介】

某论坛公司原登记在册的股东为:王某甲(出资数额612万元)、王某乙(出资数额102万元)、张某(出资数额102万元)、钟某(出资数额102万元)、管某(出资数额102万元)。张某及其控股的案外公司与某论坛公司存在商业往来,后双方发生纠纷,中国国际经济贸易仲裁委员会裁决张某向某论坛公司支付转让款1100万元及逾期利息。2020年2月,某论坛公司通过股东会决议,将"存在其他损害公司利益和名誉的行为"作为股东除名的情形,除张某外的其他股东均签字确认。2020年8月,某论坛公司召开临时股东会,决议修改公司章程,在"存在其他损害公司利益和名誉的行为"后又增加了"拖欠公司及相关机构款项"作为股东除名的情形,并决议解除了张某的股东资格,由王某乙按照张某原认缴出资价格受让张某的股权。除张某外的其他股东在相关决

[①] 参见北京市第二中级人民法院(2021)京02民终11195号民事判决书。

议上签字。后张某认为,某论坛公司的上述决议严重侵犯其股东权利,诉至法院请求确认相关决议无效。

某论坛公司辩称,公司作出的临时股东会决议均合法合章,程序正当,不存在无效的法定事由。某论坛公司解除张某股东身份,已提供合理对价,未侵害其股东固有权益。故反诉请求法院确认相关决议有效,并判令张某配合完成相应工商变更登记程序。

【裁判结果】

一审法院认为,某论坛公司的相关决议已超出现行法律框架,且明显具有事后性,在此基础上作出的决议内容实质上剥夺了张某对自身股权的处分权,客观上侵害了张某作为股权持有者的合法权利,显然有悖公平原则,应属无效。判决:某论坛公司的相关决议无效。

某论坛公司不服一审判决,提起上诉。二审法院经审理认为,第一,案涉股东会决议不符合《公司法司法解释(三)》第17条规定的法定除名情形。第二,案涉股东会决议内容违反法律、行政法规规定。虽然现行法律、行政法规未禁止公司就股东除名事项和事由进行约定,但相关内容应当符合法律规定,不得侵害其他股东的合法权益。本案中,首先,某论坛公司成立时的公司章程中对于股东退出机制并无约定,案涉股东会会议召开时,张某已与公司产生债权债务纠纷,关于股东除名的相关内容对张某具有针对性。其次,对于某论坛公司与张某及其控股公司之间的纠纷已由中国国际经济贸易仲裁委员会作出仲裁裁决,且某论坛公司亦已对此申请强制执行,其已通过法律途径保障了自身权益。在此情况下,某论坛公司再次以相同事由解除张某的股东资格缺乏合理性,损害了张某依法享有的股东权利。最后,股东的出资额仅系其对公司所投入的出资数额。其所持股权的实际价值受公司的经营状况、发展预期等因素影响,与出资额并不能当然等同。案涉股东会决议以对应的公司注册资本确认张某所持股权的转让价格缺乏事实依据,损害了股东的相应财产权利。综上所述,判决驳回上诉,维持原判。

【案例评析】

公司章程是公司自治的"宪章",司法尊重公司自治,但同时必须区分初始章程与修订章程中关于股东除名事由约定的效力。设立有限责任公司,由全体股东共同制定公司章程,体现的是全体股东的意志。因此,对于初始章程中约定的股东除名事由,在不违反法律、行政法规强制性规定的情况下,据此作出的股东除名的相关公司决议依法应当认定为有效。但对于修订章程,由于其只需通过资本多数决即可表决通过,因此在认定相关涉及股东除名事项的公司决议的效力时,必须慎重认定以下事项:

第一,关于股东除名事由的决议应当体现全体股东的共同意志。由于股东除名行为的后果是使股东丧失股东资格,对股东的权利影响重大,因此公司关于股东除名制度的相关决议及约定必须遵循立法原则及立法目的,尊重公平自治原则,并经全体股东同意,以避免公司或大股东滥用除名规则损害中小股东的权利。第二,约定的股东除名事由不应具有特定指向性和明确的针对性。若公司在与特定股东产生冲突时作出除名决议,则公司将有滥用除名制度,损害特定股东合法权益的嫌疑。对于违反公平原则的公司决议应当依法认定为无效。第三,在作出除名决议的同时应保障被除名股东的公平交易权。股东被除名后应当对其所持公司股权进行处理。在此过程中,应依据相关法律规定,通过减资程序或股权转让等方式对股权进行处置,保障被除名股东的合法权利。

本案中,鉴于某论坛公司在公司章程中增加股东除名事由及对张某进行除名的相关公司决议,系在公司与张某已经产生法律纠纷、进入对抗状态之后作出,具有明显的针对性及指向性,且侵害了张某的公平交易权,因此法院认定某论坛公司的相关决议超出了现行法律框架,违反了公平原则,依法应认定为无效。

典型案例 徐某诉某水泥公司公司决议效力确认纠纷案[①]

【裁判要旨】

侵害股东优先认缴权的公司增资决议的效力认定,应当从股东优先认缴权和公司决议的性质出发,充分运用法律解释方法,不轻易否定决议效力。并通过法益衡量方法,在股东比例利益与公司整体利益、交易稳定利益之间进行权衡,验证对决议效力的判断。

决议内容未违反法律、行政法规的强制性规定,且公司增资具有正当目的,

[①] 参见北京市第二中级人民法院(2019)京02民终3289号民事判决书。

决议已经履行、恢复原状成本较高的,对股东确认增资决议无效的诉讼请求,应当不予支持。

【案情简介】

2002年7月25日,某水泥公司成立,注册资本2900万元。经过两次决议增资和部分股权转让后,截至2013年5月6日,某水泥公司注册资本为6500万元,股东为兰溪某公司、徐某、章某等八人,其中,前述三人分别持股25.10%、15.06%、8.94%。

2013年,某水泥公司面临较大的环保压力,需要资金解决发展问题。经营管理层提议公司增资3500万元,总经理叶某与除徐某外的股东进行协商后,公司制作了《第三届第六次股东会决议》,内容为"本次会议形成如下决定:1.通过公司新章程;2.通过了公司增加注册资本金的决议,同意增加公司注册资本金3500万元;3.同意由股东章某以货币方式增加出资2795万元;4.同意由兰溪某公司以货币方式增加出资705万元;5.公司各股东按出资比例在公司享有权利和承担责任"。兰溪某公司、章某等五位股东在该协议上签名或盖章,签章股东持股比例共计84.36%。2013年6月8日,某水泥公司办理工商变更登记,备案了该次增资后的公司章程,注册资本变更为1亿元。工商档案显示章某、兰溪某公司实缴了前述认缴的增资,徐某持有的公司股权比例从15.06%降为9.795%。

2017年6月30日,徐某前往工商局查询公司资料,得知此次决议内容,后以该决议非法剥夺其享有的增资优先认缴权为由,起诉要求确认决议无效。某水泥公司辩称已与徐某就增资事项进行了协商,徐某对此予以否认,某水泥公司亦未举证证明。经询,徐某称涉案决议如被认定无效,其随后是否行使、如何行使优先认缴权,与本案无关。

【裁判结果】

一审法院判决驳回徐某的诉讼请求。徐某不服原审判决,提起上诉。二审法院经审理认为,旧《公司法》第34条关于股东享有增资优先认缴权的规定是否属于效力性强制性规定。首先,就形式识别而言,判断标准在于立法是否允许各方另行约定。对于任意性规定,当事人可以作出不同于法律规定的事务安排,当事人的自由意志可以优先于立法者的意志。根据上述标准,《公司法》第34条属于任意性规定而非强制性规定。其次,就实质识别而言,违反规定将损害国家利益或社会公共利益的,应当认定该规定系效力性强制性规定。徐某与公司之间关于股东会决议效力的争议,属于公司内部纠纷,影响的是股东个人利益,不涉国家利益或社会公共利益。因此,旧《公司法》第34条不属于效力性强制性规定。

此外,从利益衡量的视角,该项决议内容亦不宜认定为无效。第一,此次增资具有正当目的。北京地区的水泥行业当时所面临的发展形势较为严峻,此次增资是从公司的整体利益出发,以便筹集资金,提升环保技术,应对市场变化,配合政府管理,履行社会责任。在当时的情形下,股东及管理层及时作出相应的经营判断和决策,是合理的,不存在部分股东在无增资必要的情况下,滥用资本多数决原则,故意稀释小股东持股比例的情形。第二,维护商事活动安全系审理公司诉讼案件的原则之一。股东会决议的效力关系到公司、股东、债权人等多方主体的利益,若将所有违反法律规定的决议效力一概认定为无效,将会使市场交易主体丧失对交易安全的信任,影响交易效率,可能造成新的、更大的不公平。对于违法行为,股东可通过其他途径,对其受损权利予以救济。基于平衡维护交易稳定、节约社会资源和股东权利救济等多项利益之间的冲突,实现社会效益最大化的考量,不应否定此项决议的效力。综上,判决驳回上诉,维持原判。

【案例评析】

优先认缴权是维护股东在收益权和表决权上的比例利益的具体股东权利。当该权利被公司的增资决议侵害时,如何认定决议效力,应当充分运用法律解释方法,认定有关优先认缴权的规定是否属于强制性规定,并审查决议内容是否违反公司本质,从而判断决议效力。并通过法益衡量方法,在股东比例利益与公司整体利益、交易稳定利益之间进行权衡,结合其他可寻求的救济途径,验证对决议效力的判断。

第一,从合法性视角——基于法律解释的方法。通过文义解释和目的解释的方法可以看出,公司法有关股东优先认缴权的规定不属于强制性规定。首先该条中不存在"应当""必须""不得""禁止"等表征强制性的词语;其次,该条明示优先认缴权可通过股东之间的约定予以限制或排除;最后,从目的解释角度,该规定并未涉及金融安全、市场秩序、国家宏观政策等公共利益或公序良俗。可见,该规定不属于当事人必须遵从、不允许变更或排除的强制性规定。本案中,决议"内容"是对公司增资事项的具体安排,属于公司内部自治范畴,虽然造成侵害股东优先认缴权的后果,存在侵权行为,但内容本身不违反法律、行政法规的强制性规定,亦不存在违反公司人格独立原则和有限责任原则的情形,不应被认定为无效。

第二,从合理性视角——基于法益衡量的方法。判断决议效力应结合个案情形,即在初步认定决议效力后,根据法益衡量的方法进行检验校正,最终确定决议的效力。首先,考察决议目的,进行公司整体利益与股东个人利益的衡量。本案中,涉案增资决议是在公司面临环保压力被令停产、急需资金解决问题的生存攸关背景下进行,具有正当目的。为维护股东个人的优先认缴权,去否定公司的增资方案,从而威胁到公司的正常经营存续,使公司的整体利益受损,那么股东个人的利益也将成为无源之水,难以为继。在此情况下,应优先考虑公司的整体利益,不应轻易否定增资决议的效力。其次,考察决议履行情况,进行交易稳定利益与股东比例利益的衡量。本案中,公司于2013年6月完成增资,股东于2017年9月提起诉讼,时隔四年有余,此时若否定决议效力,将严重损害交易安全稳定。若认定决议无效、继而恢复原状后,原告拒绝认缴增资,或无法实缴出资,导致公司重新陷入生存困境,需要重新由其他股东认缴增资,将严重浪费社会成本,大大降低交易效率,损害公司、股东、债权人利益。在此情况下,应优先考虑交易稳定利益,不应轻易否定增资决议的效力。

第四节 程序瑕疵的效力认定

公司决议的效力亦因程序瑕疵的严重程度不同而予以区分。不成立的决议,其程序瑕疵的严重程度远远高于可撤销的决议。一般的程序瑕疵,尚有补正之余地:法律一方面将是否撤销决议的选择权赋予股东,凸显了对公司自治和股东权利的尊重;另一方面对于未造成实质影响的轻微程序瑕疵,也允许法院裁量驳回撤销决议的诉请。而当程序瑕疵严重到有违公司自治与股权平等保护的基本原则时,则应认定决议不成立,通常也无法通过其他途径进行补正。

一、查明事实

1.召集人员的身份;2.通知义务的履行情况;3.会议是否实际召开;4.与会

人员数量、代表表决权的比例;5.主持人的身份;6.有效表决的比例;7.会议签名情况;8.决议作出之日或相关股东知道、应当知道决议作出之日;9.会议召集召开程序、表决方式是否违反法律、行政法规或者公司章程。

二、法律适用

(一)有限责任公司的相关规定

1.旧《公司法》第37条:股东会行使下列职权:

(一)决定公司的经营方针和投资计划;

(二)选举和更换非由职工代表担任的董事、监事,决定有关董事、监事的报酬事项;

(三)审议批准董事会的报告;

(四)审议批准监事会或者监事的报告;

(五)审议批准公司的年度财务预算方案、决算方案;

(六)审议批准公司的利润分配方案和弥补亏损方案;

(七)对公司增加或者减少注册资本作出决议;

(八)对发行公司债券作出决议;

(九)对公司合并、分立、解散、清算或者变更公司形式作出决议;

(十)修改公司章程;

(十一)公司章程规定的其他职权。

对前款所列事项股东以书面形式一致表示同意的,可以不召开股东会会议,直接作出决定,并由全体股东在决定文件上签名、盖章。

对应新《公司法》第59条:股东会行使下列职权:

(一)选举和更换董事、监事,决定有关董事、监事的报酬事项;

(二)审议批准董事会的报告;

(三)审议批准监事会的报告;

(四)审议批准公司的利润分配方案和弥补亏损方案;

(五)对公司增加或者减少注册资本作出决议;

(六)对发行公司债券作出决议;

(七)对公司合并、分立、解散、清算或者变更公司形式作出决议;

(八)修改公司章程;

（九）公司章程规定的其他职权。

股东会可以授权董事会对发行公司债券作出决议。

对本条第一款所列事项股东以书面形式一致表示同意的,可以不召开股东会会议,直接作出决定,并由全体股东在决定文件上签名或者盖章。

2. 旧《公司法》第 38 条:首次股东会会议由出资最多的股东召集和主持,依照本法规定行使职权。

对应新《公司法》第 61 条:首次股东会会议由出资最多的股东召集和主持,依照本法规定行使职权。

3. 旧《公司法》第 39 条:股东会会议分为定期会议和临时会议。

定期会议应当依照公司章程的规定按时召开。代表十分之一以上表决权的股东,三分之一以上的董事,监事会或者不设监事会的公司的监事提议召开临时会议的,应当召开临时会议。

对应新《公司法》第 62 条:股东会会议分为定期会议和临时会议。

定期会议应当按照公司章程的规定按时召开。代表十分之一以上表决权的股东、三分之一以上的董事或者监事会提议召开临时会议的,应当召开临时会议。

4. 旧《公司法》第 40 条:有限责任公司设立董事会的,股东会会议由董事会召集,董事长主持;董事长不能履行职务或者不履行职务的,由副董事长主持;副董事长不能履行职务或者不履行职务的,由半数以上董事共同推举一名董事主持。

有限责任公司不设董事会的,股东会会议由执行董事召集和主持。

董事会或者执行董事不能履行或者不履行召集股东会会议职责的,由监事会或者不设监事会的公司的监事召集和主持;监事会或者监事不召集和主持的,代表十分之一以上表决权的股东可以自行召集和主持。

对应新《公司法》第 63 条:股东会会议由董事会召集,董事长主持;董事长不能履行职务或者不履行职务的,由副董事长主持;副董事长不能履行职务或者不履行职务的,由过半数的董事共同推举一名董事主持。

董事会不能履行或者不履行召集股东会会议职责的,由监事会召集和主持;监事会不召集和主持的,代表十分之一以上表决权的股东可以自行召集和主持。

5. 旧《公司法》第 41 条:召开股东会会议,应当于会议召开十五日前通知全体股东;但是,公司章程另有规定或者全体股东另有约定的除外。

股东会应当对所议事项的决定作成会议记录,出席会议的股东应当在会议记录上签名。

对应新《公司法》第64条:召开股东会会议,应当于会议召开十五日前通知全体股东;但是,公司章程另有规定或者全体股东另有约定的除外。

股东会应当对所议事项的决定作成会议记录,出席会议的股东应当在会议记录上签名或者盖章。

6.旧《公司法》第42条:股东会会议由股东按照出资比例行使表决权;但是,公司章程另有规定的除外。

对应新《公司法》第65条:股东会会议由股东按照出资比例行使表决权;但是,公司章程另有规定的除外。

7.旧《公司法》第43条:股东会的议事方式和表决程序,除本法有规定的外,由公司章程规定。

股东会会议作出修改公司章程、增加或者减少注册资本的决议,以及公司合并、分立、解散或者变更公司形式的决议,必须经代表三分之二以上表决权的股东通过。

对应新《公司法》第66条:股东会的议事方式和表决程序,除本法有规定的外,由公司章程规定。

股东会作出决议,应当经代表过半数表决权的股东通过。

股东会作出修改公司章程、增加或者减少注册资本的决议,以及公司合并、分立、解散或者变更公司形式的决议,应当经代表三分之二以上表决权的股东通过。

8.旧《公司法》第47条:董事会会议由董事长召集和主持;董事长不能履行职务或者不履行职务的,由副董事长召集和主持;副董事长不能履行职务或者不履行职务的,由半数以上董事共同推举一名董事召集和主持。

对应新《公司法》第72条:董事会会议由董事长召集和主持;董事长不能履行职务或者不履行职务的,由副董事长召集和主持;副董事长不能履行职务或者不履行职务的,由过半数的董事共同推举一名董事召集和主持。

9.旧《公司法》第48条:董事会的议事方式和表决程序,除本法有规定的外,由公司章程规定。

董事会应当对所议事项的决定作成会议记录,出席会议的董事应当在会议记录上签名。

第七章 公司决议纠纷

董事会决议的表决,实行一人一票。

对应新《公司法》第73条:董事会的议事方式和表决程序,除本法有规定的外,由公司章程规定。

董事会会议应当有过半数的董事出席方可举行。董事会作出决议,应当经全体董事的过半数通过。

董事会决议的表决,应当一人一票。

董事会应当对所议事项的决定作成会议记录,出席会议的董事应当在会议记录上签名。

(二)股份有限公司的相关规定

1.旧《公司法》第101条:股东大会会议由董事会召集,董事长主持;董事长不能履行职务或者不履行职务的,由副董事长主持;副董事长不能履行职务或者不履行职务的,由半数以上董事共同推举一名董事主持。

董事会不能履行或者不履行召集股东大会会议职责的,监事会应当及时召集和主持;监事会不召集和主持的,连续九十日以上单独或者合计持有公司百分之十以上股份的股东可以自行召集和主持。

对应新《公司法》第114条:股东会会议由董事会召集,董事长主持;董事长不能履行职务或者不履行职务的,由副董事长主持;副董事长不能履行职务或者不履行职务的,由过半数的董事共同推举一名董事主持。

董事会不能履行或者不履行召集股东会会议职责的,监事会应当及时召集和主持;监事会不召集和主持的,连续九十日以上单独或者合计持有公司百分之十以上股份的股东可以自行召集和主持。

单独或者合计持有公司百分之十以上股份的股东请求召开临时股东会会议的,董事会、监事会应当在收到请求之日起十日内作出是否召开临时股东会会议的决定,并书面答复股东。

2.旧《公司法》第102条:召开股东大会会议,应当将会议召开的时间、地点和审议的事项于会议召开二十日前通知各股东;临时股东大会应当于会议召开十五日前通知各股东;发行无记名股票的,应当于会议召开三十日前公告会议召开的时间、地点和审议事项。

单独或者合计持有公司百分之三以上股份的股东,可以在股东大会召开十日前提出临时提案并书面提交董事会;董事会应当在收到提案后二日内通知其他股东,并将该临时提案提交股东大会审议。临时提案的内容应当属于股东大会职权范围,并有明确议题和具体决议事项。

股东大会不得对前两款通知中未列明的事项作出决议。

无记名股票持有人出席股东大会会议的,应当于会议召开五日前至股东大会闭会时将股票交存于公司。

对应新《公司法》第115条:召开股东会会议,应当将会议召开的时间、地点和审议的事项于会议召开二十日前通知各股东;临时股东会会议应当于会议召开十五日前通知各股东。

单独或者合计持有公司百分之一以上股份的股东,可以在股东会会议召开十日前提出临时提案并书面提交董事会。临时提案应当有明确议题和具体决议事项。董事会应当在收到提案后二日内通知其他股东,并将该临时提案提交股东会审议;但临时提案违反法律、行政法规或者公司章程的规定,或者不属于股东会职权范围的除外。公司不得提高提出临时提案股东的持股比例。

公开发行股份的公司,应当以公告方式作出前两款规定的通知。

股东会不得对通知中未列明的事项作出决议。

3. 旧《公司法》第103条:股东出席股东大会会议,所持每一股份有一表决权。但是,公司持有的本公司股份没有表决权。

股东大会作出决议,必须经出席会议的股东所持表决权过半数通过。但是,股东大会作出修改公司章程、增加或者减少注册资本的决议,以及公司合并、分立、解散或者变更公司形式的决议,必须经出席会议的股东所持表决权的三分之二以上通过。

对应新《公司法》第116条:股东出席股东会会议,所持每一股份有一表决权,类别股股东除外。公司持有的本公司股份没有表决权。

股东会作出决议,应当经出席会议的股东所持表决权过半数通过。

股东会作出修改公司章程、增加或者减少注册资本的决议,以及公司合并、分立、解散或者变更公司形式的决议,应当经出席会议的股东所持表决权的三分之二以上通过。

4. 旧《公司法》第106条:股东可以委托代理人出席股东大会会议,代理人应当向公司提交股东授权委托书,并在授权范围内行使表决权。

对应新《公司法》第118条:股东委托代理人出席股东会会议的,应当明确代理人代理的事项、权限和期限;代理人应当向公司提交股东授权委托书,并在授权范围内行使表决权。

5.旧《公司法》第107条:股东大会应当对所议事项的决定作成会议记录,主持人、出席会议的董事应当在会议记录上签名。会议记录应当与出席股东的签名册及代理出席的委托书一并保存。

对应新《公司法》第119条:股东会应当对所议事项的决定作成会议记录,主持人、出席会议的董事应当在会议记录上签名。会议记录应当与出席股东的签名册及代理出席的委托书一并保存。

6.旧《公司法》第109条:董事会设董事长一人,可以设副董事长。董事长和副董事长由董事会以全体董事的过半数选举产生。

董事长召集和主持董事会会议,检查董事会决议的实施情况。副董事长协助董事长工作,董事长不能履行职务或者不履行职务的,由副董事长履行职务;副董事长不能履行职务或者不履行职务的,由半数以上董事共同推举一名董事履行职务。

对应新《公司法》第122条:董事会设董事长一人,可以设副董事长。董事长和副董事长由董事会以全体董事的过半数选举产生。

董事长召集和主持董事会会议,检查董事会决议的实施情况。副董事长协助董事长工作,董事长不能履行职务或者不履行职务的,由副董事长履行职务;副董事长不能履行职务或者不履行职务的,由过半数的董事共同推举一名董事履行职务。

7.旧《公司法》第110条:董事会每年度至少召开两次会议,每次会议应当于会议召开十日前通知全体董事和监事。

代表十分之一以上表决权的股东、三分之一以上董事或者监事会,可以提议召开董事会临时会议。董事长应当自接到提议后十日内,召集和主持董事会会议。

董事会召开临时会议,可以另定召集董事会的通知方式和通知时限。

对应新《公司法》第123条:董事会每年度至少召开两次会议,每次会议应当于会议召开十日前通知全体董事和监事。

代表十分之一以上表决权的股东、三分之一以上董事或者监事会,可以提议召开临时董事会会议。董事长应当自接到提议后十日内,召集和主持董事会会议。

董事会召开临时会议,可以另定召集董事会的通知方式和通知时限。

8.旧《公司法》第111条:董事会会议应有过半数的董事出席方可举行。董事会作出决议,必须经全体董事的过半数通过。

董事会决议的表决,实行一人一票。

对应新《公司法》第124条:董事会会议应当有过半数的董事出席方可举行。董事会作出决议,应当经全体董事的过半数通过。

董事会决议的表决,应当一人一票。

董事会应当对所议事项的决定作成会议记录,出席会议的董事应当在会议记录上签名。

9.旧《公司法》第112条:董事会会议,应由董事本人出席;董事因故不能出席,可以书面委托其他董事代为出席,委托书中应载明授权范围。

董事会应当对会议所议事项的决定作成会议记录,出席会议的董事应当在会议记录上签名。

董事应当对董事会的决议承担责任。董事会的决议违反法律、行政法规或者公司章程、股东大会决议,致使公司遭受严重损失的,参与决议的董事对公司负赔偿责任。但经证明在表决时曾表明异议并记载于会议记录的,该董事可以免除责任。

对应新《公司法》第125条:董事会会议,应当由董事本人出席;董事因故不能出席,可以书面委托其他董事代为出席,委托书应当载明授权范围。

董事应当对董事会的决议承担责任。董事会的决议违反法律、行政法规或者公司章程、股东会决议,给公司造成严重损失的,参与决议的董事对公司负赔偿责任;经证明在表决时曾表明异议并记载于会议记录的,该董事可以免除责任。

三、常见程序瑕疵的效力认定

(一)会议召集阶段

1.召集人员不符合法律规定

会议的存在必须以有效召集为前提,而履行召集程序则是有效召集的基础。召集程序应当由法律或者公司章程规定的召集人启动。按照先后顺位,股东会的召集权归属于董事会、监事会、个别股东等特定主体,董事会的召集权归属于董事长、副董事长等特定主体,且仅有在前顺位的召集权人不履行或不能履行召集职责时,后顺位召集权人才有权召集。非法召集的股东会议、董事会议不具有合法公司意思机关的地位,客观上仅能视为群体的集会,并不具备作出决议的能力和资格。因此,对于不具有召集权的机构或者人员召集的股东会或者董事会,以及违反顺位的召集,均存在程序上的瑕疵。

但是在特殊情况下,无召集权的机构或者人员具有看似具备召集权的外观。比如,董事长未经董事会决议擅自召集,或者伪造了董事会决议召集股东会的,股东在不知情的情况下会认为董事长有权利召集股东会。这样的股东会会议所作出的决议属于可撤销之列,公司股东可诉请法院将其撤销。需要注意的是,对召集人不能僵化地进行字面理解,由召集人指派的实际经办人,受召集人的委托,在委托权限内实施的行为应视为召集人的行为。故虽然实际实施召集、通知等工作的系经办人,但该情形不属于程序瑕疵。

2. 未依法履行通知义务

合法的召集程序是公司会议正当性和合法性的前提。公司未通知全体股东参会的,该会议未实际召开,相关决议必然不成立。公司未通知部分股东,导致该部分股东未参加股东会的,如果决议实际出席人数和表决数量均不符合法律、章程规定,则决议不成立;如果符合,则属于可撤销。因为股东会决议有严格的程式,没有通知部分人参会,剥夺了该部分参会人员发表意见的机会、说服别人的可能性和参与公司治理权利,属于明显的程序不当,不属于轻微瑕疵。为了平衡当事人的权利保护与公司的正常经营,该情形下的瑕疵决议,应属于可撤销,而非不成立。即权利人在合法期间内可以主张撤销,如其未主张,则决议是成立的,否则将影响公司行为的稳定性和可预期性。

3. 未在规定期间通知或通知未载明待决事项

通知期间和通知需载明待决事项的规定是为了让与会人员有充分的时间了解会议信息和讨论事项,以有时间和条件为会议做准备,从而作出更为理性的决定,包括是否参会及如何表态等。违反这两种规定的瑕疵,虽然会对与会人员意思的形成产生一定影响,但不妨碍其在会议上作出意思表示,也不影响公司意思的成立。因此,这类召集瑕疵不影响决议的成立,至于是否导致决议可撤销,应视情况而定。如果会议召集时间仓促、议题未经通知和提前准备无法充分讨论,与会者对会议程序明确表示抗议或投反对票,那么决议形成后,股东可提起撤销。相反,尽管召集时间未达到规定时限或未提前通知会议事项,但会议成员已经参会且对议题充分表达观点、并作出决议,则为了公司运转的效率和经营行为的稳定,上述瑕疵应被豁免。

(二)会议召开阶段

1. 会议未实际召开

召开会议是形成决议的前提条件,未实际开会便不能形成决议,故该情形下的所谓决议实际上并不成立。存在例外情形:根据旧《公司法》第37条的规定,对属于股东会职权的事项股东以书面形式一致表示同意的,可以不召开股东会会议,直接作出决定,并由全体股东在决定文件上签名、盖章。

2. 参会人数或其代表的表决权数未达到法定或章程规定的最低比例

与会人数或其所代表的表决权数未达合法要求,其效果等同于未实际召开会议。此时股东会、董事会的召开不具有形成公司意思的合法基础,无法进行有效表决,所谓的表决自始不成立。

3. 主持人资格存在瑕疵

公司会议依顺位可由董事长、副董事长、被推举董事等担任主持人,若为该特定范围之外的主体或违反该主持顺位的主体主持会议,则构成主持人瑕疵。公司法设置会议主持人制度的目的在于提高会议效率、保证召开过程公正,因此单纯的主持人资格瑕疵并不构成严重的程序瑕疵,属于可撤销情形。但实践中主持人瑕疵通常仅是表象,往往与会议未召开、无召集权人召集等其他程序瑕疵伴随产生,此时则需要依据其他情形进行综合认定。[①]

(三)会议表决阶段

1. 议题未经表决

未经表决即未形成决议,也就没有形成公司意思,此时的决议系伪造,显然不成立。

2. 无表决权人参与表决

无表决权人的投票属于无效投票,不应被计入表决权数的统计中。如果把这类无效投票数扣除后不影响决议通过,那么决议成立;如果扣除后决议未达多数决比例或不符合参会人数(或其代表的表决权数)的最低要求,则决议不成立。

3. 未达多数决比例

未能作出有效决议,也就未能形成公司意思,此时的决议自然不成立。

[①] 参见吴金水主编:《类案裁判方法精要》(第3辑),人民法院出版社2024年版,第257~273页。

4.非真实意思表示

常见的情形有代理权存在瑕疵、伪造签名等。对于代理权有瑕疵的情形，需审查是否构成表见代理，若构成，则代理权的瑕疵不对决议效力产生影响；若不构成，则应视扣除相关与会人数或表决票数后是否达到参会要求或表决比例的情况，来判断决议是否成立。对于伪造签名的情形，由于经常和其他程序瑕疵一同存在，故需结合是否存在其他瑕疵来进行具体判断。本章将在决议无效的常见问题部分针对这一问题进行详述。

第五节 类型化公司决议纠纷中的个性问题

一、决议不成立的常见问题

(一)会议是否实际召开的认定

需要结合是否有会议通知的相关证据、是否能够提供会议记录、会议决议原件、决议是否有与会人员签名盖章、签章是否真实等因素来予以综合认定。

(二)效力瑕疵竞合的认定

如果一份决议存在不止一种效力瑕疵情形，则面临效力瑕疵竞合的情况。如公司未提前十五日通知股东参加股东会，则违反了公司法关于公司召开股东会的程序规定，属于可撤销情形；同时在股东否认参加案涉股东会的情况下，公司亦无相应会议记录等证据证明案涉股东会的实际召开情况，难以认定案涉股东会实际召开，依据《公司法司法解释(四)》属于决议不成立情形。此时，可撤销情形与不成立情形同时出现，应最终认定该股东会决议不成立，即决议不成立吸收了决议可撤销，因为在本质上，当决议已经自始不存在时，已不存在可撤销的对象。

二、决议无效的常见问题

(一)决议效力确认纠纷中法院的审查范围

作出决议所依据的事实是否属实，理由是否成立，是否为司法审查的范围？笔者认为，在审理决议效力确认之诉时，审查的范围仅为决议内容是否违反法律、行政法规的规定，而作出决议所依据的事实、理由不作为审查内容。例如，当事人主张决议解聘总经理的理由与事实不符,要求确认决议无效,那么此时,关于解聘总经理的事实、理由,无须审查,仅需查明决议内容是否违反法律、行政法规的规定。

(二)伪造签名的决议之效力认定

在以书面形式进行的表决中,若存在代签行为,则应首先对代签这一行为的效力进行明确,即判断该签章行为是否欠缺个体的真实意思表示。只有当欠缺真实意思表示这一前提成立,才有进一步研究该代签行为对决议效力影响的必要。如果基于股东事先授权、明知代签而默示或事后追认,代签行为本身要件齐备,成立并有效,即不存在以此为由对决议提出异议的前提。实践中,大多数确认公司决议效力纠纷,均为原告以诉争决议上签名系伪造,决议内容并非其真实意思表示为由要求确认决议无效,同时会申请对决议中的签字进行笔迹鉴定。意思表示真实为民事法律行为的必要条件,即并非当事人真实意思表示的行为不具有法律效力。故决议无效的理由应为诉争决议并非该股东或董事的真实意思表示,[①]而非签名系伪造,如若经审理查明,该股东或董事事后通过实际行动对决议内容进行了追认,或可以查明该股东、董事对决议内容是知晓并同意的,那么不应仅以签字系伪造而认定诉争决议无效。另外,对于当场通过举手等形式表决的股东会,则可从会议记录、签到表以及会议录像、其他与会人员证人证言等证据对某位股东在决议形成过程中有无表决行为、是否为其真实意思表示进行认定。

公司决议上的签名确认是伪造的,除非能够证明代签人有股东授权,否则应当区分以下三种情况分别认定决议效力。第一,如果全部股东签名均系伪造,可以认为根本就没有召开股东会,或者会议并未形成决议,这样的"决议"不成立。如果部分股东的签名是伪造的,但去掉该部分股东后,出席会议或表决的人数、票数不符合法律、章程规定的,则决议也不成立。第二,虽然个别股东的签名是伪造的,但是,即使该部分股东反对表决事项,按照法定和章程规定的表决程序,决议仍可通过,也就是说,构成该决议的多数意见是真实的,那么,伪造签名的行为属于会议表决方式存在瑕疵,该决议事项属于可撤销的范畴。注意,此处所指的被伪造签名的股东是实际参会了的;如未实际参会,应参照上文关于未通知部分股东的决议效力规则。第三,个别股东的签名是伪造的,而且股东会的决议事项是对该部分股东个人权利的处分,比如排除该部分股东取

---

① 参见吴英霞:《股东会决议效力认定规定研究》,西南政法大学2020年博士学位论文。

得分红的权利,那么该决议事项无效。

三、决议可撤销的常见问题

(一)撤销权行使期间起算点

撤销权行使期间的起算点为决议作出之日,关于决议作出之日是否需要以享有撤销权的股东知道作为前提,2023年公司法修订后发生变化。旧《公司法》明确将决议作出之日作为撤销权行使期间的法定起算日,并不将股东知道或应当知道决议内容之日作为起算日。然而,新《公司法》第26条第2款规定:"未被通知参加股东会会议的股东自知道或者应当知道股东会决议作出之日起六十日内,可以请求人民法院撤销;自决议作出之日起一年内没有行使撤销权的,撤销权消灭。"

(二)决议作出之日的认定

如果是以现场会议形式通过的决议,应当以会议表决通过决议的日期作为期限的起算日,如果公司无法证明会议通过决议的时间,则可认定股东在决议上签章之日为决议通过之日;如果是以传签书面文件通过的决议,此时最后一个应当参加表决的股东或董事签章的日期,作为该决议作出之日。

(三)决议撤销诉讼中裁量驳回制度的适用

适用裁量驳回制度应同时满足两个条件:第一,仅存在会议召集、召开、表决程序方面的程序性瑕疵,不存在实体瑕疵。第二,瑕疵仅为轻微瑕疵,不会对公司决议产生实质影响,既不影响股东公平地参与表决或作出真实的意思表示,亦不会改变公司的决议结果。是否为轻微瑕疵需结合违反规定的程序、原告是否曾提出异议、是否出席会议,以及会议的表决情况等因素进行综合判断。

典型案例 李某、宛某诉某科技公司决议撤销纠纷案[①]

【裁判要旨】

1. 未有证据证明执行董事不能履行或者不履行召集股东会会议职责的,监

---

① 参见北京市第二中级人民法院(2021)京02民终11381号民事判决书。

事违反公司章程规定自行召集股东会,股东在权利期间内请求撤销相关股东会决议的,人民法院应予支持。

2. 股东会召集人违反公司章程,提前 1 日通知股东参加会议,股东对此表示异议并请求撤销该股东会决议,公司辩称该通知行为属于轻微瑕疵的,人民法院不予采信。

【案情简介】

某医疗公司成立于 2018 年 5 月 22 日。2020 年 12 月 8 日前,股东为林某(出资 73.5 万元)、张某(出资 98 万元)、钱某(出资 73.5 万元)、宛某(出资 73.5 万元)、李某(出资 171.5 万元)、某科技公司(出资 510 万元)。张某为公司执行董事,林某为公司经理及法定代表人,刘某为公司监事。

某医疗公司章程(2020 年 8 月 27 日)规定,召开股东会议,应当于会议召开 15 日以前通知全体股东。定期会议按每年定时召开。代表十分之一以上表决权的股东、执行董事、监事提议召开临时会议的,应当召开临时会议。股东会会议由执行董事召集和主持。执行董事不能履行或者不履行召集股东会会议职责的,由监事召集和主持;监事不召集和主持的,代表十分之一以上表决权的股东可以自行召集和主持。股东会会议由股东按照出资比例行使表决权。公司不设董事会,设执行董事一人,由股东会选举产生。公司设经理,由执行董事决定聘任或者解聘。经理为公司的法定代表人。

某科技公司提议召开临时股东会,2020 年 11 月 23 日监事刘某向各股东发送会议通知。2020 年 12 月 8 日,某医疗公司召开临时股东会,会议应出席股东 6 名,实到 5 名,除李某外,其他股东或其代理人到场参加会议。会议由代表 82.85% 表决权的股东参加,经代表 58.35% 表决权的股东通过,形成三项决议:改选钱某为公司执行董事、改选钱某为公司法定代表人、进行财务审计。

李某、宛某起诉要求撤销上述股东会决议,理由包括:股东会临时会议实际由某科技公司召集,而不是由执行董事召集,不符合章程规定;会议内容与公司章程不符,章程规定公司法定代表人由执行董事聘任的经理担任,选举或变更法定代表人不是股东会的职权等。

【裁判结果】

一审法院经审理认为,2020 年 12 月 8 日临时股东会由某科技公司提议召开,而某科技公司具备公司章程规定的提议权限,故其提议召开临时股东会并无不当。但是,某医疗公司章程规定,股东会会议由执行董事召集和主持。执行董事不能履行或者不履行召集股东会会议职责的,由监事召集和主持。然而,没有证据证明某医疗公司执行董事张某不能履行或者不履行职责,而且现场录音显示张某并未与刘某协商由其召集和主持股东会。故,刘某于2020年11月23日以及24日的微信及短信通知,不属于有效的会议召集通知,不能据此认为某医疗公司提前15日通知股东参加会议。除了微信及短信外,没有证据证明某医疗公司以其他形式通知李某,而执行董事张某虽系合法召集主体,但其仅提前1日通知宛某,且宛某当即提出异议。因此,某医疗公司12月8日股东会的召集程序违反了公司章程,且不属于轻微瑕疵。

关于决议内容是否违反公司章程的问题。2020年12月8日的股东会决议涉及变更公司执行董事、变更公司法定代表人以及对公司进行财务审计。其中,变更公司执行董事属于某医疗公司章程及公司法规定的股东会职责,该项决议内容未违反公司章程。某医疗公司章程规定公司法定代表人由公司经理担任,而经理由公司执行董事决定聘任或者解聘,故变更公司法定代表人的股东会决议内容违反了公司章程。

一审法院判决:撤销某医疗公司于2020年12月8日作出的股东会决议(具体包括:改选钱某为公司执行董事、改选钱某为公司法定代表人、对公司进行财务审计)。钱某、刘某、某科技公司不服一审判决,提出上诉。二审法院作出判决:驳回上诉,维持原判。

【案例评析】

对于程序存在瑕疵的股东会决议是否必然被撤销问题,应当区分程序瑕疵的严重程度,轻微的程序瑕疵可能对股东会决议并无实质影响,撤销决议重新来过,可能会产生高昂的机会成本,降低公司治理效率。撤销存在轻微程序瑕疵的股东会决议,可能会破坏多方面的法律关系,尤其会对信赖决议的善意第三人的利益造成损害,破坏第三人对股东会决议效力的合理信赖,危害交易安全和法律秩序的稳定。[①]

当因决议存在瑕疵,撤销权人向法院提起撤销之诉,法院决定应否撤销决

[①] 参见蔡立东、杨宗仁:《论股东会决议撤销权的主体及其行使》,载《当代法学》2008年第5期。

议时应综合评估权衡决议瑕疵与决议所生利益之利弊,[①]兼顾公平与效率原则,衡平相关主体之间的利益。当股东会会议的召集程序或决议方法瑕疵不重大并且没有对决议造成影响时,可以驳回撤销决议的请求。仅是程序上有瑕疵时,即使重新决议也会得到同样的结果,需要避免时间及费用的浪费。但当股东会会议的召集人不具备召集资格、会议通知仅提前1日通知股东且股东提出异议,则上述情形不属于轻微瑕疵,且对股东权利造成实质损害。在此情况下,股东会决议应予撤销,以维护公司股东的相应权利和公司程序的公正价值。

(四)决议程序瑕疵的修复

决议的程序瑕疵可通过股东的事后追认、履行决议内容等方式进行修复。实践中,可结合当事人对会议的召开及决议内容是否知情、是否表示过异议、股东是否实际参与公司经营管理、是否实际履行过决议内容等多方面情况进行综合认定。

常见的瑕疵修复情形有以下几种:程序瑕疵涉及的股东事后在决议上签字进行追认;未召开会议或虽实际召开、但部分股东未参加会议,但所涉股东通过提供书面确认的形式对决议内容予以认可;有证据证明相关股东对决议内容知情且未提出过异议,如曾履行过决议内容等。

典型案例 葛某诉某广告公司决议效力纠纷案[②]

【裁判要旨】

股东对其未签字的股东会决议进行追认,产生的法律效果是使无权代理的表决行为变成有权代理,从而补正了表决行为的效力瑕疵。股东以股东会决议上的签字非其本人所签为由,请求确认决议不成立,有证据证明该股东以自身行为对决议内容进行事后追认的,人民法院对该股东的主张不予支持。

【案情简介】

某广告公司系成立于1998年7月9日的有限责任公司,注册资本100万

---

① 参见蔡立东、杨宗仁:《论股东会决议撤销权的主体及其行使》,载《当代法学》2008年第5期。
② 参见北京市第二中级人民法院(2021)京02民终3541号民事判决书。

元,葛某持股51%、翟某持股39%、姜某持股10%,公司成立时公司章程记载的营业期限为10年。

2008年9月1日,某广告公司作出《第一届第三次股东会决议》,决定将公司章程中规定的营业期限由10年变更为40年。同日,某广告公司作出章程修正案,对公司章程作了相应修改。上述决议及章程修正案均由葛某、翟某、姜某签字。2010年7月19日,某广告公司作出《第一届第四次股东会决议》,对公司住所地作了变更,葛某、翟某、姜某在该决议上签字。

葛某起诉称,某广告公司在未通知召开股东会的情况下,伪造其签字,作出2008年9月1日《第一届第三次股东会决议》,擅自变更公司营业期限,使其合法权益受到损害,请求法院判令《第一届第三次股东会决议》不成立。某广告公司辩称,葛某对某广告公司营业期限的变更是知晓并同意的,在《第一届第三次股东会决议》作出之后,葛某又于2010年7月19日在《第一届第四次股东会决议》上签字确认,其行为证明其对公司继续经营是明知的,应当视为对之前股东会决议的追认,故不同意葛某的诉讼请求。

在案件审理中,经笔迹鉴定,《第一届第四次股东会决议》中"葛某"签名是本人所写;《第一届第三次股东会决议》中"葛某"签名不是本人所写。在另两起案件中,葛某均称2012年姜某要求葛某不再担任公司职务。

【裁判结果】

一审法院经审理认为,葛某主张《第一届第三次股东会决议》不成立,理由是其签字不真实,其对该股东会决议不知情。虽然《第一届第三次股东会决议》中葛某的签字不真实,但公司章程规定的原经营期限已于2008年届满,葛某却于2010年7月19日又签署《第一届第四次股东会决议》同意变更公司住址,此时其应当知晓公司仍然继续经营,但在长达九年的时间内一直未提出异议,其间还针对某广告公司提起多起与公司有关的诉讼,并在提交的起诉材料中认可其2012年才退出公司经营,因此葛某的上述行为应视为对《第一届第三次股东会决议》进行了追认。现葛某对此未能提交反驳证据,故其要求确认《第一届第三次股东会决议》不成立的诉讼请求,缺乏事实及法律依据。

一审法院判决:驳回葛某的全部诉讼请求。葛某不服一审判决,提出上诉。二审法院判决:驳回上诉,维持原判。

【案例评析】

股东会决议上的签字不真实,实质系他人代该股东投票表决并签署决议。该情形属于公司法上的决议程序与民法上的代理之间的交叉领域。因此,适用于股东会决议的追认分为两种类型。一是民法上的追认,即股东对表决行为的追认。未签字的股东对股东会决议进行追认,在性质上系对他人代理其作出的表决行为的追认,此系民法上的追认。二是公司法上的追认,即股东会对前决议的追认。在股东会决议具有可撤销事由的情况下,股东会可以通过重新作出决议的方式追认之前决议的效力,从而实现前决议的效力治愈,此系公司法上的追认。

本案涉及的是上述第一种类型。在民法上,由于追认在性质上属于单方意思表示,故受民法上意思表示规则的调整。根据《民法典》第140条第1款规定,追认有明示追认与默示追认之分。《民法典》第171条针对无权代理的追认虽然未直接规定默示追认,但第503条针对无权代理合同规定,该条明确了默示追认在无权代理中的适用。根据上述分析,不能仅以股东会决议中有无股东的真实签字确定该股东是否作出过表决行为,还应通过审查该股东的相关行为推定其是否作出了追认的意思表示。在本案中,某广告公司《第一届第三次股东会决议》中"葛某"签字不是其本人所签,虽然葛某明确表示不认可该签字行为,但其在原章程规定的公司营业期限届满之后,仍于2010年7月19日签署了《第一届第四次股东会决议》,同意对公司的经营地址进行变更,且在长达9年的时间内未提出异议。该行为实质系对《第一届第三次股东会决议》关于公司延长营业期限、继续经营的决定的接受,故属于对《第一届第三次股东会决议》的默示追认。

股东对其未签字的股东会决议进行追认,产生的法律效果是使无权代理的表决行为变成有权代理,从而补正了表决行为的效力瑕疵。由于表决行为与公司决议在效力上具有相对独立性,股东的追认并不必然影响股东会决议的法律效力。股东会决议的效力应当根据表决行为被补正后的情况,依据公司组织法上关于股东会召集程序、表决方式以及决议内容的特别规定进行判断。

第六节 共性问题

一、决议效力问题的区分

结合司法实践的情况,可以认为目前区分公司决议瑕疵类型的基本原则是:如果决议不存在,或者会议的出席、表决情况没有达到法定或者公司章程规定的人数、票数标准,则决议不成立;如果决议内容违反法律法规,则决议无效;其他瑕疵情形则都属于决议可撤销的范畴。

二、诉讼请求与理由错位的处理

常见情形是:一是理由为撤销决议的事项,但诉讼请求为确认决议无效或不成立;二是理由为决议不成立的事项,但诉讼请求为确认决议无效。

对于第一类情形的处理及理由。决议可撤销与决议无效、决议不成立在性质上有着本质区别。决议可撤销情形是指公司会议因程序问题实质性地影响了股东对会议的知情权与参与权,或者决议内容违反章程规定。决议无效情形是指决议内容违反法律、行政法规的强制性规定。而决议不成立情形是指公司会议的召集程序或者表决方式上存在可视为公司决议不存在的重大瑕疵。因此,决议可撤销与决议无效、决议不成立在瑕疵程度、法律后果、救济主体、救济期间、能否治愈等问题上存在巨大差异。决议可撤销情形相较于决议无效、决议不成立情形的瑕疵严重程度较低,在被撤销前决议依然有效,法律仅赋予具有股东资格者在一定期限内撤销的权利,且瑕疵决议可以被治愈。而在决议无效与不成立时,决议效力等同于自始无效,有资格救济者范围广,不受救济时间限制,且不能被治愈。可以看出,凭借撤销决议事项不足以认定决议无效或不成立,法官可向当事人进行释明,如当事人不变更诉请,可判决驳回其诉讼请求。

第二种情形是司法实践中更为常见的情形,因决议不成立与决议无效在法律后果上相似,在部分案件中有裁判观点认为无须对两者明确区分,理由为因民事法律行为从成立时生效,股东会决议不成立,自然也不发生法律效力。笔者认为,首先,公司决议是一种法律行为,而法律行为的成立和生效是两个不同的概念,因此,公司决议的成立和生效也应与法律行为的理论相吻合;[①]其次,认定决议无效的前提是决议存在,在决议不存在时,如果认定决议无效,存在逻辑上的矛盾;最后,依据旧《公司法》第 22 条(对应新《公司法》第 25 条)规定,决议无效的事由是决议的内容违反法律、行政法规,然而,不成立的决议内容不一定违法,其难以通过决议无效之诉进行救济。因此,从正本清源的角度出发,在诉讼请求与理由出现此类错位时,亦应向当事人进行释明,如当事人不变更诉请,应判决驳回其诉讼请求。

三、公司决议的外部效力

公司决议的外部效力取决于外部相对人是否为善意。如果外部相对人为善意,则公司依据瑕疵决议与该相对人形成的法律行为不受决议瑕疵的影响。如果外部相对人为非善意,即相对人明知决议存在瑕疵仍与公司发生以该瑕疵决议为依据的法律行为,公司事后亦未予追认,那么公司依据瑕疵决议与该相对人之间的外部行为对公司不发生效力。

四、善意的认定

决议形成是公司内部意思形成的过程,一旦形成,外界的善意第三人对此有合理信赖,应当对第三人基于此信赖与公司之间作出的法律行为予以保护。否则,如果要求第三人探求每一份决议的真意将极大地妨碍交易效率、影响交易稳定。[②] 公司外部相对人是否为善意,实践中,应区分以下两种情形。(1)对相关事项进行决议的依据为公司章程或其他内部规范时,由于该要求是基于公司的内部安排,不具有对外效力,相对人在交易时并不知情,也没有法定义务去了解。因此,在外部相对人没有被事先通知决议瑕疵、或有其他证据证明相对人知道或应当知道瑕疵存在的情况下,可推定相对人为善意。(2)对相关事项进行决议的依据为法律规定时,相对人有义务对公司是否决议进行审查。此时,相对人应举证证明其已积极履行过审查义务,否则可推定为存在重大过错。

[①] 参见刘书琴:《股东会决议效力诉讼问题探析》,华东政法大学 2011 年硕士学位论文。
[②] 参见高锋:《股东会决议不成立制度研究》,中南财经政法大学 2019 年硕士学位论文。

《九民会议纪要》第 18 条规定,公司其他主体主张存在公司以机关决议系法定代表人伪造或者变造、决议程序违法、签章(名)不实或存在其他决议不成立、可撤销、无效事由抗辩外部相对人非善意的,法院一般不予支持,但公司有证据证明相对人明知决议系伪造或变造的除外。根据上述规定的精神,外部相对人只需尽到必要的注意义务即可,并不需要审核公司决议是否真实、有无瑕疵,但有法律规定引致外部相对人在交易时应要求对方出具相关决议和公司章程的除外。

实践中典型的例子为,公司内部决议违反公司章程对外提供担保的情形。根据旧《公司法》第 16 条(对应新《公司法》第 15 条)规定,公司向其他企业投资或者为他人提供担保,依照公司章程的规定,由董事会或者股东会决议;公司为公司股东或者实际控制人提供担保的,必须经股东会决议。根据上述规定,公司在为非关联方进行担保时,可经由董事会或股东会决议。若公司提供的是董事会决议,则相对人还应要求对方提供公司章程,此时章程具有对外效力,决议违反章程的,交易相对人不具有善意,公司决议的效力瑕疵对其产生影响。若公司在为非关联方进行担保时提供的是股东会决议,则相对人无须审查公司章程,此时章程不具有对外效力,即使决议违反章程,亦应认定外部相对人为善意,公司决议的效力瑕疵对其不发生影响。综上所述,关于相对人是否善意,主要看是否有法律规定引致外部相对人在交易时,应要求对方出具相关决议和公司章程。

第八章　公司证照返还纠纷

公司证照对外代表公司的意志,是公司生产经营过程中必不可少的凭证。公司是证照的所有权人,但其作为拟制法人,并不能通过自身实际行动作出法律行为,在实际经营中也不可能自行"持有"所有证照,而需要特定自然人或特定公司内部机关进行保管。公司证照作为对外代表公司的重要证明,在公司内部发生控制权纠纷时,自然成为各方争夺的目标。此时,公司证照应当由谁保管,谁又有权向非法占有人提出返还证照的诉讼请求成为该类案件中需要解决的核心问题。

第一节　概　　述

一、概念界定

公司证照从性质上来说,是政府有关部门向公司核发的、证明公司合法经营的有效证件,属于公司法人财产的一部分。公司证照不仅包含从字面意思可推定的公司营业执照,也包括公司的各类印章等有关材料。

(一)公司印章

一般来说,提及公司的印章首先想到的即为公司的公章。对于经营规模较小、业务较为单一、公司结构简单的公司来说,通常仅有公司的公章即可满足日常经营管理的需要,但是对于部分内部机构复杂、所涉业务繁多的公司来说,在各项业务办理过程中,均使用公司公章会带来极大不便,故其可能会根据实际需要另行刻制公司的发票专用章、合同专用章、部门专用章等,对于项目时间长、标的大的公司,还可能会刻制项目专用章。最常见的就是在建设工程类公司中,由于其各建设工程相对独立且持续时间较长,故为便于经营管理,会单独刻制项目专用章进行使用。

(二)各类证件

根据《公司法》的规定,设立公司,应当依法向公司登记机关申请设立登记。依法设立的公司,由公司登记机关发给公司营业执照。根据《市场主体登记管理条例》第 21 条第 1 项规定,申请人申请市场主体设立登记,登记机关依法予以登记的,签发营业执照。营业执照签发日期为市场主体成立日期。据此,公司的营业执照是公司依法设立并进行经营活动的重要证件材料。公司营业执照载明了公司的名称、住所、注册资本、经营范围、法定代表人姓名等事项,既是公司身份的证明,也是公司对外的"名片"[1]。此外,公司的重要证件还包括银行开户许可证、社保登记证等。对于特许经营行业的企业、中外合资企业、中外合作企业等,除了一般公司经营中需要的证件外,还需要特殊的特许经营或批准文书等。这些证件都属于公司证照的范围。

(三)其他能代表公司的动产

除了公司的各类印章、证件外,一些其他对公司具有特殊意义、能够代表公司的动产也应当认为属于公司证照的范围。但需要说明的是,虽然公司证照的范围不能局限于字面解释,但其含义同样也不应过分扩大。并非所有对公司具有重要意义的动产都属于公司证照的范围。比如公司的业务合同、客户名单、投资清单、投资协议等文件以及银行对账单等会计凭证,虽然对公司的经营管理也具有重要意义,属于公司法人财产,但是其并不具有对外代表公司意志的作用,不宜纳入公司证照的范围。对于因该类文件或动产产生的纠纷,还是应当通过有关物权保护的民事诉讼程序解决。

二、纠纷成因

尽管公司拥有上述证照的所有权,但为方便公司内部的经营管理,公司证

---

[1] 公司的组织机构代码证、税务登记证也是公司的重要证件,目前部分公司的营业执照、组织机构代码证、税务登记证三证已经合为一证,即通常所说的"三证合一",变为由一个部门核发,加载统一社会信用代码的营业执照。

照往往由不同的公司机关或工作人员实际占有、控制。当公司人员发生变化后,如果相关人员不履行公司证照返还义务,则会发生公司证照返还纠纷。此外,个别情况下,公司人员之外的第三人也有可能非法占有公司证照拒不返还。此类纠纷的产生原因主要有以下几点。

(一)公司缺乏有效的证照管理制度

对于公司证照的持有及保管问题,《公司法》及其他有关法律规定中并未作出强制性规定,也就是说,对于公司证照的管理完全属于公司自治的范围,公司有权通过公司章程或专门的管理性规定等方式,对证照的使用、持有、保管等问题自由进行约定。但在实际的经营活动中,部分公司内部治理制度不完善,可能存在多个管理人员之间共同保管、权责不清或公司证照取用不规范的情况,导致产生纠纷。

(二)原持有人离职未办理交接手续

公司人员交替是公司经营过程中的常见情况,一般员工的离职仅涉及个人所涉业务的交接,但是对于法定代表人、董事或高级管理人员等人员的离职,则可能涉及公司证照的交接问题。在交接过程中,可能会出现原持有人离职后仍然占有相关证照,拒不履行交接手续的情况,也可能会出现交接手续不规范,导致原持有人已经实际归还公司证照后,公司仍然向其主张返还的情况。

(三)公司内部出现控制权争夺

随着现代公司的发展,企业的所有权和经营权出现分离,股东作为公司的所有权人,往往并非公司的经营权人,公司的经营权由公司聘请的专业管理人员所行使。总体来说,股东和管理人员的利益是一致的,都期望公司获得更好的发展,但在具体的经营过程中,二者却可能会产生理念上的差异,从而引发纠纷。股东享有公司的最终控制权,但管理层却享有公司的直接控制权,当二者之间产生矛盾时,为取得对公司的实际控制,公司证照作为公司的表象则成为二者的"兵家必争之地"。此外,新旧法定代表人之间、股东与股东之间等也可能会出现对公司控制权的争夺。

(四)基于交易安排占有公司证照

近年来,随着融资形式的丰富及交易模式的更新,公司证照除了作为公司意志的象征,还可能成为公司交易过程中的"担保材料"。如在公司吸引投资的过程中,投资人为了监管公司对资金的合理使用,确保投资安全,可能会要求公司将证照交由投资人保管;再如,在合同交易过程中,公司为了展现自己的交易诚意,主动将公司证照交由相对方保管。上述情况下,当合同履行过程中出现违约情形或双方产生争议时,则可能就公司证照的占有而产生纠纷。

三、管辖

(一)查明事实

1. 被告住所地;2. 侵权行为地(侵权行为实施地、侵权结果发生地);3. 公司住所地。

(二)法律适用

《民事诉讼法》第22条第2款:对法人或者其他组织提起的民事诉讼,由被告住所地人民法院管辖。

《民事诉讼法》第27条:因公司设立、确认股东资格、分配利润、解散等纠纷提起的诉讼,由公司住所地人民法院管辖。

《民事诉讼法》第29条:因侵权行为提起的诉讼,由侵权行为地或者被告住所地人民法院管辖。

《民诉法司法解释》第3条:公民的住所地是指公民的户籍所在地,法人或者其他组织的住所地是指法人或者其他组织的主要办事机构所在地。

法人或者其他组织的主要办事机构所在地不能确定的,法人或者其他组织的注册地或者登记地为住所地。

(三)法律条款援引

公司证照返还纠纷本质上作为一种侵权纠纷,适用侵权行为地或被告住所地管辖原则,在实践中基本没有争议。但是对于能否适用公司住所地管辖则存在较大争议。《民事诉讼法》第27条及《民诉法司法解释》第22条,列举了部分与公司有关的纠纷可以由公司住所地的人民法院管辖,其中并无公司证照返还纠纷。但实践中,也有观点认为,虽然公司证照返还纠纷并非法条列举的纠纷类型,但其在案由分类中仍属于"与公司有关的纠纷"项下,故可以由公司住所地法院管辖。《最高人民法院新民事案件案由规定理解与适用》中对于公司证照返还纠纷的管辖亦直接表述为原则上由公司住所地人民法院管辖。① 因此,笔者认为,对于该问题应当结合纠纷是否涉及公司利益及纠纷的相关法律适用进行综合判断和分析,对涉及公司内部组织关系的公司证照返还纠纷,应当认为可以由公司住所地法院管辖。

另外需要注意的是,公司证照返还纠纷虽然一般不涉及级别管辖及专属管辖问题,但对于涉及部分金融机构的案件,可能会涉及集中管辖,② 在实践中应当予以注意。

第二节 新旧《公司法》相关规范对照

一、相关规范梳理

(一) 旧《公司法》相关规定

1. 董事、监事、高级管理人员的忠实义务

旧《公司法》第 147 条:董事、监事、高级管理人员应当遵守法律、行政法规和公司章程,对公司负有忠实义务和勤勉义务。

董事、监事、高级管理人员不得利用职权收受贿赂或者其他非法收入,不得侵占公司的财产。

旧《公司法》第 148 条:董事、高级管理人员不得有下列行为:

(一) 挪用公司资金;

(二) 将公司资金以其个人名义或者以其他个人名义开立账户存储;

(三) 违反公司章程的规定,未经股东会、股东大会或者董事会同意,将公司资金借贷给他人或者以公司财产为他人提供担保;

(四) 违反公司章程的规定或者未经股东会、股东大会同意,与本公司订立

---

① 参见杨万明主编:《最高人民法院新民事案件案由规定理解与适用》,人民法院出版社 2021 年版,第 757 页。

② 根据《最高人民法院关于北京金融法院案件管辖的规定》第 1 条、《最高人民法院关于上海金融法院案件管辖的规定》第 1 条、《最高人民法院关于成渝金融法院案件管辖的规定》第 1 条的规定,公司系金融机构,且地域管辖在北京市、上海市、四川省、重庆市的,其所涉公司证照返还纠纷均可能涉及集中管辖问题。

合同或者进行交易；

（五）未经股东会或者股东大会同意,利用职务便利为自己或者他人谋取属于公司的商业机会,自营或者为他人经营与所任职公司同类的业务；

（六）接受他人与公司交易的佣金归为己有；

（七）擅自披露公司秘密；

（八）违反对公司忠实义务的其他行为。

董事、高级管理人员违反前款规定所得的收入应当归公司所有。

旧《公司法》第149条：董事、监事、高级管理人员执行公司职务时违反法律、行政法规或者公司章程的规定,给公司造成损失的,应当承担赔偿责任。

2. 股东代表诉讼

旧《公司法》第151条：董事、高级管理人员有本法第一百四十九条规定的情形的,有限责任公司的股东、股份有限公司连续一百八十日以上单独或者合计持有公司百分之一以上股份的股东,可以书面请求监事会或者不设监事会的有限责任公司的监事向人民法院提起诉讼；监事有本法第一百四十九条规定的情形的,前述股东可以书面请求董事会或者不设董事会的有限责任公司的执行董事向人民法院提起诉讼。

监事会、不设监事会的有限责任公司的监事,或者董事会、执行董事收到前款规定的股东书面请求后拒绝提起诉讼,或者自收到请求之日起三十日内未提起诉讼,或者情况紧急、不立即提起诉讼将会使公司利益受到难以弥补的损害的,前款规定的股东有权为了公司的利益以自己的名义直接向人民法院提起诉讼。

他人侵犯公司合法权益,给公司造成损失的,本条第一款规定的股东可以依照前两款的规定向人民法院提起诉讼。

（二）新《公司法》相关规定

1. 董事、监事、高级管理人员的忠实义务

新《公司法》第180条：董事、监事、高级管理人员对公司负有忠实义务,应当采取措施避免自身利益与公司利益冲突,不得利用职权牟取不正当利益。

董事、监事、高级管理人员对公司负有勤勉义务,执行职务应当为公司的最大利益尽到管理者通常应有的合理注意。

公司的控股股东、实际控制人不担任公司董事但实际执行公司事务的,适

用前两款规定。

新《公司法》第181条:董事、监事、高级管理人员不得有下列行为:

(一)侵占公司财产、挪用公司资金;

(二)将公司资金以其个人名义或者以其他个人名义开立账户存储;

(三)利用职权贿赂或者收受其他非法收入;

(四)接受他人与公司交易的佣金归为己有;

(五)擅自披露公司秘密;

(六)违反对公司忠实义务的其他行为。

新《公司法》第186条:董事、监事、高级管理人员违反本法第一百八十一条至第一百八十四条规定所得的收入应当归公司所有。

2.股东代表诉讼

新《公司法》第189条:董事、高级管理人员有前条规定的情形的,有限责任公司的股东、股份有限公司连续一百八十日以上单独或者合计持有公司百分之一以上股份的股东,可以书面请求监事会向人民法院提起诉讼;监事有前条规定的情形的,前述股东可以书面请求董事会向人民法院提起诉讼。

监事会或者董事会收到前款规定的股东书面请求后拒绝提起诉讼,或者自收到请求之日起三十日内未提起诉讼,或者情况紧急、不立即提起诉讼将会使公司利益受到难以弥补的损害的,前款规定的股东有权为公司利益以自己的名义直接向人民法院提起诉讼。

他人侵犯公司合法权益,给公司造成损失的,本条第一款规定的股东可以依照前两款的规定向人民法院提起诉讼。

公司全资子公司的董事、监事、高级管理人员有前条规定情形,或者他人侵犯公司全资子公司合法权益造成损失的,有限责任公司的股东、股份有限公司连续一百八十日以上单独或者合计持有公司百分之一以上股份的股东,可以依照前三款规定书面请求全资子公司的监事会、董事会向人民法院提起诉讼或者以自己的名义直接向人民法院提起诉讼。

二、新旧《公司法》比较

(一)新旧《公司法》条文横向比较

公司请求不当占有公司证照的主体返还公司证照的纠纷,本质上属于一种侵权纠纷,其权利基础为公司对自身财产的所有权,请求权为基于所有权产生的原物返还请求权。因此无论是有限责任公司还是股份有限公司,在公司证照被不当占有时,都有权依法主张权利,即公司的性质对公司权利的行使并无实质区分。新旧《公司法》关于公司证照返还纠纷均没有设立单独的专项条文规定,而是包含于公司独立法人财产制度以及董事、监事及高级管理人员的忠实勤勉义务等相关规定中。

(二)新旧《公司法》条文纵向比较

1. 董事、监事、高级管理人员的忠实义务纵向比较

新旧《公司法》不同之处:旧《公司法》第147条对董事、监事及高级管理人员的忠实和勤勉义务进行了原则性规定,其中第2款对于"不得侵占公司财产"进行了明确规定。其中的"公司财产"当然包括公司的相关证照。新《公司法》则将董事、监事及高级管理人员的忠实义务与勤勉义务进行了拆分,首次明确界定了二者的内涵与具体内容,将"不得侵占公司财产"纳入第181条关于忠实义务的具体内容项下,并无实质修改。新《公司法》第182条至第184条均涉及董事、监事及高级管理人员其他义务的修改和完善,因相关内容在其他章节中另有详细分析,故此处不再赘述。

关于"不得侵占公司财产"的规定只是董事、监事及高级管理人员应尽的多项忠实义务中的一项内容。因新《公司法》对忠实义务和勤勉义务进行了拆分,故该项规定从原来的一般条款中纳入忠实义务的具体条款项下,并无实质修改。

2. 股东代表诉讼纵向比较

新旧《公司法》关于股东代表诉讼规定相同之处:(1)可以提起股东代表诉讼的股东持股比例及时间要求。(2)股东代表诉讼的前置程序。

不同之处:新《公司法》第189条在旧《公司法》第151条的基础上首次引入了股东双重代表制度,明确规定全资子公司的董事、监事、高管人员违反忠实义务或勤勉义务,给公司的合法权益造成损失的,母公司的股东可以以自己的名义代表全资子公司提起诉讼。股东双重代表诉讼是企业集团法的重要制度设计。当全资子公司利益受损时,此时有权提起股东代表诉讼的是其母公司。但若作为股东的母公司不愿意提起股东代表诉讼,则因全资子公司的利益损失可能会导致母公司利益受损,故应当赋予母公司的股东代表子公司提起股东代

表诉讼的权利。在公司证照返还纠纷中,为避免非法占有人利用全资子公司的证照从事损害全资子公司利益的行为,母公司的股东亦有权提起股东代表诉讼,请求非法占有人返还全资子公司的证照。

第三节　原告主体资格的认定

一、查明事实

1.原告主体是否适格;2.公司身份及授权委托材料是否完整合法;3.公司法定代表人情况;4.股东代表诉讼是否经过了前置程序。

二、法律适用

1.《民法典》第235条:无权占有不动产或者动产的,权利人可以请求返还原物。

2.旧《公司法》第151条:董事、高级管理人员有本法第一百四十九条规定的情形的,有限责任公司的股东、股份有限公司连续一百八十日以上单独或者合计持有公司百分之一以上股份的股东,可以书面请求监事会或者不设监事会的有限责任公司的监事向人民法院提起诉讼;监事有本法第一百四十九条规定的情形的,前述股东可以书面请求董事会或者不设董事会的有限责任公司的执行董事向人民法院提起诉讼。

监事会、不设监事会的有限责任公司的监事,或者董事会、执行董事收到前款规定的股东书面请求后拒绝提起诉讼,或者自收到请求之日起三十日内未提起诉讼,或者情况紧急、不立即提起诉讼将会使公司利益受到难以弥补的损害的,前款规定的股东有权为了公司的利益以自己的名义直接向人民法院提起诉讼。

他人侵犯公司合法权益,给公司造成损失的,本条第一款规定的股东可以依照前两款的规定向人民法院提起诉讼。

3.《公司法司法解释(二)》第10条:公司依法清算结束并办理注销登记前,有关公司的民事诉讼,应当以公司的名义进行。公司成立清算组的,由清算组负责人代表公司参加诉讼;尚未成立清算组的,由原法定代表人代表公司参加诉讼。

4.《民诉法司法解释》第 50 条:法人的法定代表人以依法登记的为准,但法律另有规定的除外。依法不需要办理登记的法人,以其正职负责人为法定代表人;没有正职负责人的,以其主持工作的副职负责人为法定代表人。

法定代表人已经变更,但未完成登记,变更后的法定代表人要求代表法人参加诉讼的,人民法院可以准许。

其他组织,以其主要负责人为代表人。

5.《北京市高级人民法院企业破产案件审理规程》第 60 条:(有关债务人诉讼的当事人问题)人民法院受理破产申请后,有关债务人的民事诉讼(包括破产申请受理时已经开始而尚未终结的民事诉讼,以及破产申请受理后新提起的民事诉讼),由债务人作为诉讼主体,管理人负责人作为诉讼代表人代表债务人参加诉讼;管理人为个人的,由该人员作为债务人的诉讼代表人。

管理人依企业破产法第三十一条、第三十二条提起的破产撤销权诉讼,以及依企业破产法第三十三条提起的确认债务人行为无效之诉,应由管理人作为原告,不适用前款关于诉讼主体的规定。

三、常见问题

(一)公司作为原告时的主体资格审查

通常,公司参加诉讼应当提交加盖公章的身份证明、授权手续及相应法律文书,但在公司证照返还纠纷中,诉讼的起因即可能为公司的公章被他人不当占有,故公司在诉讼时无法在起诉状及诉讼材料中加盖公章。此时,公司的诉讼主体资格是否因此受到影响?答案是否定的。否则,公司将失去向非法占有人主张返还证照的权利。公司的法定代表人是代表公司行使职权的负责人,因此,在公司因故无法在诉讼文件中加盖印章时,法定代表人在诉讼文件上的签名与加盖公司公章具有同等效力。

在公司控制权争夺引发的公司证照返还纠纷中,还可能伴随公司法定代表人的变更,此时除了应审查诉讼材料中是否有法定代表人签字,还应审查签字人是否为公司当前合法有效的法定代表人。虽然工商登记中的法定代表人尚未进行变更,但有效的董事会决议或者股东会决议已经更换法定代表人的,更换后的法定代表人可以代表公司参加诉讼,其在诉讼文件上的签名亦产生法律效力。①《民诉法司法解释》第 50 条对上述实践做法予以肯定,即"法定代表人已经变更,但未完成登记,变更后的法定代表人要求代表法人参加诉讼的,人民法院可以准许"。

典型案例 某公司诉徐某公司证照返还纠纷案②

【裁判要旨】

1. 在公司公章被他人不当占有的情况下,公司的法定代表人能够作为公司诉讼意志代表,其在诉讼文件上的签名与加盖公司公章具有同等效力。

2. 无论不当持有人所持公司证照是否已经被声明作废,公司均有权要求不当持有人返还。

3. 对于不当占有公司证照而给公司造成损失的,公司有权要求不当占有人赔偿相应损失,但是应当提交充分证据对损失的实际发生情况及不当占有与损失之间的因果关系等予以证明。

【案情简介】

某公司成立于 2008 年 6 月 13 日,系中外合资有限责任公司,中方出资人为杭州某公司,外方出资人分别为香港某甲公司、香港某乙公司。某公司章程第 12 条规定,合资公司设董事会,董事会是合资公司最高权力机构。公司章程第 13 条规定,董事会决定合资公司的一切重大事宜,重大事宜需经出席董事会的全体董事一致同意方可作出决议,其职权主要有通过及修改公司的重要规章制度,决定聘用总经理和其他高级职员,合资公司合同、章程修改,其他应由董事会决定的重大事宜等。公司章程第 14 条规定,董事会由 7 名董事组成,其中由杭州某公司委派 3 名董事,香港某甲公司委派 2 名董事,香港某乙公司委派 2 名董事,设董事长 1 名,董事长由杭州某公司委派,董事长、董事任期 4 年,期满后继续委派可以连任。公司章程第 15 条规定,董事长是合资公司的法定代

---

① 该情形应当对董事会决议或者股东会决议进行审查。另该类案件往往会交织有关公司决议效力认定纠纷,应注意查明相关先决问题。

② 参见江苏省高级人民法院(2018)苏民终 474 民事判决书。

表人,董事长因故不能履行其职责时,可以临时授权副董事长为代表。公司章程第 20 条规定,出席董事会议的法定人数为全体董事的 2/3,不够 2/3 时,其通过的决议无效。公司章程第 21 条规定,董事会每次会议,须作详细的书面记录,并由全体出席会议的全体董事签字,代理人出席时,由代理人签字,记录文字使用中文,该记录由合资公司存档。

某公司董事会由 7 名董事组成,其中杭州某公司委派白某甲为董事长,后公司董事长变更为白某乙。2009 年 10 月 28 日,经工商行政管理局登记核准,原法定代表人白某甲变更为现法定代表人白某乙。

2016 年 7 月 4 日,在某公司大会议室召开临时董事会,临时董事会通过 2016 年临时董事会决议,决议第 6 条规定,"公司所有章(包括公章、财务章、合同章、出口销售章)的监管放入采购保险柜,保险柜存放公司办公室,保险柜密码由徐某管理,钥匙由白某乙管理"。

2017 年 1 月 24 日,徐某带领一名开锁匠来到存放某公司印章、证照等物品的办公室,将办公室门上封条撕掉,进入办公室内,将存放印章、证照等物品的保险柜撬开,将公司公章、财务章、合同章、公司营业执照正副本原件、银行开户许可证、出口销售章拿走。

某公司认为徐某的行为严重损害了公司权益,影响公司正常经营,造成公司损失,故诉至法院,请求:1. 判令徐某立即返还某公司的公章、财务章、合同章、公司营业执照正副本原件;2. 确认徐某侵占公司印章、营业执照的行为违反公司董事会决议;3. 赔偿某公司经济损失人民币 50 万元;4. 本案诉讼费用由徐某承担。徐某辩称其是应多数股东的要求,经董事会决议管理印章,因白某乙等人妨碍其他股东合理行使诉权,故其才拿走了公司证照。本案起诉书仅有白某乙签字,而未加盖公司公章,白某乙无权代表某公司进行本案诉讼。此外,白某乙在徐某拿走公章后,已经到公安机关办理了备案证明,刻制了相关整套印章,并登报申明原印章作废,开始使用新的印章,故原印章已不具备价值,不存在返还一说。

【裁判结果】

一审法院认为,本案中,某公司起诉目的就在于要求公司董事徐某返还公司公章,在法定代表人与公司公章分离的情况下,法定代表人白某乙以某公司名义作出的诉讼行为,应视为某公司的诉讼行为。根据 2016 年 7 月 4 日某公司董事会临时决议,公司相应印章、证照应当由徐某、白某乙共同管理。徐某撬开保险柜,取走相关印章、证照行为违反了董事会决议内容,故徐某持有公司的公章、财务章、合同章、公司营业执照正副本原件、银行开户许可证、出口销售章无合法依据,系不当持有,应承担相应的返还责任。一审法院判决:一、徐某于判决生效之日起十日内将采购保险柜存放在某公司办公室,并将某公司公章、财务章、合同章、公司营业执照正副本原件、银行开户许可证、出口销售章存放在保险柜中,保险柜密码由徐某管理,钥匙由白某乙管理;二、驳回某公司的其他诉讼请求。

徐某不服一审判决提出上诉,二审法院审理后判决驳回上诉,维持原判。

【案例评析】

首先,本案中,因徐某私自拿走了公司的公章等证照,导致某公司在起诉书上无法加盖公司公章,而仅有法定代表人白某乙的签名。某公司经审查批准机关批准的公司章程中规定,董事长由杭州某公司委派,杭州某公司委派白某乙担任某公司的董事长,并经过工商登记核准,故白某乙系经工商登记的某公司的法定代表人。公司的公章是公司对外作出意思表示的重要外在表现形式,但法律并未规定公章本身能够直接代表公司意志。因此,在公司公章被他人不当持有的情况下,白某乙有权作为某公司的诉讼意志代表,代表公司参加诉讼。

其次,根据某公司章程规定,董事会决定公司的一切重大事宜,重大事宜需经出席董事会的全体董事一致同意方可作出决议。根据某公司2016年7月4日的董事会临时决议可知,公司的证照由徐某和白某乙共同管理,监管方式为采购保险柜存放于公司办公室,保险柜密码由徐某管理,钥匙由白某乙管理。故徐某擅自撬开保险柜,取走印章、证照的行为违反了董事会决议的内容,亦侵害了公司对证照的所有权,应当负有向公司返还相应证照的义务。需要说明的是,无论不当持有人所持有的证照是否已经被声明作废,对于善意第三人而言,公章都是公司的表象,在他人不当持有的情况下,可能出现不必要的纠纷,故公司有权要求不当持有人予以返还。

最后,对于不当占有公司证照而给公司造成损失的,公司有权要求不当占有人赔偿相应损失,但是应当提交相应证据对损失的实际发生情况及不当占有与损失之间的因果关系等予以证明。本案中,某公司虽然请求徐某赔偿经济损失50万元,但是并未举证证明存在相关经济损失以及其主张的经济损失与徐某对相关印章、证照不当持有之间具有因果关系。因此,本案中某公司的该项诉讼请求无法得到支持。

(二)法定代表人个人能否作为原告起诉

虽然公司的法定代表人不同于一般的公司员工或公司机关,其是最基础的公司意志代表机关,是代表公司行使职权的负责人。但是法定代表人个人与公司在主体身份上仍然不能混同,公司证照的所有权人为公司,有权主张返还的主体亦为公司。《民事诉讼法》第51条规定,法人由其法定代表人进行诉讼。因此在公司证照返还纠纷的诉讼中,法定代表人只能代表公司参加诉讼,而不能以个人名义进行诉讼。此时,案件的适格原告仍然应当为公司,法定代表人仅是公司诉讼意志的代表主体。

(三)公司证照管理人能否作为原告起诉

公司虽然是证照的所有权人,但并不能直接"持有"公司证照,因此,公司有权决定证照的保管方式及保管人。在公司的实际经营管理中,公司的证照可能实际由法定代表人、董事或其他高级管理人员持有,在其合法持有及管理公司证照期间,如果公司证照被他人非法占有,其是否有权以个人名义提起诉讼?对此,答案应当是否定的。虽然相关人员经过了公司的授权而合法保管证照,但其仅为证照的持有人或保管人,而非所有权人,当非经公司授权或认可的主体对公司证照进行侵占时,仍然应当由公司作为所有权人提起诉讼。公司证照管理人基于公司内部治理的规范以个人名义提起公司证照返还之诉的,属于诉讼主体不适格,人民法院不予受理,已经受理的,应当驳回起诉。

(四)清算组、管理人是否有证照管理权

公司进入强制清算程序或破产清算程序后,清算组或管理人履行工作职责需管理和使用公司证照,公司证照亦是公司财产的一部分,清算组或管理人有权收回。此外,根据《公司法司法解释(二)》第10条及《北京市高级人民法院企业破产案件审理规程》第60条的规定,公司进入强制清算程序或破产清算程序后,应由公司作为原告提起诉讼,清算组负责人或管理人负责人作为诉讼代表人代表公司参加诉讼。

(五)股东能否作为公司证照返还纠纷的原告[①]

根据旧《公司法》第 151 条的规定,当公司的董事、高级管理人员或者他人侵犯公司合法权益,给公司造成损失的,符合法定条件的股东可以提起股东代表诉讼。在公司证照返还纠纷中,若股东认为公司的合法权益受到损害,而公司未能提起诉讼维护其权益的,在满足股东代表诉讼前置程序的要求后,股东有权为了公司的利益以自己的名义直接向法院提起诉讼。但是若股东未能依法履行前置程序的要求,则对股东的起诉应当予以驳回。

典型案例 某甲公司诉黄某甲、某乙公司、某丙公司公司证照返还纠纷案[②]

【裁判要旨】

在公司证照返还纠纷中,若股东认为公司的合法权益受到损害,而公司未能提起诉讼维护其权益的,在满足股东代表诉讼前置程序的要求后,股东有权为了公司的利益以自己的名义直接向法院提起诉讼。

【案情简介】

某丙公司成立于 2014 年 1 月 16 日,性质为有限责任公司,某甲公司、某乙公司均系其股东。现工商公示信息显示,杜某任董事、经理和法定代表人,黄某甲任公司董事长,叶某、黄某乙任监事,汤某任董事。黄某乙系黄某甲之子。某丙公司述称 2015 年 3 月因委托某乙公司代理记账,故其经营证照等手续交由某乙公司持有,并提交了相关交接清单予以证明。2021 年 8 月 2 日,某甲公司向监事叶某发送《关于要求提起诉讼的函》,称经杜某、汤某多次要求,某乙公

---

① 本书中对股东代表诉讼问题设立了专门的章节进行论述,故在此不再对股东代表诉讼所涉及的前置程序、股东身份要求等问题展开论述。此外,对于股东代表诉讼是否可以适用于公司证照返还纠纷,目前也存在不同观点。有观点认为,股东提起股东代表诉讼的条件为公司董事、监事、高级管理人员或他人对公司采取了侵权行为,并且给公司带来了损失。而实践中,对公司证照的侵占,往往是由于公司控制权的争夺或其他内部矛盾,这些侵占公司证照的行为一时未对公司产生实际损失,此时,侵权人应承担的是返还证照的责任,而非赔偿责任,故不能采用股东代表诉讼形式来维权。但笔者认为,在公司证照返还纠纷中,侵权人不当占有公司证照,可能会趁机以公司名义对外进行法律行为,损害公司利益,此时应当认定股东有权为了公司利益提起股东代表诉讼。公司利益是否受损、是否实际产生了损失应当是案件实体审理中查明的问题,而不能仅以公司存在内部矛盾而否认股东提起代表诉讼的权利。

② 参见北京市第二中级人民法院(2024)京 02 民终 396 号民事判决书。

司仍拒绝归还某丙公司的公章、营业执照、清算财务成果等,鉴于公司另一名监事黄某乙系某乙公司的法定代表人,故提请叶某发起民事诉讼,排除某乙公司的干扰,归还相应经营成果。叶某回复,建议由股东对某乙公司发起民事诉讼。

2021年8月20日,某丙公司召开股东会并作出《股东会决议》,决议内容包括取消某乙公司代理记账的委托;解除黄某甲董事一职,解除黄某乙监事一职;要求黄某甲排除妨害,在收到决议之日起3日内将公司公章、营业执照等移交汤某;要求某乙公司在收到决议之日起3日内,与公司另两名股东协商聘请会计师事务所,对所涉物业管理服务经营成果进行审计,会计师事务所审计完成3日内,经营成果及财务资料交还公司等。某乙公司在与某丙公司的往来函件中称,某丙公司的公章、营业执照均由董事长黄某甲合法保管。一审诉讼中,某乙公司提交了其持有材料的清单,载明持有某丙公司公章1个、营业执照副本1张、作废空白支票6张、作废支票7张、回单提取卡1份、U盾1个、专票专用证1份。

某甲公司以黄某甲、某乙公司拒不归还占有的公司证照为由,诉至法院,请求判令某乙公司、黄某甲共同向某丙公司归还公章、法人人名章、营业执照正副本及财务章等。黄某甲、某乙公司辩称案涉《股东会决议》无效,且因某甲公司存在违约行为,故不同意归还公司的证照、印章。

【裁判结果】

一审法院认为,某甲公司作为某丙公司的股东代表公司提起诉讼,符合旧《公司法》第151条的规定,其有权以自己的名义提起本案诉讼。本案中,某丙公司2021年8月20日作出的《股东会决议》符合法律及章程规定的表决比例,且亦无证据证明该决议存在无效的情形,故该决议应认定为合法有效,黄某甲应当遵守并执行《股东会决议》的内容。某乙公司认可持有某丙公司的公章及营业执照副本,但未举证证明其持有公司证照、印章的合法依据,故应予返还。因某甲公司未能举证证明其主张返还的某丙公司的法人人名章、财务章及营业执照正本确由某乙公司、黄某甲占有,故对其该部分诉讼请求不予支持。综上所述,一审法院判决:一、判决生效后十日内,某乙公司、黄某甲向某丙公司返还某丙公司的公章及原营业执照副本;二、驳回某甲公司的其他诉讼请求。

某乙公司、黄某不服一审判决提起上诉,二审法院判决驳回上诉,维持原判。

【案例评析】

旧《公司法》第151条规定了股东代表诉讼制度。本案中,某甲公司作为某丙公司的股东,认为同样作为股东的某乙公司以及时任董事长的黄某甲拒不返还公司经营证照,损害了某丙公司的利益。其在向某丙公司的监事书面请求提起诉讼后取得了监事建议由股东直接提起诉讼的答复,故以自己的名义提起本案诉讼,应当认定其履行了前置程序,其诉讼行为符合公司法关于提起股东代表诉讼的规定。

公司使用证照、印章,具有证明和确定其主体资格和能力的法律效果,故公司对其证照、印章享有专用权、使用权和支配权。证照、印章的法律价值可以视同公司的化身,具有无形财产性,属于公司所享有的民事权利客体。公司证照、印章应由谁掌管和占有,属于公司内部管理事务,新旧《公司法》并未对此作出明确规定,而是交由公司章程或内部管理制度等进行规定。一般而言,为方便公司内部的经营管理,公司证照、印章往往由公司的法定代表人、总经理或公司指定的其他专人实际占有、控制,当公司相关人员发生变化后,以前有权保管、持有公司证照的人员则可能不再适合继续保管、持有公司证照。此时,即应将公司证照返还给公司。本案中,虽然此前某丙公司将公司的证照、印章等交由某乙公司保管,但根据某丙公司的《股东会决议》,黄某甲已被解除董事一职,并要求其返还公司公章、证照,故黄某甲及某乙公司均已失去合法持有公司证照的基础,其与某乙公司应当向公司返还相应公章及营业执照。

在公司证照返还纠纷中,可能会交织公司决议效力认定纠纷。如果案涉公司决议效力对被告是否有权继续保管或持有公司证照具有决定性作用,则应当对决议效力进行审查。但此时,根据举证原则,应当由对公司决议效力提出异议的一方承担举证责任。本案诉讼中,虽然某乙公司、黄某甲对案涉《股东会决议》的效力提出异议,但某乙公司、黄某甲未就案涉《股东会决议》的效力另行提起诉讼,且亦无证据证明该决议具有明显违反法律、行政法规的情形,故该决议应当认定为有效。

第四节　公司证照保管义务人的确定

一、查明事实

1. 公司章程、股东会决议或者其他相关文件确定的证照保管主体;2. 公司约定俗成的管理模式;3. 法定代表人的授权情况;4. 公司平时如何使用相关证照(使用的场合、事由);5. 公司证照目前的占有人;6. 占有人是否存在持有公司证照的理由和机会。

二、法律适用

1.《民法典》第176条:民事主体依照法律规定或者按照当事人约定,履行民事义务,承担民事责任。

2.《民法典》第179条:承担民事责任的方式主要有:

(一)停止侵害;

(二)排除妨碍;

(三)消除危险;

(四)返还财产;

(五)恢复原状;

(六)修理、重作、更换;

(七)继续履行;

(八)赔偿损失;

(九)支付违约金;

(十)消除影响、恢复名誉;

(十一)赔礼道歉。

法律规定惩罚性赔偿的,依照其规定。

本条规定的承担民事责任的方式,可以单独适用,也可以合并适用。

3.《民法典》第235条:无权占有不动产或者动产的,权利人可以请求返还原物。

4.《民法典》第1165条:行为人因过错侵害他人民事权益造成损害的,应当承担侵权责任。

依照法律规定推定行为人有过错,其不能证明自己没有过错的,应当承担侵权责任。

5.旧《公司法》第147条:董事、监事、高级管理人员应当遵守法律、行政法规和公司章程,对公司负有忠实义务和勤勉义务。

董事、监事、高级管理人员不得利用职权收受贿赂或者其他非法收入,不得侵占公司的财产。

6.旧《公司法》第149条:董事、监事、高级管理人员执行公司职务时违反法律、行政法规或者公司章程的规定,给公司造成损失的,应当承担赔偿责任。

三、常见问题

(一)公司证照保管义务人如何确定

在实际经营中,公司可以在公司章程中对公司证照的保管义务人进行明确。如果公司章程中没有规定,则一般由股东会或董事会对公司证照保管及使用事项进行决议。若章程中既无规定,公司也未对证照保管形成有效决议,但公司的有关管理及规章制度中对证照的保管及使用进行了明确的,也可以依据相关规定对证照的保管义务人进行确认。

很多情况下,由于公司管理的不规范,对于公司证照的有权占有人、不当占有人的认定缺乏相关规定,导致各方产生争议。根据公司法的规定,公司的法定代表人是公司对外行为的代表,可以代表公司的意志,且其作为公司应当进行登记的重要事项之一,对外亦存在公示效力,因此,当公司章程、制度、股东会决议等均未对公司证照管理作出明确规定的,应当认为由法定代表人或其授权的工作人员负有公司重要证照的保管义务。此外,对于公司的财务章、合同专用章等证照,也可以根据公司有关主体的工作职责进行推定。

第八章　公司证照返还纠纷

典型案例　某公司诉王某公司证照返还纠纷案[1]

【裁判要旨】

1. 当公司法定代表人已经依法进行了变更,但工商登记尚未进行变更登记时,应当以公司实际的法定代表人情况进行认定。

2. 当公司章程、制度、股东会决议等均未对公司证照管理作出明确规定,且无其他证据证明公司证照由他人实际持有的,应当认为由法定代表人或其授权的工作人员负有公司重要证照的保管义务。

【案情简介】

某公司成立于 2010 年 11 月,王某任某公司的执行董事、法定代表人。公司章程第 14 条规定:公司不设董事会,设执行董事 1 人,由股东会选举产生。执行董事任期三年,任期届满,可连选连任。第 16 条规定:公司设经理,由执行董事决定聘任或者解聘。经理对执行董事负责,行使下列职权:(一)主持公司的生产经营管理工作,组织实施执行董事决策;(二)组织实施公司年度经营计划和投资方案;(三)拟订公司内部管理机构设置方案;(四)拟订公司的基本管理制度;(五)制定公司的具体规章;(六)提请聘任或者解聘公司副经理、财务负责人;(七)决定聘任或者解聘除应由股东会决定聘任或者解聘以外的负责管理人员;(八)执行董事授予的其他职权。第 19 条规定:执行董事为公司的法定代表人。

某公司于 2017 年 6 月 26 日召开临时股东大会,免除王某执行董事职务,并选举余某甲为公司执行董事及法定代表人。后余某甲诉至北京市西城区人民法院,要求变更公司法定代表人及执行董事的工商登记,该案于 2018 年 12 月 28 日由北京市第二中级人民法院作出(2018)京 02 民终 12753 号终审判决,判决将某公司工商登记中的执行董事及法定代表人姓名由王某变更为余某甲。某公司主张,判决生效后,某公司及余某甲多次要求王某办理相关印章、证照的移交手续,并配合办理工商登记手续,但王某始终不予配合。余某乙系某公司的股东,亦是王某的丈夫。2018 年 12 月 25 日,余某乙向余某甲发送短信,要

---

[1] 参见北京市第二中级人民法院(2020)京 02 民终 5430 号民事判决书。

求余某甲近期来京接管公司证照、财务账册及报税年检事务。某公司认为王某的行为严重影响了公司的正常经营,侵犯了某公司的财产权,故诉至一审法院,请求王某向某公司返还公司的印章、证照及财务账簿等。王某辩称余某甲无权代表某公司提起本案之诉讼,且某公司主张的公司证照等均不在王某处。

【裁判结果】

一审法院认为,根据生效判决认定,余某甲已经被确认为某公司的法定代表人和执行董事,虽然工商变更登记尚未办理完成,但并不影响余某甲系某公司法定代表人的身份,故其可以代表某公司提起本案诉讼。综合本案情况,双方对余某乙实际参与某公司的经营管理没有争议,结合余某乙向余某甲发送短信要求其交接印章和证照内容综合判断,王某虽被登记为某公司的法定代表人,但其本人并未实际参与公司的经营管理,故不能仅以其系某公司的法定代表人,而推定其应当持有公司的相关证照、印鉴、财务资料以及专利权属证书等物品。故一审法院判决:驳回某公司的诉讼请求。

某公司不服一审判决提起上诉,二审法院认为,在某公司章程及公司制度中没有明确规定公司印章、证照、财务账簿保管人的情况下,王某在其担任执行董事、法定代表人职务期间,应为某公司印章、证照、财务账簿等物品的保管义务人,视为其持有上述物品。王某主张上述物品在案外人手中,但没有提交证据证明,故二审法院判决:一、撤销一审民事判决;二、王某在判决生效七日内向某公司返还某公司的印章(包括公司的公章、财务专用章、合同章)、证照(包括营业执照正副本、开户许可证、组织机构信用代码证、税务登记证)、财务账簿(某公司自成立时即 2010 年 10 月 9 日起至实际转交日止的总账、明细账、日记账和其他辅助性账簿及会计凭证含记账凭证、相关合同、相关原始凭证及作为原始凭证附件入账备查的有关资料);三、驳回某公司其他诉讼请求。

【案例评析】

首先,公司的法定代表人是公司对外行为的代表,可以代表公司的意志。公司关于法定代表人的工商登记虽然对外具有公示效力,但当登记的法定代表人虽未变更,但有效的董事会决议或者股东会决议已经更换法定代表人的,更换后的法定代表人可以代表公司参加诉讼,其在诉讼文件上的签名亦产生法律效力。本案中,虽然某公司工商登记的法定代表人仍为王某,但经法院生效判决认定,余某甲已经实际变更为某公司的法定代表人及执行董事,故其有权代表公司参加诉讼。

其次,法定代表人对外全面负责民事活动的同时,对内也承担相应的领导管理责任,是公司日常经营管理的直接负责人和责任人。王某是某公司的原法定代表人、执行董事、经理,是公司财产的法定管理人,按照某公司章程规定,直接负责某公司的日常经营管理及相应管理制度的制定,对某公司的日常经营管理和人员选用具有决策权,其他人参与某公司管理都应当是得到王某认可授权后方可进行,王某对公司的财产负有监管、追回的权力和责任。在某公司章程及公司制度中没有明确规定公司印章、证照、财务账簿保管人的情况下,王某在其担任上述职务期间,应为公司印章、证照、财务账簿等物品的保管义务人,视为其持有上述物品。王某主张上述物品在案外人手中,但没有提交证据证明。故当王某不再任公司法定代表人、执行董事、经理时,不能仅以不实际参与经营管理就不承担返还公司印章、证照、财务账簿的义务,王某应将上述公司物品返还某公司。

(二)公司的董事、监事或者高级管理人员能否依据其特殊身份占有公司证照

公司的董事、监事或者高级管理人员,因其具有的特殊身份,通常会成为公司日常经营管理中公司证照的管理人或使用人,但其对公司证照的占有亦需要经过公司或法定代表人的授权。在未获得授权的情况下,公司的董事、监事或高级管理人员,不能仅以其具有的特殊管理身份为由,占有与其履职行为无关的公司证照。值得说明的是,为了确保公司的规范有序运行,当有关人员基于授权或履职行为合法占有或保管公司证照时,公司若需要取回证照或变更证照管理人,也需要依据法定或章程规定的内部治理程序作出有效决议进行变更。

(三)公司证照返还纠纷中如何分配举证责任

在公司证照返还纠纷中,公司作为原告提起诉讼,请求被告返还公司证照,则公司首先应当证明其所请求的证照目前实际被被告所持有,即公司应当对被告的侵占行为进行举证。如提交公司证照管理的相关规定证明被告系涉诉证照的原管理人;提交领用登记等证明被告系涉诉证照的最后持有人或使用人;提交新的股东会决议等证明公司已指定了新的证照管理人,被告丧失了持有证

照的合法基础等。如果原告无法举证证明公司证照目前实际由被告持有,被告亦不属于证照的推定持有人,则原告关于证照返还的诉讼请求将难以得到支持。当公司尽到初步举证责任后,被告若抗辩其并未持有公司证照,则应当对证照实际持有人进行举证,否则应承担举证不能的不利后果。

典型案例 某公司诉于某公司证照返还纠纷案[①]

【裁判要旨】

在公司证照返还纠纷中,公司作为原告提起诉讼,请求被告返还公司证照,则公司首先应当证明其所主张的证照目前实际由被告所持有,即公司应当对被告的侵占行为进行举证。如果原告无法举证证明公司证照目前实际由被告持有,被告亦不属于证照的推定持有人,则原告关于证照返还的诉讼请求将难以得到支持。

【案情简介】

于某曾在某公司担任副总经理职务,享有对外运营、签订合同的权利。某公司认可根据其公司内部规定,合同专用章由某公司员工王某和刘某保管,使用合同专用章需要去保管人处办理取章手续,使用后再交还公章保管人处。某公司以于某自2016年3月擅自使用公司的合同专用章,在外办理各种业务,给某公司造成了恶劣的影响和经济损失为由,诉至法院,请求判令于某返还某公司的合同专用章。于某辩称其没有保管合同专用章的权力,也没有藏匿专用章,某公司的公章和合同专用章均由公司会计专门保管,不同意某公司的诉讼请求。

【裁判结果】

一审法院认为,根据某公司一审庭审中的陈述,某公司员工如需使用合同专用章,需要在公司合同专用章保管人王某和刘某处办理取章手续。现某公司主张2016年3月8日于某签订合同时加盖了合同专用章,因此公司的印章就在于某处,但其并未提交于某的取章手续,且印章并不一定由签订合同的人员加盖,亦可由保管印章的人员加盖,故谁签订合同加盖印章以及谁实际控制印

[①] 参见北京市第二中级人民法院(2019)京02民终4800号民事判决书。

章并不存在必然联系,故某公司的主张,证据不足。一审法院判决:驳回某公司的诉讼请求。

某公司不服一审判决提出上诉,二审法院判决驳回上诉,维持原判。

【案例评析】

当事人对自己提出的主张,有责任提供证据。在作出判决前,当事人未能提供证据或者证据不足以证明其事实主张的,由负有举证证明责任的当事人承担不利的后果。本案中,首先,于某虽曾在某公司工作,但其仅为某公司的工作人员而非公司的法定代表人,亦非法律规定或由公司章程或股东会决议确定的负有保管义务的印章管理人。其次,于某虽曾代表某公司对外签订合同,但并不能据此当然推断出其曾持有且持续非法占有公司的合同专用章。某公司在一审庭审中亦表示公司的合同专用章由公司员工王某和刘某保管,某公司并未提交相应证据证明公司的合同专用章现实际由于某持有。综上,在某公司未尽到充分举证责任的情况下,其应当承担举证不能的不利后果,其关于于某应返还合同专用章的诉讼请求无法得到法院支持。

在公司证照返还纠纷中,公司作为原告提起诉讼,请求被告返还公司证照,则公司首先应当证明其所请求的证照目前实际由被告所持有,即公司应当对被告的侵占行为进行举证。如果原告无法举证证明公司证照目前实际由被告持有,被告亦不属于证照的推定持有人,则原告关于证照返还的诉讼请求将难以得到支持。因此,为规范公司的经营管理,避免不必要的法律风险,公司在实际经营中,还是应当通过公司章程、公司管理制度、股东会或董事会决议等方式,对公司证照的保管义务人进行明确。同时,公司应当对证照、印章的使用及交接问题建立规范的管理制度,完善取用及归还的签章制度,注意保留相关书面材料,避免因管理混乱产生纠纷。

(四)公司证照能否作为担保物标的

债务人不履行到期债务,债权人可以留置已经合法占有的债务人的动产,并有权就该动产优先受偿。虽然公司证照也属于公司的动产,但公司工作人员因职责保管公司证照,或公司以外的第三人因与公司存在债权债务纠纷,主张行使留置权,留置公司证照的,却不宜得到支持。因为证照作为一种特殊的动产,被留置的公司证照与债权人主张的债权实际非属同一法律关系,故对于该行使留置权的抗辩,不宜支持。同时,因为公司证照本身不具有财产价值,且亦不属于担保物权调整的范围,故也不能作为抵押或质押标的。

(五)基于商业安排交付证照后能否要求返还

公司有处分自己财产的自由,但应当遵守诚信原则。公司证照属于公司的特殊财产,不能任意进行处分。对于通过协议约定由相对方占有公司证照又请求返还的,实际上涉及公司享有的物权所有权与相对方基于合同约定而产生的占有权之间的冲突。在商事交易中,如果公司系在交易过程中主动将公司证照交于相对方保管,以作为降低交易风险的措施时(如在对赌交易中,投资人因无法完全参与到公司经营中,为了防止风险失控,确保投资安全,通常会约定由投资人对目标公司的证照进行保管,公司经营中若需要使用相关证照,应履行双方约定的使用程序),在相对方不存在违约或侵害公司合法权益行为的情况下,公司对证照享有的物权应当受到相应的限制,公司无正当理由要求返还证照的,违反了民事行为所应遵循的诚实信用原则,不宜得到支持。但如果相对方在占有公司证照的过程中,存在利用证照侵害公司合法权益或不合理限制公司证照的使用影响公司正常经营的,公司有权基于对方的违约或侵权行为要求返还证照。

(六)公司对作废的公司证照是否还有诉的利益

随着公司营业执照及公章补办制度的不断改革,目前公司证照的挂失及补办越发便捷。当公司的证照被他人非法占有拒不返还时,公司可以作废之前的证照,进行补办。此时,公司能否再对已经被作废的证照提起公司证照返还纠纷的诉讼?答案应当是肯定的。公司证照作为可以对外代表公司意志的动产,即便已经被作废,也难以被其他交易相对人所清楚知晓。《九民会议纪要》明确规定,"人民法院在审理案件时,应当主要审查签约人于盖章之时有无代表权或者代理权,从而根据代表或者代理的相关规则来确定合同的效力"。因此,侵权人不当占有公司证照,可能会趁机以公司名义对外进行法律行为,他人使用作废的公章也可能对公司产生表见代理等法律后果,损害公司利益。公司只有及时收回被侵占的证照,才能避免不必要的法律风险。因此作废的公司证照仍然具有诉的利益,公司有权对此提起证照返还诉讼。

第九章 公司盈余分配纠纷

公司盈余分配请求权是股东自益权的一种,在公司存续的情况下,盈余分配请求权是股东从公司获取投资回报的主要手段。但由于股利分配方案需要股东会通过,在资本多数决原则下,公司大股东可能利用股利政策损害中小股东的利益。在公司实际运作中,公司可能有可供分配的盈余,但以各种理由不正当地拒绝向股东派发盈余;或者公司过分提取任意公积金而损害股东的股利分配权,从而引发公司盈余分配权纠纷。公司盈余分配是一种商业活动,一般应遵循公司自治原则,但在大股东滥用控制地位严重侵害其他股东利益的情况下,司法介入即具有合理性和必要性。

第一节 概 述

一、概念界定

公司盈余分配请求权是股东基于其股东地位依法享有的请求公司按照持股比例向自己分配股利的权利。

公司盈余分配纠纷主要发生在有限责任公司中。在有限责任公司中,大股东往往兼任公司高管职务,因此,可以通过工资、奖金等形式从公司实质获得回报,而小股东则被排除在公司管理层之外,无从通过这些方式从公司获得收益。比较而言,股份有限公司尤其是上市公司,由于存在公开的股份交易市场,在公司无正当理由拒绝分配股利时,股东可以用脚投票,通过转让股份退出公司。因此,本节中,我们主要讨论的是有限责任公司中发生的的盈余分配纠纷。

二、诉讼主体

(一)原告

该案由的原告即权利主体为公司股东,且起诉时和案件审理中均需具有公司股东身份。其他股东以相同理由请求参加诉讼的,应列为共同原告。

(二)被告

该案由的被告即义务主体是公司。一般无须将其他股东列为第三人参加诉讼,拒绝利润分配的股东不应作为共同被告,可列为第三人。

(三)法律适用

《公司法司法解释(四)》第 13 条:股东请求公司分配利润案件,应当列公司为被告。

一审法庭辩论终结前,其他股东基于同一分配方案请求分配利润并申请参加诉讼的,应当列为共同原告。

三、管辖

公司盈余分配纠纷原则上以《民事诉讼法》中管辖的相关规定为基础,以公司住所地来确定管辖法院,公司住所地是指公司主要办事机构所在地。公司主要办事机构所在地不明确的,其注册地或者登记地为其住所地。

(一)查明事实

1.被告的主要办事机构所在地;2.主要办事机构所在地不能确定的,被告的注册地或者登记地。

(二)法律适用

《民事诉讼法》第 27 条:因公司设立、确认股东资格、分配利润、解散等纠纷提起的诉讼,由公司住所地人民法院管辖。

《民诉法司法解释》第 3 条:公民的住所地是指公民的户籍所在地,法人或者其他组织的住所地是指法人或者其他组织的主要办事机构所在地。

法人或者其他组织的主要办事机构所在地不能确定的,法人或者其他组织的注册地或者登记地为住所地。

四、诉讼时效

(一)查明事实

是否存在有关利润分配的股东会决议。

(二)法律适用

《公司法司法解释(四)》第 14 条:股东提交载明具体分配方案的股东会或者股东大会的有效决议,请求公司分配利润,公司拒绝分配利润且其关于无法执行决议的抗辩理由不成立的,人民法院应当判决公司按照决议载明的具体分配方案向股东分配利润。

《公司法司法解释(四)》第 15 条:股东未提交载明具体分配方案的股东会或者股东大会决议,请求公司分配利润的,人民法院应当驳回其诉讼请求,但违反法律规定滥用股东权利导致公司不分配利润,给其他股东造成损失的除外。

《民法典》第 188 条:向人民法院请求保护民事权利的诉讼时效期间为三年。法律另有规定的,依照其规定。

诉讼时效期间自权利人知道或者应当知道权利受到损害以及义务人之日起计算。法律另有规定的,依照其规定。但是,自权利受到损害之日起超过二十年的,人民法院不予保护,有特殊情况的,人民法院可以根据权利人的申请决定延长。

《民法典》第 192 条:诉讼时效期间届满的,义务人可以提出不履行义务的抗辩。

诉讼时效期间届满后,义务人同意履行的,不得以诉讼时效期间届满为由抗辩;义务人已经自愿履行的,不得请求返还。

(三)利润分配请求权是否存在诉讼时效

以是否存在有关利润分配的股东会决议为标准,学理上将股东请求利润分配权利分为抽象利润分配请求权和具体利润分配请求权。根据《公司法司法解释(四)》第 14 条、第 15 条规定,若公司已经作出了有具体分配方案的有效决议,则股东可基于公司决议主张具体利润分配请求权,若公司未作出有具体分配方案的有效决议,但系违反法律规定滥用股东权利,给股东造成损失的,股东可主张抽象利润分配请求权。

抽象利润分配请求权是基于股东身份产生的权利,本质上属于期待权,不受公司是否具有利润分配意愿影响,但实际尚不具备行使该权利的客观条件,因此不适用诉讼时效的规定。具体利润分配请求权则是股东基于有效利润分配决议形成的对公司享有的普通债权,适用债权诉讼时效的相关规定,应从具体分配方案确定的分配期限届满后次日起算。

第二节　新旧《公司法》相关规范对照

一、相关规范梳理

(一)旧《公司法》相关规定

1.公司盈余分配请求权的来源

旧《公司法》第4条:公司股东依法享有资产收益、参与重大决策和选择管理者等权利。

2.公司盈余分配决议的作出程序

旧《公司法》第37条:股东会行使下列职权:

(一)决定公司的经营方针和投资计划;

(二)选举和更换非由职工代表担任的董事、监事,决定有关董事、监事的报酬事项;

(三)审议批准董事会的报告;

(四)审议批准监事会或者监事的报告;

(五)审议批准公司的年度财务预算方案、决算方案;

(六)审议批准公司的利润分配方案和弥补亏损方案;

(七)对公司增加或者减少注册资本作出决议;

(八)对发行公司债券作出决议;

(九)对公司合并、分立、解散、清算或者变更公司形式作出决议;

(十)修改公司章程;

(十一)公司章程规定的其他职权。

对前款所列事项股东以书面形式一致表示同意的,可以不召开股东会会议,直接作出决定,并由全体股东在决定文件上签名、盖章。

旧《公司法》第46条:董事会对股东会负责,行使下列职权:

(一)召集股东会会议,并向股东会报告工作;

(二)执行股东会的决议;

(三)决定公司的经营计划和投资方案;

(四)制订公司的年度财务预算方案、决算方案;

(五)制订公司的利润分配方案和弥补亏损方案;

(六)制订公司增加或者减少注册资本以及发行公司债券的方案;

(七)制订公司合并、分立、解散或者变更公司形式的方案;

(八)决定公司内部管理机构的设置;

(九)决定聘任或者解聘公司经理及其报酬事项,并根据经理的提名决定聘任或者解聘公司副经理、财务负责人及其报酬事项;

(十)制定公司的基本管理制度;

(十一)公司章程规定的其他职权。

3.公司章程有关公司利润分配办法的规定

旧《公司法》第81条:股份有限公司章程应当载明下列事项:

(一)公司名称和住所;

(二)公司经营范围;

(三)公司设立方式;

(四)公司股份总数、每股金额和注册资本;

(五)发起人的姓名或者名称、认购的股份数、出资方式和出资时间;

(六)董事会的组成、职权和议事规则;

(七)公司法定代表人;

(八)监事会的组成、职权和议事规则;

(九)公司利润分配办法;

(十)公司的解散事由与清算办法;

(十一)公司的通知和公告办法;

(十二)股东大会会议认为需要规定的其他事项。

4.公司税后利润分配及公积金提取

旧《公司法》第34条:股东按照实缴的出资比例分取红利;公司新增资本

时,股东有权优先按照实缴的出资比例认缴出资。但是,全体股东约定不按照出资比例分取红利或者不按照出资比例优先认缴出资的除外。

旧《公司法》第166条:公司分配当年税后利润时,应当提取利润的百分之十列入公司法定公积金。公司法定公积金累计额为公司注册资本的百分之五十以上的,可以不再提取。

公司的法定公积金不足以弥补以前年度亏损的,在依照前款规定提取法定公积金之前,应当先用当年利润弥补亏损。

公司从税后利润中提取法定公积金后,经股东会或者股东大会决议,还可以从税后利润中提取任意公积金。

公司弥补亏损和提取公积金后所余税后利润,有限责任公司依照本法第三十四条的规定分配;股份有限公司按照股东持有的股份比例分配,但股份有限公司章程规定不按持股比例分配的除外。

股东会、股东大会或者董事会违反前款规定,在公司弥补亏损和提取法定公积金之前向股东分配利润的,股东必须将违反规定分配的利润退还公司。

公司持有的本公司股份不得分配利润。

(二)新《公司法》相关规定

1. 公司盈余分配请求权的来源

新《公司法》第4条:有限责任公司的股东以其认缴的出资额为限对公司承担责任;股份有限公司的股东以其认购的股份为限对公司承担责任。

公司股东对公司依法享有资产收益、参与重大决策和选择管理者等权利。

2. 公司盈余分配决议的作出程序

新《公司法》第59条:股东会行使下列职权:

(一)选举和更换董事、监事,决定有关董事、监事的报酬事项;

(二)审议批准董事会的报告;

(三)审议批准监事会的报告;

(四)审议批准公司的利润分配方案和弥补亏损方案;

(五)对公司增加或者减少注册资本作出决议;

(六)对发行公司债券作出决议;

(七)对公司合并、分立、解散、清算或者变更公司形式作出决议;

(八)修改公司章程;

（九）公司章程规定的其他职权。

股东会可以授权董事会对发行公司债券作出决议。

对本条第一款所列事项股东以书面形式一致表示同意的,可以不召开股东会会议,直接作出决定,并由全体股东在决定文件上签名或者盖章。

新《公司法》第 67 条:有限责任公司设董事会,本法第七十五条另有规定的除外。

董事会行使下列职权:

（一）召集股东会会议,并向股东会报告工作;

（二）执行股东会的决议;

（三）决定公司的经营计划和投资方案;

（四）制订公司的利润分配方案和弥补亏损方案;

（五）制订公司增加或者减少注册资本以及发行公司债券的方案;

（六）制订公司合并、分立、解散或者变更公司形式的方案;

（七）决定公司内部管理机构的设置;

（八）决定聘任或者解聘公司经理及其报酬事项,并根据经理的提名决定聘任或者解聘公司副经理、财务负责人及其报酬事项;

（九）制定公司的基本管理制度;

（十）公司章程规定或者股东会授予的其他职权。

公司章程对董事会职权的限制不得对抗善意相对人。

3. 公司章程有关公司利润分配办法的规定

新《公司法》第 95 条:股份有限公司章程应当载明下列事项:

（一）公司名称和住所;

（二）公司经营范围;

（三）公司设立方式;

（四）公司注册资本、已发行的股份数和设立时发行的股份数,面额股的每股金额;

（五）发行类别股的,每一类别股的股份数及其权利和义务;

（六）发起人的姓名或者名称、认购的股份数、出资方式;

（七）董事会的组成、职权和议事规则;

（八）公司法定代表人的产生、变更办法;

（九）监事会的组成、职权和议事规则；

（十）公司利润分配办法；

（十一）公司的解散事由与清算办法；

（十二）公司的通知和公告办法；

（十三）股东会认为需要规定的其他事项。

4. 公司税后利润分配及公积金提取

新《公司法》第 210 条：公司分配当年税后利润时，应当提取利润的百分之十列入公司法定公积金。公司法定公积金累计额为公司注册资本的百分之五十以上的，可以不再提取。

公司的法定公积金不足以弥补以前年度亏损的，在依照前款规定提取法定公积金之前，应当先用当年利润弥补亏损。

公司从税后利润中提取法定公积金后，经股东会决议，还可以从税后利润中提取任意公积金。

公司弥补亏损和提取公积金后所余税后利润，有限责任公司按照股东实缴的出资比例分配利润，全体股东约定不按照出资比例分配利润的除外；股份有限公司按照股东所持有的股份比例分配利润，公司章程另有规定的除外。

公司持有的本公司股份不得分配利润。

新《公司法》第 211 条：公司违反本法规定向股东分配利润的，股东应当将违反规定分配的利润退还公司；给公司造成损失的，股东及负有责任的董事、监事、高级管理人员应当承担赔偿责任。

5. 利润分配的法定期限

《公司法司法解释（五）》第 4 条：分配利润的股东会或者股东大会决议作出后，公司应当在决议载明的时间内完成利润分配。决议没有载明时间的，以公司章程规定的为准。决议、章程中均未规定时间或者时间超过一年的，公司应当自决议作出之日起一年内完成利润分配。

决议中载明的利润分配完成时间超过公司章程规定时间的，股东可以依据民法典第八十五条、公司法第二十二条第二款规定请求人民法院撤销决议中关于该时间的规定。

新《公司法》第 212 条：股东会作出分配利润的决议的，董事会应当在股东会决议作出之日起六个月内进行分配。

（三）《公司法司法解释（四）》

1. 公司盈余分配纠纷的当事人地位

《公司法司法解释（四）》第 13 条：股东请求公司分配利润案件，应当列公司为被告。

一审法庭辩论终结前，其他股东基于同一分配方案请求分配利润并申请参加诉讼的，应当列为共同原告。

2. 具体盈余分配请求权与抽象盈余分配请求权

《公司法司法解释（四）》第 14 条：股东提交载明具体分配方案的股东会或者股东大会的有效决议，请求公司分配利润，公司拒绝分配利润且其关于无法执行决议的抗辩理由不成立的，人民法院应当判决公司按照决议载明的具体分配方案向股东分配利润。

《公司法司法解释（四）》第 15 条：股东未提交载明具体分配方案的股东会或者股东大会决议，请求公司分配利润的，人民法院应当驳回其诉讼请求，但违反法律规定滥用股东权利导致公司不分配利润，给其他股东造成损失的除外。

二、新旧《公司法》比较

（一）新增股东及董监高责任条款

本次修订新增了给公司造成损失的股东及负有责任的董事、监事、高级管理人员的民事赔偿责任，凸显了新《公司法》对董监高维护公司资本充实义务的强调。该条，即新《公司法》第 210 条修订脱胎于旧《公司法》第 166 条第 5 款的规定：股东会、股东大会或者董事会违反前款规定，在公司弥补亏损和提取法定公积金之前向股东分配利润的，股东必须将违反规定分配的利润退还公司，将原条款中的主体"股东会、股东大会或者董事会"修改为"公司"，删除了"在公司弥补亏损和提取法定公积金之前"的前提，对给公司造成损失的股东及负有责任的董事、监事、高级管理人员的民事赔偿责任进行了单独提炼和强调。

（二）新增利润分配期限条款

本次修订还新增了利润分配的法定期限，旧《公司法》针对该问题未作规定，《公司法司法解释（五）》则规定公司最迟应在分配决议作出之日起的一年内完成利润分配。新《公司法》进一步将时间缩短至 6 个月，并删除了修订意见稿中"公司章程或者股东会议另有规定的除外"的条文。该条系本次新《公司法》修订的新增条款,旨在应对实践中公司未及时执行盈余分配决议导致的诉讼频发问题,进一步保障中小股东实现利润分配请求权。

第三节 原告主体资格的认定

一、查明事实

1.原告作为公司股东的相应凭证;2.原告在起诉时是否具有公司股东身份。

二、法律适用

1.旧《公司法》第 25 条:有限责任公司章程应当载明下列事项:

(一)公司名称和住所;

(二)公司经营范围;

(三)公司注册资本;

(四)股东的姓名或者名称;

(五)股东的出资方式、出资额和出资时间;

(六)公司的机构及其产生办法、职权、议事规则;

(七)公司法定代表人;

(八)股东会会议认为需要规定的其他事项。

股东应当在公司章程上签名、盖章。

对应新《公司法》第 46 条:有限责任公司章程应当载明下列事项:

(一)公司名称和住所;

(二)公司经营范围;

(三)公司注册资本;

(四)股东的姓名或者名称;

(五)股东的出资额、出资方式和出资日期;

(六)公司的机构及其产生办法、职权、议事规则;

（七）公司法定代表人的产生、变更办法；

（八）股东会认为需要规定的其他事项。

股东应当在公司章程上签名或者盖章。

2. 旧《公司法》第 29 条：股东认足公司章程规定的出资后，由全体股东指定的代表或者共同委托的代理人向公司登记机关报送公司登记申请书、公司章程等文件，申请设立登记。

对应新《公司法》第 30 条：申请设立公司，应当提交设立登记申请书、公司章程等文件，提交的相关材料应当真实、合法和有效。

申请材料不齐全或者不符合法定形式的，公司登记机关应当一次性告知需要补正的材料。

3. 旧《公司法》第 31 条：有限责任公司成立后，应当向股东签发出资证明书。

出资证明书应当载明下列事项：

（一）公司名称；

（二）公司成立日期；

（三）公司注册资本；

（四）股东的姓名或者名称、缴纳的出资额和出资日期；

（五）出资证明书的编号和核发日期。

出资证明书由公司盖章。

对应新《公司法》第 55 条：有限责任公司成立后，应当向股东签发出资证明书，记载下列事项：

（一）公司名称；

（二）公司成立日期；

（三）公司注册资本；

（四）股东的姓名或者名称、认缴和实缴的出资额、出资方式和出资日期；

（五）出资证明书的编号和核发日期。

出资证明书由法定代表人签名，并由公司盖章。

4. 旧《公司法》第 32 条：有限责任公司应当置备股东名册，记载下列事项：

（一）股东的姓名或者名称及住所；

（二）股东的出资额；

（三）出资证明书编号。

记载于股东名册的股东，可以依股东名册主张行使股东权利。

公司应当将股东的姓名或者名称向公司登记机关登记；登记事项发生变更的，应当办理变更登记。未经登记或者变更登记的，不得对抗第三人。

对应新《公司法》第56条：有限责任公司应当置备股东名册，记载下列事项：

（一）股东的姓名或者名称及住所；

（二）股东认缴和实缴的出资额、出资方式和出资日期；

（三）出资证明书编号；

（四）取得和丧失股东资格的日期。

记载于股东名册的股东，可以依股东名册主张行使股东权利。

5.《公司法司法解释（三）》第24条：有限责任公司的实际出资人与名义出资人订立合同，约定由实际出资人出资并享有投资权益，以名义出资人为名义股东，实际出资人与名义股东对该合同效力发生争议的，如无法律规定的无效情形，人民法院应当认定该合同有效。

前款规定的实际出资人与名义股东因投资权益的归属发生争议，实际出资人以其实际履行了出资义务为由向名义股东主张权利的，人民法院应予支持。名义股东以公司股东名册记载、公司登记机关登记为由否认实际出资人权利的，人民法院不予支持。

实际出资人未经公司其他股东半数以上同意，请求公司变更股东、签发出资证明书、记载于股东名册、记载于公司章程并办理公司登记机关登记的，人民法院不予支持。

6.《九民会议纪要》第28条：实际出资人能够提供证据证明有限责任公司过半数的其他股东知道其实际出资的事实，且对其实际行使股东权利未曾提出异议，对实际出资人提出的登记为公司股东的请求，人民法院依法予以支持。公司以实际出资人的请求不符合《公司法司法解释（三）》第24条的规定为由抗辩的，人民法院不予支持。

三、常见问题

（一）股东身份的确认

原告可以用来证明其股东身份的文件包括但不限于有限责任公司的公司

章程、工商登记备案、出资证明书、股东名册等。

(二) 出资瑕疵股东是否为适格原告

出资瑕疵一般可分为未出资、未全面出资、抽逃出资等情形。出资瑕疵股东具有股东资格,故其具备公司盈余分配纠纷的原告主体资格。

笔者认为,若公司已经作出决议并形成具体的利润分配方案,法院不应介入公司自治的范畴,主动作出判决限制瑕疵出资股东获得利润分配的权利,应当认定瑕疵出资股东可以按照决议具体方案获得相应的利润分配。

若公司尚未作出决议并形成具体的利润分配方案,瑕疵出资股东行使抽象的利润分配请求权,那么如公司章程无特殊约定,未足额出资的股东可以按照其实际出资额要求公司向其分配公司利润;未出资的股东诉至法院要求分配利润的,基于权利义务相统一的原则,股东违反出资义务,其权利也应受到相应限制,法院可视情况驳回原告诉讼请求。

(三) 原股东是否为适格原告

公司原股东因转让自己持有的公司股权而退出公司,不再具有股东资格,故不享有分红权,不是本案由的适格原告。股权转让后,若公司股东会就转让前的公司利润形成分配决议的,原股东无权要求公司向其支付相应的利润;但股权转让前,公司股东会已就公司利润分配形成决议且该利润在原股东股权转让过程中未作出安排的,决议一经作出,利润分配请求权即转化为一般债权,原股东应为适格原告。

典型案例 S 公司诉 B 公司公司盈余分配纠纷案[①]

【裁判要旨】

公司盈余分配请求权是股东基于股东资格享有的权利,它源于股东对公司进行资本投入后的回报期待。当股东转让其股权后,基于原股东身份享有的特定权利也随之转移。因此,在股权转让后,股东会针对转让前公司利润作出具体的分配决议,决议效力仅及于决议作出时公司的在册股东,原股东因已丧失

---

① 参见北京市第二中级人民法院(2023)京 02 民终 4422 号民事判决书。

股东资格,无权再向公司主张针对该部分利润的分配请求权。这一原则确保了公司治理的连续性和股东权益的清晰界定。

【案情简介】

B公司系一家有限责任公司,成立于2016年9月9日,注册资本为100万元,股东S公司认缴出资30万元,后S公司于2017年8月24日退出B公司股东会并办理了股权退出手续。

2017年8月1日,B公司形成股东会决议,达成红利分配方案:1.以2017年8月1日为基准日,公司各方在2016~2017年合作期间实施项目,目前已履行完毕并收回全部合同款项的合同价款总计6,448,018元,已经履行完成或部分完成未收合同价款总计4,258,200元。基于此,各股东同意根据公司截至2017年8月1日内部财务报表对未分配利润按照本次股东会决议之前的持股比例进行一次性分配,时间2017年9月1日前。2.对于未收回合同价款部分,鉴于S公司将退出公司,股东同意实施项目完成后制定公司相关财务报表,并确认股东权益,按照前述比例进行分红并支付给S公司。时间以截至2017年12月31日的经营成果为依据,之后不再追索上述利益。S公司主张,B公司未能履行《股东会决议》的义务,致使S公司至今未能收到公司红利,故诉至法院,请求判令B公司向S公司支付公司盈余分配款778,464.39元。

【裁判结果】

一审法院于2022年12月27日作出(2021)京0115民初8489号民事判决:一、B公司于本判决生效后十日内向S公司支付盈余分配款402,267.4元;二、驳回S公司的其他诉讼请求。B公司上诉后,二审法院于2023年5月31日作出(2023)京02民终4422号民事判决:驳回上诉,维持原判。

法院生效裁判认为,依据旧《公司法》第4条之规定,公司股东依法享有资产收益的权利。S公司作为B公司的股东,其有权主张公司进行盈余分配。案涉《股东会决议》载明依据2017年8月1日及2017年12月31日的内部财务报表进行两次盈余分配,根据审理查明的事实,S公司已于2017年8月24日退出B公司股东会,S公司于2017年12月31日已不具备股东资格,故其无权依据2017年12月31日的财务报表进行盈余分配。

【案例评析】

公司盈余分配请求权是股东基于其股东身份天然拥有的一项权利,与股东身份密切相关,属于股权的组成部分。股权的概括转让原则是股权转让的基本原则之一,股权转让意味着股东基于股东地位享有的包括盈余分配请求权在内的全部股东权利一并转移给受让人,受让股权的新股东自然继受享有以上权利。在公司作出进行盈余分配的股东会决议前,股东的盈余分配请求权仍属于抽象的利润分配请求权,是一种期待权,并未转化成确定的债权,而这里的期待权向债权转化应当以载明具体利润分配方案的股东会决议作出为标志。

案涉《股东会决议》明确了各股东按照持股比例进行分配的分配方案,该分配方案具体明确,亦具有可执行性,利润分配方案,应当至少包含待分配金额、分配时间、分配对象等具体事项,B 公司 2017 年 8 月 1 日形成的股东会决议中虽然载明将于 2017 年 12 月 31 日进行利润分配,但此时,仍有项目尚未完工,分配金额尚未确定,因此 S 公司于 2017 年 8 月 24 日退出 B 公司股东会前,S 公司的关于 2017 年 12 月 31 日进行利润分配的期待权尚未成功转化为确定的债权,S 公司于 2017 年 12 月 31 日已不具备股东资格,故其无权依据 2017 年 12 月 31 日的财务报表结果进行盈余分配。

典型案例　徐某诉 Q 公司公司盈余分配纠纷案[①]

【裁判要旨】

公司原股东在股权转让后,其股东身份随即终止,因此不再享有基于股东身份衍生而来的获得盈余分配的权利,在涉及公司利润分配的诉讼中,上述股东并不具备原告主体资格,不是此案由的适格原告。具体而言,股权转让前,公司股东会未就转让前的公司利润形成分配决议的,原股东无权要求公司向其支付相应的利润;股权转让前,公司股东会已就公司利润分配形成决议且该利润在原股东股权转让过程中未作出安排的,原股东应为适格原告。

【案情简介】

徐某向一审法院起诉称,2014 年 1 月 24 日,徐某与 Q 公司签订《投资入股协议书》,徐某按照协议的约定向 Q 公司投资入股金额为 120 万元,每股 1 元,

---

[①] 参见北京市房山区人民法院(2018)京 0111 民初 2088 号民事判决书(2019 年 7 月 19 日);北京市第二中级人民法院(2019)京 02 民终 11042 号民事判决书(2019 年 9 月 27 日)。

持原始股 120 万股。持股期间,徐某于 2015 年新增配送股 28.8 万股、于 2016 年 1 月新增配送股 22.5 万股,于 2016 年 11 月取得奖励股 140 万股。上述股权共计 191.3 万元,2017 年 Q 公司没有对其进行分红。根据双方签订的《投资入股协议书》中第 4 条第 2、4 款之约定,"按年投资回报底线的 40% 计算,按计算分红,每年分红……"为此,徐某在 2017 年度的分红应为 76.52 万元。同时,2017 年 3 月 8 日,双方签订了《退股事项的说明》第 1 条基础数据情况中载明 2016 年的收益为 61 万元,该项收益至今未给付。故请求判令 Q 公司给付徐某 2016 年度分红收益 61 万元、2017 年度分红收益 76.52 万元。

Q 公司辩称,不同意徐某的诉讼请求,主张徐某已不是 Q 公司的股东,原告主体不适格,且本案涉及的情况不满足公司法规定的公司盈余分配纠纷的利润分配前提。

【裁判结果】

一审法院于 2019 年 7 月 19 日作出(2018)京 0111 民初 2088 号民事判决:驳回徐某的诉讼请求。徐某上诉后,二审法院于 2019 年 9 月 27 日作出(2019)京 02 民终 11042 号民事判决:驳回上诉,维持原判。

法院生效判决认为,徐某以公司盈余分配为由起诉要求 Q 公司给付 2016 年度、2017 年度分红收益,但根据 2017 年 3 月 8 日签订的《关于徐某投资退股事项的说明》,徐某已将所持 Q 公司股权转让给他人,双方约定的投资本金及奖励款亦已经支付完毕。且《公司法司法解释(四)》第 15 条规定:"股东未提交载明具体分配方案的股东会或者股东大会决议,请求公司分配利润的,人民法院应当驳回其诉讼请求,但违反法律规定滥用股东权利导致公司不分配利润,给其他股东造成损失的除外。"徐某没有提交载明具体分配方案的股东会或者股东大会决议,也没有提交证据证明存在违反法律规定滥用股东权利导致公司不分配利润,给其他股东造成损失的情形,故对其诉讼请求不予支持。

【案例评析】

本案中,徐某持有的股权证书和股东收益配股情况中显示,其于 2015 年新增的 28.8 万股、于 2016 年 1 月新增的 22.5 万股均为配送股。所谓配送股是股份有限公司里面(严格说是上市公司)的一个概念。配股是指上市公司向原股东发行新股、筹集资金的行为,即原股东以一个相对优惠的价格购买新增加发行的股票。送股是上市公司分红的一种方式,可以看作一个特殊的配股,只是配股价是零。送股和配股最直接的区别是股东要不要掏钱。送股的后果虽然股东持有的股份数量因此增加了，但因为没有缴纳相应股款，对公司的总资产没有任何影响，所以对于股东来说，送股后其在公司里占有的权益份额和价值均无变化。在 2017 年 3 月原始股已经退出的情形下，徐某仅依据持有的送股股份要求分配 2017 年全年的利润，于法无据。

旧《公司法》第 166 条规定，公司分配当年税后利润时，应当提取利润的百分之十列入公司法定公积金。公司的法定公积金不足以弥补前年度亏损的，在依照前款规定提取法定公积金之前，应当先用当年利润弥补亏损。公司弥补亏损和提取公积金后所余税后利润，有限责任公司由股东按照实缴的出资比例分取红利。如果公司的股东会、股东大会或者董事会违反法律的规定，在公司弥补亏损和提取法定公积金之前向股东分配利润，股东必须将违反规定分配的利润退还公司。上述规定的性质应系强制性法律规定，旨在保持公司资本的稳定性，维护债权人的利益。公司合法进行利润分配的前提有二，即一方面应由公司股东会或者股东大会作出合法有效的利润分配决议，另一方面该利润分配决议的内容应符合公司法上述强制性规定的要求。此两方面内容缺一不可，否则将导致公司的利润分配过程衍生潜在法律风险。本案中，退股事项说明中记载的 2016 年收益 61 万元无法显示是在已依法弥补亏损和计提法定公积金之后剩余的利润，双方亦未就该 61 万元收益如何分配作出股东会决议。在此情形下，徐某要求 Q 公司给付该 61 万元，缺乏必要的事实和法律依据。

退一步讲，本案系公司盈余分配纠纷，提起该类诉讼的主体应为股东。股权转让方在股权转让后即丧失股东资格，盈余分配权与其他各项股东权利一并转让，股权转让方因丧失股东资格无权提起公司盈余分配纠纷诉讼。本案中，徐某以将自己的原始股转让给他人的方式退股，与此同时，其享有的股东权利亦一并转让他人，故其已无权主张分配公司盈余。

（四）外商投资企业隐名股东是否为适格原告

《最高人民法院关于审理外商投资企业纠纷案件若干问题的规定（一）》第 17 条明确规定：实际投资者根据其与外商投资企业名义股东的约定，直接向外商投资企业请求分配利润或者行使其他股东权利的，人民法院不予支持。因此，外商投资企业中的隐名股东不能成为本案由下的适格原告。

(五)隐名股东是否为适格原告

隐名股东是指实际向公司出资,但在公司章程、股东名册以及公司工商登记材料中将其实际投资登记在名义股东名下的出资人。利润分配是股东的固有权利,隐名股东进行投资的重要目的之一也是获取投资收益。因此,实践中,隐名股东提起盈余分配之诉并不在少数。

笔者认为,如隐名股东对内为隐名状态,则应向显名股东依据双方代持协议要求利润分配,不能直接向公司主张利润分配。如隐名股东借他人名义登记为公司股东,由借名人实际行使股东权利,对外隐名,对内显名,则此时隐名股东实际上已经具备了股东资格,是此类案件的适格原告。隐名股东可与公司、其他股东达成协议要求公司进行利润分配,如在最高人民法院审理的(2006)民二终字第6号案中,法院最终认为:"润华集团获取该部分红利的依据是其真实的出资行为及三方当事人的协议约定,而不是以其是否为华夏银行股份公司的在册股东为条件。华夏银行股份公司关于'润华集团与华夏银行股份公司之间未形成股权投资关系,无权从华夏银行股份公司获得投资收益'的上诉理由与本案的基本事实不符。"[1]该案中,三方当事人达成的协议对判决结果起到了至关重要的作用。

第四节 利润分配的前提条件及法定程序

一、查明事实

1.公司是否具有可供分配的利润;2.股东会是否作出向股东分配公司利润的决议,该决议是否有效;3.是否存在司法强制利润分配的法定情形。

二、法律适用

1.旧《公司法》第4条:公司股东依法享有资产收益、参与重大决策和选择管理者等权利。

---

[1] 参见《最高人民法院商事审判指导案例(公司卷)2011年版》。

对应新《公司法》第 4 条：有限责任公司的股东以其认缴的出资额为限对公司承担责任；股份有限公司的股东以其认购的股份为限对公司承担责任。

公司股东对公司依法享有资产收益、参与重大决策和选择管理者等权利。

2. 旧《公司法》第 34 条：股东按照实缴的出资比例分取红利；公司新增资本时，股东有权优先按照实缴的出资比例认缴出资。但是，全体股东约定不按照出资比例分取红利或者不按照出资比例优先认缴出资的除外。

对应新《公司法》第 210 条：公司分配当年税后利润时，应当提取利润的百分之十列入公司法定公积金。公司法定公积金累计额为公司注册资本的百分之五十以上的，可以不再提取。

公司的法定公积金不足以弥补以前年度亏损的，在依照前款规定提取法定公积金之前，应当先用当年利润弥补亏损。

公司从税后利润中提取法定公积金后，经股东会决议，还可以从税后利润中提取任意公积金。

公司弥补亏损和提取公积金后所余税后利润，有限责任公司按照股东实缴的出资比例分配利润，全体股东约定不按照出资比例分配利润的除外；股份有限公司按照股东所持有的股份比例分配利润，公司章程另有规定的除外。

公司持有的本公司股份不得分配利润。

3. 旧《公司法》第 166 条：公司分配当年税后利润时，应当提取利润的百分之十列入公司法定公积金。公司法定公积金累计额为公司注册资本的百分之五十以上的，可以不再提取。

公司的法定公积金不足以弥补以前年度亏损的，在依照前款规定提取法定公积金之前，应当先用当年利润弥补亏损。

公司从税后利润中提取法定公积金后，经股东会或者股东大会决议，还可以从税后利润中提取任意公积金。

公司弥补亏损和提取公积金后所余税后利润，有限责任公司依照本法第三十四条的规定分配；股份有限公司按照股东持有的股份比例分配，但股份有限公司章程规定不按持股比例分配的除外。

股东会、股东大会或者董事会违反前款规定，在公司弥补亏损和提取法定公积金之前向股东分配利润的，股东必须将违反规定分配的利润退还公司。

公司持有的本公司股份不得分配利润。

对应新《公司法》第211条：公司违反本法规定向股东分配利润的，股东应当将违反规定分配的利润退还公司；给公司造成损失的，股东及负有责任的董事、监事、高级管理人员应当承担赔偿责任。

4.《公司法司法解释（四）》第14条：股东提交载明具体分配方案的股东会或者股东大会的有效决议，请求公司分配利润，公司拒绝分配利润且其关于无法执行决议的抗辩理由不成立的，人民法院应当判决公司按照决议载明的具体分配方案向股东分配利润。

《公司法司法解释（四）》第15条：股东未提交载明具体分配方案的股东会或者股东大会决议，请求公司分配利润的，人民法院应当驳回其诉讼请求，但违反法律规定滥用股东权利导致公司不分配利润，给其他股东造成损失的除外。

5.旧《公司法》第22条：公司股东会或者股东大会、董事会的决议内容违反法律、行政法规的无效。

股东会或者股东大会、董事会的会议召集程序、表决方式违反法律、行政法规或者公司章程，或者决议内容违反公司章程的，股东可以自决议作出之日起六十日内，请求人民法院撤销。

股东依照前款规定提起诉讼的，人民法院可以应公司的请求，要求股东提供相应担保。

公司根据股东会或者股东大会、董事会决议已办理变更登记的，人民法院宣告该决议无效或者撤销该决议后，公司应当向公司登记机关申请撤销变更登记。

对应新《公司法》第25条：公司股东会、董事会的决议内容违反法律、行政法规的无效。

新《公司法》第26条：公司股东会、董事会的会议召集程序、表决方式违反法律、行政法规或者公司章程，或者决议内容违反公司章程的，股东自决议作出之日起六十日内，可以请求人民法院撤销。但是，股东会、董事会的会议召集程序或者表决方式仅有轻微瑕疵，对决议未产生实质影响的除外。

未被通知参加股东会会议的股东自知道或者应当知道股东会决议作出之日起六十日内，可以请求人民法院撤销；自决议作出之日起一年内没有行使撤销权的，撤销权消灭。

新《公司法》第27条：有下列情形之一的，公司股东会、董事会的决议不成立：

（一）未召开股东会、董事会会议作出决议；

（二）股东会、董事会会议未对决议事项进行表决；

（三）出席会议的人数或者所持表决权数未达到本法或者公司章程规定的人数或者所持表决权数；

（四）同意决议事项的人数或者所持表决权数未达到本法或者公司章程规定的人数或者所持表决权数。

三、常见问题

（一）公司向股东分配利润需要满足的要件

1.实体要件：公司具有可供分配的利润。根据旧《公司法》第166条的规定（对应新《公司法》第210条），公司利润应首先弥补亏损和提取法定公积金，然后才能进行利润分配。换言之，公司存在未弥补亏损或未按规定提取法定公积金而直接召开股东会决议通过分配公司利润是无效的；公司处于亏损状态下，股东召开股东会决议通过利润分配方案并将该利润以借据的形式发给股东的，该债权亦不能成为合法债权，以上行为违反了公司资本维持原则，显然损害了公司及公司债权人的利益。

公司有可分配利润，也可以根据公司经营战略计划作出暂不进行分配的决定。有观点认为，若公司管理机构或控股股东滥用资本多数决原则，故意过分提取公积金，不分配利润或分配利润比例极低，公司不分配利润具有主观恶意，权利受到损害的股东也可提起强制公司分配利润诉讼。但笔者倾向于认为，公司管理机构或控股股东提取的公积金仍是作为利润的一部分留在公司，没有进行实际分配，很难讲这是直接损害了公司和其他股东的利益。司法实践中，公司盈余分配请求权的前提往往是控股股东滥用权利以各种方式攫取公司利润并变相私吞，造成了其他中小股东的损失，此时，司法强制介入才具有正当性。

2.形式要件：股东会作出向股东分配公司盈余的决议。股东提起盈余分配纠纷诉讼，应当具备公司作出决议的条件，即董事会制定分配方案并经股东会表决通过。换言之，在形成有效的利润分配方案而拒不执行分配方案时，公司股东方可提起盈余分配纠纷诉讼。在股东会作出决议之前，股东并不享有利润分配请求权，继而不具有相应的诉权，股东直接向人民法院起诉请求判令公司向股东分配利润缺乏法律依据。

根据《公司法司法解释(四)》第 14 条规定,股东要求公司分配利润的必要条件是提交载明具体分配方案的股东会决议。具体的利润分配方案一般应当包括待分配利润数额、分配政策、分配范围以及分配时间等具体分配事项内容。判断利润分配方案是否具体,关键在于综合现有信息能否确定主张分配的股东根据方案能够得到的具体利润数额。如果公司股东会决议确定了待分配利润总额、分配时间,结合公司章程中关于股东按照出资比例分取红利的分配政策之约定,能够确定股东根据方案应当得到的具体利润数额的,该股东会决议载明的利润分配方案应当认为是具体的,股东可以据此请求公司给付利润。若股东会决议中无具体的利润分配方案,但股东签署协议、合同等有效文件中对具体利润分配方式有约定,亦可以认为存在具体利润分配方案。

此外,旧《公司法》第 37 条(对应新《公司法》第 59 条)规定,股东会行使审议批准公司的利润分配方案和弥补亏损方案的职权,股东以书面形式一致表示同意的,可以不召开股东会会议,直接作出决定,并由全体股东在决定文件上签名、盖章。股东之间形成的股东协议、备忘录、会议纪要等文件乃至微信股东群聊天记录,如对公司利润分配进行了明确约定,体现股东一致同意分红的意思表示,载明具体利润分配方案,可认为已经股东会作出了利润分配的决定。但公司作出投资回报承诺或规划说明不能等同股东会决议。

典型案例 赵某、王某等诉 H 公司、刘某等公司盈余分配纠纷案①

【裁判要旨】

有限责任公司未作出盈余分配的决议,中小股东行使抽象利润分配请求权时,法院应当着重审查以下两点:一是公司缴纳税收、提取公积金后,是否存在实际可分配的利润,这是利润分配的基础;二是控股股东是否存在利用其控制地位不当行使权利,故意阻碍利润分配进程,进而造成公司长期不分配利润,实

---

① 案例来源:人民法院案例库。一审:北京市丰台区人民法院(2021)京 0106 民初 28142 号民事判决(2022 年 7 月 28 日);二审:北京市第二中级人民法院(2022)京 02 民终 12467 号民事判决(2022 年 12 月 30 日)。

质性损害中小股东合法权益的情形。若前述条件无法同时满足,则中小股东的诉讼请求不应得到支持。

【案情简介】

赵某、王某、孙某主张,H 公司大股东刘某、盛某夫妻恶意操纵控制 H 公司,滥用股东权利,从不召开公司股东会、不制定任何利润分配方案、不向其他股东分配利润,刘某、盛某与 H 公司财务高度混同,故向一审法院起诉请求判令 H 公司向赵某、王某、孙某支付 2008 年 6 月 1 日至 2020 年 7 月 19 日的分红款共计 582.51 万元;刘某、盛某对上述诉讼请求承担连带责任。

H 公司、刘某、盛某表示不同意赵某、王某、孙某的诉讼请求,主张盛某、刘某名下没有注册关联公司,未对其他股东造成损失,没有滥用股东权利。H 公司没有侵犯赵某等人的盈余分配权。H 公司目前没有经营业务,鉴于还有股东没有实际缴纳出资款,公司准备提起解散公司诉讼。

法院经审理查明,H 公司注册成立于 2008 年 5 月 23 日,股东包括赵某、王某、孙某、刘某、盛某以及三名案外人,其中赵某、王某、孙某共计持股 28%,刘某、盛某共计持股 54%。

案件审理期间,赵某、王某、孙某申请对 H 公司的盈余状况进行审计。因 H 公司无法提交全部财务账册且缺乏原始会计凭证,鉴定机构仅对 2022 年 3 月 9 日提供的资料进行梳理汇总,不对资料的真实性和数据的准确性发表鉴定意见。

司法鉴定意见书载明鉴定结论为:基于现有资料的基础上,H 公司的财务收支及可分配盈余利润情况梳理如下:(1)房屋出租收入完全不重复情况。鉴定期间,H 公司财务收入 20,005,399.65 元,财务支出 8,232,332.45 元,可分配盈余利润 11,773,067.20 元。(2)房屋出租收入完全重复情况。鉴定期间,H 公司财务收入 15,710,161.45 元,财务支出 8,104,474.11 元,可分配盈余利润 7,605,687.34 元。(3)房屋出租收入部分重复情况。鉴定期间,H 公司的财务收支及可分配盈余利润无法梳理其确定金额,其金额介于"房屋出租收入完全不重复情况"与"房屋出租收入完全重复情况"之间。

【裁判结果】

一审法院于 2022 年 7 月 28 日作出(2021)京 0106 民初 28142 号民事判决:驳回赵某、王某、孙某的全部诉讼请求。赵某、王某、孙某上诉后,二审法院于 2022 年 12 月 30 日作出（2022）京 02 民终 12467 号民事判决：驳回上诉，维持原判。

法院生效裁判认为，本案的审理焦点为：根据现有证据和司法鉴定意见书的内容，不能证明 H 公司存在确定的可分配利润，亦不能证明符合强制分配的条件，赵某、王某、孙某的主张是否应当得到支持。

从司法鉴定意见书载明三种不同的鉴定结果来看，因 H 公司未提供 2008 年 6 月至 12 月、2009 年度、2010 年度、2011 年 1 月至 6 月、2020 年度账面数据，故上述鉴定结论所依据的财务数据并不完整，同时导致鉴定机构无法对 H 公司的企业所得税进行测算和调整。根据《公司法》第 166 条第 4 款的规定，公司弥补亏损和提取公积金后所余税后利润，有限责任公司方可依照《公司法》第 34 条的规定分配。鉴于此，法院认为，案涉司法鉴定意见书所确定的三种可分配盈余利润数额均不能反映 H 公司全部年度所得利润的真实情况，难以作为 H 公司可分配盈余的依据，故法院对赵某、王某、孙某的诉讼请求不予支持。考虑到 H 公司对公司的财务资料负有妥善保管义务，但在本案中未能提供完整的 H 公司财务资料，导致案涉司法鉴定意见书的鉴定结论无法被采纳，故鉴定费用由 H 公司负担。

【案例评析】

根据《公司法》的相关规定，公司股东依法享有资产收益的权利，并按照实缴的出资比例分取红利。本案中，赵某、王某、孙某作为 H 公司持股 28% 的股东，享有按照出资比例分取红利的权利，有权提起本案公司盈余分配纠纷诉讼。关于中小股东要求行使抽象利润分配请求权的条件认定问题，首先，以公司具有实际可分配利润为前提，公司需已按照公司法规定缴纳税收、提取公积金，且具备充足的"自由现金"，这是公司盈余分配毋庸置疑的基础，本案中，由于 H 公司未能提供完整的公司财务资料，导致鉴定机构无法得出反映公司全部年度所得利润真实情况的鉴定结论，公司盈余分配的基础无法凿实，是赵某、王某、孙某诉请被驳回的根本原因。其次，需厘清控股股东滥用权利的具体情形，包括歧视性分配或待遇，变相攫取利润，过分提取任意公积金等行为。以上均涉及举证责任分配问题，应合理分配公司盈余分配纠纷双方当事人的举证责任。本案中，H 公司未就公司利润分配形成过股东会决议，因此，赵某、王某、孙某主张分配利润，应当举证证明 H 公司存在未分配利润，且存在控股股东滥用股东权利导致公司不分配利润,给公司其他股东造成损失的情形,法院认为,案涉《司法鉴定意见书》所确定的三种可分配盈余利润数额均不能反映 H 公司全部年度所得利润的真实情况,难以作为 H 公司可分配盈余的依据,故未支持赵某、王某、孙某的诉讼请求,后赵某、王某、孙某上诉提出依据现有证据和财务资料对 H 公司的企业所得税进行补充审计鉴定,但实际上,并不具备补充审计的客观条件,因此,赵某、王某、孙某的上诉请求亦未得到支持。实践中,中小股东在面临"谁主张,谁举证"的举证责任要求时,往往由于缺乏公司内部话语权,处于相对弱势地位,很难获取有效证据维护自身权利,形成本案中的维权窘境,中小股东可能需在提起此类诉讼前提起股东知情权之诉获取相应证据。

典型案例 张某诉 X 公司、刘某公司盈余分配纠纷案[①]

【裁判要旨】

1. 公司盈余分配纠纷中,被告为公司,公司法定代表人不应成为公司盈余分配诉讼的被告。

2. 股东签署内容为股东会决定的具体利润分配方案的《年度分红结算证明》等书面文件,亦可认为股东会已经作出了利润分配的决定。

【案情简介】

X 公司成立于 2019 年 2 月 14 日,企业类型为有限责任公司,认缴出资额为 500 万元。法定代表人刘某,股东为刘某(持股比例 60%)和张某(持股比例 40%)。2020 年 1 月 16 日,张某和刘某签订《2019 年分红结算证明》,内容为:2019 年总收入 1,054,303.2 元,总支出 960,174.86 元。利润 94,128.34 元,刘某与张某每人各 47,064.17 元。今通过建设银行刘某尾号 8585 账户转给张某建设银行尾号 0561 账户 47,064.17 元,2019 年利润分红结清,以此证明。张某主张,按照约定,公司应于每年 12 月进行财产清算及利润分配,法人与股东的分配比例均为 50%,但刘某私自把公司利润转入其个人账户不予分配,刘某作为公司法定代表人私自把公司利润转入个人账户,应承担连带责任,故起诉至

[①] 参见北京市第二中级人民法院(2021)京 02 民终 8187 号民事判决书。

一审法院,请求 X 公司、刘某向张某支付公司盈余 468,426.52 元。

【裁判结果】

一审法院于 2020 年 12 月 29 日作出(2020)京 0111 民初 12933 号民事判决:驳回原告张某的全部诉讼请求。张某上诉后,二审法院于 2021 年 6 月 29 日作出(2021)京 02 民终 8187 号民事判决:驳回上诉,维持原判。

法院生效裁判认为,公司盈余分配纠纷是股东通过诉讼保障自己的公司盈余分配权,此类诉讼的原告为权利受到侵害的股东,被告为公司,公司法定代表人不应成为公司盈余分配诉讼的被告。

有限责任公司股东会由全体股东组成,依法审议批准公司的利润分配方案和弥补亏损方案。本案中,X 公司的两名股东刘某、张某于 2020 年 1 月 16 日签署确认的《2019 年分红结算证明》,虽未注明是股东会决议,但上述分红结算证明内容实为股东会决定的利润分配方案,且双方在庭审中均认可上述分红结算证明已经履行完毕,现张某要求重新分配 X 公司 2019 年度利润的诉讼请求,法院不予支持。

【案例评析】

公司盈余分配纠纷案件的请求权基础为股东基于股东身份享有的向公司请求利润分配的权利,因此此类案由的被告为公司。

公司法规定,股东会行使审议批准公司的利润分配方案和弥补亏损方案的职权,股东以书面形式一致表示同意的,可以不召开股东会会议,直接作出决定,并由全体股东在决定文件上签名、盖章。股东之间形成的股东协议、备忘录、会议纪要等文件如股东签署内容为股东会决定的《年度分红结算证明》乃至微信股东群聊天记录,如对公司利润分配进行了明确约定,体现股东一致同意分红的意思表示,载明具体利润分配方案,亦可认为已经股东会作出了利润分配的决定,这也体现了有限责任公司的人合性,有助于降低公司运营成本,符合公司治理实际。

(二)司法强制利润分配的情形

最高人民法院在《公司法司法解释(四)》答记者问中对此问题总结如下:一是给在公司任职的股东或者其指派的人发放与公司规模营业业绩同行业薪酬水平明显不符的过高薪酬,变相给该股东分配利润的。二是购买与经营不相关的服务或者财产,供该股东消费或者使用,变相给该股东分配利润的。三是为了不分配利润隐瞒或者转移公司利润的。四是滥用股东权利不分配利润的其他情况①。概言之,即违反公司法中股东按其出资比例获得利润分配的规定,形成实质上的不平等分配。

有观点认为,还应当存在一种特殊情形,即当公司陷入僵局,公司不再实际经营或公司内部已经无法通过召开股东会的方式形成利润分配的公司决议,股东可提起盈余分配之诉,请求司法力量协助化解公司自治失灵造成的矛盾。笔者倾向于认为,公司盈余分配纠纷举证难度大,专业性强,情形相当复杂,特别是公司僵局的情形下,一般需要通过司法审计的方式辅助案件审理,如存在其他救济方式,应当优先选择其他途径进行救济,如提起公司解散之诉。

应予以强调的是,如确已属于应当由司法强制分配利润的情形,法院可以判决公司作出股东会决议,也可以直接判令公司给付股东盈余,实践中对此存在争议。笔者认为,判决公司作出股东会决议缺乏实际意义,难以实质性化解纠纷,应该直接通过司法审计确定利润方案。

(三)利润分配决议存在瑕疵时如何处理

出于对中小股东权益的保护,在具备公司盈余分配的实质要件和形式要件的前提下,除股东会决议被确认无效或可撤销的情形外,公司无权拒绝依据具体分配方案向股东分配红利。

关于股东会决议被确认无效,通常存在以下几种情形:或是违反旧《公司法》第34条(对应新《公司法》第210条)规定,除全体股东约定不按照出资比例分配利润的以外,公司未按照股东实缴的出资比例分配利润;或是大股东谋取私利、变相分红;或是案涉股东会决议违反法律、行政法规的相关规定。

其中,违反公司资本维持原则变相分红的,新《公司法》第211条作出了明

---

① 参见最高人民法院就《最高人民法院关于适用〈中华人民共和国公司法〉若干问题的规定(四)》答记者问:"在这里第15条所说的滥用股东权利怎么来理解?根据当前司法审判实践的一些概括和归纳,应当包括以下几个方面:第一,给在公司任职的股东或者其指派的人发放与公司规模营业业绩同行业薪酬水平明显不符的过高薪酬,变相给该股东分配利润的,只给这些股东薪酬,别人的不分,实际上是变相分配利润。第二,购买与经营不相关的服务或者财产,供该股东消费或者使用,变相给该股东分配利润的。这是变相给这些股东开小灶,分配利润,其他股东没份。第三,为了不分配利润隐瞒或者转移公司利润的,本来挣了钱了,我把钱挪到其他地方去,导致不分配利润。第四,滥用股东权利不分配利润的其他情况。"

确规定:公司违反本法规定向股东分配利润的,股东应当将违反规定分配的利润退还公司;给公司造成损失的,股东及负有责任的董事、监事、高级管理人员应当承担赔偿责任。

旧《公司法》第22条(对应新《公司法》第25、26、27条)规定:公司股东会或者股东大会、董事会的决议内容违反法律、行政法规的无效。股东会或者股东大会、董事会的会议召集程序、表决方式违反法律、行政法规或者公司章程,或者决议内容违反公司章程的,股东可以自决议作出之日起60日内,请求人民法院撤销。股东会决议可撤销的情形一般为召集程序和表决方式上的瑕疵或或决议内容违反公司章程。新《公司法》修订后特别强调,股东会、董事会的会议召集程序或者表决方式仅有轻微瑕疵,对决议未产生实质影响的除外。笔者认为,在此情形下,应允许相关主体另案提起撤销之诉,如果股东会决议因召集程序和表决方式上的瑕疵而被撤销,应判令驳回股东诉讼请求。

(四)利润分配决议无法实施时如何处理

公司股东会利润分配方案的决议虽然合法有效,但公司有证据证明当前不具备实施利润分配方案的条件,比如决议作出后,公司账户被法院查封,或公司利润被法院强制执行,股东诉至法院要求按照股东会决议分配红利的,法院应当驳回原告的诉讼请求。如果公司确无法分配利润且又重新作出不分配利润决议时,法院应当按照新决议驳回原告的诉讼请求。换言之,股东会作出决议后仍然可以作出新的决议,新的股东会决议有效。

第五节　利润分配数额及期限

一、查明事实

1.公司是否召开股东会作出具体的利润分配决议;2.公司是否举证确需部分利润用于运营开支;3.中小股东对公司章程的修改是否表示赞同;4.利润分配决议启动的时间。

二、法律适用

旧《公司法》第166条:公司分配当年税后利润时,应当提取利润的百分之十列入公司法定公积金。公司法定公积金累计额为公司注册资本的百分之五十以上的,可以不再提取。

公司的法定公积金不足以弥补以前年度亏损的,在依照前款规定提取法定公积金之前,应当先用当年利润弥补亏损。

公司从税后利润中提取法定公积金后,经股东会或者股东大会决议,还可以从税后利润中提取任意公积金。

公司弥补亏损和提取公积金后所余税后利润,有限责任公司依照本法第三十四条的规定分配;股份有限公司按照股东持有的股份比例分配,但股份有限公司章程规定不按持股比例分配的除外。

股东会、股东大会或者董事会违反前款规定,在公司弥补亏损和提取法定公积金之前向股东分配利润的,股东必须将违反规定分配的利润退还公司。

公司持有的本公司股份不得分配利润。

对应新《公司法》第210条:公司分配当年税后利润时,应当提取利润的百分之十列入公司法定公积金。公司法定公积金累计额为公司注册资本的百分之五十以上的,可以不再提取。

公司的法定公积金不足以弥补以前年度亏损的,在依照前款规定提取法定公积金之前,应当先用当年利润弥补亏损。

公司从税后利润中提取法定公积金后,经股东会决议,还可以从税后利润中提取任意公积金。

公司弥补亏损和提取公积金后所余税后利润,有限责任公司按照股东实缴的出资比例分配利润,全体股东约定不按照出资比例分配利润的除外;股份有限公司按照股东所持有的股份比例分配利润,公司章程另有规定的除外。

公司持有的本公司股份不得分配利润。

新《公司法》第212条:股东会作出分配利润的决议的,董事会应当在股东会决议作出之日起六个月内进行分配。

三、常见问题

(一)司法强制分配中利润分配数额的确定

关于此类问题,法院可委托会计师事务所对拟分配期间的利润进行审计,从而确定应分配的数额。在(2016)最高法民终528号案中,法院认定存在股东滥用权利的情形,即依据司法审计报告,扣除部分争议金额后进行了利润分配。

良性营商环境需要的是具备持续盈利能力的公司,法院在考量盈余分配标准时,需注意维护公司的可持续发展,兼顾公司长远利益,不能竭泽而渔。根据旧《公司法》第166条(对应新《公司法》第210条)的规定,若公司主张在扣除法定公积金和任意公积金后仍需部分利润用于公司发展运营,应由公司对该部分资金需求的必要性和合理性承担举证证明责任。

公司法规定,公司弥补亏损和提取公积金后所余税后利润,有限责任公司按照股东实缴的出资比例分配利润,全体股东约定不按照出资比例分配利润的除外。因此确定公司盈余分配总额后,应按照股东实缴的出资比例进行,值得注意的是,如不按照出资比例进行分配,则需要全体股东的共同约定。公司章程系经全体股东一致同意后形成的,因此,法院在确定利润分配比例时,公司章程是第一顺位的有效依据。如全体股东作出约定另循他法,法院亦应持尊重态度。另应注意的是,对于修改章程、增减注册资本、合并、分立、解散或变更形式等重大事项,有限责任公司的决议仅需经2/3以上表决权的股东通过,修改公司章程并非代表全体股东意志,法院在判断过程中,应注意公司章程是否经过修改,中小股东即一般为案件原告,对公司章程的修改是否表示同意,以此避免大股东对中小股东权益的蚕食。

(二)法院判决公司进行利润分配后是否计算利息

在本次公司法修订中,新增了利润分配的法定期限,原公司法针对该问题未作规定,《公司法司法解释(五)》则规定公司最迟应在分配决议作出之日起的一年内完成利润分配。新《公司法》进一步将时间缩短至六个月。

在(2016)最高法民终528号甘肃居立门业有限责任公司与庆阳市太一热力有限公司、李某军公司盈余分配纠纷案中,最高人民法院对公司盈余分配的款项应如何计算利息这一问题作出了回应,最高人民法院认为:"公司股东会或股东大会作出盈余分配决议时,在公司与股东之间即形成债权债务关系,若未按照决议及时给付则应计付利息,而司法干预的强制盈余分配则不然,在盈余分配判决未生效之前,公司不负有法定给付义务,故不应计付利息。"[1]因此,笔者认为,公司股东会已经作出决议的,若股东会决议载明的分配方案载有具体分配时间,则应以分配方案载明的时间作为利息起算之日,若股东会决议载明的分配方案没有具体分配时间,则应以股东会决议作出之日起六个月期满起算利息。

公司股东会未作出决议,法院强制进行利润分配的,由于法院作出生效判决对利润分配方案进行确认前,公司并没有利润分配的义务,因此此种情形不应当计算利息。有观点认为,不计利息会使公司缺乏履行判决的动力,其实不然,若公司没有按照判决积极履行给付义务,法定迟延履行金将对公司进行督促,因此,并不会产生不公平结果。

---

[1] 参见甘肃居立门业有限责任公司与庆阳市太一热力有限公司、李某军公司盈余分配纠纷案,载《最高人民法院公报》2018年第8期。

第十章 损害股东利益责任纠纷

随着社会发展,公司经营日趋专业化,"让专业的人做专业的事"已成共识,为提高市场竞争力,越来越多的公司聘请职业经理人打理公司日常事务,同时导致经营权与所有权进一步分离。股东并不必须直接参与公司经营,而是通过选任公司董事、高级管理人员对公司进行经营管理。且非股东董事、高级管理人员相较于股东兼任的上述职位,更有可能侵害股东权益。为防止上述人员违法违章经营,发生道德风险,公司法赋予了股东直接诉权,保障了股东有权直接向董事、高级管理人员提起诉讼的权利。

此类纠纷在司法实践中有增多趋势,有必要对其进行梳理明晰规则。

第一节 概 述

一、概念界定

损害股东利益责任纠纷是指公司董事、高级管理人员违反法律、行政法规或者公司章程的规定,损害股东利益,应当对股东承担损害责任而与股东发生的纠纷。

所谓公司高级管理人员包括公司的经理、副经理、财务负责人,上市公司董事会秘书和公司章程规定的其他人员。

二、法律适用

（一）相关规范梳理

1. 旧《公司法》相关规定

旧《公司法》第 20 条第 2 款：公司股东滥用股东权利给公司或者其他股东造成损失的，应当依法承担赔偿责任。

旧《公司法》第 152 条：董事、高级管理人员违反法律、行政法规或者公司章程的规定，损害股东利益的，股东可以向人民法院提起诉讼。

2. 新《公司法》相关规定

新《公司法》第 21 条第 2 款：公司股东滥用股东权利给公司或者其他股东造成损失的，应当承担赔偿责任。

新《公司法》第 190 条：董事、高级管理人员违反法律、行政法规或者公司章程的规定，损害股东利益的，股东可以向人民法院提起诉讼。

3.《民法典》相关规定

《民法典》第 1165 条第 1 款：行为人因过错侵害他人民事权益造成损害的，应当承担侵权责任。

（二）新旧《公司法》条文横向比较

旧《公司法》第 152 条对应新《公司法》第 190 条，未进行修改；旧《公司法》第 20 条第 2 款对应新《公司法》第 21 条第 2 款，删除"依法"二字，未进行实质修改。

三、案件特点

根据司法实践，此类案由原告诉请得到支持的比率较小。原因主要系以下三点：

一是股东直接权益受损情况较少，更多情况是公司权益受损导致股东权益间接受损。司法实践中此类案件胜诉收益归股东，法院对案件要素审查更为谨慎严格。

二是证明责任要求较高。一方面，小股东参与公司经营程度有限，对于公司大股东、董事、高级管理人员的履职情况较难固定证据；另一方面，股东需举证证明损失数额，且应当以实际损害已经发生或必然发生为前提，经济利益需要明确量化,才能使诉请得到支持。

三是需判断股东、董事、高级管理人员正常履职与侵权行为如何界定、是否与原告的损失存在因果关系。法院审理时坚持客观标准,要求原告提交证据证明损失的发生与控股股东滥用股东权利有直接的因果关系,若无法排除是正常经营所导致的股东亏损,原告可能承担举证不能的不利后果。

综上所述,如果对利益受损的直接主体难以判断,股东亦可使用股东代表诉讼程序,提起损害公司利益责任纠纷之诉以间接维护权益。

四、常见问题

(一)股东滥权损害股东权益纠纷是否属于本案案由

新《公司法》第21条第2款:"公司股东滥用股东权利给公司或者其他股东造成损失的,应当承担赔偿责任。"该条规定的情形是否属于损害股东利益责任纠纷,对此存在争议,有观点认为,此条规定是股东损害股东的权益,并不符合前述定义涵射的范围。按照最高人民法院对于此类案由的释义规定,此类情况的确不属于释义的范畴。但是上述情形并无其他更适合的案由予以适用,将此纠纷纳入本案案由之下,符合本案由的文义理解,且司法实务中有司法先例依据该条判决侵权股东承担赔偿责任,将旧《公司法》第20条第2款(对应新《公司法》第21条第2款,原文意思基本一致)的情形纳入到损害股东利益责任纠纷案由中予以受理并审理。

故,笔者倾向认为,将新《公司法》第21条第2款的纠纷纳入本案案由予以审理,有利于保护股东的权益,亦无明显违反法理之处,从实用主义角度出发,此种做法可解决实际问题。

典型案例　某钢集团诉某矿业总公司损害股东利益责任纠纷案①

【裁判要旨】

其他股东以公司控股股东滥用股东权利为由,认为侵害其合法利益,向控

---

① 参见最高人民法院(2014)民申字第1116号民事判决书。

股股东主张损害赔偿之诉,属于损害股东利益责任纠纷。但实质上是否属于该案由,仍要经过实体审查,关键是审查是否直接损害股东利益。

【案情简介】

某钢集团与某矿业总公司等5名股东,于1996年9月在海南省三亚市注册成立某度假村公司。经过增资,度假村公司的总股本为16,291.89万元,其中某矿业总公司出资8097.13万元,占总出资比例的49.70%;某钢集团出资5424.76万元,占总出资比例的33.30%。

2006年11月9日,某度假村公司董事会向各股东致函,要求各股东针对某度假村公司与某韵公司的合作开发事项进行表决,并将表决结果于2006年11月15日前发送至董事会指定的传真号或邮箱。某度假村公司的六家股东除一名弃权未表决外,其余五家股东均向某度假村公司董事会送达了表决意见。其中某矿业总公司等三家股东投赞成票,以上三家股东共持有61.24%的股份;某钢集团等两家投反对票,以上两家股东共持有34.83%的股份。根据这一表决结果,形成了《某度假村有限公司股东会决议》,通过了某度假村公司和某韵公司的合作开发方案。该决议落款为"某度假村有限公司董事会,董事长邹某",并加盖某度假村公司公章。

2006~2007年,某度假村公司与某韵公司签订系列协议,约定某度假村公司将其70亩土地及地上建筑物的所有权和开发权交给某韵公司,某韵公司按此约定共计应向某度假村公司支付9383万元。双方还约定如有一方违约,除应赔偿给对方造成的损失外,还应向对方支付违约金1000万元。其后,某度假村公司和某韵公司前期合作相互配合,但从2008年3月开始,双方因某度假村公司应过户给某韵公司的70亩土地是否符合土地转让条件,能否办理项目变更手续等问题产生分歧,于2008年6月和8月分别提起诉讼。其后,某韵公司提起诉讼,法院判令某度假村公司将约定土地使用权过户到某韵公司的名下,某度假村公司于判决生效之日起10日内向某韵公司支付违约金1000万元。土地使用权已于该案判决前先予执行过户到某韵公司名下,某度假村公司尚未向某韵公司支付违约金1000万元。

某钢集团曾于2009年4月28日向某矿业总公司发送《律师函》,要求某矿业总公司与其协商如何承担赔偿责任的问题。某矿业总公司分别于2010年4月2日和9月28日向某钢集团发(回)函称,就股东权益问题待某度假村公司与某韵公司的诉讼有了结论后双方再协商处理办法或通过法律途径解决。

原审另查明：某钢集团于 2007 年 1 月向人民法院提起诉讼，请求确认某度假村公司 2006 年 11 月 17 日的股东会决议无效并撤销该决议。法院作出民事判决，判令撤销《某度假村有限公司股东会决议》。某度假村公司不服提起上诉，法院作出裁定，撤销一审判决，发回重审。某钢集团后向人民法院申请撤回起诉，法院裁定准许。

某钢集团认为，由于某矿业总公司不顾其他股东的反对意见，决定某度假村公司与某韵公司合作，导致度假村公司数亿元的损失，其中某钢集团损失 2.344 亿元，遂提起本案诉讼。请求法院认定某矿业总公司在通过 2006 年 11 月 17 日的《某度假村有限公司股东会决议》过程中滥用股东权利，判令某矿业总公司赔偿某钢集团因度假村公司支付某韵公司 1000 万元人民币违约金产生的 333 万元人民币损失。

【裁判结果】

一审法院认为，在 2006 年 11 月 17 日《某度假村有限公司股东会决议》形成过程中，某矿业总公司要求股东对某度假村公司和某韵公司土地开发合作事宜进行表决，其中持有 61.24% 股份的股东赞成，持 34.83% 股份的股东投了反对票，未达到我国《公司法》第 44 条所规定的经代表 2/3 以上表决权的股东通过。某矿业总公司利用其董事长同时为某度假村公司董事长的条件和掌管某度假村公司公章的权力自行制作《某度假村有限公司股东会决议》，系滥用股东权利，并由此侵犯了某钢集团的合法权益，应当向某钢集团赔偿损失。一审法院判决某矿业总公司向某钢集团赔偿损失。

一审宣判后，某矿业总公司不服提出上诉。

二审认为，本案中，某钢集团以某矿业总公司滥用其在某度假村公司的控股股东地位、侵害某钢集团的股东利益为由，提起损害赔偿之诉，属于股东直接诉讼，诉讼利益归于某钢集团。其提出的法律依据是旧《公司法》第 20 条第 1 款和第 2 款。某钢集团提起本案民事诉讼，主张某矿业总公司侵害了其权益，其诉讼请求和事实理由明确、具体，其涉案争议亦属于人民法院受理范围。

在某度假村公司股东会进行上述表决过程中，某矿业总公司作为该公司的股东投了赞成票，系正当行使其依法享有表决权的行为，该表决行为并不构成对其他股东权利及利益的侵害。基于全体股东的表决结果，某度假村公司董事会制定了《某度假村有限公司股东会决议》。此后,签订了合作开发协议,并将之付诸实施。这些行为及经营活动均是以"某度假村公司董事会、董事长"名义而实施,其对内为董事会行使职权,对外则代表了"某度假村公司"的法人行为,没有证据证明是某矿业总公司作为股东而实施的越权行为。尽管大股东某矿业总公司的法定代表人同时担任某度假村公司董事会的董事长,但此"双重职务身份"并不为我国公司法及相关法律法规所禁止,且该董事长系由某度假村公司股东会依公司章程规定选举产生,符合我国公司法的规定。在此情形下,某度假村公司及其股东某矿业总公司均为人格独立的公司法人,不应仅以两公司的董事长为同一自然人,便认定两公司的人格合一,进而将某度假村公司董事会的行为认定为某矿业总公司的行为。此外,在没有证据证明公司与其股东之间存在利益输送的情况下,此类"董事长同一"并不自然导致"法人人格否认原理"中的"人格混同"之情形,不能据此得出某矿业总公司的表决行为损害了某度假村公司及其股东某钢集团利益的结论。因此,原审判决没有事实和法律依据。

即使该"损失"存在,请求该项"损失"救济的权利人应是某度假村公司,而非某钢集团;如某钢集团代某度假村公司主张权利,则诉讼权利受益人仍是某度假村公司,这与本案不属于同一法律关系,亦不属于本案审理范围。

最终判决撤销原判,驳回某钢集团的诉讼请求。

【案例评析】

本案中,最高人民法院认为,某钢集团依据旧《公司法》第20条第1款和第2款关于"公司股东应当遵守法律、行政法规和公司章程,依法行使股东权利,不得滥用股东权利损害公司或者其他股东的利益";"公司股东滥用股东权利给公司或者其他股东造成损失的,应当依法承担赔偿责任"的规定提起诉讼,起诉主张控股股东滥用股东权利,要求赔偿损失,某钢集团具有本案诉权。其将本案案由明确定性为损害股东利益责任纠纷,实质上认同损害股东利益责任纠纷涵射范围包括股东滥用权利损害其他股东利益产生的纠纷。

值得注意的是,尽管最高人民法院驳回了股东的诉讼请求,但从理由上看,仅是认为,某钢集团主张的损失不存在,即使该损失存在,请求该项损失救济的权利人应是公司,诉讼权利受益人是公司,而非股东,该纠纷属于损害公司利益责任纠纷,与本案案由不属于同一法律关系,亦不属于本案案由审理范围,据此驳回了某钢集团的诉讼请求。

(二)非法人组织的出资人能否提起本案由之诉

《民法典》第 83 条第 1 款规定:"营利法人的出资人不得滥用出资人权利损害法人或者其他出资人的利益;滥用出资人权利造成法人或者其他出资人损失的,应当依法承担民事责任"。《民法典》第 108 条规定:"非法人组织除适用本章规定外,参照适用本编第三章第一节的有关规定"。有观点认为,其他非法人营利组织此类情况不适用本章案由,经法院释明,非法人组织的原告仍然坚持以损害股东利益责任纠纷为由提起诉讼的,法院可以裁定驳回起诉。

笔者认为,因为当事人起诉的事实是确定的,如果起诉案由错误法院可以直接变更,而不是裁定驳回起诉。上述条款项下的案由为侵害企业出资人权益纠纷,直接变更后可继续审理。

(三)违反股东会决议能否引发本案由之诉

法条规定中未提及违反股东会决议是否应当承担责任,如董事未按照股东会决议通过的剩余财产分配方案执行。

笔者认为,也应当构成侵权。股东会决议系公司最高权力机关作出的决议,对董事、高级管理人员都有约束力。尤其是,如果对决议表决的同意比例在 2/3 以上,股东决议实质上也具有与公司章程同等的效力,对公司高管同样具有约束力。应当注意的是,股东召集的临时股东会所作出的决议,若未将决议通知董事、高级管理人员,则不对其有约束力。

(四)违反忠实勤勉义务能否引发本案由之诉

笔者认为不构成对股东的直接侵权。勤勉忠实义务是公司法赋予董事、监事、高级管理人员对公司应承担的义务,违反该义务的直接后果是对公司造成损失,可能间接造成了股东利益的损失。如果直接侵害股东利益,并非违反公司法意义上的忠实勤勉义务,应构成一般侵权行为。

第二节 管 辖

损害股东利益责任纠纷案件,以《民事诉讼法》中关于侵权纠纷管辖的相关规定为基础。

一、查明事实

1.被告的所在地;2.侵权行为实施地;3.侵权行为结果地。

二、法律适用

《民事诉讼法》第 29 条:因侵权行为提起的诉讼,由侵权行为地或者被告住所地人民法院管辖。

《民诉法司法解释》第 24 条:民事诉讼法第二十九条规定的侵权行为地,包括侵权行为实施地、侵权结果发生地。

三、常见问题解答

(一)《民事诉讼法》第 29 条与第 27 条之规定的关系

《民事诉讼法》第 27 条规定了与公司有关的纠纷,由公司住所地人民法院管辖。一般认为,涉及公司组织行为的纠纷,应适用《民事诉讼法》第 27 条之规定确定案件管辖。《民事诉讼法》第 29 条规定了侵权责任的管辖,即由侵权行为实施地、侵权行为结果地、被告住所地法院管辖。在本案由中,由于侵权人实施侵权行为系利用其在公司的职务行为,和公司住所地可能重合。

(二)侵权行为地的认定

损害股东利益责任纠纷指公司董事、高级管理人员违反法律、行政法规或公司章程的规定,损害股东利益的行为,侵权行为地亦包括侵权行为实施地、侵权结果发生地。

侵权行为地可能和被告住所地重合,因为董事、高级管理人员侵权和职务行为相伴。如投资人的增资款交给董事,董事未能将其汇入公司的基本账户,侵权董事的住所地即为侵权行为发生地。同样地,因公司资本未能如期增加,原告未能如期取得持股比例,本案例项下公司的住所地、原告住所地作为侵权结果发生地法院也可具有管辖权。

综上所述,此类案由侵权案件管辖的连接点较多,对于管辖的判断应当注意多维度考虑。

第三节 诉讼主体

一、适格原告的认定

损害股东利益责任纠纷中权利主体是股东。

需要注意的是,应当是直接利益受损的股东,而不能是因为公司利益受损而导致股东利益间接受损的情形。股东依本项行使请求权的,无须履行前置程序,不同于股东代表诉讼,此类案件诉讼效果直接归属于该股东。而公司权益受损时,只有在公司不提起诉讼,股东履行特定的前置程序后,股东才有可能提起直接诉讼。

常见问题:

1. 原股东是否有权提起诉讼

虽然本案由的法律规定权益受损的原告主体需为公司股东,股东利益受损应当发生在其持股期间,但股东利益受损未必能及时发现,也可能在其失去公司股东身份后发现,此种情形下前股东当然具有提起诉讼的权利。

例如,参照《公司法司法解释(四)》第7条"股东依据公司法第三十三条、第九十七条或者公司章程规定,起诉请求查阅或者复制特定公司文件材料的,人民法院应当依法受理。公司有证据证明前款规定的原告在起诉时不具有公司股东资格的,人民法院应当驳回起诉。但原告有初步证据证明在持股期间其合法权益受到损害,请求依法查阅或者复制其持股期间的特定公司文件材料的除外"的规定,原告起诉时不具备股东资格,但以其持股期间合法权益受到损害为由提起诉讼并主张权利的,应予支持。

换言之,只要原告系其作为股东期间权利受到损害,无论其提起诉讼期间是否为公司现股东,不影响其诉权。

2. 本案由项下的非适格原告

股东作为原告提起本案诉讼的,需要确定其股东身份在起诉时无异议,实践中以下几种情况无法作为适格原告提起损害股东利益责任纠纷。

如《公司法司法解释(三)》第27条第2款规定,"原股东处分股权造成受让股东损失,受让股东请求原股东承担赔偿责任、对于未及时办理变更登记有过错的董事、高级管理人员或者实际控制人承担相应责任的,人民法院应予支持;受让股东对于未及时办理变更登记也有过错的,可以适当减轻上述董事、高级管理人员或者实际控制人的责任"。股东股权依法转让,转让人、受让人通知后公司未能及时完成变更登记。后因转让人的债权纠纷,该股权被查封,导致受让人既无法取得受让股权,又无法向转让人主张退还款项,此时受让人向公司董事主张补充赔偿责任。受让股东起诉时未完成变更登记,未取得股东身份,无法依照此条款以损害股东利益责任纠纷要求董事、高级管理人员承担责任,可按一般侵权主张赔偿。

又如,股权继承人、离婚股权分得的配偶、新增资的股东未办理变更登记的,不能提起本案由之诉。如果确因公司高管行为权益受损,可按一般侵权主张赔偿责任,或先通过其他救济渠道确认股东身份,此后才可能以本案由提请诉讼。

总之,没有办理工商登记或经股东名册记载的主体,一般不是损害股东利益责任纠纷的适格原告。

二、适格被告

本案被告即侵权行为人为董事、高级管理人员或其他股东。

常见问题:

1. 公司实际控制人侵害股东权益能否成为本案由被告

笔者倾向认为可以。新《公司法》已经承认了事实董事和影子董事的地位,法律对其规定了责任,对实际控制人进行了严格的规制。如果经过查明认定事实董事确有利用其职权侵害股东权益的行为,就应该作为被告承担责任。例如,根据《最高人民法院关于审理公司强制清算案件工作座谈会纪要》,股东申请强制清算,人民法院以无法清算或者无法全面清算为由作出终结强制清算程序的,应当在终结裁定中载明,股东可以向控股股东等实际控制公司的主体主张有关权利。

2. 第三人能否成为本案由被告

第三人侵害股东权益的,是否可以适用本案案由?此类案件应当按照一般侵权处理,不能将该第三人列为损害股东权益纠纷的被告。需要注意的是,第三人与董事、监事、高级管理人员共同利用高管职务便利侵害股东权益的,此时就能作为共同侵权人成为适格被告。

3. 公司是否可以成为本案由被告

公司不能成为本案被告,但因为董事、监事、高级管理人员损害股东利益多数情况下系借助公司职务便利,违反了公司的章程或股东会决议,案件的处理涉及公司利益,司法实践中可根据案件审理需要将公司列为第三人。

4. 监事能否成为本案由的被告

笔者注意到,一般法条中董事、监事、高级管理人员常一同提及,但损害股东利益责任纠纷的规定中未将监事纳入,是法律规定的漏洞？还是将监事排除在此类案由的规制范围？

有观点认为,新旧《公司法》都没有规定监事作为本案案由项下的管理范畴,应该是可以排除。笔者倾向于认为,新旧《公司法》之所以未规定,也可能是因为存在争议故意留白。更可能是因为监事作为监督者,其利用职权身份直接侵害股东权益的可能性较低,无必要特意作出规定。

但应当注意的是,不排除监事作为共同侵权主体,承担责任的情形。如公司分配利润,公司章程规定应当根据实缴出资额进行分配。但股东会作出"按照认缴出资额进行利润分配"的决议,监事会列席股东会却并未提出反对意见并未采取有效纠正措施,导致股东权益受损。监事对其放任或不作为行为应当承担相应责任。股东可根据《民法典》第1168条"二人以上共同实施侵权行为,造成他人损害的,应当承担连带责任"之规定,要求监事作为共同侵权人承担连带责任。

第四节　构　成　要　件

根据侵权纠纷的构成要件,构成侵权责任需要满足四个要件,即被告实施了侵权行为、原告存在损失、侵权行为和损失之间存在因果关系、被告存在过错。

一、侵权行为

侵权行为为股东滥用股东权利,董事、高级管理人员违反法律、行政法规或者公司章程损害股东利益。公司股东非利用股东身份滥用权利,董事、高级管理人员非利用董事、高管身份侵害股东利益的行为给股东造成损失的,应依据一般侵权处理,不属于损害股东利益责任纠纷。要把握的是侵权人是否系利用职务便利取得信任后实施侵权,侵权行为与职务行为相互交织、难以区分。如能区分,如一般人身伤害或财产侵占,不属于本案由审理范畴。

二、损失

在赔偿范围方面,应当根据《民法典》第1182条之规定,按照被侵权人因此受到的损失或侵权人因此获得的利益赔偿,无法确定或就赔偿数额协商不一致的,由人民法院根据双方当事人过错、双方交易一般可得利益确定赔偿数额,必要时可进行司法评估。

其一,损失需为股东利益的损失;其二,区别公司损失与股东损失,该案由项下的损失应指股东直接损失,而非间接损失(股东因公司损失而受损失)。股东主张预期利益损失或公司利益损失,可能会被法院认为无法律上的因果关系而被驳回。

三、因果关系

损害股东利益责任纠纷属于侵权纠纷,因果关系的认定与一般侵权行为无异。股东主张侵犯了其作为公司股东所享有的股东利益,具体为实缴股本和利润收益。因投资人出资成立公司的目的就是通过业务经营获取利润,公司的业绩直接体现在利润收益的有无和多寡,间接体现在公司股本价值增减。公司业绩在经营过程中会受到投资方向、经营环境、企业管理、员工素质等诸多方面影响,探究股东实缴股本及利润收益受到的损失与侵权人的行为之间是否存在因果关系,应综合分析科学评定。

董事、高级管理人员即使存在怠于履行职责的行为,首先需判断是对公司造成损失并间接损害了股东利益,还是与股东自身财产权益受损之间存在直接的因果关系。

如公司拟进行增资扩股,董事会应召集股东大会作出增资决议。但董事会未通知某一股东,导致该股东未能认缴增资,被剥夺了新股的认购权。即使股东会决议可通过救济途径确认不成立或可撤销,但增资行为已经完成具有不可逆性,该股东可要求董事赔偿损失。

| 典型案例 | 某财务公司诉雷某、马某、高某、周某损害股东利益责任纠纷案① |

【裁判要旨】

若因公司利益受损而使股东利益间接遭受损失的,原则上应由公司作为原告提起损害公司利益责任纠纷之诉,例外情形下股东可以提起股东代表诉讼。只有当股东利益直接遭受损害的情形下,股东才能以自己的名义提起损害股东利益责任之诉。对于公司利益遭受损害时,股东根据自身股权比例,将公司的财产损害直接等同于公司股东的利益损失的,法院一般不予支持。

【案情简介】

2014年3月20日,某体育公司成立。现法定代表人为雷某,2016年11月24日前的法定代表人为高某,周某为原某体育公司财务副总监。

2015年4月27日、2016年4月11日,某财务公司分别与有关各方签署《A+轮融资协议》《B轮融资协议》,约定:A+轮融资中,某财务公司实缴出资15,660,733.8元,持有某体育公司5.28%的股权;B轮融资中,某财务公司认购新股后,持有某体育公司4.14%股权。后某财务公司按约定实缴了投资款。

2016年3月25日,某体育公司召开2016年临时董事会并作出决议:"本公司决定给予某第三人公司40亿元人民币借款,借款期限一年。"

2015年4月27日修订的新《某体育公司章程》规定:公司与其任何股东或关联方之间的任何交易,须经股东会同意;公司发生任何超过500万元人民币的债务或支出,须经董事会同意。

某财务公司以某体育公司的董事、高管违反公司章程、致使某体育公司经营困难、股东利益严重受损为由,向法院起诉,请求判决被告雷某、马某、高某、周某赔偿某财务公司损失1亿元。

【裁判结果】

一审法院认为,该案争议的焦点在于就某体育公司与某第三人公司之间的借款行为,上述被告是否违反了公司章程、损害了股东的利益,进而是否须承担

---

① 参见北京市第三中级人民法院(2017)京03民初384号民事判决书。

原告诉求的经济损失。

对于公司董事、董事长在其持股期间存在违反公司章程,为某第三人公司提供 40 亿元借款的行为,给作为股东的某财务公司造成了损失而要求赔偿的主张,确定上述人员是否存在违反公司章程规定的行为是本案的关键问题。

虽然该借款行为系基于某体育公司的临时董事会所形成的决议内容而为,但鉴于某体育公司与某第三人公司存在关联关系,该决议内容仍应当经由股东会讨论通过,故借款行为本身违反了公司章程的规定。但本案中未有证据表明雷某、高某存在侵害股东某财务公司知情权、异议权、临时股东会召开权、表决权等权利。故不能以股东会未召开审议涉案关联交易归结为个别董事的责任。但高某作为董事同时也是某体育公司的法定代表人,在明知涉案协议未经股东会讨论的情况下,参与签订了某体育公司与某第三人公司《借款协议》,其行为违反了公司章程的相关规定。

在股东起诉董事、高级管理人员的案件中,应当以实际损害已经发生或必然发生为前提。对于本涉案及的 40 亿元借款,某财务公司主张上述借款致使某体育公司经营严重困难,给其造成损失。就此,法院认为,公司股东依法享有资产收益、参与重大决策和选择管理者等权利以及按照实缴的出资比例分取红利等相关规定,某财务公司在向公司完成出资、成为公司股东后只能依据公司法以及公司章程的规定享有分取红利、分配剩余财产等股权权利,即公司财产与股东财产相分离。但股东的财产权益能否实现还需取决于公司的经营管理效益,故当董事、高级管理人员在违反法律、行政法规或公司章程的规定,实施了直接损害股东利益的行为时,股东方可通过诉讼方式维护自身合法权益。而在本案中虽然存在某财务公司所主张的董事高某违反公司章程的行为,但其后果首先是导致某体育公司的债务增加,造成债务不能清偿有诸多原因,且即便不能清偿,也仅构成某体育公司的损失,仅是间接损害了某财务公司作为股东的利益,而与某财务公司自身财产权益之间并不存在直接的因果关系。某财务公司以其享有某体育公司的"股权比例"为依据,要求雷某、高某赔偿其损失,混淆了"损失"承受的主体,也违反了股东仅以其出资承担"有限责任"的基本原则,故该项诉讼请求没有法律依据,应予驳回。

【案例评析】

公司利益受损并不直接等同于股东利益受损。实践中,公司利益受损时,股东以公司利益减少导致其股东利益间接受损为由提起股东直接诉讼,对此,基于公司独立人格,股东出资后不再享有对公司出资金额的直接支配和收益,对公司的利益体现为股权,只能依法定程序通过行使股权来实现自身利益。公司的收益或损失并不能直接对应股东的股权价值,公司遭受的损失也不能等同股东的直接损失。也不能简单地以股东的持股比例直接乘以公司的损失,来确定股东的损失数额。

在损害股东利益责任纠纷诉讼中,股东若不能证明公司的其他股东、董事或高管的加害行为与其遭受的损失之间具有直接因果关系的,其通过股东直接诉讼要求被告赔偿损失的诉讼请求一般情况下不会被法院支持。

四、存在过错

不同于一般侵权责任纠纷,董事、高级管理人员承担责任需以其违反法律、行政法规或公司章程为前提。对董事、高级管理人员的正常履职行为,原则上受到商业判断原则的保护。股东正常行使表决权的决策,即使最终造成股东的损失,属于正常商业决策并承担风险,其他股东应当承受。

受侵害人主张公司其他股东、高级管理人员存在共同侵权行为的,共同侵权行为的成立应当具备下列要件:1.加害主体的复数性;2.加害行为的协作性;3.主观意思的共同性;4.损害结果的统一性。其中,主观意思的共同性是共同侵权行为最本质的特征。

如前述案例中,若控股股东指示董事会故意遗漏通知某位股东,作出股东会决议进行增资扩股,控股股东也应当承担责任。

第五节 其他问题

一、损害股东利益责任纠纷与损害公司利益责任纠纷辨析

损害股东利益责任纠纷与损害公司利益责任纠纷两类案件请求权基础、程序、诉讼主体、利益归属均有区别(见表1)。

表1　损害股东利益责任纠纷和损害公司利益责任纠纷的区别

项　目	损害股东利益责任纠纷	损害公司利益责任纠纷
请求权基础	新《公司法》第21、190条	新《公司法》第21、22、180、188、189条
原告	股东	公司、股东
被告	董事、高级管理人员、监事、股东	董事、监事、高级管理人员、股东
利益归属	股东	公司
受损利益	股东直接利益受损	公司利益受损，股东利益间接受损

公司有独立人格和财产，公司股东投入的股本属于公司，公司财产的所有权人为公司自身。股东对公司财产不享有直接权利，其投入的财产权利转化为股权，对公司依法享有利润分配请求权和剩余财产分配权等。

提起诉讼时，当事人需要准确判断利益受损的直接主体是公司还是股东，以确定提起侵权之诉的案由。司法实践中，原告败诉的重要原因之一就是法院认定受到侵害的是公司利益而非股东的直接利益。公司损失只是间接构成了股东利益的损害，而与股东自身财产权益之间并不存在直接因果关系。股东以享有公司股权为依据，要求侵权人赔偿损失，属于混淆损失承受的主体，无法得到法院支持，而应当由公司作为原告提起损害公司利益责任纠纷之诉，或由股东提起股东代表诉讼。

二、股东权益受损类型化案由

股东权益可分为自益权和共益权。共益权是股东以参与公司经营为目的，为个人利益兼公司利益行使的权利，在公司受益的同时股东间接受益。如前文所述，由于公司的独立法人地位，共益权不属于本争议的范围。而自益权是股东以自己的利益为目的行使的权利，这些权益受到侵害可以认定为股东的直接利益受到损害。

自益权受损还对应了不同的三级案由，如身份权受损适用案由股东资格确认纠纷或股东名册记载纠纷、表决权受损适用公司决议纠纷、知情权受损适用股东知情权纠纷，并非一味适用损害股东利益责任纠纷，损害股东利益责任纠纷具有兜底性。

在公司董事、高级管理人员等未尽到履职义务，产生侵权责任时，相较于请求撤销公司决议或股东代表诉讼，损害股东利益在侵权类案件对利益受损、因果关系、存在过错的证明要求都较高。

以下列举损害股东利益的常见类型：

一是侵害股东剩余财产分配请求权。如在公司清算程序中，有限责任公司的全体股东均为清算义务人。若控股股东未能及时启动清算程序，或未能移交财务账册导致分配剩余财产减损或灭失，其他股东的剩余财产分配权受到侵害，可要求侵权股东赔偿损失。

二是侵害股东股权。公司高级管理人员利用其身份，在明知未召开股东会产生决议的情况下，处分股东股权，存在明显过错。股权持有人发生变化，影响的并非公司，而是直接影响了股东的财产权益，已构成侵权，导致受侵权人直接权益受到侵害，应当赔偿损失。

三是侵害股东表决权。如未经法定程序解散公司、不提供财务账册导致无法清算、侵占其他股东股权、未经法定程序擅自决定公司重大事项。应当查明相关主体是否存在利用其控制权，违反公司章程或股东会决议规则，未能保障其他股东参与公司治理的情形。

第十一章　损害公司利益责任纠纷

实践中,公司因治理结构不完善、内部控制缺失,股东、董事、监事、高级管理人员等损害公司利益的情况时有发生,法律赋予公司或者股东以诉讼方式维护公司合法权益的权利。但在损害公司利益责任纠纷案件审理中,诉讼程序把控与实体内容认定方面均尚存有待研究明确之处。

第一节　概　　述

一、概念界定

损害公司利益责任纠纷,是指公司股东滥用股东权利或者董事、监事、高级管理人员违反法律、行政法规或者公司章程的规定,损害公司利益而引发的纠纷。从性质上讲,损害公司利益责任纠纷是公司法领域的侵权责任纠纷。损害公司利益责任的认定应符合侵权责任的一般构成要件,包括侵权行为、损害事实、侵权行为与损害事实之间的因果关系、行为人主观过错。

被侵犯的权利客体不同,是该案由与"损害股东利益责任纠纷""股东损害公司债权人利益责任纠纷"的关键区别。

二、纠纷类型

股东损害公司利益责任纠纷,是指因股东滥用股东权利给公司造成损害的,应当承担损害赔偿责任的民事纠纷。公司股东依照法律和公司章程正当行使权利,是股东的基本义务,一旦股东滥用股东权利,给公司造成损失,则应当承担赔偿责任。

公司董事、监事、高级管理人员损害公司利益责任纠纷,是指董事、监事、高级管理人员执行职务时给公司造成损失而发生的纠纷。为防止道德风险,《公司法》规定了董事、监事、高级管理人员对公司的忠实义务和勤勉义务,并规定董事、监事、高级管理人员执行职务时违反法律、行政法规或者公司章程规定,给公司造成损失的,应当承担赔偿责任。

三、管辖

(一)查明事实

1. 被告所在地;2. 被侵权公司住所地。

(二)法律适用

《民事诉讼法》第22条:对公民提起的民事诉讼,由被告住所地人民法院管辖;被告住所地与经常居住地不一致的,由经常居住地人民法院管辖。

对法人或者其他组织提起的民事诉讼,由被告住所地人民法院管辖。

同一诉讼的几个被告住所地、经常居住地在两个以上人民法院辖区的,各该人民法院都有管辖权。

《民事诉讼法》第29条:因侵权行为提起的诉讼,由侵权行为地或者被告住所地人民法院管辖。

《民诉法司法解释》第3条第1款:公民的住所地是指公民的户籍所在地,法人或者其他组织的住所地是指法人或者其他组织的主要办事机构所在地。

《民诉法司法解释》第24条:民事诉讼法第二十九条规定的侵权行为地,包括侵权行为实施地、侵权结果发生地。

(三)常见问题

损害公司利益责任纠纷案件是否适用特殊地域管辖

对于损害公司利益责任纠纷管辖法院的确定,司法实践有不同观点。第一种观点认为,《民事诉讼法》规定的公司诉讼类型为公司组织诉讼;但损害公司利益的行为是一种侵权行为,不属于公司组织诉讼,应按照《民事诉讼法》第29条规定,由侵权行为地或者被告住所地人民法院管辖。第二种观点认为,损害公司利益责任纠纷的股东代表诉讼涉及公司组织关系,是由股东在公司怠于提起诉讼时,代表公司起诉侵害公司利益的主体。为了便于公司和利害关系人参加诉讼,便于公司提供证据或法院调查取证,亦便于此后可能发生的强制执行,损害公司利益责任纠纷应由公司住所地人民法院管辖。第三种观点认为,应根据损害公司利益责任纠纷的被告类型分别确定管辖:首先,公司股东滥用股东权利以及"董监高"违反法定义务损害公司利益责任纠纷,应适用公司诉讼的特殊地域管辖规定;其次,他人损害公司利益责任纠纷,应根据侵权行为实施地、结果发生地或者被告住所地法院确定管辖。从最高人民法院相关案例看,多数采用第一种观点,即以侵权行为实施地、结果发生地或被告住所地作为损害公司利益责任纠纷的管辖法院。

2019年8月5日,北京市高级人民法院立案庭作出《关于与企业或公司有关的纠纷中按一般侵权案件确定地域管辖的案件如何确定管辖法院的通知》,提出:与企业有关的纠纷以及与公司有关的纠纷中需按照一般侵权案件确定地域管辖的案件(如股东损害公司债权人利益责任纠纷、损害公司利益责任纠纷等),被侵权人住所地可以作为侵权结果发生地确定案件地域管辖。其他侵权案件,仍按《民事诉讼法》《民诉法司法解释》以及北京市高级人民法院此前下发的有关意见确定案件地域管辖。按照该通知精神,损害公司利益责任纠纷应按照一般侵权案件确定地域管辖,被侵权人公司的住所地作为侵权结果发生地可以作为管辖地域。

第二节 新旧《公司法》相关规范对照

一、相关规范梳理

(一)旧《公司法》相关规定

1. 禁止股东滥用权利

旧《公司法》第20条:公司股东应当遵守法律、行政法规和公司章程,依法行使股东权利,不得滥用股东权利损害公司或者其他股东的利益;不得滥用公司法人独立地位和股东有限责任损害公司债权人的利益。

公司股东滥用股东权利给公司或者其他股东造成损失的,应当依法承担赔偿责任。

公司股东滥用公司法人独立地位和股东有限责任,逃避债务,严重损害公司债权人利益的,应当对公司债务承担连带责任。

2. 不当关联交易

旧《公司法》第21条:公司的控股股东、实际控制人、董事、监事、高级管理人员不得利用其关联关系损害公司利益。

违反前款规定,给公司造成损失的,应当承担赔偿责任。

3. 信义义务

旧《公司法》第147条第1款:董事、监事、高级管理人员应当遵守法律、行政法规和公司章程,对公司负有忠实义务和勤勉义务。

4. 董事、监事、高管人员的忠实义务

旧《公司法》第147条第2款:董事、监事、高级管理人员不得利用职权收受贿赂或者其他非法收入,不得侵占公司的财产。

旧《公司法》第148条:董事、高级管理人员不得有下列行为:

(一)挪用公司资金;

(二)将公司资金以其个人名义或者以其他个人名义开立账户存储;

(三)违反公司章程的规定,未经股东会、股东大会或者董事会同意,将公司资金借贷给他人或者以公司财产为他人提供担保;

(四)违反公司章程的规定或者未经股东会、股东大会同意,与本公司订立合同或者进行交易;

(五)未经股东会或者股东大会同意,利用职务便利为自己或者他人谋取属于公司的商业机会,自营或者为他人经营与所任职公司同类的业务;

(六)接受他人与公司交易的佣金归为己有;

(七)擅自披露公司秘密;

(八)违反对公司忠实义务的其他行为。

董事、高级管理人员违反前款规定所得的收入应当归公司所有。

5. 董事、监事、高管人员的损害赔偿责任

旧《公司法》第149条:董事、监事、高级管理人员执行公司职务时违反法律、行政法规或者公司章程的规定,给公司造成损失的,应当承担赔偿责任。

6. 股东代表诉讼

旧《公司法》第151条:董事、高级管理人员有本法第一百四十九条规定的

情形的,有限责任公司的股东、股份有限公司连续一百八十日以上单独或者合计持有公司百分之一以上股份的股东,可以书面请求监事会或者不设监事会的有限责任公司的监事向人民法院提起诉讼;监事有本法第一百四十九条规定的情形的,前述股东可以书面请求董事会或者不设董事会的有限责任公司的执行董事向人民法院提起诉讼。

监事会、不设监事会的有限责任公司的监事,或者董事会、执行董事收到前款规定的股东书面请求后拒绝提起诉讼,或者自收到请求之日起三十日内未提起诉讼,或者情况紧急、不立即提起诉讼将会使公司利益受到难以弥补的损害的,前款规定的股东有权为了公司的利益以自己的名义直接向人民法院提起诉讼。

他人侵犯公司合法权益,给公司造成损失的,本条第一款规定的股东可以依照前两款的规定向人民法院提起诉讼。

(二)新《公司法》相关规定

1. 禁止股东滥用权利

新《公司法》第21条:公司股东应当遵守法律、行政法规和公司章程,依法行使股东权利,不得滥用股东权利损害公司或者其他股东的利益。

公司股东滥用股东权利给公司或者其他股东造成损失的,应当承担赔偿责任。

2. 不当关联交易

新《公司法》第22条:公司的控股股东、实际控制人、董事、监事、高级管理人员不得利用关联关系损害公司利益。

违反前款规定,给公司造成损失的,应当承担赔偿责任。

3. 信义义务与事实董事

新《公司法》第180条:董事、监事、高级管理人员对公司负有忠实义务,应当采取措施避免自身利益与公司利益冲突,不得利用职权牟取不正当利益。

董事、监事、高级管理人员对公司负有勤勉义务,执行职务应当为公司的最大利益尽到管理者通常应有的合理注意。

公司的控股股东、实际控制人不担任公司董事但实际执行公司事务的,适用前两款规定。

4. 董事、监事、高管人员的忠实义务

新《公司法》第 181 条：董事、监事、高级管理人员不得有下列行为：

（一）侵占公司财产、挪用公司资金；

（二）将公司资金以其个人名义或者以其他个人名义开立账户存储；

（三）利用职权贿赂或者收受其他非法收入；

（四）接受他人与公司交易的佣金归为己有；

（五）擅自披露公司秘密；

（六）违反对公司忠实义务的其他行为。

新《公司法》第 182 条：董事、监事、高级管理人员，直接或者间接与本公司订立合同或者进行交易，应当就与订立合同或者进行交易有关的事项向董事会或者股东会报告，并按照公司章程的规定经董事会或者股东会决议通过。

董事、监事、高级管理人员的近亲属，董事、监事、高级管理人员或者其近亲属直接或者间接控制的企业，以及与董事、监事、高级管理人员有其他关联关系的关联人，与公司订立合同或者进行交易，适用前款规定。

新《公司法》第 183 条：董事、监事、高级管理人员，不得利用职务便利为自己或者他人谋取属于公司的商业机会。但是，有下列情形之一的除外：

（一）向董事会或者股东会报告，并按照公司章程的规定经董事会或者股东会决议通过；

（二）根据法律、行政法规或者公司章程的规定，公司不能利用该商业机会。

新《公司法》第 184 条：董事、监事、高级管理人员未向董事会或者股东会报告，并按照公司章程的规定经董事会或者股东会决议通过，不得自营或者为他人经营与其任职公司同类的业务。

新《公司法》第 185 条：董事会对本法第一百八十二条至第一百八十四条规定的事项决议时，关联董事不得参与表决，其表决权不计入表决权总数。出席董事会会议的无关联关系董事人数不足三人的，应当将该事项提交股东会审议。

新《公司法》第 186 条：董事、监事、高级管理人员违反本法第一百八十一条至第一百八十四条规定所得的收入应当归公司所有。

5.董事、监事、高管人员的损害赔偿责任

新《公司法》第188条：董事、监事、高级管理人员执行职务违反法律、行政法规或者公司章程的规定，给公司造成损失的，应当承担赔偿责任。

6.股东代表诉讼

新《公司法》第189条：董事、高级管理人员有前条规定的情形的，有限责任公司的股东、股份有限公司连续一百八十日以上单独或者合计持有公司百分之一以上股份的股东，可以书面请求监事会向人民法院提起诉讼；监事有前条规定的情形的，前述股东可以书面请求董事会向人民法院提起诉讼。

监事会或者董事会收到前款规定的股东书面请求后拒绝提起诉讼，或者自收到请求之日起三十日内未提起诉讼，或者情况紧急、不立即提起诉讼将会使公司利益受到难以弥补的损害的，前款规定的股东有权为公司利益以自己的名义直接向人民法院提起诉讼。

他人侵犯公司合法权益，给公司造成损失的，本条第一款规定的股东可以依照前两款的规定向人民法院提起诉讼。

公司全资子公司的董事、监事、高级管理人员有前条规定情形，或者他人侵犯公司全资子公司合法权益造成损失的，有限责任公司的股东、股份有限公司连续一百八十日以上单独或者合计持有公司百分之一以上股份的股东，可以依照前三款规定书面请求全资子公司的监事会、董事会向人民法院提起诉讼或者以自己的名义直接向人民法院提起诉讼。

7.影子董事、影子高管

新《公司法》第192条：公司的控股股东、实际控制人指示董事、高级管理人员从事损害公司或者股东利益的行为的，与该董事、高级管理人员承担连带责任。

(三)相关司法解释规定

因司法实践的复杂性，最高人民法院在多个《公司法》司法解释中对损害公司利益责任纠纷案件审判的相关问题进行了明确与规范，具体包括：

1.关于股东代表诉讼原告资格的具体规定

《公司法司法解释(一)》第4条：公司法第一百五十一条规定的180日以上连续持股期间，应为股东向人民法院提起诉讼时，已期满的持股时间；规定的合计持有公司百分之一以上股份，是指两个以上股东持股份额的合计。

2. 对清算组成员的股东代表诉讼

《公司法司法解释(二)》第23条:清算组成员从事清算事务时,违反法律、行政法规或者公司章程给公司或者债权人造成损失,公司或者债权人主张其承担赔偿责任的,人民法院应依法予以支持。

有限责任公司的股东、股份有限公司连续一百八十日以上单独或者合计持有公司百分之一以上股份的股东,依据公司法第一百五十一条第三款的规定,以清算组成员有前款所述行为为由向人民法院提起诉讼的,人民法院应予受理。

公司已经清算完毕注销,上述股东参照公司法第一百五十一条第三款的规定,直接以清算组成员为被告、其他股东为第三人向人民法院提起诉讼的,人民法院应予受理。

3. 股东代表诉讼中的当事人地位及诉讼代表

《公司法司法解释(四)》第23条:监事会或者不设监事会的有限责任公司的监事依据公司法第一百五十一条第一款规定对董事、高级管理人员提起诉讼的,应当列公司为原告,依法由监事会主席或者不设监事会的有限责任公司的监事代表公司进行诉讼。

董事会或者不设董事会的有限责任公司的执行董事依据公司法第一百五十一条第一款规定对监事提起诉讼的,或者依据公司法第一百五十一条第三款规定对他人提起诉讼的,应当列公司为原告,依法由董事长或者执行董事代表公司进行诉讼。

《公司法司法解释(四)》第24条:符合公司法第一百五十一条第一款规定条件的股东,依据公司法第一百五十一条第二款、第三款规定,直接对董事、监事、高级管理人员或者他人提起诉讼的,应当列公司为第三人参加诉讼。

一审法庭辩论终结前,符合公司法第一百五十一条第一款规定条件的其他股东,以相同的诉讼请求申请参加诉讼的,应当列为共同原告。

4. 涉及关联交易的股东代表诉讼

《公司法司法解释(五)》第1条:关联交易损害公司利益,原告公司依据民法典第八十四条、公司法第二十一条规定请求控股股东、实际控制人、董事、监事、高级管理人员赔偿所造成的损失,被告仅以该交易已经履行了信息披露、经股东会或者股东大会同意等法律、行政法规或者公司章程规定的程序为由抗辩的,人民法院不予支持。

公司没有提起诉讼的,符合公司法第一百五十一条第一款规定条件的股东,可以依据公司法第一百五十一条第二款、第三款规定向人民法院提起诉讼。

二、新旧《公司法》比较

(一)信义义务与事实董事

1. 不同之处:新《公司法》第180条在旧《公司法》第147条第1款的基础上,将公司董事、监事、高管人员的忠实义务与勤勉义务予以拆分,首次明确界定了忠实义务与勤勉义务的内涵与具体内容,并开创性地规定了"事实董事"制度,将不担任公司董事但实际执行公司事务的控股股东与实际控制人列入对公司负有忠实义务与勤勉义务的主体范围。

2. 原因分析:旧《公司法》对忠实义务与勤勉义务,均未具体阐明其内涵,对于司法实践缺乏指引,为此新《公司法》第180条提供了董事、监事和高管人员忠实义务与勤勉义务的一般标准。我国公司中股权集中的现象普遍存在,控制股东或实际控制人虽然可能不担任公司董事,但实际掌握公司控制权,原公司法对其规制不足,未能实现权责相统一,为此新公司法增设了事实董事制度,要求实际执行公司事务的控制股东、实际控制人也同董事、监事、高管人员一样负有忠实义务与勤勉义务。

(二)董事、监事、高管人员的忠实义务

1. 不同之处:旧《公司法》列举了直接侵害公司财产权的各种行为形式,系违反忠实义务的具体表现。新《公司法》在旧《公司法》第147条第2款、第148条第1款的基础上,将监事纳入不作为义务的主体,调整了禁止性行为的事项分类,将关联交易、篡夺公司机会与同业竞争等行为单独进行规定。

新《公司法》第182条增设了关联交易的限制规则,将监事纳入规制范围,扩大了关联人的范围。此外,增加了董事、监事、高管人员的关联交易报告义务,将关联交易的决策机构交由公司章程自行决定,增加董事会作为公司可选择的审查主体。

新《公司法》第183条增设了篡夺公司机会的限制规则,将监事纳入规制范围,增加公司机会的报告义务,将董事会新增为有同意权的决策机构,同时还

新增了"公司不能利用该商业机会"的情形作为不得利用公司机会的例外规则。

新《公司法》第184条增设了同业竞争的限制规则,将监事纳入规制范围,增加了同业竞争的报告义务,将董事会新增为有同意权的决策机构。

新《公司法》新增第185条,首次较为全面地规定了关联董事回避制度,明确除新《公司法》第139条规定的上市公司关联董事回避表决制度外,非上市公司董事会在进行关联交易、篡夺公司机会、同业竞争的表决时,关联董事也应回避表决。

2. 原因分析:旧《公司法》第147条第1款虽然规定监事负有忠实义务,但在对忠实义务所涉禁止性行为进行具体规范时,却将监事排除之外,但监事亦存在从事此类行为,损害公司利益的可能性,因此,新公司法将监事全面纳入规制范围。

关联交易、篡夺公司机会、同业竞争三种行为具有特殊性,并非应一概要禁止的行为,存在前置程序、例外排除等特殊规定,故新公司将其分别单独规定。

对于关联交易、篡夺公司机会、同业竞争,新公司法增设了报告义务,决策机构交由公司章程自行决定,增加董事会作为公司可选择的审查主体。旧《公司法》将审查权限定在股东会,将董事会排除在外,不利于公司灵活安排自己的事务,忽视公司运行的效率。股东会会议并非常设会议,对于大型公司尤其是上市公司而言,要求相关事项必须征得股东会同意,与商业精神和效率追求相悖。从公司治理角度来看,该项制度也展现了公司治理由"股东中心主义"向"董事中心主义"的转变。

旧《公司法》将关联交易限定在董事、高管人员的直接自我交易,新公司法扩大了关联人的范围,改善了自我交易的狭窄适用情况,防止董事、监事、高管人员通过各种隐性手段规避同意权规则。

新《公司法》为篡夺公司机会增设了例外规则,规定"根据法律、行政法规或者公司章程的规定,公司不能利用该商业机会"的,董事、监事、高管人员可以利用该公司机会,从上述规定可见,新《公司法》将"公司不能利用机会"限定在"法定不能",包括公司的经营范围属于法律、行政法规限制的项目,如证券、银行、保险等特定行业,或公司章程对经营范围有明确限制,公司利用此类机会将超出该限制。

(三)股东代表诉讼

1. 不同之处：新《公司法》在旧《公司法》第 151 条的基础上首次引入了股东双重代表制度，明确规定全资子公司的董事、监事、高管人员违反忠实义务或勤勉义务，给公司的合法权益造成损失的，母公司的股东有途径以自己的名义代表全资子公司提起诉讼。

2. 原因分析：股东双重代表诉讼是在公司集团化背景下的母子公司架构中应运而生的，是为解决立体化的母子公司架构下股东权缩减问题而发展出的应对规则。股东双重代表诉讼可以理解为两个诉合二为一：(1) 母公司股东提起的代表诉讼，取代了母公司的诉讼权利；(2) 代表母公司作为子公司股东，取得了子公司的诉讼权利。

(四)影子董事、影子高管

1. 不同之处：新《公司法》第 192 条创设了"影子董事""影子高管"制度，规定公司的控股股东或实际控制人即使未直接实施损害公司或其他股东利益的行为，但通过其在公司中的影响力，指示公司董事或高管人员从事了相应行为，公司或者其他股东不仅可以直接追究董事或高管人员的责任，还可以要求作出指示的公司控股股东或实际控制人与董事或高管人员承担连带责任。

2. 原因分析：目前，在我国大多数公司尤其是有限责任公司中，控股股东或实际控制人仍然是权力的实际享有者，董事和高管人员更多的是控股股东或实际控制人决策的执行者，难以独立地就公司重大经营事项作出决策，因此，追究作出指示的控制股东或实际控制人的责任，可以更好体现"权责一致"原则。

第三节　原告主体的确定

监事会依据《公司法》规定对董事、高级管理人员提起诉讼的，应当列公司为原告，由监事会主席或监事代表公司进行诉讼，监事会主席或监事列为公司的诉讼代表人。董事会依据《公司法》规定对监事或他人提起诉讼的，应当列公司为原告，由董事长或执行董事代表公司进行诉讼，董事长或执行董事列为公司的诉讼代表人。

符合法定条件的股东,在履行前置程序的情形下,可以作为原告为公司利益以自己的名义直接提起诉讼,公司应当被列为第三人(无独立请求权)参加诉讼。一审法庭辩论终结前,符合条件的其他股东,以相同的诉讼请求申请参加诉讼的,应当列为共同原告。如果股东胜诉,胜诉利益归属于公司,但公司应当承担股东因参加诉讼支付的合理费用。

一、查明事实

股东提起股东代表诉讼是否符合资格;股东提起股东代表诉讼是否存在前置程序豁免情形,是否履行前置程序,监事会或董事会是否明确拒绝起诉或怠于起诉。

二、法律适用

1. 旧《公司法》第20条:公司股东应当遵守法律、行政法规和公司章程,依法行使股东权利,不得滥用股东权利损害公司或者其他股东的利益;不得滥用公司法人独立地位和股东有限责任损害公司债权人的利益。

公司股东滥用股东权利给公司或者其他股东造成损失的,应当依法承担赔偿责任。

公司股东滥用公司法人独立地位和股东有限责任,逃避债务,严重损害公司债权人利益的,应当对公司债务承担连带责任。

对应新《公司法》第21条:公司股东应当遵守法律、行政法规和公司章程,依法行使股东权利,不得滥用股东权利损害公司或者其他股东的利益。

公司股东滥用股东权利给公司或者其他股东造成损失的,应当承担赔偿责任。

2. 旧《公司法》第21条:公司的控股股东、实际控制人、董事、监事、高级管理人员不得利用其关联关系损害公司利益。

违反前款规定,给公司造成损失的,应当承担赔偿责任。

对应新《公司法》第22条:公司的控股股东、实际控制人、董事、监事、高级管理人员不得利用关联关系损害公司利益。

违反前款规定,给公司造成损失的,应当承担赔偿责任。

3. 旧《公司法》第149条:董事、监事、高级管理人员执行公司职务时违反法律、行政法规或者公司章程的规定,给公司造成损失的,应当承担赔偿责任。

对应新《公司法》第 188 条:董事、监事、高级管理人员执行职务违反法律、行政法规或者公司章程的规定,给公司造成损失的,应当承担赔偿责任。

4.旧《公司法》第 151 条:董事、高级管理人员有本法第一百四十九条规定的情形的,有限责任公司的股东、股份有限公司连续一百八十日以上单独或者合计持有公司百分之一以上股份的股东,可以书面请求监事会或者不设监事会的有限责任公司的监事向人民法院提起诉讼;监事有本法第一百四十九条规定的情形的,前述股东可以书面请求董事会或者不设董事会的有限责任公司的执行董事向人民法院提起诉讼。

监事会、不设监事会的有限责任公司的监事,或者董事会、执行董事收到前款规定的股东书面请求后拒绝提起诉讼,或者自收到请求之日起三十日内未提起诉讼,或者情况紧急、不立即提起诉讼将会使公司利益受到难以弥补的损害的,前款规定的股东有权为了公司的利益以自己的名义直接向人民法院提起诉讼。

他人侵犯公司合法权益,给公司造成损失的,本条第一款规定的股东可以依照前两款的规定向人民法院提起诉讼。

对应新《公司法》第 189 条:董事、高级管理人员有前条规定的情形的,有限责任公司的股东、股份有限公司连续一百八十日以上单独或者合计持有公司百分之一以上股份的股东,可以书面请求监事会向人民法院提起诉讼;监事有前条规定的情形的,前述股东可以书面请求董事会向人民法院提起诉讼。

监事会或者董事会收到前款规定的股东书面请求后拒绝提起诉讼,或者自收到请求之日起三十日内未提起诉讼,或者情况紧急、不立即提起诉讼将会使公司利益受到难以弥补的损害的,前款规定的股东有权为公司利益以自己的名义直接向人民法院提起诉讼。

他人侵犯公司合法权益,给公司造成损失的,本条第一款规定的股东可以依照前两款的规定向人民法院提起诉讼。

公司全资子公司的董事、监事、高级管理人员有前条规定情形,或者他人侵犯公司全资子公司合法权益造成损失的,有限责任公司的股东、股份有限公司连续一百八十日以上单独或者合计持有公司百分之一以上股份的股东,可以依照前三款规定书面请求全资子公司的监事会、董事会向人民法院提起诉讼或者以自己的名义直接向人民法院提起诉讼。

5.《公司法司法解释(一)》第 4 条:公司法第一百五十一条规定的一百八十日以上连续持股期间,应为股东向人民法院提起诉讼时,已期满的持股时间;规定的合计持有公司百分之一以上股份,是指两个以上股东持股份额的合计。

6.《公司法司法解释(二)》第 23 条:清算组成员从事清算事务时,违反法律、行政法规或者公司章程给公司或者债权人造成损失,公司或者债权人主张其承担赔偿责任的,人民法院应依法予以支持。

有限责任公司的股东、股份有限公司连续一百八十日以上单独或者合计持有公司百分之一以上股份的股东,依据公司法第一百五十一条第三款的规定,以清算组成员有前款所述行为为由向人民法院提起诉讼的,人民法院应予受理。

公司已经清算完毕注销,上述股东参照公司法第一百五十一条第三款的规定,直接以清算组成员为被告、其他股东为第三人向人民法院提起诉讼的,人民法院应予受理。

7.《公司法司法解释(四)》第 23 条:监事会或者不设监事会的有限责任公司的监事依据公司法第一百五十一条第一款规定对董事、高级管理人员提起诉讼的,应当列公司为原告,依法由监事会主席或者不设监事会的有限责任公司的监事代表公司进行诉讼。

董事会或者不设董事会的有限责任公司的执行董事依据公司法第一百五十一条第一款规定对监事提起诉讼的,或者依据公司法第一百五十一条第三款规定对他人提起诉讼的,应当列公司为原告,依法由董事长或者执行董事代表公司进行诉讼。

《公司法司法解释(四)》第 24 条:符合公司法第一百五十一条第一款规定条件的股东,依据公司法第一百五十一条第二款、第三款规定,直接对董事、监事、高级管理人员或者他人提起诉讼的,应当列公司为第三人参加诉讼。

一审法庭辩论终结前,符合公司法第一百五十一条第一款规定条件的其他股东,以相同的诉讼请求申请参加诉讼的,应当列为共同原告。

8.《公司法司法解释(五)》第 1 条:关联交易损害公司利益,原告公司依据民法典第八十四条、公司法第二十一条规定请求控股股东、实际控制人、董事、监事、高级管理人员赔偿所造成的损失,被告仅以该交易已经履行了信息披露、经股东会或者股东大会同意等法律、行政法规或者公司章程规定的程序为由抗辩的,人民法院不予支持。

公司没有提起诉讼的,符合公司法第一百五十一条第一款规定条件的股东,可以依据公司法第一百五十一条第二款、第三款规定向人民法院提起诉讼。

三、常见问题

(一)股东代表诉讼中原告股东资格问题

依据新《公司法》第189条的规定,股东代表诉讼,应注意提起的主体为有限责任公司的股东、股份有限公司连续一百八十日以上单独或者合计持有公司百分之一以上股份的股东。如果公司成立未满一百八十日,则只要在公司成立后持续持有公司股份就可以提起诉讼,不受持股一百八十日期限的限制。对于股份有限公司股东的持股比例与时间进行要求,原因是股份有限公司尤其是上市公司,股份转让较为自由,需要防止购买诉讼行为,即通过临时购买少量股份的方式来达到提起诉讼的目的,影响公司正常经营活动。

(二)新进股东能否对先前损害公司利益行为提起股东代表诉讼

从诉的利益角度考量,即使是股东取得股权之前存在的不法行为,其所造成的损害后果也间接影响到此后受让股权的股东的利益,而且股东在受让股权时难以知晓存在不法行为,受让股权时支付的对价也未扣减不法行为所产生的影响。因此,《九民会议纪要》明确了股东取得股权的时间不影响原告起诉资格,不要求提起股东代表诉讼的股东应在股东或者董事、监事、高级管理人员侵害公司利益的不法行为发生前成为股东。

(三)提起股东代表诉讼的股东是否须遵循"洁手原则"

有观点认为,当股东知道针对公司的不法行为发生时,在其权利范围内,应当提出异议或者积极采取行动维护公司利益。因此,法律虽然没有明确规定,但基于诚实信用原则,提起股东代表诉讼的原告股东应当是没有同意、默认或者追认过所诉不法行为的股东,被形象地称为"洁手原则"。笔者倾向认为,股东代表诉讼不应苛求适用"洁手原则"。这是因为,即便股东此前有不当行为,其提起股东代表诉讼,客观上亦会维护公司利益,应予以鼓励。而其不当行为可通过公司内部治理或《公司法》其他规范予以评价。

(四)股东在代表诉讼期间是否需要保持股东资格

在诉讼中,如果有限责任公司的股东将股权全部转让给他人,将丧失在案件中继续以股东身份进行代表诉讼的资格。如果股份有限公司的股东将其股份全部或者部分转让,导致原告全部剩余股份达不到合计持股百分之一的要求,则原告股东丧失其代表性。股东代表诉讼应当驳回。

(五)隐名股东能否提起股东代表诉讼

隐名股东并非工商登记或股东名册记载的股东,如果想要提起股东代表之诉,需要先通过公司内部程序或股东资格确认之诉显名化,以确认自己的股东身份,在未显名前,不能直接提起股东代表诉讼。

(六)股东代表诉讼的前置程序与豁免

股东代表诉讼是公司内部监督失灵后的救济措施,只能在穷尽公司内部救济措施之后才能启动。依据《公司法》规定,股东提起股东代表诉讼需符合前置请求规则,即监事会或董事会收到其书面请求后拒绝提起诉讼,或者自收到请求之日起三十日内未提起诉讼。

需要注意的是,不考虑案件具体情况僵化适用前置程序实质上又会造成诉讼障碍,对股东和公司维护合法权益带来消极影响。首先,《公司法》规定了豁免情形,即情况紧急、不立即提起诉讼将会使公司利益受到难以弥补的损害。其次,对于虽不属于紧急情况,但股东寻求内部救济不可能达到既定目的或者履行前置程序确有困难的情形同样存在前置程序豁免的需要,因此,《九民会议纪要》在总结实践经验的基础上补充规定了股东向董事会或监事会提出书面请求后不存在提起诉讼的可能性,如公司相关机关不存在或者因公司陷入经营僵局,股东无从提起请求,应当向其进行先诉请求的董事或监事本身即为被告,或者公司应股东请求起诉后未经股东同意随意放弃诉讼请求等情形,法院不应以原告未履行前置程序为由驳回起诉。需要注意的是,判断公司机关是否存在提起诉讼的可能性时,以股东应当向公司机关提出书面申请之时为时间点,如果起诉后又存在公司机关提起诉讼的可能性,也不能因此导致股东代表诉讼被驳回起诉。

第十一章 损害公司利益责任纠纷

典型案例 李某诉某资产管理公司损害公司利益责任纠纷案①

【裁判要旨】

1. 本应为公司利益的提起诉讼的公司机关或人员与被告存在利害关系，不存在提起诉讼的可能性的，股东可直接提起股东代表诉讼，而不需要履行股东代表诉讼前置程序。

2. 损害公司利益责任诉讼中，原告主张的损失如为公司运营所必要的支出，因与被告的侵权行为之间缺乏因果关系，不应获得支持。

【案情简介】

原告某保险代理公司诉称：某保险代理公司法人股东某资产管理公司拒绝配合提供相关资料导致某保险代理公司无法申请办理经营保险代理业务许可证延期，且某保险代理公司因此而停业。因而起诉要求：1.判令某资产管理公司停止拒绝配合某保险代理公司办理经营保险代理业务许可证的延续手续的侵权行为，依法依规配合办理经营保险代理业务许可证（提供法人股东登记表、营业执照复印件、法人股东无违法记录声明、反洗钱声明及出资来源声明）；2.判令某资产管理公司向某保险代理公司给付停业期间的运营成本损失80万元。

被告某资产管理公司辩称：在某资产管理公司未提供相关资料的情况下某保险代理公司经营保险代理业务许可证已完成延期手续，李某诉称因某资产管理公司不配合提供相关资料导致许可证无法延期的理由不能成立。某保险代理公司经营保险代理业务许可证纸质版未下发的原因有监管部门明确的《监管意见》说明，与某资产管理公司是否提供相关资料并无任何关联。经营保险代理业务许可证延续事项依法应属于公司自主决策范畴，系股东会决议的内容，法院无权作出强制性判决。李某提起本案诉讼，未履行股东代表诉讼前置程序。

法院经审理查明：某保险代理公司注册资本300万元，股东为某资产管理公司（持股比例75%）和李某（持股比例25%）。

---

① 参见北京市第二中级人民法院(2023)京02民终5985号民事判决书。

——385

某保险代理公司通过审批,获得中国保险监督委员会颁发的《经营保险代理业务许可证》,业务范围为在北京市行政辖区内代理销售保险产品等,许可证有效期至2020年3月24日。

2020年2月28日,某保险代理公司向北京银保监局提交了《某保险代理公司关于延续〈经营保险代理业务许可证〉有效期的请示》,申请换发经营保险代理业务许可证。

2020年3月23日,李某向某资产管理公司周某发送微信,要求配合提供法人股东无违法记录声明、反洗钱声明及出资来源声明等材料用于办理保险代理业务许可证延期手续;2020年3月25日,周某回复需某保险代理公司出具正式函件,并就相关事项出具情况说明等附件,如保证某保险代理公司近3年合法经营,否则,某资产管理公司无法走审批流程;2020年3月25日,李某通过微信向某资产管理公司发送《关于保险代理许可证延续补充资料的通知》,列明法人股东应提供的材料清单及参考文本。

2020年3月27日,李某向某资产管理公司发送临时股东会召集通知。

2020年4月3日,李某向某资产管理公司发送《工作联系函》,要求某资产管理公司尽快提供办理许可证延续手续所需证明材料。

2020年4月7日,某资产管理公司向李某出具《关于"某保险代理公司及股东李某相关函件"的回复函》,同意召开某保险代理公司2020年第1次临时股东会并就与函件有关事项进行讨论和表决。

此后,李某又多次通过函件、微信往来与某资产管理公司沟通办理公司经营许可证延续手续所需的相关证明材料。

李某又多次就某保险代理公司保险代理业务许可证延续问题书面致函某资产管理公司。

2021年3月9日,北京银保监局作出《监管意见》,内容为:"近期,我局在审核你公司许可证延续申请及股权变更事项时发现,你公司存在内部纠纷严重、董事长离职未报告、经营管理混乱、配合监管意识不足等问题。现对你公司提出以下监管意见:一、及时完成外部审计,梳理公司实际经营状况。……二、妥善处理内部纠纷,确保公司有序运转。……三、积极履行监管要求,限期完成股权变更披露和报送董事长离职报告。……四、完善内部治理,健全管理机制,确保依法合规经营。……你公司应在2021年4月9日前完成整改并向我局报送书面整改报告。整改期限届满,我局将视公司整改情况采取进一步监管措施。"

经询问,李某表示未向某保险代理公司监事陈某书面提出过请监事向法院提起诉讼的请求。

【裁判结果】

一审法院判决:某资产管理公司向某保险代理公司提供法人股东登记表、营业执照复印件、法人股东无违法记录声明、反洗钱声明及出资来源声明,驳回李某的其他诉讼请求。

某资产管理公司不服一审判决,提起上诉。二审法院判决驳回上诉,维持原判。

法院生效裁判认为:本案的争议焦点有三项,一是李某是否具有股东代表诉讼的主体资格;二是某资产管理公司是否应当向某保险代理公司提供法人股东登记表、营业执照复印件、法人股东无违法记录声明、反洗钱声明及出资来源声明;三是某资产管理公司是否应当赔偿损失。关于第一项争议焦点,本案中,董事长杨某、董事徐某、监事陈某均系某资产管理公司委派担任,与某资产管理公司存在利害关系,且董事长杨某、董事徐某已从某资产管理公司退休,某资产管理公司新委派的董事亦未到任,在李某多次通过各种途径书面与某资产管理公司沟通保险代理业务许可证延续事宜的情况下,可以视为李某已穷尽内部救济途径,应当豁免股东的前置程序,可以直接代表公司提起诉讼,故李某诉讼主体资格合法。关于第二项争议焦点,某保险代理公司作为专业的保险代理机构取得经营保险代理业务许可证是其成立、存续和开展经营的必要条件,且其股东及股权结构重大变更亦应履行向相关监管机构报告和披露义务,结合北京银保监局作出《北京银保监局办公室关于某保险代理公司有关问题的监管意见》、李某与某资产管理公司的微信聊天记录及李某提交的邮件可以证明,法人股东登记表、营业执照复印件、法人股东无违法记录声明、反洗钱声明及出资来源声明均系某资产管理公司作为股东依法应当向某保险代理公司提供的证明材料,用以证明其股东身份合法合规,故李某关于要求某资产管理公司提供上述证明材料的诉讼请求,有法律依据,应予支持。关于第三项争议焦点,某资产管理公司向某保险代理公司给付停业期间的运营成本损失80万元,虽然某资产管理公司作为股东有义务向某保险代理公司提供用以证明其股东身份合法合规的材料,但李某所主张的房租、工资等费用,系某保险代理公司运营所必要的支出,并非因某资产管理公司行为造成的损害后果,李某现有证据不足以证明其所主张的损害后果与某资产管理公司行为之间的因果关系,故不应支持。

【案例评析】

《公司法》规定了股东代表诉讼的前置程序,意在通过公司内部机关的相互制衡,实现利害关系人的回避,避免利益冲突。但在本案只有小股东李某与大股东某资产管理公司,大股东某资产管理公司作为本案被告,与本案有直接利害关系,且某保险代理公司董事长杨某、董事徐某、监事陈某均系某资产管理公司委派,董事长杨某、董事徐某已退休,某资产管理公司新委派的董事未到任,某保险代理公司有关机关有可能受到利害关系人的控制而失去独立性。李某已通过各种途径多次书面与某资产管理公司沟通保险代理业务许可证延续事宜。因此,综合以上情形可以认定李某已穷尽内部救济途径,存在股东代表诉讼的前置程序豁免的情形,可以直接代表公司提起诉讼,要求某资产管理公司提供相关证明材料。

(七)股东已经提起股东代表诉讼能否排除公司提起相同之诉

《民诉法司法解释》第247条规定:"当事人就已经提起诉讼的事项在诉讼过程中或者裁判生效后再次起诉,同时符合下列条件的,构成重复起诉:(一)后诉与前诉的当事人相同;(二)后诉与前诉的诉讼标的相同;(三)后诉与前诉的诉讼请求相同,或者后诉的诉讼请求实质上否定前诉裁判结果。当事人重复起诉的,裁定不予受理;已经受理的,裁定驳回起诉,但法律、司法解释另有规定的除外。"股东已经提起股东代表诉讼,案件正在诉讼过程中,监事会或董事会以相同事由提起损害公司利益责任之诉,两案列明的原告虽不相同,但公司均为受益方,因诉讼事由相同,应对监事会或董事会的诉讼行为进行限制,不予受理或驳回起诉,但为查明事实,可在股东代表诉讼中将相关监事或董事列为第三人。

(八)股东双重代表诉讼问题

股东双重代表诉讼是指由母公司的股东提起诉讼,代表母公司全资持有或控股的子公司,行使属于该子公司的诉讼权利。股东双重代表诉讼是在公司集团化背景下的母子公司架构中应运而生的,是为解决立体化的母子公司架构下股东权缩减问题而发展出的应对规则。股东双重代表诉讼可以理解为两个诉合二为一:(1)母公司股东提起的代表诉讼,取代了母公司的诉讼权利;(2)代表母公司作为子公司股东,取得了子公司的诉讼权利。2023年新修订的《公司法》引入了股东双重代表诉讼,规定公司全资子公司的董事、监事、高级管理人员侵犯公司全资子公司合法权益的,母公司股东可以书面请求全资子公司的监事会、董事会提起诉讼或者以自己的名义直接提起诉讼。笔者倾向认为,全资子公司的股东侵犯公司合法权益的,亦可参照适用股东双重代表诉讼。需要注意的是,股东双重代表诉讼中,原告是母公司的股东,被告是子公司的股东或董事、监事、高级管理人员。

第四节　被告主体的确定

此案由的被告应当为公司股东或公司董事、监事、高级管理人员。第三人由于侵权行为或者违约行为损害了公司利益,不属于此案由纠纷。

一、查明事实

被告是否为公司股东或公司董事、监事、高级管理人员。

二、法律适用

1. 旧《公司法》第 20 条:公司股东应当遵守法律、行政法规和公司章程,依法行使股东权利,不得滥用股东权利损害公司或者其他股东的利益;不得滥用公司法人独立地位和股东有限责任损害公司债权人的利益。

公司股东滥用股东权利给公司或者其他股东造成损失的,应当依法承担赔偿责任。

公司股东滥用公司法人独立地位和股东有限责任,逃避债务,严重损害公司债权人利益的,应当对公司债务承担连带责任。

对应新《公司法》第 21 条:公司股东应当遵守法律、行政法规和公司章程,依法行使股东权利,不得滥用股东权利损害公司或者其他股东的利益。

公司股东滥用股东权利给公司或者其他股东造成损失的,应当承担赔偿责任。

2. 旧《公司法》第 21 条:公司的控股股东、实际控制人、董事、监事、高级管理人员不得利用其关联关系损害公司利益。

违反前款规定,给公司造成损失的,应当承担赔偿责任。

对应新《公司法》第 22 条:公司的控股股东、实际控制人、董事、监事、高级管理人员不得利用关联关系损害公司利益。

违反前款规定,给公司造成损失的,应当承担赔偿责任。

3. 旧《公司法》第 147 条:董事、监事、高级管理人员应当遵守法律、行政法规和公司章程,对公司负有忠实义务和勤勉义务。

董事、监事、高级管理人员不得利用职权收受贿赂或者其他非法收入,不得侵占公司的财产。

对应新《公司法》第 179 条:董事、监事、高级管理人员应当遵守法律、行政法规和公司章程。

对应新《公司法》第 180 条:董事、监事、高级管理人员对公司负有忠实义务,应当采取措施避免自身利益与公司利益冲突,不得利用职权牟取不正当利益。

董事、监事、高级管理人员对公司负有勤勉义务,执行职务应当为公司的最大利益尽到管理者通常应有的合理注意。

公司的控股股东、实际控制人不担任公司董事但实际执行公司事务的,适用前两款规定。

4. 旧《公司法》第 216 条第 1 项:本法下列用语的含义:(一)高级管理人员,是指公司的经理、副经理、财务负责人,上市公司董事会秘书和公司章程规定的其他人员。

对应新《公司法》第 265 条:本法下列用语的含义:

(一)高级管理人员,是指公司的经理、副经理、财务负责人,上市公司董事会秘书和公司章程规定的其他人员。

(二)控股股东,是指其出资额占有限责任公司资本总额超过百分之五十或者其持有的股份占股份有限公司股本总额超过百分之五十的股东;出资额或者持有股份的比例虽然低于百分之五十,但依其出资额或者持有的股份所享有的表决权已足以对股东会的决议产生重大影响的股东。

(三)实际控制人,是指通过投资关系、协议或者其他安排,能够实际支配公司行为的人。

(四)关联关系,是指公司控股股东、实际控制人、董事、监事、高级管理人员与其直接或者间接控制的企业之间的关系,以及可能导致公司利益转移的其他关系。但是,国家控股的企业之间不仅因为同受国家控股而具有关联关系。

5.《公司法司法解释(二)》第23条:清算组成员从事清算事务时,违反法律、行政法规或者公司章程给公司或者债权人造成损失,公司或者债权人主张其承担赔偿责任的,人民法院应依法予以支持。

有限责任公司的股东、股份有限公司连续一百八十日以上单独或者合计持有公司百分之一以上股份的股东,依据公司法第一百五十一条第三款的规定,以清算组成员有前款所述行为为由向人民法院提起诉讼的,人民法院应予受理。

公司已经清算完毕注销,上述股东参照公司法第一百五十一条第三款的规定,直接以清算组成员为被告、其他股东为第三人向人民法院提起诉讼的,人民法院应予受理。

6.《公司法司法解释(四)》第23条:监事会或者不设监事会的有限责任公司的监事依据公司法第一百五十一条第一款规定对董事、高级管理人员提起诉讼的,应当列公司为原告,依法由监事会主席或者不设监事会的有限责任公司的监事代表公司进行诉讼。

董事会或者不设董事会的有限责任公司的执行董事依据公司法第一百五十一条第一款规定对监事提起诉讼的,或者依据公司法第一百五十一条第三款规定对他人提起诉讼的,应当列公司为原告,依法由董事长或者执行董事代表公司进行诉讼。

7.《公司法司法解释(四)》第24条:符合公司法第一百五十一条第一款规定条件的股东,依据公司法第一百五十一条第二款、第三款规定,直接对董事、监事、高级管理人员或者他人提起诉讼的,应当列公司为第三人参加诉讼。

一审法庭辩论终结前,符合公司法第一百五十一条第一款规定条件的其他股东,以相同的诉讼请求申请参加诉讼的,应当列为共同原告。

8.《公司法司法解释(五)》第 1 条:关联交易损害公司利益,原告公司依据民法典第八十四条、公司法第二十一条规定请求控股股东、实际控制人、董事、监事、高级管理人员赔偿所造成的损失,被告仅以该交易已经履行了信息披露、经股东会或者股东大会同意等法律、行政法规或者公司章程规定的程序为由抗辩的,人民法院不予支持。

公司没有提起诉讼的,符合公司法第一百五十一条第一款规定条件的股东,可以依据公司法第一百五十一条第二款、第三款规定向人民法院提起诉讼。

三、常见问题

(一)公司高级管理人员如何认定

依据《公司法》规定,高级管理人员,是指公司的经理、副经理、财务负责人,上市公司董事会秘书和公司章程规定的其他人员。但在司法实践中,对高级管理人员的认定应结合个案情况具体判断,可以审查公司章程是否有规定,如果公司章程有规定依其规定;当事人在公司中是否享有经营管理权,是否符合高级管理人员的任职要求;当事人是否有任免手续,如董事会或执行董事的聘任或解聘手续,当手续完备时,可推定具备高级管理人员身份;是否有间接证明其高级管理人员身份的材料,如对外代表公司签订的合同、公司财务审批表上的签名等。认定是不是高级管理人员的困难主要是如何把握"公司章程规定的其他人员",笔者倾向依据实质审查标准认定是否为高级管理人员,重点审查该管理人员的权利、职责、对公司经营、发展及对外交往的影响程度,公司是否为其设置忠实、勤勉等义务及责任等因素,同时亦应结合公司内部文件记载等形式要件,并区分公司形态。

(二)"公司实控人"能否成为适格被告

旧《公司法》虽未作明确规定,但司法实践中已有关于"事实董事"的认定。新《公司法》引入"事实董事"制度,该法第 180 条规定,公司控股股东、实际控制人不担任公司董事但实际执行公司事务的,对公司负有忠实义务和勤勉义务。实际执行公司事务的控股股东、实际控制人违反忠实义务或勤勉义务,给公司造成损害的,应依法承担责任,可以成为本案由的适格被告。同时,新《公司法》也引入了"影子董事与影子高管"制度,第 192 条规定,公司的控股股东、实际控制人指示董事、高级管理人员从事损害公司或者股东利益的行为的,与该董事、高级管理人员承担连带责任。因此,公司控股股东、实际控制人也可能因共同侵权成为共同被告。

(三) 公司清算情形下被告的确定

依据《公司法司法解释(二)》第 23 条的规定,清算组成员从事清算事务时,违反法律、行政法规或者公司章程给公司造成损失,公司可以主张其承担赔偿责任。公司已经清算完毕注销,符合资格的股东可以直接以清算组成员为被告,其他股东为第三人提起诉讼。

第五节　股东滥用股东权利损害公司利益责任纠纷

此类纠纷多见于公司与实际经营管理公司的股东之间。公司股东特别是控股股东如果在经营管理公司期间,利用其控制权,违反法律、行政法规及公司章程的规定,作出损害公司利益的行为,则应对公司承担损害赔偿责任。

一、查明事实

股东滥用股东权利的具体行为;公司利益被损害的具体情况;股东滥用股东权利的行为与公司利益损害结果之间的因果关系;股东是否事先已向公司披露,是否事先经公司决策机关批准同意。

二、法律适用

旧《公司法》第 20 条:公司股东应当遵守法律、行政法规和公司章程,依法行使股东权利,不得滥用股东权利损害公司或者其他股东的利益;不得滥用公司法人独立地位和股东有限责任损害公司债权人的利益。

公司股东滥用股东权利给公司或者其他股东造成损失的,应当依法承担赔偿责任。

公司股东滥用公司法人独立地位和股东有限责任,逃避债务,严重损害公司债权人利益的,应当对公司债务承担连带责任。

旧《公司法》第 21 条：公司的控股股东、实际控制人、董事、监事、高级管理人员不得利用其关联关系损害公司利益。

违反前款规定，给公司造成损失的，应当承担赔偿责任。

对应新《公司法》第 21 条：公司股东应当遵守法律、行政法规和公司章程，依法行使股东权利，不得滥用股东权利损害公司或者其他股东的利益。

公司股东滥用股东权利给公司或者其他股东造成损失的，应当承担赔偿责任。

新《公司法》第 22 条：公司的控股股东、实际控制人、董事、监事、高级管理人员不得利用关联关系损害公司利益。

违反前款规定，给公司造成损失的，应当承担赔偿责任。

新《公司法》第 23 条：公司股东滥用公司法人独立地位和股东有限责任，逃避债务，严重损害公司债权人利益的，应当对公司债务承担连带责任。

股东利用其控制的两个以上公司实施前款规定行为的，各公司应当对任一公司的债务承担连带责任。

只有一个股东的公司，股东不能证明公司财产独立于股东自己的财产的，应当对公司债务承担连带责任。

三、常见问题

股东滥用股东权利的常见情形

股东滥用股东权利的行为范围广泛，法律规定难以详尽列举。常见情形有在实际控制公司期间，不经过公司决议程序或违反公司内部管理规定，挪用、侵占公司财产；股东在涉及公司为其担保事项进行表决时，应当回避而不回避；公司章程规定出售重大资产需股东大会特别决议通过，公司的控股股东无视公司章程的规定，不经法定程序，强令公司出售该资产等。

第六节　董事、监事、高级管理人员赔偿责任

董事、监事、高级管理人员基于与公司之间的"委托—代理"关系产生的受信义务有两类：一是忠实义务，体现在自我交易、同业竞争、公司机会、管理报酬

等方面,董事、监事、高级管理人员应当采取措施避免自身利益与公司利益冲突,不得利用职权牟取不正当利益;二是勤勉义务,是诚实信用原则在公司法领域的具体表现,即董事、监事、高级管理人员在管理公司活动时应依法运用自己的才能、知识、技能和经验,为公司的最大利益尽到管理者通常应有的合理注意。

旧《公司法》仅提出忠实义务与勤勉义务的概念,而新《公司法》阐释了忠实义务与勤勉义务的内涵,并进一步完善了相关制度。

一、查明事实

董事、监事、高级管理人员是否存在违反忠实义务或勤勉义务的行为;违反义务行为是否导致公司利益受损及损失范围;是否事先已向公司披露,是否事先经公司决策机关批准同意。

二、法律适用

旧《公司法》第147条:董事、监事、高级管理人员应当遵守法律、行政法规和公司章程,对公司负有忠实义务和勤勉义务。

董事、监事、高级管理人员不得利用职权收受贿赂或者其他非法收入,不得侵占公司的财产。

旧《公司法》第148条:董事、高级管理人员不得有下列行为:

(一)挪用公司资金;

(二)将公司资金以其个人名义或者以其他个人名义开立账户存储;

(三)违反公司章程的规定,未经股东会、股东大会或者董事会同意,将公司资金借贷给他人或者以公司财产为他人提供担保;

(四)违反公司章程的规定或者未经股东会、股东大会同意,与本公司订立合同或者进行交易;

(五)未经股东会或者股东大会同意,利用职务便利为自己或者他人谋取属于公司的商业机会,自营或者为他人经营与所任职公司同类的业务;

(六)接受他人与公司交易的佣金归为己有;

(七)擅自披露公司秘密;

(八)违反对公司忠实义务的其他行为。

董事、高级管理人员违反前款规定所得的收入应当归公司所有。

旧《公司法》第 149 条：董事、监事、高级管理人员执行公司职务时违反法律、行政法规或者公司章程的规定，给公司造成损失的，应当承担赔偿责任。

对应新《公司法》第 179 条：董事、监事、高级管理人员应当遵守法律、行政法规和公司章程。

新《公司法》第 180 条：董事、监事、高级管理人员对公司负有忠实义务，应当采取措施避免自身利益与公司利益冲突，不得利用职权牟取不正当利益。

董事、监事、高级管理人员对公司负有勤勉义务，执行职务应当为公司的最大利益尽到管理者通常应有的合理注意。

公司的控股股东、实际控制人不担任公司董事但实际执行公司事务的，适用前两款规定。

新《公司法》第 181 条：董事、监事、高级管理人员不得有下列行为：

（一）侵占公司财产、挪用公司资金；

（二）将公司资金以其个人名义或者以其他个人名义开立账户存储；

（三）利用职权贿赂或者收受其他非法收入；

（四）接受他人与公司交易的佣金归为己有；

（五）擅自披露公司秘密；

（六）违反对公司忠实义务的其他行为。

新《公司法》第 182 条：董事、监事、高级管理人员，直接或者间接与本公司订立合同或者进行交易，应当就与订立合同或者进行交易有关的事项向董事会或者股东会报告，并按照公司章程的规定经董事会或者股东会决议通过。

董事、监事、高级管理人员的近亲属，董事、监事、高级管理人员或者其近亲属直接或者间接控制的企业，以及与董事、监事、高级管理人员有其他关联关系的关联人，与公司订立合同或者进行交易，适用前款规定。

新《公司法》第 183 条：董事、监事、高级管理人员，不得利用职务便利为自己或者他人谋取属于公司的商业机会。但是，有下列情形之一的除外：

（一）向董事会或者股东会报告，并按照公司章程的规定经董事会或者股东会决议通过；

（二）根据法律、行政法规或者公司章程的规定，公司不能利用该商业机会。

新《公司法》第184条:董事、监事、高级管理人员未向董事会或者股东会报告,并按照公司章程的规定经董事会或者股东会决议通过,不得自营或者为他人经营与其任职公司同类的业务。

新《公司法》第185条:董事会对本法第一百八十二条至第一百八十四条规定的事项决议时,关联董事不得参与表决,其表决权不计入表决权总数。出席董事会会议的无关联关系董事人数不足三人的,应当将该事项提交股东会审议。

新《公司法》第186条:董事、监事、高级管理人员违反本法第一百八十一条至第一百八十四条规定所得的收入应当归公司所有。

新《公司法》第188条:董事、监事、高级管理人员执行职务违反法律、行政法规或者公司章程的规定,给公司造成损失的,应当承担赔偿责任。

三、常见问题

(一)违反忠实义务的具体表现形式及其认定

依据新《公司法》第181条,董事、监事、高级管理人员不得侵占公司财产、挪用公司资金,将公司资金以其个人名义或者以其他个人名义开立账户存储,利用职权贿赂或者收受其他非法收入,接受他人与公司交易的佣金归为己有,擅自披露公司秘密,或者违反对公司忠实义务的其他行为。就忠实义务而言,新《公司法》将监事纳入具体规则的规范范围,且除了沿袭旧《公司法》集中列举禁止性行为类型的模式外,还进一步对特定行为予以限制和规范。

1. 自我交易

新《公司法》第182条第1款规定,董事、监事、高级管理人员,直接或者间接与本公司订立合同或者进行交易,应当就与订立合同或者进行交易有关的事项向董事会或者股东会报告,并按照公司章程的规定经董事会或者股东会决议通过。上述规定强化了董事、监事、高级管理人员关于利益冲突交易的披露义务,并在股东会基础上增加董事会作为相关事项的审议机关,展现了公司制度由"股东中心主义"向"董事中心主义"的转变。

除直接自我交易外,新《公司法》还对间接自我交易进行了规范。依据该法第182条第2款的规定,将关联人范围扩大至董事、监事、高级管理人员的近亲属,董事、监事、高级管理人员或者其近亲属直接或者间接控制的企业,以及与董事、监事、高级管理人员有其他关联关系的关联人。

自我交易备受重视的原因是公司在交易中可能得不到公平的对待。因此，在此类纠纷审理中应适用"公平标准"，并着重从实体和程序两个方面进行审查。在实体上审查交易对价是否公允，结合案件举证情况，综合判断交易对价是否偏离正常市场价格，并认定是否对公司造成损失。在程序上审查交易是否符合法律法规及章程规定的程序要求，是否能体现公司意志。

典型案例　某技术公司诉王某1、王某2等损害公司利益责任案[①]

【裁判要旨】

1. 董事、高级管理人员与本公司发生关联交易的，应当就交易事项以及利益冲突情况进行披露。董事、高级管理人员仅披露交易事项，未披露利益冲突情况的，法院不应认定其适当履行了披露义务。

2. 董事、高级管理人员未履行披露义务或者关联交易未经本公司正当决议程序，董事、高级管理人员应当就关联交易实质公平承担举证责任，法院应当围绕交易价格是否公允、交易发生是否必要等进行审查。董事、高级管理人员未能尽到举证责任的，应当依法承担法律责任。

【案情简介】

原告（被上诉人）某技术公司诉称：王某1、王某2兄弟是某技术公司的控股股东和实际控制人，二人通过王某1之妻周某、同事李某出资设立某租赁站，以两公司债权转让的方式侵占某技术公司财产432,345元。二人还代表某技术公司与某租赁站签订转让协议，将某技术公司的租赁场地和自建厂房转让给某租赁站。此后发生两次拆迁，共获得政府拆迁补偿款7,637,284元。故某技术公司起诉，请求法院判令：王某1、王某2赔偿损失合计8,069,629元，某租赁站、李某、周某对全部损失承担连带责任，杜某、王某3、耿某对其中的7,637,284元损失承担连带责任。

被告（上诉人）王某2与被告王某1辩称：某技术公司转让给某租赁站的

[①] 参见北京市第二中级人民法院（2021）京02民终734号民事判决书。

债权,是用来冲抵欠付股东王某1的分红款,并不是无偿转让。某技术公司因经营困难,将租赁场地及厂房作价18.2万元转让给某租赁站具有合理性,此后发生的拆迁款与某技术公司无关。

被告(上诉人)某租赁站、王某3与被告杜某、耿某辩称:某租赁站与某技术公司签订的租赁场地和自建厂房转让协议合法有效,土地承租权及地上物所有权属于某租赁站,2017年发生的拆迁利益与某技术公司无关。

第三人魏某述称:王某1、王某2以周某、李某的名义设立某租赁站侵占某技术公司财产,上述转让行为未经某技术公司股东会决议同意,应属无效。

法院经审理查明:某技术公司成立于1995年,注册资本50万元,股东包括王某1、王某2、魏某和张某四人,其中王某1、王某2系兄弟关系,分别出资9.02万元、19.46万元,王某2任执行董事、总经理及法定代表人,王某1任副经理。2009年9月,魏某申请对该公司强制清算,法院受理后指定清算组负责清算工作。本案系某技术公司在强制清算过程中提出的诉讼。

王某1与周某系夫妻关系,王某1与李某曾为同事关系。2007年9月21日,周某、李某出资3万元设立某租赁站,性质为集体企业,李某任执行董事、经理,周某任监事。根据拆迁档案记载,王某1曾作为某租赁站的法定代表人签署合同,且该租赁站曾出具说明表示日常工作、对外事务均由王某1负责。本案中,王某1亦表示该租赁站由其负责管理。

2002年某技术公司承租土地24亩,每年租金28,800元,租期30年。某技术公司自建部分厂房和设施。2007年9月27日,某技术公司与某租赁站签订《土地使用权变更协议》,约定将土地承租权和地上物所有权转让给该租赁站。2007年10月20日,二者又签订《变更地上物所有权协议》,载明:地上物评估价值181,029.24元,双方确认作价18.2万元转让。该协议所附评估报告书载明:评估基准日2007年9月30日,评估范围房屋5项,账面原值234,157.1元,长期待摊费用评估值181,029.24元。当事人未提供证据证明某租赁站实际支付18.2万元转让款。

王某1、王某2提交2007年5月25日某技术公司股东会决议,内容为王某1、王某2、张某三名股东到会作出决议:"该土地因用途问题办不下房产证,几年内又面临征地拆迁等应收,转让非常困难,故只能单方面终止合同……2007年公司为减轻资金压力,计划将场地及房屋转租给他人使用,当转租公司确定后,应将此地块的土地使用权全部转移到其名下。"王某1、王某2称该决议作出时间为2007年5月25日,但在强制清算案件中,审计机构于2013年出具的审计报告记载:土地使用权、厂房等重要资产处置未见股东会决议。

此后,上述租赁场地先后经历两次拆迁,共获得政府拆迁补偿款7,637,284元。第一次拆迁为2015年,被腾退人某租赁站,拆迁补偿款681,770元,拆迁协议及腾退补偿明细等均由王某1签字。

【裁判结果】

一审法院判决:王某1、王某2向某技术公司赔偿损失合计8,069,629元。某租赁站、李某、周某对上述全部债务承担连带清偿责任;杜某、王某3、耿某对其中6,955,514元债务承担连带清偿责任;驳回某技术公司的其他诉讼请求。

王某2、某租赁站、王某3不服一审判决,提起上诉。二审法院判决驳回上诉,维持原判。

法院生效裁判认为,王某1、王某2系某技术公司的控股股东、董事、高级管理人员。某租赁站登记的出资人为王某1之妻周某、前同事李某,根据拆迁档案及王某1陈述,该租赁站事务实际由王某1负责,王某1系其实际控制人。2007年,王某2代表某技术公司与王某1实际控制的某租赁站签订土地承租权、地上物所有权转让协议。从转让对价来看,地上物经评估作价18.2万元低于资产账面价值,且未包括土地的使用收益价值。2010年某技术公司将部分场地转租的每年转租利益已超过该评估价值。王某1、王某2早在2007年已对涉案土地将于几年之内拆迁有所预期,从之后发生的拆迁补偿款来看,涉案土地、地上物拆迁利益巨大,作价18.2万元不合常理,且无证据证明某租赁站实际支付过该价款。从决议程序来看,王某1、王某2提交的2007年5月25日某技术公司股东会决议,仅提出计划将场地及房屋转租给他人使用,并未针对与某租赁站进行交易作出决议,且2013年审计报告记载上述资产处置未见股东会决议,没有证据证明通知过股东魏某开会,不足以认定该股东会实际召开。因此,王某1、王某2未经公司合法决议程序,通过关联交易使某技术公司对承租土地、地上物的利益被转移至某租赁站,导致某技术公司丧失本可以取得的拆迁补偿款,应向某技术公司赔偿损失。

【案例评析】

基于对关联交易的利弊衡量,域内外针对关联交易的治理态度已逐渐从全面禁止演化为合理规制。关联交易的本质为利益冲突,因此,如何最大限度地避免利益冲突发生成为规制关联交易的根本着力点。公司法理论认为,合法有限的关联交易应同时满足信息披露、程序正当、实质公平三项要求。当前的立法态度与前述理论观点基本保持一致。本案中,王某1、王某2未履行如实披露义务,亦未执行正当表决程序,关联交易的程序存在不当,同时,王某1、王某2亦未能举证证明关联交易的价格公正,因此,应认定构成不当关联交易,判决其承担损害赔偿责任。

2.同业竞争

依据新《公司法》第184条的规定,董事、监事、高级管理人员未向董事会或者股东会报告,并按照公司章程的规定经董事会或者股东会决议通过,不得自营或者为他人经营与其任职公司同类的业务。上述规定强化了董事、监事、高级管理人员关于同业竞争的披露义务,并在股东会基础上增加董事会作为相关事项的审议机关。

同类业务系指与公司形成竞争关系的相同或类似的经营活动,包括公司目前正在经营的业务或已经着手准备开展的业务。法院在进行审查时,不应局限于登记经营范围,而应采取实质性认定模式,如公司实际从事的业务未包含在工商登记的经营范围内,法院也应当根据公司实际从事的业务与董事、监事、高级管理人员自营或者为他人经营的业务是否具有实质性竞争关系进行审查。除此之外,法院可结合业务开展的地域与时间因素,审查双方是否在相近地区与时间段内经营业务。

典型案例 某软件系统公司诉安某损害公司利益责任纠纷案[①]

【裁判要旨】

1.董事辞职应当以书面形式向公司提出,自该意思表示到达公司时董事辞职生效,法律或公司章程另有规定的除外。

---

① 参见北京市第二中级人民法院(2021)京02民终7705号民事判决书。

2. 兼具劳动者身份的董事向公司提出离职，但未具体表明是解除劳动关系还是辞任董事，此时法院应根据个案情况判断该董事是否向公司作出了辞任董事的真实意思表示，进而确定董事辞职是否生效。董事辞职未生效的，其对公司仍负有竞业禁止义务。

3. 董事任期内辞职导致公司董事会成员低于法定人数，公司有权要求该董事继续履行董事职务至公司改选的新董事就任。该董事在延期履行董事职务期间仍对公司负有竞业禁止义务，但公司在合理期限内怠于选任新董事的除外。

【案情简介】

原告（被上诉人）某软件系统公司诉称：该公司是一家以开发国产操作系统为主营业务的高科技企业，安某任董事、研发总监，全面负责国产操作系统的研发工作。安某任董事期间，设立某操作系统公司，任股东及董事，利用从某软件系统公司擅自带走的技术秘密，经营同类业务，违反董事竞业禁止义务。故要求安某赔偿经济损失并将在某操作系统公司的股权转让溢价款30万元以及任职期间收益28万元归入某软件系统公司。

被告（上诉人）安某辩称：因某软件系统公司欠薪，其于2019年3月15日提出书面离职申请。某软件系统公司研发国产操作系统的全部组件均由开源软件组成，某软件系统公司不拥有知识产权，截至2019年4月，基线产品的生命周期已终结，再无商业价值。安某未散布和销售某软件系统公司的操作系统软件，未从中获取商业利益，虽任公司研发管理者，但并不单独从事软件开发工作，也不单独保留特殊软件资产，未擅自带离技术秘密。安某未与某软件系统公司签署竞业禁止协议，未领取竞业禁止补偿，故没有竞业禁止义务。

法院经审理查明：某软件系统公司成立于2010年8月19日，注册资本3000万元，性质为有限责任公司，登记的经营范围包括技术开发、技术转让、技术服务、计算机系统服务、数据处理、基础软件服务、应用软件服务、软件开发等。

安某于2018年8月1日到某软件系统公司工作，任副总经理、研发总监。2018年10月，安某通过股权受让成为该公司股东。同年10月8日，某软件系统公司股东会决议，选举安某、张某某、赵某为董事。该公司当时的章程规定，公司设董事会，成员为3人，由股东会选举产生，董事任期3年，任期届满，可连选连任。

2019年5月17日,安某作为股东之一出资30万元设立某操作系统公司,并任该公司董事、副总经理及技术总监。该公司登记的经营范围包括技术开发、技术转让、技术服务、计算机系统服务、基础软件服务、应用软件服务、软件开发、数据处理等。2019年8月,安某将其持有的某操作系统公司股权以60万元出让。同年9月3日,某操作系统公司召开股东会,免去安某的董事职务。安某自认在某操作系统公司任职期间有3笔工资收入共67,020元。

2020年2月26日,某软件系统公司召开股东会,决议修改公司章程为:公司不设董事会,设执行董事1人,由股东会选举产生。同日,某软件系统公司作出股东会决议,同意安某出让其全部股权给张某某,并免去安某、张某某、赵某的董事职务,选举张某某为执行董事。

关于安某从某软件系统公司离职的情况,安某于2019年3月15日向某软件系统公司工作人员发送微信称:"抱歉,我真得先提一个离职申请,把某公司的事情做起来。"安某曾于2019年9月申请劳动仲裁,要求某软件系统公司及其下属子公司支付2019年3月工资。据仲裁裁决书记载:安某与某软件系统公司未签订劳动合同,但某软件系统公司为其缴纳社会保险并每月支付劳动报酬,安某工作至2019年3月15日。安某还称其曾于2019年4月24日向某软件系统公司邮寄董事辞职声明,但某软件系统公司否认收到该声明。安某提交的邮寄快递单上未显示打印时间、邮寄时间以及是否寄出、签收等情况。

【裁判结果】

一审法院判决:1.安某支付某软件系统公司367,020元;2.驳回某软件系统公司的其他诉讼请求。

某软件系统公司、安某均不服一审判决,提起上诉。二审法院判决驳回上诉,维持原判。

法院生效裁判认为,某软件系统公司曾设由安某等三名董事组成的董事会。安某称其于2019年4月向某软件系统公司声明辞去董事,但未就某软件系统公司收到该声明提供证据。并且,根据《公司法》的规定,安某在任期内辞去董事职务导致某软件系统公司的董事会成员低于法定人数的,在改选出的董事就任前,安某仍应当依照法律、行政法规和公司章程的规定,履行董事职务。故安某主张以2019年4月其所述的声明时间作为其免除董事职务的时间,缺乏事实及法律依据。2020年2月26日，某软件系统公司股东会决议免除安某董事职务并重新选任该公司的执行董事。安某在任某软件系统公司董事期间，未经公司股东会同意，作为发起人设立某操作系统公司，并任该公司董事、副总经理、技术总监，自营或为他人经营某操作系统公司。而根据某软件系统公司与某操作系统公司登记的经营范围，两公司均包含"技术开发、计算机系统服务、软件开发、数据处理"等业务，属于经营同类业务的公司。故安某的行为违反了董事对公司所负有的忠实义务。依据《公司法》的规定，某软件系统公司要求对安某转让某操作系统公司股权的溢价款以及安某在某操作系统公司任职期间的收入行使归入权，依据充分，应予支持。

【案例评析】

本案争议在于安某离职后是否仍具有某软件系统公司董事身份并因此承担董事竞业禁止义务。安某主张曾向某软件系统公司作出董事辞职声明，但缺乏证据证明。安某提出离职时发送的微信内容仅显示"离职"，并未作出辞去董事职务的明确意思表示。从安某的行为来看，其在离职后仍继续持有某软件系统公司股权，某软件系统公司是高度人合性的公司，股东与管理者身份合一，安某继续持股的行为反映出其并未放弃对公司的相关权利。故安某并未向某软件系统公司作出辞任董事的通知，从其行为亦无法推定其具有辞任董事的真实意思，其董事身份不因劳动关系的终止而消灭。离职后安某仍具有董事身份，故仍应对某软件系统公司负有董事的竞业禁止义务，安某在担任某软件系统公司董事期间自营或为他人经营同类业务，违反董事的竞业禁止义务，故某软件系统公司有权行使归入权，要求将安某的相关收益归入某软件系统公司。

3. 谋取公司机会

首先，衡量某一商业机会是否与公司经营活动相关，应当综合考虑各种因素，如某一商业机会是否为公司所需要或追寻，公司是否曾就该机会进行过谈判，公司是否为该机会之追寻而投入人力、物力、财力等。其次，需要注意的是，不得篡夺公司机会并不意味着绝对禁止利用公司机会，如果已向董事会或者股东会报告，并按照公司章程的规定经董事会或者股东会决议通过，或者根据法律、行政法规或者公司章程的规定，公司不能利用该商业机会，则董事、监事、高级管理人员不应承担责任。综上所述，是否构成利用或者篡夺公司机会应重点考虑,该商业机会是否属于公司,行为人是否利用了公司机会,行为人利用公司机会时是否有正当理由,行为人是否因利用公司机会获得利益或者公司是否因此受到损害。

同时,新《公司法》新增了利益冲突事项关联董事回避表决的规则。依据新《公司法》第 185 条,董事会对《公司法》中所涉及的自我交易、同业竞争或谋取公司机会等事项决议时,关联董事不得参与表决,其表决权不计入表决权总数。出席董事会会议的无关联关系董事人数不足 3 人,应当将该事项提交股东会审议。审理中也注意相关决议是否符合要求。此外,依据新《公司法》第 186 条规定,董事、监事、高级管理人员违反关于自我交易、同业竞争、谋取公司机会的规定而获得的收入,应当归公司所有。

(二) 董事、监事、高级管理人员违反勤勉义务的认定

新《公司法》规定,董事、监事、高级管理人员对公司负有勤勉义务,执行职务应当为公司的最大利益尽到管理者通常应有的合理注意。在具体判断是否违反勤勉义务时,应当采用主客观结合的综合判断标准,即以普通谨慎的董事、监事或高级管理人员在同类公司、同类职务、同类相关情形中所应具有的注意、知识和经验程度作为衡量标准,并不以其决策是否失误为准。当然,处理个案时应结合案情作具体分析,以是否善意、是否尽到应尽的注意、是否合理地相信其行为符合公司的最佳利益为标准进行判断。

典型案例 李某1诉李某2损害公司利益责任纠纷案[①]

【裁判要旨】

董事、监事、高级管理人员未尽到管理者通常应有的合理注意,致使公司利益遭受损失的,应当承担相应责任。董事、监事、高级管理人员以该事项由控制股东决定要求免除自身责任,但法律或公司章程规定该事项属于董事、监事、高级管理人员职责范围内的,法院不应支持。

---

① 参见北京市第二中级人民法院(2019)京 02 民终 2056 号民事判决书。

【案情简介】

原告(被上诉人)李某1诉称:某技术公司因违规从事生产经营活动被北京某区食药监局处罚,罚金2,158,800元,导致公司遭受巨大损失。公司章程中规定执行董事不得超出登记机关核准的经营范围从事非法经营,不得进行法律法规禁止的其他活动,损害公司利益和社会利益。李某2作为公司执行董事兼经理,理应遵守《公司法》和公司章程的相关规定,对公司经营管理层层把关,保证公司合法经营,但其未尽到相应的责任。因此,起诉要求李某2向某技术公司赔偿因违规生产导致的罚金损失2,158,800元。

被告(上诉人)李某2辩称:违规生产行为发生在2016年5月9日至9月6日,系某技术公司因行政许可延期申请遗漏而导致的违规生产,李某2既非遗漏该申请的责任人员,也非公司当时违规生产的经营决策人,李某2对于该项处罚不存在责任,不应承担赔偿责任。

第三人某技术公司述称:1.工作人员操作失误导致行政许可延误,致使本应顺利延期的医疗器械注册证变更为重新申请。北京某区食药监局存在行政违法行为,导致其未在法定期限内正常获取注册证。2.公司当时的法定代表人虽为李某2,但该生产行为系公司决定,李某2股权比例仅为25%,无经营决策权。某技术公司已经经过股东会决议,由其承担全部罚金。李某2既非遗漏提交申请的责任人员,也非某技术公司违规生产行为的经营决策人,不应承担任何罚金。

法院经审理查明:某技术公司股东为李某3、袁某、李某2、李某1。2016年3月3日,某技术公司将公司执行董事、法定代表人由李某3变更为李某2,此时股东李某3、袁某、李某2、李某1持股比例分别为50%、14%、25%、11%。2016年11月18日,股东李某3、袁某、李某2、李某1持股比例变更为3%、4%、82%、11%。李某2自2016年3月3日起至今兼任某技术公司的经理。

某技术公司2016年3月1日章程规定,执行董事作为公司法定代表人,在国家法律法规及公司章程规定的职权范围内行使职权、履行义务,并接受公司全体股东和全体员工的监督。执行董事不得有下列行为:……不得超出登记机关核准的经营范围从事非法经营;不得进行法律法规禁止的其他活动,损害公司利益和社会利益;不得向股东会隐瞒真实情况……公司设经理,人选由执行董事聘任。经理对执行董事负责,履行下列权责:……主持公司日常经营管理工作,组织实施执行董事的决定……

2016年5月9日,某技术公司侧孔插瓶针的医疗器械注册证到期,其在未取得注册产品注册证的情况下生产该产品。2016年9月5日,北京某区食药监局接举报反映进行查处。2017年12月4日,北京某区食药监局决定给予某技术公司行政处罚:1.没收违法所得106,800元;2.处货值金额15倍罚款2,052,000元……两项合计2,158,800元。

2018年3月22日,股东李某1向某技术公司监事袁某邮寄《关于要求监事履行职责提起诉讼维护公司合法权益的请求》1份,认为某技术公司违规生产被北京某区食药监局处罚,罚金2,158,800元,给某技术公司造成了巨大经济损失,作为高管的李某2应承担相应责任,请求监事履行职责,对李某2提起诉讼。袁某收到上述函件后未提起诉讼。

【裁判结果】

一审法院判决:李某2赔偿某技术公司损失2,158,800元。

李某2不服一审判决,提起上诉。二审法院判决驳回上诉,维持原判。

法院生效裁判认为:某技术公司在相关医用器械注册证到期后且新的申请尚未审批通过的期间内生产,违反了相关行政法规的规定,因此被处罚金,李某2作为公司的执行董事兼经理,对于公司进行违规生产的决定及执行负有直接的责任,其行为与该事实之间存在直接的因果关系,应对因此所致公司2,158,800元的罚金损失进行赔偿。李某2答辩意见称其非公司当时违规生产的经营决策人,股东李某3也出庭证明公司的上述违规生产决定系李某2请示了自己后,自己所作出的决定。就法律和章程的规定而言,李某2系公司执行董事兼经理,作出公司的生产经营决策和执行系其法定职责,公司进行违规生产,其应承担相应的责任;就事实的角度而言,纵然本案中公司的各位股东、执行董事、经理彼此为具有血缘关系的家庭成员,但既然组建了公司,便应严格按照公司法及章程的规定。若有怠于履职、不当履职乃至其他违反法律、行政法规或公司章程规定而致公司利益受损的情况,亦不得因公司系家族性企业,成员之间在家庭中的长幼地位而有所例外或免责,这是其在家族企业任职之初便理应预见之后果。李某2就是否违规生产的问题征求李某3的意见,李某3作出了违规生产的决定,李某2予以执行,但生产经营决策和执行本属李某2本人的职责范围,其无视法律、章程的规定,将自己职责权限范围内的事项交由控股股东李某3决定,本身就是对职责消极作为的表现,对此所产生的后果应是明知的,李某2仍应就此所产生的后果承担法律责任。因此,李某2的答辩意见,与法律规定不符,不应当被采信。

【案例评析】

《公司法》的立法本意在于规范公司主体行为和公司的经营活动。股东会、董事会(或执行董事)、经理均系公司治理结构中的重要一环,股东会负责公司各项重大事项的决策,董事会(或执行董事)负责执行股东会决策,并承担股东会权限之外的经营决策,经理则是在董事会(或执行董事)的领导下负责公司日常生产经营管理工作的业务执行机构。《公司法》和公司章程既然规定了公司的股东会、董事会(执行董事)、经理各自的职责,便是要规范公司、股东、董事、监事、高级管理人员的行为,使其在法律、行政法规和章程的范围内正当履职,合法经营。作为执行董事、经理,一旦被选任,便应严格按照法律、章程赋予的权责进行履职,应当为公司的利益,而不是为单个或者部分股东的利益来经营管理公司的财产,保证公司财产的安全。生产经营决策和执行属于某技术公司执行董事兼经理李某2的职责范围,其辩称违法生产事项由公司控股股东李某3决定,其不存在责任,依据不足,难以被采信。李某2执行职务应当为公司的最大利益尽到管理者通常应有的合理注意,而其未尽到相应的责任。

(三)举证责任应当如何分配

在举证责任分配上采取"谁主张,谁举证"原则,区分两种情况:第一,在违反忠实义务情况下,原告应举证证明:1.被告负有忠实义务;2.被告违反了忠实义务;3.违反义务行为导致公司利益受损;4.被告获益。被告如果能提供证据证明,其从事被诉行为事先已向公司披露且经公司决策机关合理批准时,举证责任将被转移到原告,由原告来证明被诉行为的不适当性。第二,在违反勤勉义务情况下,原告首先应举证证明:1.被告行为并非善意;2.被告在商业决策中存在过失;3.公司受到损失;4.损失与被告的行为具有因果关系。而被告则应证明自己的行为满足为公司的最大利益尽到管理者通常应有的合理注意。

第七节 其他问题

一、股东代表诉讼中的反诉与抗辩

因董事、监事、高级管理人员执行职务时违反法律、行政法规或公司章程的规定,给公司造成损失而提起的股东代表诉讼,无论因何种理由,被告均不能提起反诉。

股东代表诉讼中,虽然形式上股东是原告,但与通常的诉讼不同,原告股东并非诉讼标的的直接权利义务主体,审理的实际是被告与公司之间的权利义务关系,因此,被告不能主张对原告股东的抗辩,而只能主张对公司的抗辩。

二、股东代表诉讼的必要性考量

股东代表诉讼制度设置的基础在于股东本身没有诉权,而公司有诉权却基于种种原因拒绝诉讼或怠于诉讼,股东在穷尽内部救济情况下才能以自己的名义为了公司的利益提起股东代表诉讼。在股东和公司就同一事项均有诉权时,从股东代表诉讼设置基础以及其构造的复杂性和特殊性来看,不应鼓励采取股东代表诉讼的方式。如前所述,提起股东代表诉讼可能会使被告本可以提起的反诉无法提起,实质上限制了被告的诉讼权利。因此,只要股东能够通过其他请求权基础获得救济,就尽量避免提起股东代表诉讼,否则,就违背了股东代表诉讼制度设置的初衷。例如,股东可依据发起人协议要求未履行出资义务的股东承担责任,而不宜采取股东代表诉讼获得救济。

三、股东代表诉讼的调解与撤诉

公司是股东代表诉讼的最终受益人,为避免因原告股东与被告通过调解损害公司,法院应当审查调解协议是否为公司的意思。只有在调解协议经公司股东会、董事会决议通过后,法院才能出具调解书予以确认。关于具体决议机关,取决于公司章程的规定,公司章程没有规定的,法院应当认定公司股东会为决议机关。需要注意的是,除一般调解书应当写明的内容外,还应当在调解书中写明调解协议经公司股东会或者董事会决议通过,或者征求了公司其他股东意见,其他股东均表示同意的情况。

股东代表诉讼具有特殊性,原告股东实质上行使的是公司的权利,与普通诉讼相比,存在与被告私下串通,损害公司和其他股东利益,获得个人利益后撤诉的更大可能性。因此,对原告股东提出的撤诉申请,应当注意审查其是否侵犯了公司和其他股东的利益,以决定是否准许其撤诉。

第十二章 股东损害公司债权人利益责任纠纷

公司人格独立是现代公司制度的基石。公司法人以其拥有的全部财产独立地对债权人承担民事责任，公司法人人格的独立性确立了公司与其股东之间权利与责任的边界。然而，现实中股东滥用公司法人独立地位以逃避债务的现象时有发生。这不仅损害了公司债权人的合法权益，也破坏了公司法人制度的基础，对市场秩序和交易安全构成威胁。因此，公司法设立了法人人格否认制度，该制度在承认公司具有独立法人人格的基础上，对特定法律关系中的公司法人格及有限责任予以突破，令滥用公司独立地位的股东对公司债务承担连带清偿责任，从而实现对债权人利益的保护。

第一节 概 述

一、概念界定

股东损害公司债权人利益责任纠纷是指公司股东因滥用公司法人独立地位和股东有限责任，逃避债务，严重损害公司债权人利益，对公司债务承担责任的民事纠纷。

二、诉讼主体

在股东损害公司债权人利益责任纠纷中，权利主体（原告）是公司债权人，义务主体（被告）是公司股东。

（一）查明事实

1. 原告是否为公司的债权人,其是否同时也是公司股东;2. 原告起诉的被告包括债务人公司及其股东还是仅起诉了债务人公司的股东;3. 债务人公司的股权结构情况,原告起诉的被告包括债务人公司的全体股东还是仅起诉了部分股东。

（二）法律适用

《民事诉讼法》第122条:起诉必须符合下列条件:

（一）原告是与本案有直接利害关系的公民、法人和其他组织;

（二）有明确的被告;

（三）有具体的诉讼请求和事实、理由;

（四）属于人民法院受理民事诉讼的范围和受诉人民法院管辖。

三、管辖

（一）查明事实

被告的住所地,如果被告是公司,查明该公司的主要办事机构所在地、登记地或者注册地;如果被告是公民,查明该公民的户籍所在地、经常居住地。

（二）法律适用

《民事诉讼法》第22条:对公民提起的民事诉讼,由被告住所地人民法院管辖;被告住所地与经常居住地不一致的,由经常居住地人民法院管辖。

对法人或者其他组织提起的民事诉讼,由被告住所地人民法院管辖。

同一诉讼的几个被告住所地、经常居住地在两个以上人民法院辖区的,各该人民法院都有管辖权。

《民事诉讼法》第23条:下列民事诉讼,由原告住所地人民法院管辖;原告住所地与经常居住地不一致的,由原告经常居住地人民法院管辖:

（一）对不在中华人民共和国领域内居住的人提起的有关身份关系的诉讼;

（二）对下落不明或者宣告失踪的人提起的有关身份关系的诉讼;

（三）对被采取强制性教育措施的人提起的诉讼;

（四）对被监禁的人提起的诉讼。

《民事诉讼法》第 24 条:因合同纠纷提起的诉讼,由被告住所地或者合同履行地人民法院管辖。

《民事诉讼法》第 27 条:因公司设立、确认股东资格、分配利润、解散等纠纷提起的诉讼,由公司住所地人民法院管辖。

《民诉法司法解释》第 3 条:公民的住所地是指公民的户籍所在地,法人或者其他组织的住所地是指法人或者其他组织的主要办事机构所在地。

法人或者其他组织的主要办事机构所在地不能确定的,法人或者其他组织的注册地或者登记地为住所地。

《民诉法司法解释》第 4 条:公民的经常居住地是指公民离开住所地至起诉时已连续居住一年以上的地方,但公民住院就医的地方除外。

《民诉法司法解释》第 6 条:被告被注销户籍的,依照民事诉讼法第二十三条规定确定管辖;原告、被告均被注销户籍的,由被告居住地人民法院管辖。

《民诉法司法解释》第 22 条:因股东名册记载、请求变更公司登记、股东知情权、公司决议、公司合并、公司分立、公司减资、公司增资等纠纷提起的诉讼,依照民事诉讼法第二十七条规定确定管辖。

四、常见问题

(一)股东对公司债务承担民事责任的主要情形

旧《公司法》第 20 条第 1 款和第 3 款、新《公司法》第 23 条第 1 款对公司股东滥用公司法人独立地位和股东有限责任的问题作出了原则性的规定,确立了公司法人人格否认制度。公司法人人格否认制度,又称"揭开公司面纱""刺破公司面纱"制度。该制度是在承认公司具有法人人格的前提下,在特定的法律关系中对公司的法人人格及股东有限责任加以否定以制止股东滥用公司法人格及有限责任,保护公司债权人的利益。在公司设立、存续、变更、消灭的过程中,均可能出现股东违反法律、行政法规、公司章程,滥用公司法人独立地位和股东有限责任的情形,但上述规定仅是原则性的规定,可操作性不强。在司法实践中,认定股东滥用公司法人独立地位和股东有限责任,对公司债权人承担责任,多是依据公司法关于股东权利和义务的规定,以及司法解释关于股东违反法定义务应当承担的责任的规定。目前,公司法及司法解释规定的股东就公司债务对公司债权人承担相应责任的情形主要有:(1)人格混同;(2)过度支配与控制;(3)资本显著不足;(4)一人有限责任公司的股东未能证明公司财产独立于股东自己的财产;(5)股东未依法履行清算义务(该部分将另列章节介绍)。

(二)股东向公司债权人承担的民事责任类型

根据《公司法》及相关司法解释的规定,股东向公司债权人承担的民事责任大致可以分为两种类型:一是补充赔偿责任;二是连带清偿责任。分析该问题的实践意义在于,通过审理案件查明事实后,根据股东滥用公司法人独立地位和股东有限责任的不同情形,结合原告诉讼请求的内容,对判决主文的内容作出准确、严谨的表述,既要对股东是否需要向公司债权人承担责任作出认定,又要对股东所应当承担的责任类型作出表述,以精确、充分地回应原告的诉讼请求。

(三)是否适用特殊地域管辖

《民事诉讼法》第27条通过列举的方式规定了部分与公司有关的纠纷案件适用特殊地域管辖,《民诉法司法解释》第22条在上述规定的基础上,扩充规定了适用特殊地域管辖的与公司有关的纠纷案件范围。根据上述《民事诉讼法》及《民诉法司法解释》确定的适用公司诉讼特殊地域管辖案件范围,股东损害公司债权人利益责任纠纷案件不在上述范围之内,因此应当根据《民事诉讼法》《民诉法司法解释》中关于地域管辖的一般规定确定相应的地域管辖。根据《民事诉讼法》第29条、《民诉法司法解释》第24条的规定,损害公司债权人利益责任纠纷,由侵权行为地或者被告住所地法院管辖。

(四)被告人住所地如何确定

关于被告住所地,按照被告是否包括债务人公司区分,具体而言:(1)被告包括债务人公司,根据原告与债务人公司之间法律关系确定地域管辖,如果原告与债务人公司之间的债权债务系基于双方之间的合同关系或者其他财产权益纠纷而产生的,且原告与债务人公司之间有符合法律规定的管辖约定,则可以根据上述约定确定管辖法院;如果没有约定,则可由债务人公司住所地或者合同履行地的人民法院管辖。如果原告与债务人公司之间的债权债务关系不是基于合同关系或者其他财产权益纠纷产生,则按照《民事诉讼法》第22条的规定,由债务人公司住所地人民法院管辖。(2)被告不包括债务人公司,仅有

第十二章 股东损害公司债权人利益责任纠纷

公司股东。因原告与债务人公司的股东之间不存在直接的法律关系,现行《民事诉讼法》及《民诉法司法解释》对此类案件的地域管辖并无特殊规定,故可按照一般地域管辖的规则,由被告即股东住所地人民法院管辖。关于侵权行为地,包括侵权行为实施地、侵权结果发生地,也就是说,股东损害公司债权人利益责任纠纷中,原告住所地法院有管辖权。

(五)是否需要将债务人公司列为共同被告或者第三人

债权人与债务人公司之间的债权债务关系,是股东损害公司债权人利益责任纠纷案件中的一个基础性的事实问题,债权人对债务人公司享有受法律保护的债权,是股东向债权人承担责任的前提。对此,《九民会议纪要》第13条规定,人民法院在审理公司人格否认纠纷案件时,应当根据不同情形确定当事人的诉讼地位:(1)债权人对债务人公司享有的债权已经由生效裁判确认,其另行提起公司人格否认诉讼,请求股东对公司债务承担连带责任的,列股东为被告,公司为第三人;(2)债权人对债务人公司享有的债权提起诉讼的同时,一并提起公司人格否认诉讼,请求股东对公司债务承担连带责任的,列公司和股东为共同被告;(3)债权人对债务人公司享有的债权尚未经生效裁判确认,直接提起公司人格否认诉讼,请求公司股东对公司债务承担连带责任的,人民法院应当向债权人释明,告知其追加公司为共同被告。债权人拒绝追加的,人民法院应当裁定驳回起诉。

第二节 新旧《公司法》相关规范对照

一、相关规范梳理

(一)旧《公司法》相关规定

1. 法人人格否认规定

旧《公司法》第20条:公司股东应当遵守法律、行政法规和公司章程,依法行使股东权利,不得滥用股东权利损害公司或者其他股东的利益;不得滥用公司法人独立地位和股东有限责任损害公司债权人的利益。

公司股东滥用股东权利给公司或者其他股东造成损失的,应当依法承担赔偿责任。

公司股东滥用公司法人独立地位和股东有限责任,逃避债务,严重损害公司债权人利益的,应当对公司债务承担连带责任。

2. 一人公司规定

旧《公司法》第57条:一人有限责任公司的设立和组织机构,适用本节规定;本节没有规定的,适用本章第一节、第二节的规定。

本法所称一人有限责任公司,是指只有一个自然人股东或者一个法人股东的有限责任公司。

旧《公司法》第58条:一个自然人只能投资设立一个一人有限责任公司。该一人有限责任公司不能投资设立新的一人有限责任公司。

旧《公司法》第59条:一人有限责任公司应当在公司登记中注明自然人独资或者法人独资,并在公司营业执照中载明。

旧《公司法》第60条:一人有限责任公司章程由股东制定。

旧《公司法》第61条:一人有限责任公司不设股东会。股东作出本法第三十七条第一款所列决定时,应当采用书面形式,并由股东签名后置备于公司。

旧《公司法》第62条:一人有限责任公司应当在每一会计年度终了时编制财务会计报告,并经会计师事务所审计。

旧《公司法》第63条:一人有限责任公司的股东不能证明公司财产独立于股东自己的财产的,应当对公司债务承担连带责任。

(二)新《公司法》相关规定

1. 法人人格否认规定

新《公司法》第23条:公司股东滥用公司法人独立地位和股东有限责任,逃避债务,严重损害公司债权人利益的,应当对公司债务承担连带责任。

股东利用其控制的两个以上公司实施前款规定行为的,各公司应当对任一公司的债务承担连带责任。

只有一个股东的公司,股东不能证明公司财产独立于股东自己的财产的,应当对公司债务承担连带责任。

2. 一人公司规定

新《公司法》第23条第3款:只有一个股东的公司,股东不能证明公司财产独立于股东自己的财产的,应当对公司债务承担连带责任。

新《公司法》第 42 条:有限责任公司由一个以上五十个以下股东出资设立。

新《公司法》第 92 条:设立股份有限公司,应当有一人以上二百人以下为发起人,其中应当有半数以上的发起人在中华人民共和国境内有住所。

二、新旧《公司法》比较

一是增加"股东利用其控制的两个以上公司实施前款规定行为的,各公司应当对任一公司的债务承担连带责任"的规则,规定横向法人人格否认制度回应司法实践中股东滥用多个公司独立法人地位损害公司债权人合法权益的情况。二是扩大了一人公司的范围,一人公司不再局限于仅是有限责任公司,股份公司亦可成为一人公司。三是删除了"一人有限责任公司应当在每一会计年度终了时编制财务会计报告,并经会计师事务所审计"的规定。

实践中,股东可能会同时滥用多个关联公司的独立法人地位和有限责任,转移资金以逃避公司债务,尤其是在集团企业情形下该类情况较多。当各个关联公司之间财产关系、财务关系混乱不清,互相输送利益以逃避公司债务时,受实际控制人控制下的各个公司实质上已经丧失了法人人格独立性。若单纯否定任一公司的独立人格,难以实现对债权人权益的维护,亦有失公平。新《公司法》修订之前,司法实践为了应对此类情形,通常路径为参照适用旧《公司法》第 20 条第 3 款或援引指导性案例 15 号的裁判要旨。2019 年最高人民法院发布的《九民会议纪要》第 11 条第 2 款规定了横向法人人格否认制度,但《九民会议纪要》仅为会议纪要,既非法律,也非司法解释,难以作为人民法院裁判的直接依据。因此,新《公司法》以立法形式确立了横向法人人格否认制度。

新《公司法》第 92 条允许设立一人股份有限公司,所以第 23 条第 3 款中规定的"只有一个股东的公司"既包括一人有限责任公司,也包括一人股份有限公司。由于一人公司股东构成单一,缺少内部其他股东制约,极易产生股东财产与公司财产混同的情形。旧《公司法》为防止一人公司股东滥用公司独立人格,特别设置了举证责任倒置规则,由一人公司股东证明自身财产独立于公司财产,否则将对公司债务承担连带清偿责任。新《公司法》沿袭了这一规则。

虽然新《公司法》删除了旧《公司法》第 62 条关于一人有限责任公司应当

在年终编制财务会计报告的特别规定,但是在第 208 条统一规定,公司应当在每一会计年度终了时编制财务会计报告,并依法经会计师事务所审计。笔者认为,因一人公司法人人格否认设置了举证责任倒置规则,一人公司仍应当编制年度财务会计报告,否则可能会被认定未履行初步的证明义务。

第三节　标的债权适格性

一、查明事实

1.原告对债务人公司是否享有债权?原告主张其对债务人公司享有债权的证据是什么?2.原告对债务人公司享有的债权请求权是否超过诉讼时效期间?原告的债权是否经过生效裁判文书、仲裁裁决的确认?3.经过生效裁判文书、仲裁裁决确认的债权是否已向法院申请强制执行?是否超过申请执行的期间?原告享有的债权的清偿情况?

二、法律适用

《民法典》第 188 条:向人民法院请求保护民事权利的诉讼时效期间为三年。法律另有规定的,依照其规定。

诉讼时效期间自权利人知道或者应当知道权利受到损害以及义务人之日起计算。法律另有规定的,依照其规定。但是,自权利受到损害之日起超过二十年的,人民法院不予保护,有特殊情况的,人民法院可以根据权利人的申请决定延长。

《民法典》第 189 条:当事人约定同一债务分期履行的,诉讼时效期间自最后一期履行期限届满之日起计算。

《民事诉讼法》第 247 条:发生法律效力的民事判决、裁定,当事人必须履行。一方拒绝履行的,对方当事人可以向人民法院申请执行,也可以由审判员移送执行员执行。

调解书和其他应当由人民法院执行的法律文书,当事人必须履行。一方拒绝履行的,对方当事人可以向人民法院申请执行。

三、常见问题

（一）标的债权审查的必要性

原告对债务人公司享有的债权情况，是该类案件中原告提起诉讼所依据的基础性事实，是债务人公司股东向债权人承担责任的前提条件之一，也直接影响债务人公司股东承担责任的范围和大小，因此应当全面深入审查，包括原告对债务人公司是否享有债权、债权金额及尚未清偿部分的金额、未获清偿部分的债权请求权是否超过诉讼时效期间及申请执行的期间等。实践中，比较有代表性的情况是原告依据已经生效的裁判文书或仲裁裁决、终结本次执行程序的执行裁定证明其对债务人公司享有债权，且全部债权或者部分债权尚未得以清偿，在债务人公司及其股东没有其他证据足以推翻的情况下，应当确认原告主张的上述未获清偿的债权情况。除此之外，法院应当首先围绕各方当事人的诉辩意见及其提交的证据，就债权人与债务人公司之间债权债务的发生、转让或转移、消灭的情况展开调查，以查明案件的基础事实。

（二）人格否认诉讼中的债务是否受诉讼时效限制

原告对债务人公司享有债权，是原告要求股东承担相应责任的前提，对于超过诉讼时效期间或者申请执行期间的债权，存在法定情形的股东是否需要就该债权向原告承担相应责任，现行法律法规和司法解释没有明确回应，实践中存在一定争议。笔者认为，旧《公司法》第20条第1款和第3款的规定，是债权人请求债务人公司的股东承担责任最基础的法律依据，依照上述法律规定的内容，股东对公司债务承担连带责任的行为要件是股东滥用公司法人独立地位和股东有限责任。从法理上说，债权人请求权的法理基础是债权侵权原理，股东所应当承担的责任是一种侵权责任，根据侵权责任的一般原理，权利人要求侵权人承担责任需要具备的构成要件之一是侵权人的行为与权利人权益受损害之间具有因果关系，对此，最高人民法院在对《公司法司法解释（二）》《公司法司法解释（三）》的相关条款进行释义时已经予以明确。因此，如果原告的债权请求权已经超过诉讼时效期间或者申请执行的期间，则原告的债权丧失了请求法院强制力予以保护的权利，成为自然债权，在这种情况下，即便债务人公司的股东存在滥用公司法人独立地位和股东有限责任的行为，除非债务人公司或股东主动偿还债务,否则,原告的债权同样无法得到清偿。

典型案例 朱某诉刘某等股东损害公司债权人利益责任纠纷案[①]

【裁判要旨】

1.《民法典》第196条规定的不适用诉讼时效的请求权均具有特殊性,该规定第四点为限缩性规定,其他法律没有明确规定不适用诉讼时效,即应受到诉讼时效的限制。

2.在公司不当减资损害公司债权人利益的案件中,因公司不当减资行为产生的债权请求权的诉讼时效应当自债权人知道公司无法按期清偿债务且公司存在不当减资行为时起算。

【案情简介】

2015年12月27日,朱某与任某、刘某、生某、某投资公司签订《合作协议》,后各方因《合作协议》履行产生纠纷,朱某将某投资公司、刘某、任某、生某诉至法院,法院于2019年10月29日作出民事判决书,判决某投资公司退还朱某800万元及利息。

因某投资公司未履行生效判决确定的义务,朱某向法院申请强制执行,因未发现某投资公司有可供执行财产,法院于2020年5月18日裁定终结本次执行程序。

某投资公司系成立于2010年2月8日的有限责任公司,2015年5月11日,该公司的注册资本为100,000万元,股东任某出资数额70,000万元,刘某出资数额27,000万元,生某出资数额3000万元。现某投资公司注册资本为10,000万元,股权结构为:任某出资数额7000万元,刘某出资数额2700万元,生某出资数额300万元。

某投资公司在工商部门备案的资料显示:2015年12月8日,某投资公司在《京华时报》刊登了减资公告。2016年6月10日,某投资公司作出股东会决议,减少注册资本至10,000万元。

---

① 参见北京市第二中级人民法院(2022)京02民终7509号民事判决书。

朱某认为,某投资公司减资时,未通知已知债权人朱某,故起诉要求生某、任某、刘某对民事判决书确定的某投资公司对朱某所负债务未清偿的部分在各自减资范围内承担补充赔偿责任。

【裁判结果】

一审法院认为,刘某、任某、生某在作出减资决议时即应当知晓某投资公司对朱某负有债务,应当依法将减资事宜通知朱某。刘某、任某、生某通过减少注册资本,削弱了公司的偿债能力,现某投资公司经过法院强制执行后未能全额清偿欠付朱某的债务,故刘某、任某、生某应在各自减资的本息范围内对公司债务不能清偿的部分承担补充赔偿责任。一审法院判决支持了朱某的全部诉讼请求。

刘某不服,提起上诉。二审法院认为,首先,某投资公司减资时并未通知朱某,朱某对于某投资公司减资事项及减资完成时间并不知情。其次,股东在违法减资时对公司债务承担的是一种补充赔偿责任,即在公司履行不能的情况下股东承担责任,朱某针对某投资公司提起诉讼、申请执行后,法院于2020年5月裁定执行终本,此时朱某才知晓某投资公司履行不能。最后,刘某不当减资的侵权行为系持续存续,其主张朱某的诉讼请求已超过诉讼时效期间,依据不足。最终判决驳回上诉,维持原判。

【案例评析】

根据资本不变原则,公司的资本不得随意减少。公司实质性减资会降低公司的偿债能力,势必会影响债权人的权利。公司减资应严格依法定程序和条件进行,如果减资违反了法律规定,则构成违法减资。违法减资是股东权利的滥用,实质上否定了公司的独立法人资格,侵害了公司债权人对公司财产具有的受偿权利。公司股东不得滥用公司法人独立地位和股东有限责任损害公司债权人的利益,违反法律规定的减资行为与股东违法抽逃出资在法律评价及对债权人利益的影响方面,本质上并无不同,相关责任人应当按照抽逃出资的相关规定承担法律责任。关于不当减资情形下债权人请求股东承担补充赔偿责任的诉讼时效起算时间。根据法律规定,向人民法院请求保护民事权利的诉讼时效期间为3年。《民法典》第196条亦规定不适用诉讼时效的请求权,此类债权请求权均具有特殊性,该规定第四点为限缩性规定,其他法律没有明确规定不适用诉讼时效,即应受到诉讼时效的限制。诉讼时效期间自权利人知道或者应当知道权利受到损害以及义务人之日起计算。公司若能按期清偿债务,债权人也无须提起诉讼请求公司股东承担补充责任。因此,在公司不当减资损害公司债权人利益的案件中,诉讼时效应当自债权人知道公司无法按期清偿债务且公司存在不当减资时计算。

第四节 人格混同

一、查明事实

1. 股东与公司是否存在财产混同、业务混同、人事混同、住所混同的情况？2. 股东与公司的财产是否独立？3. 股东的行为是否构成股东权利"滥用"？

二、法律适用

旧《公司法》第 20 条第 3 款：公司股东滥用公司法人独立地位和股东有限责任,逃避债务,严重损害公司债权人利益的,应当对公司债务承担连带责任。

新《公司法》第 23 条第 1 款：公司股东滥用公司法人独立地位和股东有限责任,逃避债务,严重损害公司债权人利益的,应当对公司债务承担连带责任。

三、常见问题

（一）适用公司法人人格否认制度的理念

《九民会议纪要》提到,公司人格独立和股东有限责任是公司法的基本原则。否认公司独立人格,由滥用公司法人独立地位和股东有限责任的股东对公司债务承担连带责任,是股东有限责任的例外情形,旨在解决有限责任制度在特定法律事实发生时对债权人保护的失衡问题。因此,要从严掌握法人人格否认制度的适用条件。在程序上,适用法人人格否认制度应当以当事人主张为前提,人民法院不得依职权主动适用。在实体上,须同时具备公司法所规定的主体要件、行为要件和结果要件,避免因滥用该制度而动摇法人人格独立原则的基石。此外,从法人人格否认的效果来说,判决对公司独立人格的否定是"一时""一事"的个案的否定,并非对公司独立人格彻底的、永久的否定。

(二)认定债务人公司与股东人格混同的标准

1. 关于举证责任的分配问题。应适用一般的举证责任分配规则,除一人公司外,由提出公司法人人格否认诉求主张的当事人就公司股东具有滥用公司法人独立地位和股东有限责任的行为,提供初步证据。因充分证明股东有滥用公司法人独立人格和股东有限责任的行为以及有逃避债务的故意相对困难,可以考虑适当减轻公司债权人的举证责任,即只要公司债权人可以证明股东有出资不足或虚假,公司资本严重不足,财产、业务及人事混同,以及股东与公司之间存在大量交易行为即可。而进一步的证明责任应当转至公司股东。至于股东是否具有逃避债务之目的,即主观故意,则以债权人已经提供的上述行为来推断。当债权人的证明责任完成后,如果公司及股东不能够提出相反的证据证明股东不存在公司法所描述的情况,则有可能导致公司的法人人格被否认。

2. 关于判断标准问题。《九民会议纪要》第10条对公司人格与股东人格混同的判断标准以及考虑因素等进行了细化,内容为:认定公司人格与股东人格是否存在混同,最根本的判断标准是公司是否具有独立意思和独立财产,最主要的表现是公司的财产与股东的财产是否混同且无法区分。在认定是否构成人格混同时,应当综合考虑以下因素:(1)股东无偿使用公司资金或者财产,不作财务记载的;(2)股东用公司的资金偿还股东的债务,或者将公司的资金供关联公司无偿使用,不作财务记载的;(3)公司账簿与股东账簿不分,致使公司财产与股东财产无法区分的;(4)股东自身收益与公司盈利不加区分,致使双方利益不清的;(5)公司的财产记载于股东名下,由股东占有、使用的;(6)人格混同的其他情形。在出现人格混同的情况下,往往同时出现以下混同:公司业务和股东业务混同;公司员工与股东员工混同,特别是财务人员混同;公司住所与股东住所混同。人民法院在审理案件时,关键要审查是否构成人格混同,而不要求同时具备其他方面的混同,其他方面的混同往往只是人格混同的补强。需要强调的是,认定公司与股东是否构成人格混同,最根本的判断标准是公司是否具有独立意思和独立财产,这里需要把握一个度,这个度就是混同多少。笔者认为,还应当回到公司法有关法人人格否认的规定上来,就是要达到"滥用"的程度,达到"严重"损害公司债权人利益的程度。

第五节　过度支配与控制

一、查明事实

1.股东是否实际控制多个子公司或关联公司？2.股东的行为是否属于滥用控制的行为？

二、法律适用

旧《公司法》第20条第3款：公司股东滥用公司法人独立地位和股东有限责任，逃避债务，严重损害公司债权人利益的，应当对公司债务承担连带责任。

新《公司法》第23条第1款：公司股东滥用公司法人独立地位和股东有限责任，逃避债务，严重损害公司债权人利益的，应当对公司债务承担连带责任。

三、常见问题

（一）股东滥用控制权的类型化行为

过度支配与控制，是指公司控制股东对公司过度支配与控制，操纵公司的决策过程，使公司完全丧失独立性，沦为控制股东的工具或躯壳。股东滥用控制权，使公司不再具有独立意思和独立财产，严重损害公司债权人利益，应当否认公司人格，由滥用控制权的股东对公司债务承担连带责任。《九民会议纪要》第11条列举了股东滥用控制权常见的情形：(1)母子公司之间或者子公司之间进行利益输送的；(2)母子公司或者子公司之间进行交易，收益归一方，损失却由另一方承担的；(3)先从原公司抽走资金，然后再成立经营目的相同或者类似的公司，逃避原公司债务的；(4)先解散公司，再以原公司场所、设备、人员及相同或者相似的经营目的另设公司，逃避原公司债务的；(5)过度支配与控制的其他情形。

（二）横向人格否认

横向否认，是指控制股东控制多个子公司或关联公司，其滥用控制权使多个子公司或关联公司财产边界不清、财务混同，利益相互输送，丧失人格独立性,沦为控制股东逃避债务、非法经营,甚至违法犯罪工具的,可以综合案件事实,相互否认子公司或关联公司法人人格,判令相互承担相应的连带责任。《九民会议纪要》第 11 条第 2 款规定了横向否认的典型情形。审判实践中,有的控股股东并不在子公司或者关联公司中显名担任股东,控股股东可能利用亲属关系、同学关系、战友关系以及其他自己信得过的人来替自己控制其他公司,且关联公司之间财产边界不清、财务混同、利益相互输送的证据均由被告方掌握,并不在债权人手中,债权人要举出这方面的证据往往较为困难。

第六节　资本显著不足

一、查明事实

1. 股东实际投入公司的资本数额与公司经营所隐含的风险相比是否达到"明显"不匹配的程度？2. 公司是否主观过错明显？3. 股东是否参与公司经营？

二、法律适用

旧《公司法》第 20 条第 3 款:公司股东滥用公司法人独立地位和股东有限责任,逃避债务,严重损害公司债权人利益的,应当对公司债务承担连带责任。

新《公司法》第 23 条第 1 款:公司股东滥用公司法人独立地位和股东有限责任,逃避债务,严重损害公司债权人利益的,应当对公司债务承担连带责任。

三、常见问题

（一）认定资本显著不足需要注意的问题

《九民会议纪要》第 12 条规定,资本显著不足指的是,公司设立后在经营过程中,股东实际投入公司的资本数额与公司经营所隐含的风险相比明显不匹配。股东利用较少资本从事力所不及的经营,表明其没有从事公司经营的诚意,实质是恶意利用公司独立人格和股东有限责任把投资风险转嫁给债权人。由于资本显著不足的判断标准有很大的模糊性,特别是要与公司采取"以小博大"的正常经营方式相区分,因此在适用时要十分谨慎,应当与其他因素结合起来综合判断。需要注意的是:(1)上述会议纪要强调的是"公司设立后在经营过程中"资本显著不足,不包含公司成立时;(2)资本显著不足需要达到"明显"的程度,且需要持续一定的时间,不是短期的经营行为;(3)公司主观上过错明显,恶意利用公司独立人格和股东有限责任把投资风险转嫁给债权人。

(二)全体股东是否应当承担共同责任

公司在经营过程中资本显著不足,股东利用较少资本从事力所不及的经营,表明其没有从事公司经营的诚意,实质是恶意利用公司独立人格和股东有限责任把投资风险转嫁给债权人。这里需要强调的是股东从事经营活动中存在主观上的恶意,因此应由负责公司经营管理的股东对公司债务承担连带责任,没有参加公司经营且对此没有主观恶意的股东,不应该承担责任。

第七节 违规减少注册资本

一、查明事实

1.债务人公司是否作出了减资行为?2.债务人公司减资时是否于法定期限内通知已知债权人?3.债务人公司的减资行为是否发生于债权成立之后?4.债务人公司的减资行为是否导致债权人权益受损?

二、法律适用

旧《公司法》第177条:公司需要减少注册资本时,必须编制资产负债表及财产清单。

公司应当自作出减少注册资本决议之日起十日内通知债权人,并于三十日内在报纸上公告。债权人自接到通知书之日起三十日内,未接到通知书的自公告之日起四十五日内,有权要求公司清偿债务或者提供相应的担保。

新《公司法》第224条:公司减少注册资本,应当编制资产负债表及财产清单。

公司应当自股东会作出减少注册资本决议之日起十日内通知债权人,并于三十日内在报纸上或者国家企业信用信息公示系统公告。债权人自接到通知之日起三十日内,未接到通知的自公告之日起四十五日内,有权要求公司清偿债务或者提供相应的担保。

公司减少注册资本,应当按照股东出资或者持有股份的比例相应减少出资额或者股份,法律另有规定、有限责任公司全体股东另有约定或者股份有限公司章程另有规定的除外。

新《公司法》第225条:公司依照本法第二百一十四条第二款的规定弥补亏损后,仍有亏损的,可以减少注册资本弥补亏损。减少注册资本弥补亏损的,公司不得向股东分配,也不得免除股东缴纳出资或者股款的义务。

依照前款规定减少注册资本的,不适用前条第二款的规定,但应当自股东会作出减少注册资本决议之日起三十日内在报纸上或者国家企业信用信息公示系统公告。

公司依照前两款的规定减少注册资本后,在法定公积金和任意公积金累计额达到公司注册资本百分之五十前,不得分配利润。

新《公司法》第226条:违反本法规定减少注册资本的,股东应当退还其收到的资金,减免股东出资的应当恢复原状;给公司造成损失的,股东及负有责任的董事、监事、高级管理人员应当承担赔偿责任。

《公司法司法解释(三)》第12条:公司成立后,公司、股东或者公司债权人以相关股东的行为符合下列情形之一且损害公司权益为由,请求认定该股东抽逃出资的,人民法院应予支持:

(一)制作虚假财务会计报表虚增利润进行分配;

(二)通过虚构债权债务关系将其出资转出;

(三)利用关联交易将出资转出;

(四)其他未经法定程序将出资抽回的行为。

《公司法司法解释(三)》第14条第2款:公司债权人请求抽逃出资的股东在抽逃出资本息范围内对公司债务不能清偿的部分承担补充赔偿责任、协助抽逃出资的其他股东、董事、高级管理人员或者实际控制人对此承担连带责任的,人民法院应予支持;抽逃出资的股东已经承担上述责任,其他债权人提出相同请求的,人民法院不予支持。

三、常见问题

(一)公司形式减资和实质减资的区别

以是否造成净资产减少为标准,公司减资分为实质减资与形式减资。前者指公司减少资本的同时,将相应金额的财产返还给股东,从而减少净资产,典型情形是返还股东已缴资本。后者指只减少资本额,不涉及净资产流出公司,典型情形是公司注销部分股份以弥补亏损,从而使注册资本降低至与实有资本一致。

当公司违反法定程序实质减资时,股东从公司实际抽回了出资,既构成公司违法减资,也属于《公司法司法解释(三)》第12条规定的"其他未经法定程序将出资抽回的行为",构成公司违法减资与股东抽逃出资的规范竞合。债权人可依据该司法解释第14条第2款要求股东承担补充赔偿责任。

当公司违反法定程序形式减资时,公司仅在形式上减少注册资本额,股东未实际抽回出资,不存在抽逃出资行为,因此股东不承担相应责任。此时仅产生公司违法减资的法律后果。旧《公司法》仅在第204条规定了公司减资时未依法通知或公告债权人应当承担的行政处罚责任。新《公司法》第226条规定,违规减少注册资本的,股东应当退还其收到的资金,减免股东出资的应当恢复原状。该规定对违法减资的民事责任作出规定,明确否定了以违规减资方式减免股东出资的效力。

(二)认缴制下公司减资的性质和后果

认缴制下的公司减资行为仍应受到资本维持原则的制约,旧《公司法》第177条规定的公司减资时的债权人保护规则在认缴制下仍然适用。在认缴制下,股东与公司通过章程约定出资期限,并通过公司登记向社会公示。债权人在与公司交易时可审查股东出资时间等信用信息,并受股东出资时间的约束。因此,在出资时间未到期前,股东享有期限利益,有权拒绝公司或债权人的提前出资要求。据此,《九民会议纪要》第6条规定,债权人不能以公司不能清偿到期债务为由,要求未届出资期限的股东在未出资范围内承担补充赔偿责任。

认缴资本减资属于实质减资。认缴制下如果股东出资期限尚未届满,股东无论是以货币或非货币出资,财产权都未移转给公司,股东以认缴出资额为限的责任表现为以货币计量的价值形态的出资额为限对公司承担责任。此时,股东尚未缴纳的注册资本应视为股东对公司的负债,根据企业会计准则应属于公司应收资本项目,计入公司净资产。因此,对股东承诺的认缴出资进行减资,本质上是免除公司对股东的未到期债权,从而产生减少净资产的结果,根据实质减资与形式减资的区分标准,应属于实质减资。

在认缴制下,公司违法减资行为受到债权人保护规则与股东期限利益规则的双重制约。一方面,公司对认缴资本减资属于实质减资,应加强对债权人的保护。公司应履行对债权人的通知义务,且异议债权人享有要求清偿或担保的救济权。另一方面,在公司未尽通知义务的情况下,对于未届出资期限的认缴出资,依据《九民会议纪要》第6条的规定,原则上债权人不能要求股东承担补充赔偿责任,除非具有加速到期的法定情形。

(三)认缴制下公司违法减资是否承担责任

当公司针对认缴资本减资时,因认缴资本减资属实质减资,此时股东责任的区分标准不再是实质减资与否,而是认缴出资是否存在加速到期情形,因此又具体分为以下两种情形:

1. 公司违反通知义务对认缴资本减资,且不存在加速到期情形。股东认缴出资不存在加速到期情形时,公司尚有财产可供执行,股东对未缴出资依法享有期限利益。此时公司减资即便存在未依法通知债权人等程序瑕疵,也不影响债权的实际清偿,不构成对债权人利益的实质损害。因此,债权人可直接向公司主张权利,不产生股东的补充赔偿责任。

2. 公司违反通知义务对认缴资本减资,且股东因此规避加速到期责任。当公司的总负债大于净资产,公司已处于资不抵债状态时,公司有进入破产清算的可能,此时公司减资会不当减少破产中的责任财产。若股东仍通过股东会决议减少认缴出资,本质上是对公司出资的抽减。因此,在公司违反通知义务对认缴出资进行减资且存在加速到期情形的情况下,若股东不能证明减资的合理理由和无损于债权人利益,可参照适用《公司法司法解释(三)》第12条规定的"其他未经法定程序将出资抽回的行为",并参照第14条第2款关于抽逃出资的规定,要求股东在减资范围内对公司债权人承担补充赔偿责任。

(四)认缴制下公司违法减资责任的性质

1. 股东在减资范围内承担责任。《公司法司法解释(三)》第14条第2款

— 429 —

规定,股东抽逃出资的责任范围是抽逃出资的本息范围内。与实缴出资的抽逃出资不同,股东认缴的出资并未实际流入公司,仅形成股东对公司的未到期负债。因而,对于加速到期情形下的违法减资,尚未发生资本利息,股东仅在减资范围内承担补充赔偿责任。

2.减资股东承担补充赔偿责任。针对认缴制加速到期情形下的违法减资,股东对减资的合理理由和无损于债权人利益承担举证责任。在股东不能证明的情况下,减资股东对公司不能清偿的债务在减资范围内承担补充赔偿责任。

依据《公司法司法解释(三)》第14条第2款的规定,股东的补充赔偿责任具有以下特征:一是补充性,即债权人只有在公司不能清偿债权时,才能要求股东承担补充责任。二是有限性,即股东的赔偿范围以减少的注册资本金额为限。三是一次性,即股东已赔偿的总额达到责任限额时,其他债权人不得重复索赔。

3.协助减资股东与减资股东承担连带责任。公司减资必须经股东会特别决议。对于出现加速到期情形时公司违反通知义务的减资行为,承担责任的股东除减资股东外,还包括同意减资决议、对减资予以协助的其他股东。参照《公司法司法解释(三)》第14条第2款的规定,协助抽逃出资的其他股东与减资股东构成侵害公司财产权的共同侵权行为,对此承担连带责任。

典型案例　耿某诉李某1等股东损害公司债权人利益责任纠纷案[①]

【裁判要旨】

1.公司对认缴资本减资时,应依据公司法相关规定对债权人履行通知义务。对公司已知或应知的债权人,不得以登报公告形式替代直接通知义务。

2.公司未经债权人同意对未届出资期限的认缴资本进行减资,且公司同时具有《九民会议纪要》第6条规定的认缴出资加速到期情形时,如果股东不能证明减资的合理理由和未损害债权人的利益,债权人请求减资股东在减资范围

[①] 参见北京市第二中级人民法院(2020)京02民终148号民事判决书。

内对公司不能清偿的债务承担补充赔偿责任、协助减资的其他股东对此承担连带责任的,人民法院应予支持。

【案情简介】

2018年,耿某因与某文化公司劳动争议申请仲裁。2018年4月16日,仲裁机构出具调解书,确认某文化公司应于2018年4月19日、5月31日前分两期共向耿某支付工资等调解款38,510元。之后,某文化公司未付款,耿某向法院申请强制执行。在执行程序中,因某文化公司无可供执行的财产,执行法院于2018年7月26日、11月19日先后作出执行裁定书,裁定终结本次执行程序。耿某的债权未得到任何清偿。

某文化公司成立于2017年,注册资本原为4800万元,股东李某1、李某2分别认缴出资2448万元、2352万元,出资时间均为2045年12月30日。2018年6月,该公司股东会作出决议,将注册资本变更为1000万元,李某1、李某2分别认缴510万元、490万元,出资时间不变。同年6月26日,某文化公司在报纸上刊登减资公告。某文化公司向登记机关出具情况说明,承诺公司对外无债权债务,亦无任何担保,李某1、李某2在该说明上签字。2018年11月9日,某文化公司办理了减资变更登记。在减资过程中,某文化公司未通知债权人耿某。

耿某认为,某文化公司及其股东在办理减资变更登记前,未按公司法有关规定通知耿某,故要求股东李某1、李某2对某文化公司所欠耿某债务承担补充赔偿责任。

【裁判结果】

一审法院认为,某文化公司及其股东李某1、李某2在公司减资时既未依法通知耿某,亦未向耿某清偿债务,在明知某文化公司对耿某负有债务的情形下,而向登记管理部门出具情况说明承诺公司对外无债权债务亦无任何担保,李某1、李某2的行为违反了公司法的规定,损害了债权人的合法权益。一审法院判决:李某1、李某2在某文化公司减资的3800万元范围内对仲裁调解书确认的该公司对耿某所负的债务向耿某承担补充赔偿责任(包括调解款38,510元及迟延履行期间的债务利息)。

一审宣判后,李某不服提起上诉。二审法院认为,某文化公司在减资过程中负有依法通知已知债权人耿某的义务,且耿某依法享有要求某文化公司清偿债务或提供相应担保的权利。上述义务、权利不因某文化公司的股东系认缴出资而受影响。最终判决驳回上诉,维持原判。

【案例评析】

公司以其全部财产对公司的债务承担责任,有限责任公司的股东以其认缴的出资额为限对公司承担责任。我国《公司法》在明确股东有限责任的同时,也明确应依法保护公司债权人的合法权益。公司注册资本既是公司股东承担有限责任的基础,也是公司的交易相对方判断公司的财产责任能力的重要依据,公司股东负有诚信出资以保障公司债权人交易安全的责任,因此,公司减资时对其债权人负有根据债权人的要求进行清偿或提供担保的义务。该义务不因某文化公司的股东系认缴出资而受影响。

在认缴制下,公司违法减资行为受到债权人保护规则与股东期限利益规则的双重制约。一方面,公司对认缴资本减资属于实质减资,应加强对债权人的保护。公司应履行对债权人的通知义务,且异议债权人享有要求清偿或担保的救济权。另一方面,在公司未尽通知义务的情况下,对于未届出资期限的认缴出资,依据《九民会议纪要》第6条的规定,原则上债权人不能要求股东承担补充赔偿责任,除非具有加速到期的法定情形。在某文化公司股东会作出减资决议时,李某1系董事长,李某2系董事,二人作为参与公司管理的股东,对公司欠耿某到期债务未偿还以及公司因无执行财产而具有破产原因是明知的。但二人仍通过股东会决议减少认缴出资,未通知耿某并向登记机关承诺公司无债务。因此,应当认定该二人的行为本质上系为规避认缴出资加速到期责任,造成公司责任财产的实际减少,实质损害了耿某的利益,在此过程中二人的主观故意明显。某文化公司在减资时既未依法通知耿某,亦未向耿某清偿债务或提供担保,股东李某1、李某2在明知该公司对耿某负有债务的情况下,向登记机关出具情况说明承诺公司对外无债权债务,其行为违反《公司法》规定,损害了债权人的合法权益。

第八节　一人公司的特殊规定

一、查明事实

1.债务人公司是否是一人公司；工商登记的股东是谁。2.债务人公司是否依法编制财务会计报告，并经会计师事务所审计。3.股东提交的证明公司财产独立于其个人财产的证据是什么。

二、法律适用

旧《公司法》第62条：一人有限责任公司应当在每一会计年度终了时编制财务会计报告，并经会计师事务所审计。

旧《公司法》第63条：一人有限责任公司的股东不能证明公司财产独立于股东自己的财产的，应当对公司债务承担连带责任。

新《公司法》第23条第3款：只有一个股东的公司，股东不能证明公司财产独立于股东自己的财产的，应当对公司债务承担连带责任。

三、常见问题

（一）一人公司举证责任分配的特殊规定

一人公司只有一名股东，由于其独特的组建模式，相对其他公司更容易出现法人人格混同的问题，因此我国立法对一人有限责任公司一直持比较谨慎的态度，2006年1月1日起施行的公司法是我国首次认可一人有限责任公司的合法性，该法在第二章中单设一节，就一人有限责任公司的相关问题予以特别规定，其中第63条规定："一人有限责任公司应当在每一会计年度终了时编制财务会计报告，并经会计师事务所审计。"第64条规定："一人有限责任公司的股东不能证明公司财产独立于股东自己的财产的，应当对公司债务承担连带责任。"上述法律规定，强制要求一人有限责任公司应当在每一会计年度终了时编制财务会计报告并审计，并且明确了举证责任倒置规则，要求公司股东自证清白，对其自身的财产独立于公司财产的事实承担举证责任。新《公司法》第

23条第3款不再区分有限公司与股份公司,统一规定只有一个股东的公司,股东不能证明公司财产独立于股东自己的财产的,应当对公司债务承担连带责任。因此,在股东损害公司债权人利益责任纠纷案件中,如果债务人公司是一人公司,应由债务人公司股东提供证据证明其财产独立于公司的财产,如果股东未提供证据证明或者提供的证据不足以证明上述事实,则股东应对公司的债务承担相应责任。

(二)诉讼时效期间起算点

有观点认为,根据旧《公司法》第3条第2款的规定及新《公司法》第4条第1款的规定,有限责任公司的股东以其认缴的出资额为限对公司承担责任。据此,公司法确立了有限责任公司的股东对公司承担有限责任的一般原则,但因一人公司的特殊性,旧《公司法》设专节对一人有限责任公司作出特别规定,其中,旧《公司法》第63条规定:"一人有限责任公司的股东不能证明公司财产独立于股东自己的财产的,应当对公司债务承担连带责任。"根据该规定并结合上述旧《公司法》第3条第2款的规定,一人公司的股东应当承担举证证明公司财产独立于其个人财产的责任,如果能完成证明义务,则对公司承担有限责任,如果不能举证证明,则应对公司债务承担连带责任。因此,一人公司的债权人既可以当然地向公司主张债权,也可以依据旧《公司法》第63条的规定直接向公司的股东主张债权,在债权人向一人公司的股东主张债权的情况下,股东可以举证证明公司财产独立于其个人财产,以此作为对债权人主张的抗辩。基于以上分析,债权人向债务人公司主张债权的诉讼时效期间的起算点与向债务人公司股东主张债权的诉讼时效期间的起算点是一致的。

笔者认为,虽然公司法规定一人公司的股东应当举证证明公司财产独立于股东财产,但一人公司与其股东毕竟是两个独立的、不同的主体,不能当然地认为一人公司的法人人格是混同的,不能当然地认定一人公司的股东对公司财产承担连带责任,因此,债权人向债务人公司及其股东主张权利的诉讼时效期间的起算点也不应当然一致,而应当严格依照《民法典》关于诉讼时效制度的规定,以及公司法关于一人公司的股东举证责任的规定,确定债权人向一人公司的股东主张权利的诉讼时效期间的起算点为债权人知道或者应当知道一人公司的财产不独立于股东自己的财产之时。

（三）股东为夫妻时是否为一人公司

有观点认为，"夫妻公司"任何一个股东的意思都足以使相对方认为是公司的意思表示，公司行为与股东个人行为之界限难以界定，公司的出资来源于夫妻共同财产，进而公司的全部股权属于夫妻二人婚后所取得的财产，公司全部股权实质来源于同一财产权，具有利益一致性和实质的单一性。而股东为夫妻关系，双方利益高度一致，主观意思表示高度一致，亦难以形成有效的内部监督，夫妻其他共同财产与公司财产亦容易混同，从而损害债权人利益。在此情况下应参照公司法一人公司举证责任倒置的规则，加强对债权人的保护。在夫妻双方不能证明公司财产独立于夫妻共同财产的情况下，应对公司债务承担连带责任。依《民法典》的规定，除约定财产制外，夫妻在婚姻关系存续期间所得的财产为夫妻共同所有，如果公司设立于夫妻双方婚姻关系存续期间，在夫妻不能证明双方对婚后财产有约定的情况下，且在公司登记资料中，如果也没有夫妻双方自愿备案的财产分割证明或协议的，则夫妻以共同财产出资将股权登记在各自名下也不构成对夫妻共同财产分割的约定。

笔者认为，"夫妻型公司"虽有其特殊性，但财产共有制不能等同于人格统一性。夫妻公司系两位股东设立的有限责任公司，并非一人公司。夫妻股东并不会因夫妻关系而丧失各自具有的独立民事主体资格，夫妻以各自名义认缴出资取得股东资格，各自独立行使股东权利，履行股东义务，将夫妻股东认定为实质上的一人股东缺乏法律依据。股东对公司债务承担连带责任的前提是股东个人财产与公司财产出现混同，而非股东财产之间存在某种关系。夫妻共同财产制不能等同于夫妻公司财产即为夫妻两人共同财产，公司财产与股东财产相互分离，其资本构成及资产状况实质并不会因为股东为夫妻关系即发生改变。能否刺破"夫妻公司"面纱要求夫妻股东承担连带责任，并不是以"夫妻关系"为判断要件，仍应依据旧《公司法》第 20 条第 3 款、新《公司法》第 23 条第 1 款的规定，以夫妻股东财产与公司财产是否混同、夫妻是否过度支配与控制公司等作为认定标准。

| 典型案例 | 某实业公司与李某、翁某股东损害公司债权人利益责任纠纷案① |

【裁判要旨】

能否刺破"夫妻公司"面纱要求夫妻股东承担连带责任,并不是以"夫妻关系"为判断要件,而要回归到公司法规定的公司法人人格否认制度,以夫妻股东财产与公司财产是否混同、夫妻是否过度支配与控制公司等作为认定标准。

【案情简介】

李某、翁某为夫妻关系,婚后共同设立某科贸公司。2009年10月,某科贸公司成立,股东为李某、翁某,二人出资额均为250,000元,已实缴出资。2017年,李某、翁某分别与董某签订转让协议,将股权转让给董某。2017年3月1日,某科贸公司作出股东会决议:1.同意增加新股东董某;2.同意原股东李某、翁某退出。后某科贸公司工商登记股东变更为董某。2020年7月,某科贸公司注销。

一审法院于2017年5月12日作出民事判决书,判决:某科贸公司于判决生效后十日内向某实业公司支付租金共计975,100元。后某科贸公司提出上诉,2017年8月17日该公司撤回上诉。上述判决生效后,某科贸公司未履行生效判决确定的给付义务,某实业公司向法院申请执行。法院于2018年1月2日立案执行。2018年4月22日裁定终结本次执行程序。某实业公司申请追加董某为被执行人,法院裁定:(2017)京0101民初912号民事判决书确定的被执行人某科贸公司应履行的义务,由董某承担连带清偿责任。2021年7月,因未发现被执行人某科贸公司、董某有可供执行的财产,法院终结本次执行程序。

后某实业公司以仅有夫妻二人作为股东的有限责任公司应当视为一人公司为由诉至法院,请求判令李某、翁某共同对(2017)京0101民初912号民事判决书第二项某科贸公司承担的债务975,100元及迟延履行期间的利息承担连带责任。

---

① 参见北京市第二中级人民法院(2020)京02民终7673号民事判决书。

【裁判结果】

一审法院认为,李某和翁某虽系夫妻关系,但显然不是一个自然人,不符合公司法对一人有限责任公司的定义。李某和翁某在设立公司时在出资期限内以货币方式全部实缴出资款,在案证据不能证明李某和翁某有滥用法人独立地位及股东有限责任的行为,故李某和翁某作为原股东无须对公司债务承担连带责任。判决驳回了某实业公司的全部诉讼请求。

某实业公司不服,提起上诉。二审法院认为,将存在两个自然人股东的公司认定为"实质意义上的"一人公司并适用关于一人公司特别规定的观点,缺乏法律依据和法律解释方法上的支撑。最终判决驳回上诉,维持原判。

【案例评析】

目前,司法审判实务就夫妻二人持有全部股权的公司能否适用公司法关于一人公司的相关规定存在认识分歧,即存在认为应适用一人公司规定的肯定说和认为不应适用一人公司规定的否定说两种观点。笔者认为,解决此问题原则上应体系性适用《婚姻法》和公司法的相关规定。依据《婚姻法》相关规定,夫妻无特别约定则依法实行夫妻共同财产制。夫妻在婚姻存续期间设立公司,在没有证据证明有特别约定情况下,可以认定系使用夫妻共同财产出资。依据公司法规定,对公司实缴出资后,夫妻丧失对出资财产的所有权而获得公司股权,形成夫妻共同所有股权,同时公司获得上述出资的所有权。但在出资之前,股东之间财产关系如何、夫妻共同财产的范围如何、有无分割财产等情节,与公司资本构成及资产状况无涉。同时,从法律解释的角度来考察,公司法对一人公司的定义明确,对其解释不应过分逾越其文义。将存在两个自然人股东的公司认定为"实质意义上的"一人公司并适用关于一人公司特别规定的观点,缺乏法律依据和法律解释方法上的支撑,法体系之确定性亦应得到尊重和维护。故否定观点在现阶段更值得采纳。

故应依据旧《公司法》第20条,将某科贸公司作为普通的有限责任公司,考察其是否存在股东滥用公司法人独立地位和股东有限责任,逃避债务,严重损害公司债权人利益之行为。因某实业公司未能提供证据证明某科贸公司与李某、翁某存在财产混同,李某、翁某滥用公司法人独立地位和股东有限责任严重损害债权人利益的行为,故应承担相应的不利诉讼后果。

（四）申请执行人能否追加历任一人股东为被执行人

一种观点认为，在财产混同的情况下，一人公司股东只对形成于其担任股东期间的公司债务承担责任，其他期间形成的公司债务与该股东不存在因果关系，不应追加。另一种观点认为，一人公司的经营系一个持续的过程，股权转让并不会影响公司对外债务的承担，但是任一股东与公司财产混同均影响公司的偿债能力，因此，无论案涉债务形成于何时，只要一人股东不能证明其持股期间公司财产独立于自己的财产，对于申请执行人的追加申请均应予以准许。

笔者倾向认为，一人有限责任公司的原股东，是公司原投资者和所有者，对其持股期间发生的债务情况明知且熟悉，股权转让行为既不能免除其应当承担的举证证明责任，也不能产生债务消灭或者责任免除的法律后果。原股东如不能证明股权转让前公司财产独立于自己财产的，应对其持股期间即股权转让前的债务承担连带责任；股权转让后，原股东退出公司的投资和管理，对于公司股东变更后发生的债务，不负有清偿责任。如原股东对股权转让后的债务向债权人出具欠条、承诺书等表示愿意加入债务，债权人未在合理期限内明确拒绝的，视为债务加入，原股东亦应对股权转让后的债务承担连带责任。

一人有限责任公司的现股东，对股权受让后公司债务的承担，直接适用旧《公司法》第63条的规定进行认定；对股权受让前公司债务的承担，如不能证明公司财产独立于其个人财产，亦应对公司债务承担连带责任，理由如下：首先，虽然公司债务形成于股权受让前，但公司的债务始终存在、并未清偿，公司内部股权、资本变更并不影响公司的主体资格，相应的权利义务应由变更后的主体概括承受；其次，现股东作为公司新的投资者和所有者，在决定是否受让股权前，有能力且应当对公司当前的资产负债情况包括既存债务及或有债务情况予以充分了解，以便对是否受让股权、受让股权之对价、公司债务承担规则作出理性决定和妥善安排，而对于债权人等公司外部人来说，现股东对受让股权前已经存在的公司债务应视为已经知晓；最后，结合旧《公司法》第63条规定和立法本意，该条文赋予债权人在特定条件下"刺破公司面纱"的权利，同时将证明股东财产与公司财产分离的举证责任分配给股东，系对公司股东与债权人之间风险与利益的合理分配，现股东如认为不应承担责任，可依据该条规定进行救济。

第九节　其他共性问题

一、债权人能否向债务人公司股东主张迟延履行金

第一种观点认为,《民事诉讼法》第 264 条规定在《民事诉讼法》的第 21 章执行措施中,依据该条确定的迟延履行期间的债务利息具有惩罚性质,属于一种执行罚,与一般的债权债务性质不一样,不应支持债权人就该部分债权向债务人公司股东主张权利。

第二种观点认为,债权人依据《民事诉讼法》第 264 条的规定对债务人公司享有的债权,与其他的债权没有本质区别,在符合法律规定的情况下,债权人就该部分债权向债务人公司股东主张权利,也应一并得到支持。

笔者倾向第二种观点,因为根据《民法典》第 118 条的规定,民事主体依法享有债权。债权是因合同、侵权行为、无因管理、不当得利以及法律的其他规定,权利人请求特定义务人为或者不为一定行为的权利。债权人依据《民事诉讼法》第 264 条的规定而享有的债权,符合上述《民法典》关于债权的规定,而且公司法及相关司法解释关于债权人向债务人公司股东主张权利的规定,也没有对债权人的债权作区分,因此,除非法律、司法解释作出明确的禁止性规定,否则在现行的法律、司法解释框架内,债权人依据《民事诉讼法》第 264 条的规定享有的债权,在法定情形下,可以向债务人公司股东主张。

二、可否向债务人公司股东主张实现债权费用

诉讼费用主要包括案件受理费、财产保全申请费、申请破产清算或者强制清算的申请费等。根据《诉讼费用交纳办法》第 29 条第 1 款的规定,诉讼费用由败诉方负担,胜诉方自愿承担的除外,因此,债权人因起诉债务人公司或者申请债务人公司破产清算、强制清算而支付的相关诉讼费用,应由债务人公司负担。根据《民诉法司法解释》第 207 条的规定,如果债权人选择不要求法院直接退还其预交但不应负担的诉讼费用,可直接向债务人公司主张相应费用,由

此又形成对债务人公司的一笔债权,在股东具有前述法定情形下,该债权可向债务人公司股东主张。同样,债权人在诉讼中垫付的鉴定费、公告费等,也可向债务人股东主张。

第十三章 公司解散纠纷

除一人公司外,公司作为由多名股东共同组成的拟制主体,在日常经营过程中,股东之间难免出现难以化解的矛盾和冲突,进而影响公司的进一步发展乃至存续。异议股东在何种情况下可以向法院起诉解散公司,如何正确理解公司司法解散的构成要件,法院又应如何平衡公司自治与司法救济之间的关系,成为此类案件应当着重考虑的核心问题。

第一节 概 述

一、概念界定

公司解散是指引起公司人格消灭的法律事实。根据公司解散事由的不同,公司解散可以分为自行解散、行政强制解散和司法解散三种形式。

(一)自行解散

自行解散又称为主动解散、任意解散等,解散的原因系公司内部的意思自治,由公司的权力机构根据实际情况及发展需要,而作出解散公司的决定。但是,任意解散不等于解散的程序也为任意的,其解散仍必须依法定程序进行[①]。解散原因主要包括公司章程规定的营业期限届满或者公司章程规定的其他解散事由出现;股东会决议解散;因公司合并或者分立需要解散三种情形。

(二)行政强制解散

行政强制解散是行政机关根据其维护市场秩序的职权,对不符合存续要求

[①] 参见赵旭东主编:《新公司法条文解释》,法律出版社2024年版。

的公司进行的主动清理。即在公司依法被吊销营业执照、责令关闭或者被撤销的情况下,行政机关对公司进行强制解散的一种情形。

(三)司法解散

司法解散是指公司经营管理发生严重困难,继续存续会使股东利益受到重大损失,通过其他途径不能解决时,依据股东的申请,由法院裁判解散公司的情形。本章所讨论的公司解散纠纷主要指司法解散,即公司经营陷入僵局时,股东提起解散公司诉讼而引发的纠纷。

二、法律适用

1. 旧《公司法》第180条:公司因下列原因解散:

(一)公司章程规定的营业期限届满或者公司章程规定的其他解散事由出现;

(二)股东会或者股东大会决议解散;

(三)因公司合并或者分立需要解散;

(四)依法被吊销营业执照、责令关闭或者被撤销;

(五)人民法院依照本法第一百八十二条的规定予以解散。

对应新《公司法》第229条:公司因下列原因解散:

(一)公司章程规定的营业期限届满或者公司章程规定的其他解散事由出现;

(二)股东会决议解散;

(三)因公司合并或者分立需要解散;

(四)依法被吊销营业执照、责令关闭或者被撤销;

(五)人民法院依照本法第二百三十一条的规定予以解散。

公司出现前款规定的解散事由,应当在十日内将解散事由通过国家企业信用信息公示系统予以公示。

2. 旧《公司法》第181条:公司有本法第一百八十条第(一)项情形的,可以通过修改公司章程而存续。

依照前款规定修改公司章程,有限责任公司须经持有三分之二以上表决权的股东通过,股份有限公司须经出席股东大会会议的股东所持表决权的三分之二以上通过。

对应新《公司法》第 230 条：公司有前条第一款第一项、第二项情形，且尚未向股东分配财产的，可以通过修改公司章程或者经股东会决议而存续。

依照前款规定修改公司章程或者经股东会决议，有限责任公司须经持有三分之二以上表决权的股东通过，股份有限公司须经出席股东会会议的股东所持表决权的三分之二以上通过。

3.旧《公司法》第 182 条：公司经营管理发生严重困难，继续存续会使股东利益受到重大损失，通过其他途径不能解决的，持有公司全部股东表决权百分之十以上的股东，可以请求人民法院解散公司。

对应新《公司法》第 231 条：公司经营管理发生严重困难，继续存续会使股东利益受到重大损失，通过其他途径不能解决的，持有公司百分之十以上表决权的股东，可以请求人民法院解散公司。

三、常见问题

（一）章定解散事由出现后提起公司解散纠纷之处理

公司章程约定的经营期限届满或者公司章程规定的其他解散事由出现，公司未修改章程延长公司经营期限或公司股东会未决议继续经营的，如公司股东以章定解散事由出现为由提起诉讼，要求解散公司，应告知原告召开股东会成立清算组自行清算或依法申请公司强制清算。

公司章程关于经营期限的约定一般在公司设立时由全体股东共同决定。根据旧《公司法》的规定，当公司章程规定的营业期限届满，股东会通过决议修改章程使公司存续的，对股东会该项决议投反对票的股东可以请求公司按照合理的价格收购其股权。但若在章程规定的营业期限届满前，控股股东通过股东会决议修改公司章程，延长公司经营期限的，对决议投反对票的小股东应如何维护自己的权益？该种情况在实践中虽然比较少见，但也有存在的可能。旧《公司法》并未对该种情况进行专门规定。笔者认为，异议股东可通过对相关股东会决议效力提出异议等方式维护其合法权利。新《公司法》则对有限责任公司异议股东股权回购请求权的规定进行了完善，规定公司的控股股东滥用股东权利，严重损害公司或者其他股东利益的，其他股东亦有权请求公司按照合理的价格收购其股权。

（二）行政强制解散后能否提起司法解散之诉

依法被吊销营业执照、责令关闭或者被撤销属于公司意志之外的公权力运作的结果，属于强制解散公司的范畴。在我国，吊销营业执照是公司登记机关对违法违规公司处以的行政处罚。公司被责令关闭系在公司经营严重违反工商、税收、劳动、市场、环境保护等相关法律法规、部门规章的规定时，有关主管机关依法作出的行政处罚。在审理公司解散纠纷案件中，必须查明公司是否已被吊销营业执照、责令关闭或者被撤销，如有，则不属于司法解散范畴，应告知原告召开股东会自行清算或依法申请公司强制清算。

典型案例　某甲公司诉某乙公司、香港某公司公司解散纠纷案[1]

【裁判要旨】

公司被吊销营业执照本身就是公司解散的事由。股东以公司被吊销营业执照为由诉请解散公司，属于发生解散事由后重复诉请解散的情形，不符合公司解散案件的受理条件，应裁定驳回起诉。

【案情简介】

2008年8月28日，某乙公司正式注册设立，注册资金550万元，两个股东分别为某甲公司和香港某公司，各出资275万元。该公司工商登记中记载股东香港某公司及其法定代表人李某甲出具"法律文件送达授权委托书"，授权余某为香港某公司及其法定代表人李某甲在内地法律文件、文书接收人。该公司章程第二十一条规定"董事会每年召开一次"，第二十六条规定"出席董事会会议的法定人数为全体董事的三分之二以上，否则通过的决议无效"。

2010年1月27日，陈某（某乙公司法定代表人）、李某乙（原某乙公司法定代表人）、余某召开董事会会议，并形成会议纪要。内容为：1.双方同意分家、停产、清算；2.公司派陈某、李某乙、余某等五人参加盘点、清查；3.停产后的一切费用某乙公司将不再承担；4.董事长全权委托余某代表参加公司清算。同日，某乙公司给某甲公司及李某乙送达通知书，称"……香港某公司对贵司及

---

[1] 参见黑龙江省高级人民法院（2014）黑涉港商终字第5号民事裁定书。

李某乙董事长极不信任,李某乙董事长还向陈某董事长发出了'如果余某不退出公司我就退出公司'的最后通牒,公司既定的经营目标完全不可能实现,公司继续经营只会造成更大的亏损,因此本司郑重通知贵司,我司决定接收股东香港某公司关于立即解除合资合同,对公司进行停产清算"。同日,香港某公司给某乙公司及陈某送达通知书,称"2010年1月30日,我公司将和公司股东某乙公司共同办理清算手续,共同对公司资产进行分割,希望贵司积极配合"。之后,由于某乙公司举报,某甲公司法定代表人李某乙被大庆市人民检察院以涉嫌抽逃注册资金、挪用资金被逮捕,后经大庆市杜尔伯特蒙古族自治县人民法院判决李某乙承担刑事责任。

一审法院另查明:2010年1月27日某乙公司召开董事会并形成决议后,再未召开有某甲公司参加的股东会、股东大会和董事会,也未形成过有效决议。2012年8月24日,《大庆日报》刊登了包括某乙公司在内的《关于拟吊销2010年度未年检企业营业执照告知权利公告》,某乙公司因连续两年未年检而被拟吊销。2014年1月9日的外资企业基本注册信息查询单显示,某乙公司为吊销状态,该公司自成立至今,无任何经营业务,纳税总额为0元,公司无任何收益。

某甲公司以经营中合资双方发生矛盾,某乙公司经营管理出现严重困难,继续存续会使股东利益遭受重大损失,且某乙公司工商登记执照已被大庆市工商局予以吊销为由,于2012年9月29日诉至法院请求判令解散某乙公司。

【裁判结果】

一审法院认为,某乙公司自2010年1月27日后至今未开展生产活动且未召开股东会、董事会,尤其因股东之间矛盾而引发刑事案件,导致公司股东之间彼此信任的人合基础已经丧失,公司的日常经营管理陷入严重困境且无法得到有效解决,该公司及公司股东之间曾协商均同意对公司清算。同时,某乙公司又因多年未年检而被吊销营业执照,此种状况下,其继续存续不仅会使公司股东的投资目的无法实现,股东权益也很难得到保障。而且从该公司的财务纳税记载看,自成立至今无经营业务收入和纳税,公司无任何收益可言,公司继续存续会使股东和公司遭受不可弥补的更大损失,故一审法院判决:解散某乙公司。

某乙公司不服一审判决提出上诉,二审法院经审理认为,在某甲公司提起本案诉讼前,某乙公司已被吊销营业执照,属于被行政机关强制解散的情形。

在此情形下,某甲公司已不享有依照旧《公司法》第182条规定诉请解散某乙公司的权利,故一审法院受理本案并作出实体判决不当,应依法予以纠正。二审法院裁定:一、撤销一审民事判决;二、驳回某甲公司申请解散某乙公司的起诉。

【案例评析】

旧《公司法》第180条规定:公司因下列原因解散:(一)公司章程规定的营业期限届满或者公司章程规定的其他解散事由出现;(二)股东会或者股东大会决议解散;(三)因公司合并或者分立需要解散;(四)依法被吊销营业执照、责令关闭或者被撤销;(五)人民法院依照本法第一百八十二条的规定予以解散。根据公司解散事由的不同,公司解散可以分为自行解散、行政强制解散和司法解散三种情形。公司依法被吊销营业执照系公司行政强制解散的情形,而非司法解散的情形。

本案中,某甲公司诉请解散某乙公司的依据是旧《公司法》第182条关于"公司经营管理发生严重困难,继续存续会使股东利益受到重大损失,通过其他途径不能解决的,持有公司全部股东表决权百分之十以上的股东,可以请求人民法院解散公司"的规定。但某甲公司在提起本案诉讼之前,某乙公司已经被吊销营业执照,根据旧《公司法》第183条的规定,某乙公司应当在被吊销营业执照之日起十五日内成立清算组开始清算,其依法已经不得再开展经营活动。因此,本案中,已经丧失了通过法院审查公司经营管理是否陷入僵局进而认定是否应当司法解散的基础。故本案不符合司法解散的法定受理要件,应当驳回原告的起诉。

四、管辖

(一)查明事实

1.公司住所地;2.公司注册地或者登记地。

(二)法律适用

《民事诉讼法》第22条第2款:对法人或者其他组织提起的民事诉讼,由被告住所地人民法院管辖。

《民事诉讼法》第27条:因公司设立、确认股东资格、分配利润、解散等纠纷提起的诉讼,由公司住所地人民法院管辖。

《民诉法司法解释》第 3 条:公民的住所地是指公民的户籍所在地,法人或者其他组织的住所地是指法人或者其他组织的主要办事机构所在地。

法人或者其他组织的主要办事机构所在地不能确定的,法人或者其他组织的注册地或者登记地为住所地。

(三)常见问题

1. 公司解散纠纷是否属于专属管辖

《民事诉讼法》及《民诉法司法解释》就公司解散纠纷的相关规定属于特殊地域管辖,不属于专属管辖,因而适用《民事诉讼法》关于当事人应诉管辖的规定。

2. 就公司解散约定仲裁的,仲裁约定的效力

仲裁主要是平等民商事主体之间的财产权益纠纷的解决途径之一。公司解散涉及公司的内部组织结构,亦不属于财产权益纠纷,故不受仲裁条款约束。即现行法律并未赋予仲裁机构解散公司的裁决权,股东之间就公司解散而达成的仲裁约定无效。

第二节 新旧《公司法》相关规范对照

一、相关规范梳理

(一)旧《公司法》相关规定

1. 公司解散的原因

旧《公司法》第 180 条:公司因下列原因解散:

(一)公司章程规定的营业期限届满或者公司章程规定的其他解散事由出现;

(二)股东会或者股东大会决议解散;

(三)因公司合并或者分立需要解散;

(四)依法被吊销营业执照、责令关闭或者被撤销;

(五)人民法院依照本法第一百八十二条的规定予以解散。

2. 特定情形下公司存续的规定

旧《公司法》第181条:公司有本法第一百八十条第(一)项情形的,可以通过修改公司章程而存续。

依照前款规定修改公司章程,有限责任公司须经持有三分之二以上表决权的股东通过,股份有限公司须经出席股东大会会议的股东所持表决权的三分之二以上通过。

3. 司法解散

旧《公司法》第182条:公司经营管理发生严重困难,继续存续会使股东利益受到重大损失,通过其他途径不能解决的,持有公司全部股东表决权百分之十以上的股东,可以请求人民法院解散公司。

(二)新《公司法》相关规定

1. 公司解散的原因

新《公司法》第229条:公司因下列原因解散:

(一)公司章程规定的营业期限届满或者公司章程规定的其他解散事由出现;

(二)股东会决议解散;

(三)因公司合并或者分立需要解散;

(四)依法被吊销营业执照、责令关闭或者被撤销;

(五)人民法院依照本法第二百三十一条的规定予以解散。

公司出现前款规定的解散事由,应当在十日内将解散事由通过国家企业信用信息公示系统予以公示。

2. 特定情形下公司存续的规定

新《公司法》第230条:公司有前条第一款第一项、第二项情形,且尚未向股东分配财产的,可以通过修改公司章程或者经股东会决议而存续。

依照前款规定修改公司章程或者经股东会决议,有限责任公司须经持有三分之二以上表决权的股东通过,股份有限公司须经出席股东会会议的股东所持表决权的三分之二以上通过。

3. 司法解散

新《公司法》第231条:公司经营管理发生严重困难,继续存续会使股东利益受到重大损失,通过其他途径不能解决的,持有公司百分之十以上表决权的股东,可以请求人民法院解散公司。

二、新旧《公司法》比较

(一) 新旧《公司法》条文横向比较

新旧《公司法》均对公司的自行解散、行政强制解散和司法解散进行了分类规定。其中关于司法解散纠纷的相关规定均为原则性规定,更细致的司法解散条件规定在《公司法司法解释(二)》当中。

(二) 新旧《公司法》条文纵向比较

1. 公司解散的原因纵向比较

新旧《公司法》不同之处:新《公司法》对于公司解散的原因并未进行实质性修改,仍然保留了关于公司自行解散、行政强制解散和司法解散三大类型的规定。但是在列明各项解散事由之后,补充增加了公司解散的公示程序。

关于公司解散原因的规定系原则性规定,适用良好。增加了解散在国家企业信用信息系统中公示的要求,可以更好地顺应信息化的发展,通过电子信息的发布,对公司解散事项进行公开,便于债权人及其他利害关系人更便捷、高效地了解公司的相关情况,及时主张自身合法权利。

2. 特定情形下公司存续的规定纵向比较

新旧《公司法》不同之处:旧《公司法》只规定了公司因章程规定的营业期限届满或者章程规定的其他解散事由出现而解散时,通过修改公司章程而使公司免于解散、继续存续的情形。新《公司法》则将公司股东会决议解散的情形纳入了本条规定,同时增加了"尚未向股东分配财产"的限制。

从公司法的规定来看,修改公司章程和决议解散公司,均属于特别决议事项,要求依法经 2/3 以上多数股东同意。虽然二者在内容和表现形式上有所不同,但实质上决议程序一致,应当对公司产生相同的效力。即便公司已经通过股东会决议解散公司,但是仍然可以再次通过股东会决议中止解散程序,继续公司的存续和经营。但需要注意的是,新《公司法》对特定情形下公司的存续,增加了"尚未向股东分配财产"的限制性规定,这是因为一旦公司已经开始了清算程序,向股东分配了财产,则其即失去了独立的法人资格,难以仅通过股东会决议再继续存续。

3. 司法解散的纵向对比

新旧《公司法》不同之处：新《公司法》与旧《公司法》关于公司司法解散的规定并无实质修改。

公司法中仅对公司司法解散进行了原则性规定，关于司法解散的判断标准，《公司法司法解释（二）》中进行了更细致的规定。因此新《公司法》修订过程中，并未对该原则性规定作出实质性修改。

(三)《公司法司法解释（二）》相关规定

由于公司法关于司法解散仅作出了原则性规定，缺乏细致的判断规则，为了明确司法解散的具体条件及解散诉讼中相关常见问题的处理，满足司法实践需求，最高人民法院于2008年5月5日通过了《公司法司法解释（二）》，其中第1~6条均为公司司法解散的相关规定，第24条为公司解散纠纷管辖的规定。鉴于上述条款在司法实践中的重要性，故在本节中一并列明，具体规定包括以下方面。

1. 司法解散事由

《公司法司法解释（二）》第1条：单独或者合计持有公司全部股东表决权百分之十以上的股东，以下列事由之一提起解散公司诉讼，并符合公司法第一百八十二条规定的，人民法院应予受理：

（一）公司持续两年以上无法召开股东会或者股东大会，公司经营管理发生严重困难的；

（二）股东表决时无法达到法定或者公司章程规定的比例，持续两年以上不能做出有效的股东会或者股东大会决议，公司经营管理发生严重困难的；

（三）公司董事长期冲突，且无法通过股东会或者股东大会解决，公司经营管理发生严重困难的；

（四）经营管理发生其他严重困难，公司继续存续会使股东利益受到重大损失的情形。

股东以知情权、利润分配请求权等权益受到损害，或者公司亏损、财产不足以偿还全部债务，以及公司被吊销企业法人营业执照未进行清算等为由，提起解散公司诉讼的，人民法院不予受理。

2. 解散中同时请求清算的不予受理

《公司法司法解释（二）》第2条：股东提起解散公司诉讼，同时又申请人民法院对公司进行清算的,人民法院对其提出的清算申请不予受理。人民法院可以告知原告,在人民法院判决解散公司后,依据民法典第七十条、公司法第一百八十三条和本规定第七条的规定,自行组织清算或者另行申请人民法院对公司进行清算。

3.公司解散纠纷中的保全

《公司法司法解释(二)》第3条:股东提起解散公司诉讼时,向人民法院申请财产保全或者证据保全的,在股东提供担保且不影响公司正常经营的情形下,人民法院可予以保全。

4.公司解散纠纷当事人

《公司法司法解释(二)》第4条:股东提起解散公司诉讼应当以公司为被告。

原告以其他股东为被告一并提起诉讼的,人民法院应当告知原告将其他股东变更为第三人;原告坚持不予变更的,人民法院应当驳回原告对其他股东的起诉。

原告提起解散公司诉讼应当告知其他股东,或者由人民法院通知其参加诉讼。其他股东或者有关利害关系人申请以共同原告或者第三人身份参加诉讼的,人民法院应予准许。

5.公司解散案件注重调解

《公司法司法解释(二)》第5条:人民法院审理解散公司诉讼案件,应当注重调解。当事人协商同意由公司或者股东收购股份,或者以减资等方式使公司存续,且不违反法律、行政法规强制性规定的,人民法院应予支持。当事人不能协商一致使公司存续的,人民法院应当及时判决。

经人民法院调解公司收购原告股份的,公司应当自调解书生效之日起六个月内将股份转让或者注销。股份转让或者注销之前,原告不得以公司收购其股份为由对抗公司债权人。

6.公司解散纠纷判决拘束力

《公司法司法解释(二)》第6条:人民法院关于解散公司诉讼作出的判决,对公司全体股东具有法律约束力。

人民法院判决驳回解散公司诉讼请求后,提起该诉讼的股东或者其他股东又以同一事实和理由提起解散公司诉讼的,人民法院不予受理。

7.公司解散纠纷的管辖

《公司法司法解释(二)》第 24 条:解散公司诉讼案件和公司清算案件由公司住所地人民法院管辖。公司住所地是指公司主要办事机构所在地。公司办事机构所在地不明确的,由其注册地人民法院管辖。

基层人民法院管辖县、县级市或者区的公司登记机关核准登记公司的解散诉讼案件和公司清算案件;中级人民法院管辖地区、地级市以上的公司登记机关核准登记公司的解散诉讼案件和公司清算案件。

第三节 诉讼主体的认定

一、查明事实

1.公司性质,明确公司为有限责任公司、股份有限公司等;2.公司股权结构。

二、法律适用

1.旧《公司法》第 182 条:公司经营管理发生严重困难,继续存续会使股东利益受到重大损失,通过其他途径不能解决的,持有公司全部股东表决权百分之十以上的股东,可以请求人民法院解散公司。

对应新《公司法》第 231 条:公司经营管理发生严重困难,继续存续会使股东利益受到重大损失,通过其他途径不能解决的,持有公司百分之十以上表决权的股东,可以请求人民法院解散公司。

2.《公司法司法解释(二)》第 4 条:股东提起解散公司诉讼应当以公司为被告。

原告以其他股东为被告一并提起诉讼的,人民法院应当告知原告将其他股东变更为第三人;原告坚持不予变更的,人民法院应当驳回原告对其他股东的起诉。

原告提起解散公司诉讼应当告知其他股东,或者由人民法院通知其参加诉讼。其他股东或者有关利害关系人申请以共同原告或者第三人身份参加诉讼的,人民法院应予准许。

三、常见问题

(一)适格原告之认定

单独或者合计持有公司全部股东表决权10%以上的股东有权提起解散公司诉讼,新旧《公司法》目前对股东持股时间均未有明确要求。需要注意的是,这里规定的比例是对股东所持表决权的比例限制。根据公司法规定,有限责任公司的股东按照出资比例行使表决权,但是公司章程另有规定的除外,即有限责任公司股东的表决权与登记的股东持股比例并不必然一致。因此,在公司解散纠纷中,对原告主体资格进行审查时,应注意对工商登记的股东持股比例与公司章程是否有特别约定一并进行查明。另外,对于隐名股东提起的公司解散纠纷,在其股东身份未得到依法确认的情况下,原则上应当认为其不具有合法的原告主体资格。对隐名股东提起的公司解散纠纷,应告知其先行通过与公司协商或提起股东资格确认诉讼,依法确认其享有公司股东身份后,再提起公司解散诉讼。

除请求公司解散对股东持股比例有限制外,公司法对于股东行使知情权、提起股东代表诉讼等事项亦作出了股东持股比例的要求。这样的限制,也是为了避免小股东任意提起诉讼影响公司的正常经营,从而更好地平衡公司有序经营与小股东的合法权利保护。

(二)瑕疵出资是否影响股东原告主体资格

股东出资是否到位,是股东与股东之间或者股东与公司之间的出资法律关系,股东出资未到位并不能据此否认其股东资格。同理,股东出资不实或抽逃出资、损害公司利益等行为亦属于股东与股东、股东与公司之间的出资法律关系或侵权法律关系,不能据此否认其股东资格。但是,根据《公司法司法解释(三)》第17条的规定,依法召开股东会,已经解除原告股东资格的除外。

典型案例　陈某诉某公司、任某公司解散纠纷案①

【裁判要旨】

1. 根据《公司法司法解释（三）》第 16 条的规定，股东因未履行或者未全面履行出资义务而受限的股东权利，并不包括其提起解散公司之诉的权利。

2. 旧《公司法》第 182 条规定的"严重困难"包括对外的生产经营困难及对内的管理困难。

【案情简介】

某公司股东陈某、任某，分别占股为 49% 及 51%，任某担任某公司法定代表人、执行董事兼总经理，陈某担任某公司监事。某公司提交了 2015 年度至 2018 年度企业工商年报及 2018 年度、2019 年度企业所得税纳税申报表以期证明某公司现经营状况正常，未向法庭提交该公司于 2016 年之后召开过股东会的有效证据。2017 年 11 月 9 日陈某发现其持有某公司股权的工商登记发生了变更，其不再具有某公司股东身份，其即以对该变更并不知情为由另案诉至陕西省西安市雁塔区人民法院，请求判令确认其具有某公司的股东资格，该另案一审判决确认陈某具有某公司的股东资格，二审判决驳回上诉，维持原判。陈某遂依据该民事判决将其在某公司的股东资格及股权在工商机关予以恢复登记。之后，某公司向陕西省西安市雁塔区人民法院提起诉讼，以陈某拒绝按照某公司通过的已生效的解除陈某股东资格的股东会决议要求配合办理股东、股权变更手续为由，另案起诉请求判令陈某配合某公司办理股东、股权变更登记。该另案一审判决驳回了某公司的诉讼请求，二审判决驳回上诉，维持原判。此外，任某与陈某都曾举报对方涉嫌违法犯罪。陈某以某公司经营管理发生严重困难为由，诉至法院请求解散某公司。某公司辩称陈某未履行出资义务，不具有股东资格，且其申请公司解散的法定条件不成立。

【裁判结果】

一审法院经审理后认为，陈某具有提起股东解散纠纷的资格，某公司符合司法解散条件，故判决：解散某公司。

---

① 参见最高人民法院（2021）最高法民申 6453 号民事裁定书。

某公司不服一审判决提出上诉,二审法院判决驳回上诉,维持原判。

某公司不服二审判决,向最高人民法院提出再审申请。最高人民法院经审理认为,陈某持有某公司49%的股份且已实缴部分出资的事实已由一审、二审判决根据公司章程、工商登记资料、另案生效裁判查明认定。而且,根据《公司法司法解释(三)》第16条的规定,股东因未履行或者未全面履行出资义务而受限的股东权利,并不包括其提起解散公司之诉的权利。一审、二审法院已查明认定某公司的股东会机制失灵,股东之间矛盾无法调和,且经法院协调仍难以打破公司僵局;而某公司申请再审事由中也反映出其客观上存在管理方面的严重困难。综上,驳回某公司的再审申请。

【案例评析】

《公司法司法解释(三)》第16条规定:"股东未履行或者未全面履行出资义务或者抽逃出资,公司根据公司章程或者股东会决议对其利润分配请求权、新股优先认购权、剩余财产分配请求权等股东权利作出相应的合理限制,该股东请求认定该限制无效的,人民法院不予支持。"股东应对公司依法履行出资义务,股东未履行或未全面履行出资义务或者抽逃出资的,其股东权利应当受到合理限制,但是该限制并非对股东资格的否认。股东出资是否到位,是股东与股东之间或者股东与公司之间的出资法律关系,股东出资未到位并不能当然否定其股东资格。本案中,某公司主张陈某未履行出资义务,不具有公司股东资格,无权提起公司解散纠纷之诉。但另案生效判决已经认定陈某履行了出资义务,且其出资是否到位亦不影响其提起本案诉讼的原告资格。

旧《公司法》规定的"公司经营管理发生严重困难",其中既包括对外的生产经营困难,也包括对内的管理困难,而且应当更侧重于对内的管理困难方面。本案中,某公司只有任某及陈某两名股东,长期未召开股东会。公司的权力机构运行机制已经失灵,无法就公司经营管理过程中的重大事项作出有效决策,公司内部管理已出现严重困难。人合性基础的丧失是判断公司是否符合司法解散条件的重要标准。从本案查明的事实来看,某公司的两名股东任某及陈某之间长期冲突,互相举报对方存在违法犯罪行为,双方之间也因此产生多起诉讼,上述情况已经可以说明股东之间存在情绪对立、分歧严重以及股东利益受损难以避免,某公司的"人合性"已经丧失,股东之间已经没有合作的基础。且本案诉讼中,经过法院协调仍然难以打破公司僵局,故应当认定某公司符合

《公司法》规定的司法解散的法定情形。

(三)股份有限公司是否为公司解散纠纷的适格被告

股东提起解散公司诉讼应当以公司为被告。旧《公司法》第182条、《公司法司法解释(二)》第4条第1款并未将股东的解散公司之诉对象限制为有限责任公司。理论上说,无论有限责任公司,还是股份有限公司(包括上市公司)都在司法解散之列。但鉴于股份有限公司尤其是上市公司具有较强的开放性,股份的流通性较强,上市公司解散关系到成千上万股东的合法权益,且关于上市公司的经营管理及解散均涉及证监会的专项监管要求,故应从严适用解散公司制度,本章中对此不再进行讨论。

(四)如何确定其他股东的诉讼地位

依据《公司法司法解释(二)》第4条的规定,原告以其他股东为被告一并提起诉讼的,人民法院应当告知原告将其他股东变更为第三人;原告坚持不予变更的,人民法院应当驳回原告对其他股东的起诉。原告提起解散公司诉讼应当告知其他股东,或者由人民法院通知其参加诉讼。其他股东或者有关利害关系人申请以共同原告或者第三人身份参加诉讼的,人民法院应予准许。根据上述规定,因有限责任公司股东人数相对较少,故一般可以在诉讼中通知其他股东作为第三人参与诉讼。但是对于股份有限公司,其股东人数最多可达200人,在实践中追加全部股东参加诉讼可能难以实现。对此,能否不再通知全体股东参加诉讼?笔者认为,法院不宜直接对此进行限制,但为了便利当事人诉讼,可以通过要求发起人通知全体股东、责令公司通知全体股东或要求公司提供股东名册等方式完成对其他股东的通知工作。

第四节　当事人诉讼请求的审查

一、查明事实

原告诉讼请求的具体内容为请求解散的同时是否请求赔偿损失,或者请求清算。

二、法律适用

1.旧《公司法》第 180 条:公司因下列原因解散:

(一)公司章程规定的营业期限届满或者公司章程规定的其他解散事由出现;

(二)股东会或者股东大会决议解散;

(三)因公司合并或者分立需要解散;

(四)依法被吊销营业执照、责令关闭或者被撤销;

(五)人民法院依照本法第一百八十二条的规定予以解散。

对应新《公司法》第 229 条:公司因下列原因解散:

(一)公司章程规定的营业期限届满或者公司章程规定的其他解散事由出现;

(二)股东会决议解散;

(三)因公司合并或者分立需要解散;

(四)依法被吊销营业执照、责令关闭或者被撤销;

(五)人民法院依照本法第二百三十一条的规定予以解散。

公司出现前款规定的解散事由,应当在十日内将解散事由通过国家企业信用信息公示系统予以公示。

2.旧《公司法》第 182 条:公司经营管理发生严重困难,继续存续会使股东利益受到重大损失,通过其他途径不能解决的,持有公司全部股东表决权百分之十以上的股东,可以请求人民法院解散公司。

对应新《公司法》第 231 条:公司经营管理发生严重困难,继续存续会使股东利益受到重大损失,通过其他途径不能解决的,持有公司百分之十以上表决权的股东,可以请求人民法院解散公司。

3.《公司法司法解释(二)》第 1 条:单独或者合计持有公司全部股东表决权百分之十以上的股东,以下列事由之一提起解散公司诉讼,并符合公司法第一百八十二条规定的,人民法院应予受理:

(一)公司持续两年以上无法召开股东会或者股东大会,公司经营管理发生严重困难的;

(二)股东表决时无法达到法定或者公司章程规定的比例,持续两年以上

不能做出有效的股东会或者股东大会决议,公司经营管理发生严重困难的;

(三)公司董事长期冲突,且无法通过股东会或者股东大会解决,公司经营管理发生严重困难的;

(四)经营管理发生其他严重困难,公司继续存续会使股东利益受到重大损失的情形。

股东以知情权、利润分配请求权等权益受到损害,或者公司亏损、财产不足以偿还全部债务,以及公司被吊销企业法人营业执照未进行清算等为由,提起解散公司诉讼的,人民法院不予受理。

4.《公司法司法解释(二)》第2条:股东提起解散公司诉讼,同时又申请人民法院对公司进行清算的,人民法院对其提出的清算申请不予受理。人民法院可以告知原告,在人民法院判决解散公司后,依据民法典第七十条、公司法第一百八十三条和本规定第七条的规定,自行组织清算或者另行申请人民法院对公司进行清算。

三、常见问题

(一)请求解散公司能否同时主张赔偿损失

公司解散诉讼属于变更之诉,而非给付之诉。公司解散纠纷解决的是公司主体是否继续存续的问题,关系全体股东的利益。股东提起解散公司诉讼,同时要求公司赔偿投资损失等,一般可以有另外的救济途径,不宜在同一审理程序中赋予当事人双重救济的权利。故在公司解散纠纷中,对原告要求赔偿损失的诉讼请求不予处理,告知当事人可另行解决。

(二)请求解散公司能否同时主张清算

股东提起解散公司诉讼,同时又申请人民法院对公司进行清算的,人民法院对其提出的清算申请不予受理。人民法院可以告知原告,在人民法院判决解散公司后,依据旧《公司法》第183条的规定,自行组织清算或者另行申请人民法院对公司进行清算。之所进行这样的限制,是因为公司被判决解散后仍有自行清算的可能,且在清算过程中应考虑其他股东的意愿,司法干预不宜过度,应当坚持尊重公司自治原则。

第五节　司法解散公司的条件

一、查明事实

原告请求解散公司的依据,系股东僵局、董事会僵局,抑或公司严重亏损。

二、法律适用

1.旧《公司法》第182条:公司经营管理发生严重困难,继续存续会使股东利益受到重大损失,通过其他途径不能解决的,持有公司全部股东表决权百分之十以上的股东,可以请求人民法院解散公司。

对应新《公司法》第231条:公司经营管理发生严重困难,继续存续会使股东利益受到重大损失,通过其他途径不能解决的,持有公司百分之十以上表决权的股东,可以请求人民法院解散公司。

2.《公司法司法解释(二)》第1条:单独或者合计持有公司全部股东表决权百分之十以上的股东,以下列事由之一提起解散公司诉讼,并符合公司法第一百八十二条规定的,人民法院应予受理:

(一)公司持续两年以上无法召开股东会或者股东大会,公司经营管理发生严重困难的;

(二)股东表决时无法达到法定或者公司章程规定的比例,持续两年以上不能做出有效的股东会或者股东大会决议,公司经营管理发生严重困难的;

(三)公司董事长期冲突,且无法通过股东会或者股东大会解决,公司经营管理发生严重困难的;

(四)经营管理发生其他严重困难,公司继续存续会使股东利益受到重大损失的情形。

股东以知情权、利润分配请求权等权益受到损害,或者公司亏损、财产不足以偿还全部债务,以及公司被吊销企业法人营业执照未进行清算等为由,提起解散公司诉讼的,人民法院不予受理。

三、常见问题

(一)司法解散公司需要满足的条件

司法解散公司需同时满足公司法规定的三个条件:第一,公司经营管理发生严重困难;第二,公司继续存续会给股东造成重大损失;第三,其他途径不能解决。

公司法及相关司法解释对司法解散公司的条件设定相对严苛。司法应当尊重公司自治原则,司法对公司事务的介入应当保持审慎态度。特别是公司解散涉及股东、公司债权人的合法权益以及公司存续的社会公共利益,因此法院更应当坚持全面审查和严格审查的标准,在公司确认不存在继续经营可能的基础上,才应判决解散公司。这样限制的原因在于公司作为具有独立人格的经济实体,在运营过程中与诸多主体形成了各种法律关系,解散公司会导致其人格灭失,各种法律关系也随之需要进行特殊的处理,不能由部分股东肆意借助法院裁判解散公司[①]。

(二)公司僵局的认定

公司的正常运行需要通过股东依法行使股东权利和公司管理机构依法行使各自职权而实现。公司僵局是指公司在存续运行期间因股东或者董事之间的矛盾激化而处于僵持状况,即股东会、董事会等权力或者决策机关不能形成有效决议,导致股东会、董事会不能行使职权,从而使公司陷入瘫痪、无法正常运行的事实状态。公司僵局表明,股东或董事之间已经丧失了最起码的信任,相互合作的基础破裂,公司失去继续发展存续的可能。《公司法司法解释(二)》第1条第1~3项分别就股东会僵局和董事会僵局进行了具体规定。

1. 股东会僵局

股东会僵局主要包括两种情形:(1)公司持续两年以上无法召开股东会或者股东大会。"无法召开"主要表现为"无人召集""召集之后没有一个股东出席会议",且该种状态需要持续两年以上。(2)公司持续两年以上不能作出有效的股东会或者股东大会决议。例如,两派股东各持50%的表决权,互不配

[①] 参见赵旭东主编:《新公司法条文释解》,法律出版社2024年版,第502页。

合,无法形成有效决议。又如,特别决议事项,小股东不配合,无法满足三分之二以上表决权比例,实际等于小股东一票否决。再如,股东之间形成多派意见,各派互不配合,使表决赞成票无法过半。

2. 董事会僵局

董事会僵局主要表现为无法召开董事会,如无法按照法律或章程规定合法有效的召集,或者无法达到法定的召开董事人数要求;无法作出有效决议,如每项决议都不能获得过半数董事同意,或者董事人数为偶数而形成的两派对抗。

(三)"公司经营管理发生其他严重困难"的认定

该条系司法解释规定的兜底条款,需个案判断。实务中可能存在的情形包括股东压迫,公司业务经营或者财产处分被明显不当地滥用、掠夺和浪费,公司丧失经营条件等,但上述情形均存在较大争议,建议慎重把握。

实践中应注意以下问题:1.判断公司的经营管理是否发生严重困难,应当从公司的股东会、董事会或执行董事及监事会或监事的运行现状进行综合分析。侧重点在于公司管理方面存在严重内部障碍,如股东会机制失灵、无法就公司经营进行决策等,不应片面理解为公司资金缺乏、严重亏损等经营性困难。2.实践中可能存在公司股东会瘫痪而董事会运行正常,或相反的情况,因此,需要审查公司是否因此而产生经营管理的严重困难,继续存续是否会导致股东利益受到重大损失,只有同时满足的情况下才符合该诉的法定要求。3.审查目标公司章程是否有特别约定。常见情形包括:目标公司章程规定股东会、董事会实行严格的一致表决机制;目标公司股东设立公司时明确约定一方负责经营管理,另一方不参与经营。4.部分当事人以系原告原因造成公司僵局为由进行抗辩,该抗辩不能成为阻碍公司解散的法定事由。因为公司能否解散取决于公司是否存在僵局以及是否符合旧《公司法》第182条(新《公司法》第231条)规定的实质条件,而不取决于公司僵局产生的原因和责任。一方当事人如存在损害公司利益、竞业禁止等情况,当事人应另行解决。

典型案例　王某诉某公司、尤某甲、尤某乙公司解散纠纷案[①]

【裁判要旨】

判断"公司经营管理是否发生严重困难",应从公司组织机构的运行状态进行综合分析。是否分红或是否存在关联交易并非判决公司解散的必要条件。

【案情简介】

2011年6月9日,王某成为某公司股东,某公司注册资金1000万元,其中王某出资260万元,持股比例26%。后某公司修改公司章程,修正为注册资金2000万元,股东及出资为:尤某甲出资1040万元,持股比例52%;尤某乙出资440万元,持股比例22%;王某出资520万元,持股比例26%。第三人尤某甲为公司法定代表人、公司执行董事;王某为公司监事。

2015年7月8日,某律所受王某的委托,向某公司及第三人尤某甲、尤某乙寄送《律师函》,函中要求,按照某公司章程规定,每年应召开两次股东会,但自2012年7月后已经连续3年未召开任何股东会,王某要求某公司尽快召开股东会,审议王某提出的相关议题。2015年7月17日,某公司向王某送达《关于召开某公司股东会会议的通知》,通知载明,2015年8月8日上午9时30分,在某公司办公室召开股东会,会议召集人为公司股东尤某乙。2015年7月24日,王某向某公司及第三人尤某甲、尤某乙回函,认为公司股东尤某乙召集股东会,不符合《公司法》规定,召集行为无效。回函还载明,王某以公司监事身份提出召集并主持股东会,股东会时间为2015年8月15日上午9时,地点为某酒店会议中心。函件还一并寄送了会议议题清单。2015年8月14日,王某向某公司及第三人尤某甲、尤某乙寄送了《变更股东会召开的紧急通知》,股东会的召开时间变更为2015年8月20日下午2时。

2015年7月30日,某公司向王某送达《关于召开某公司股东会会议的通知》,通知载明,2015年9月5日上午9时30分,在某公司办公室召开股东会,会议召集人为公司执行董事尤某甲。

2015年9月15日,某公司向王某送达《关于召开某公司股东会会议的通

[①] 参见天津市第二中级人民法院(2016)津02民终2669号民事判决书。

知》,通知载明,2015年10月6日上午9时30分,在某公司办公室召开股东会,会议召集人为公司执行董事尤某甲。

2015年8月8日、8月20日、9月5日、10月6日,某公司均因各种原因未能如期召开公司股东会。王某以某公司连续3年未召开股东会,公司事务处于瘫痪,经营陷入僵局,通过其他途径已不能解决,继续存续会使王某利益遭受重大损害为由,诉至法院请求解散公司。

【裁判结果】

一审法院认为,虽然根据双方提交的证据,某公司持续两年以上未能召开股东会,公司经营出现困难,但现有证据并不足以证明某公司经营管理方面发生严重困难。王某另主张公司经营管理发生其他严重困难,公司继续存续会使股东利益受到重大损失,但王某提交的证据仅能证明双方未能在近三年召开股东会,并未就某公司经营管理发生其他严重困难进行举证。综上,一审法院判决:驳回王某的诉讼请求。

王某不服一审判决提起上诉,二审法院判决驳回上诉,维持原判。

【案例评析】

判断公司的经营管理是否出现严重困难,应当从公司组织机构的运行状态进行综合分析,其侧重点在于判断公司管理方面是否存在严重的内部障碍,如股东会机制失灵、无法就公司的经营管理进行决策等,不应片面理解为公司资金缺乏、严重亏损等经营性困难。本案中,王某并未就某公司组织机构的运行存在严重内部障碍提供充分的证据。根据法院调查核实的情况看,某公司虽然连续两年以上未能召开股东会,但是2015年7月至10月,王某以及某公司均有主动召集股东会的意思表示,也均存在主动召集股东会的行为,最终没有成功召开股东会并非双方主观不愿意召开,而是受其他各种因素的影响而未能召开。鉴于王某及某公司均有主动召集股东会的意愿,在各方协商一致的基础上,仍然存在召开股东会解决公司内部问题的机会,王某与其他股东、公司之间仍然具有召开股东会并形成有效决议的可能性。因此,认定某公司经营管理发生严重困难的事实依据不足。

关于王某主张的某公司的经营管理发生其他严重困难,如5年多时间没有向其进行分红、通过关联交易转移巨额利润,其继续存续将会使王某的股东利益受到重大损失的问题,王某并未提供充分的证据。同时,公司是否进行分红以及是否存在关联交易转移巨额利润的情形,均涉及公司股东利润分配等权益是否受到损害的问题。依据《公司法司法解释(二)》第1条第2款的规定,公司经营中存在的损害股东利润分配权益等情形并不是提起公司解散诉讼的法定事由。况且,公司是否分红以及是否进行关联交易均属于公司实体经营方面的问题,并不属于《公司法司法解释(二)》第1条第1款所规定的公司经营管理出现严重困难的情形。司法解散是对公司自治的强制干预,应当持谨慎保守态度。在公司仍存在"人合性"基础,存在通过其他途径解决股东间纠纷的情况下,股东关于解散公司的诉讼请求将难以得到支持。

(四)"公司继续存续会使股东利益受到重大损失"的认定

股东利益的损失通常包括股东权利受损和股东利益受损两个层面。司法实践中,由于对"重大"的判断并不存在量化标准,因此公司继续存续会给股东造成重大损失需个案判断。对此应当注意:1. 重大损失的判断应当建立在公司已经使或明显将使股东利益受到损失的事实基础上。2. 损失应以股东利益为基础进行综合判断,如公司连续两年出现重大亏损,股东利益已受重大损失的基础上,综合公司长期、持续未召开股东会的事实,认定和判断公司经营管理出现了重大困难。

实践中该条款的常见情形为:控制公司一方的股东利用公司从事违法犯罪活动;公司未经股东会、董事会决议处分公司主要或重大资产;公司伪造、变造股东签名签署决议,处分股东权益;控股股东违反约定成立与目标公司同业公司开展竞争,抢夺目标公司商业机会;公司控股股东与公司财产混同,公司财务账目混乱;公司公章证照、财务资料下落不明等。上述情形是否导致公司司法解散,仍应结合个案的具体情况进行判断。

(五)"通过其他途径不能解决"的理解

由于公司解散影响重大,因此司法应当审慎介入。"通过其他途径不能解决"这一条件的设立,本意是促使公司股东在提起解散公司诉讼之前,尽力在公司自治范围内,通过司法干预之外的方式解决公司内部矛盾。"其他途径"一般包括内部途径与外部途径两个方面:内部途径,如申请召开股东会、行使知情权、行使质询建议权、协商内部股权转让、请求公司收购股权等;外部途径,如请求行业协会或行政部门等第三方进行矛盾调解、股东提起知情权或股东权益受损责任之诉等①。

即便法院受理解散公司诉讼后,法院在审理过程中亦应当注重调解,这种调解不能流于形式,必要时应组织对立双方就调解问题进行谈话并在判决文书中予以表述(最高人民法院相关裁判文书中多有体现)。通过司法实践来看,在公司解散纠纷中,裁判者有进行实质调解的义务。公司僵局并不必然导致公司解散,司法应审慎介入公司事务,并且尽最大努力帮助企业有序存续。凡有其他途径能够维持公司存续的,不应轻易解散公司。法院可以通过协调股东之间进行股权转让、股东对外转让股份、公司减资等方式实现异议股东的退出,从而维持公司的人合性基础,实现公司的存续经营。

(六)是否解散与公司盈亏情况有无关联

法院判决解散与否同公司的盈亏情况并无必然联系。这一点已由最高人民法院通过指导案例的方式予以认可,指导案例 8 号的裁判要点提到,判断"公司经营管理发生严重困难",应从公司组织机构的运行状态进行综合分析。公司虽处于盈利状态,但其股东会机制长期失灵,内部管理有严重障碍,已陷入僵局状态,可以认定为公司经营管理发生严重困难。旧《公司法》第 182 条的立法本意是解决公司的基本特点和存续基础即"人合性"丧失的问题。当公司仅是面临经营不善、出现亏损的风险时,若"人合性"基础还在,股东之间可以团结一致、共渡难关,公司有望扭亏为盈。即使没有好转,资不抵债,也应该根据《企业破产法》的相关规定进行处理。公司经营中遇到的财务危机不属于第 182 条解决的问题,故公司财务状况的好坏也不应该直接决定公司是否被判决解散。但公司是否处于亏损状态,是判断公司存续是否会使股东利益受到更大损失的重要依据之一。实践中,应结合公司的盈亏情况,根据是否存在法定解散情形进行综合判断。即公司的财务状况是司法解散的影响因素,而非决定因素。

---

① 参见黄祥青主编:《类案裁判方法精要》(第 1 辑),人民法院出版社 2020 年版,第 261 页。

典型案例　林某诉某公司、戴某公司解散纠纷案①

【裁判要旨】

判断"公司经营管理是否发生严重困难",应从公司组织机构的运行状态进行综合分析。公司虽处于盈利状态,但其股东会机制长期失灵,内部管理有严重障碍,已陷入僵局状态,可以认定为公司经营管理发生严重困难。对于符合公司法及相关司法解释规定的其他条件的,人民法院可以依法判决公司解散。

【案情简介】

某公司成立于2002年1月,林某与戴某系该公司股东,各占50%的股份,戴某任公司法定代表人及执行董事,林某任公司总经理兼公司监事。某公司章程明确规定:股东会的决议须经代表二分之一以上表决权的股东通过,但对公司增加或减少注册资本、合并、解散、变更公司形式、修改公司章程作出决议时,必须经代表三分之二以上表决权的股东通过。股东会会议由股东按照出资比例行使表决权。2006年起,林某与戴某两人之间的矛盾逐渐显现。同年5月9日,林某提议并通知召开股东会,由于戴某认为林某没有召集会议的权利,会议未能召开。同年6月6日、8月8日、9月16日、10月10日、10月17日,林某委托律师向某公司和戴某发函称,因股东权益受到严重侵害,林某作为享有公司股东会二分之一表决权的股东,已按公司章程规定的程序表决并通过了解散某公司的决议,要求戴某提供某公司的财务账册等资料,并对某公司进行清算。同年6月17日、9月7日、10月13日,戴某回函称,林某作出的股东会决议没有合法依据,戴某不同意解散公司,并要求林某交出公司财务资料。同年11月15日、25日,林某再次向某公司和戴某发函,要求某公司和戴某提供公司财务账册等供其查阅、分配公司收入、解散公司。

某服装城管委会证明某公司目前经营尚正常,且愿意组织林某和戴某进行调解。

另查明,某公司章程载明监事行使下列权利:(1)检查公司财务;(2)对执

---

① 参见江苏省高级人民法院(2010)苏商终字第0043号民事判决书。

行董事、经理执行公司职务时违反法律、法规或者公司章程的行为进行监督；(3)当董事和经理的行为损害公司的利益时,要求董事和经理予以纠正;(4)提议召开临时股东会。从2006年6月1日至今,某公司未召开过股东会。某服装城管委会调解委员会于2009年12月15日、16日两次组织双方进行调解,但均未成功。

【裁判结果】

一审法院认为,本案中虽然两股东陷入僵局,但某公司目前经营状况良好,不存在公司经营管理发生严重困难的情形。股东之间的僵局可以通过多种途径来破解。一审法院判决驳回林某的诉讼请求。

林某不服一审判决提起上诉,二审法院经审理认为,第一,某公司的经营管理已发生严重困难。一是某公司已持续数年未召开股东会,亦未形成有效的股东会决议,股东会机制已经失灵;二是某公司执行董事管理公司的行为已不再体现权力机构的意志;三是某公司的监督机构无法正常行使监督权;四是公司本身是否处于盈利状况并非判断公司经营管理是否发生严重困难的必要条件。第二,某公司继续存续会使林某的利益受到重大损失。第三,某公司的僵局通过其他途径长期无法解决。第四,林某持有某公司50%的股份,符合公司法关于提起公司解散诉讼的股东须持有公司10%以上股份的条件。综上,二审法院判决:撤销一审判决,解散某公司。

【案例评析】

该案例为最高人民法院发布的第8号指导案例,对案涉公司的经营状态、是否符合公司僵局的特征等作出了正确认定,明确了依法判断公司经营管理是否发生严重困难及股东请求解散公司的条件。本案明确了判断公司的经营管理是否出现严重困难,应当从公司的股东会、董事会或执行董事及监事会或监事的运行现状进行综合分析的规则,公司是否处于盈利状况并非判断公司经营管理发生严重困难的必要条件。公司经营管理发生严重困难的侧重点在于公司管理方面存有严重内部障碍,如股东会机制失灵、无法就公司的经营管理进行决策等,不应片面理解为公司资金缺乏、严重亏损等经营性困难。公司虽处于盈利状态,但其股东会机制长期失灵,内部管理有严重障碍,已陷入僵局状态,可以认定为公司经营管理发生严重困难。对于符合公司法及相关司法解释规定的其他条件的,人民法院可以依法判决公司解散。

本案中,虽然某公司仍处于盈利状态,但从其股东会运行情况来看,某公司仅有林某与戴某两名股东,两人各占 50% 股份,公司章程规定"股东会的决议须经代表二分之一以上表决权的股东通过",且双方一致认可该"二分之一以上"不包括本数,因此只要两名股东意见分歧、互不配合,就无法形成有效表决,某公司已经连续 4 年未召开股东会,其股东会机制已经失灵;从执行董事管理情况来看,戴某系公司执行董事,由于出现股东僵局,某公司股东会不能形成有效决议,故公司执行董事作为公司事务的执行机构,其管理公司的行为仅能体现其作为股东的个人意志。从公司监督机构运行情况来看,林某系公司的监事,但其关于查询公司财务资料的请求一再遭受拒绝,其并不能正常行使监督权。因此,在公司内部机制已经无法正常运行,无法对公司经营作出决策的情况下,即使公司尚未处于亏损状况也不能改变公司的经营管理已经陷入困境的局面。综上,应当认定某公司经营管理已经发生严重困难。

第十四章　清算义务人责任

公司清算是公司终止中至关重要的环节,公司作为商事主体,在正式注销前必须完成债权债务清理,以避免对债权人利益的损害。其中,清算程序的启动是公司清算的前提,究竟谁是清算程序的启动者,即清算义务人,至关重要,旧《公司法》对清算义务人的范围未予明确。尽管《公司法司法解释(二)》对清算程序的启动者作出了规定,但实践中针对清算义务人的主体范围仍旧争议不断,直至新《公司法》颁布,对这一问题的争议才尘埃落定。

清算义务人,是指基于其与公司之间存在的特定法律关系而在公司解散时对公司负有依法组织清算的义务,并在公司因未及时清算给相关权利人造成损害时依法承担相应责任的民事主体。

清算义务人有别于清算组。清算义务人是依法负有启动清算程序义务的主体,其义务在于根据法律规定及时启动相应的清算程序以终止法人。清算组是指具体负责清算事务的主体,其义务在于依照法定程序进行清算。

第一节　概　述

一、概念界定

公司清算义务人的责任,是指公司清算义务人未尽清算义务导致公司财产毁损、灭失或者公司无法清算时给债权人或者公司造成损失时应当承担的赔偿责任。

二、诉讼主体

在要求公司清算义务人承担赔偿责任的案件中,权利主体(原告)是公司债权人,义务主体(被告)是公司股东。

三、管辖

(一)查明事实

被告的住所地,如果被告是公司,查明该公司的主要办事机构所在地、登记地或者注册地;如果被告是公民,查明该公民的户籍所在地、经常居住地。

(二)法律适用

《民事诉讼法》第22条:对公民提起的民事诉讼,由被告住所地人民法院管辖;被告住所地与经常居住地不一致的,由经常居住地人民法院管辖。

对法人或者其他组织提起的民事诉讼,由被告住所地人民法院管辖。

同一诉讼的几个被告住所地、经常居住地在两个以上人民法院辖区的,各该人民法院都有管辖权。

《民事诉讼法》第23条:下列民事诉讼,由原告住所地人民法院管辖;原告住所地与经常居住地不一致的,由原告经常居住地人民法院管辖:

(一)对不在中华人民共和国领域内居住的人提起的有关身份关系的诉讼;

(二)对下落不明或者宣告失踪的人提起的有关身份关系的诉讼;

(三)对被采取强制性教育措施的人提起的诉讼;

(四)对被监禁的人提起的诉讼。

《民事诉讼法》第24条:因合同纠纷提起的诉讼,由被告住所地或者合同履行地人民法院管辖。

《民事诉讼法》第27条:公司设立、确认股东资格、分配利润、解散等纠纷提起的诉讼,由公司住所地人民法院管辖。

《民诉法司法解释》第3条:公民的住所地是指公民的户籍所在地,法人或者其他组织的住所地是指法人或者其他组织的主要办事机构所在地。

法人或者其他组织的主要办事机构所在地不能确定的,法人或者其他组织的注册地或者登记地为住所地。

《民诉法司法解释》第 4 条:公民的经常居住地是指公民离开住所地至起诉时已连续居住一年以上的地方,但公民住院就医的地方除外。

《民诉法司法解释》第 6 条:被告被注销户籍的,依照民事诉讼法第二十三条规定确定管辖;原告、被告均被注销户籍的,由被告居住地人民法院管辖。

《民诉法司法解释》第 22 条:因股东名册记载、请求变更公司登记、股东知情权、公司决议、公司合并、公司分立、公司减资、公司增资等纠纷提起的诉讼,依照民事诉讼法第二十七条规定确定管辖。

第二节　新旧《公司法》相关规范对照

一、相关规范梳理

(一)旧《公司法》相关规定

旧《公司法》第 183 条:公司因本法第一百八十条第(一)项、第(二)项、第(四)项、第(五)项规定而解散的,应当在解散事由出现之日起十五日内成立清算组,开始清算。有限责任公司的清算组由股东组成,股份有限公司的清算组由董事或者股东大会确定的人员组成。逾期不成立清算组进行清算的,债权人可以申请人民法院指定有关人员组成清算组进行清算。人民法院应当受理该申请,并及时组织清算组进行清算。

(二)新《公司法》相关规定

新《公司法》第 232 条:公司因本法第二百二十九条第一款第一项、第二项、第四项、第五项规定而解散的,应当清算。董事为公司清算义务人,应当在解散事由出现之日起十五日内组成清算组进行清算。

清算组由董事组成,但是公司章程另有规定或者股东会决议另选他人的除外。

清算义务人未及时履行清算义务,给公司或债权人造成损失的,应当承担赔偿责任。

(三)《公司法司法解释(二)》相关规定

《公司法司法解释(二)》第 18 条:有限责任公司的股东、股份有限公司的董事和控股股东未在法定期限内成立清算组开始清算,导致公司财产贬值、流失、毁损或者灭失,债权人主张其在造成损失范围内对公司债务承担赔偿责任的,人民法院应依法予以支持。

有限责任公司的股东、股份有限公司的董事和控股股东因怠于履行义务,导致公司主要财产、账册、重要文件等灭失,无法进行清算,债权人主张其对公司债务承担连带清偿责任的,人民法院应依法予以支持。

上述情形系实际控制人原因造成,债权人主张实际控制人对公司债务承担相应民事责任的,人民法院应依法予以支持。

二、变化原因

旧《公司法》并未明确启动清算程序的责任主体,仅在第183条区分有限责任公司和股份有限公司,分别规定有限责任公司的清算组由股东组成,股份有限公司的清算组由董事或股东大会确定的人员组成。《公司法司法解释(二)》第18条对上述遗留问题作出解答,明确有限责任公司的股东、股份有限责任公司的董事和控股股东、公司的实际控制人是清算义务人。这些主体须"在法定期限内成立清算组开始清算",若其未适当履行启动清算的义务,则可能向未获足额清偿的债权人承担赔偿责任。《民法典》第70条规定,法人的董事、理事等执行机构或决策机构的成员为清算义务人。《民法典》针对全部法人组织统一规定了清算义务人的范围,这与旧《公司法》存在明显冲突。

在我国民商合一的体系下,《民法典》作为一般法,应当为公司法等特别法提供指引。新《公司法》吸收了《民法典》第70条的理念,针对公司这种最为典型的法人组织,在第232条统一规定董事为公司清算义务人,其应当在解散事由出现之日起15日内成立清算组进行清算。清算组由董事组成,但是公司章程另有规定或者股东会决议另选他人的除外。新《公司法》趋向董事会中心主义的公司治理模式,在董事会中心主义的治理结构下,公司经营管理权由董事享有,董事亦应对公司清算承担相应的义务与责任。同时,允许章程另行规定或股东会决议另选他人为清算组成员,亦契合公司自治的理念。

三、新《公司法》第232条溯及力

根据《最高人民法院关于适用〈中华人民共和国公司法〉时间效力的若干

规定》第6条,应当进行清算的法律事实发生在公司法施行前,因清算责任发生争议的,适用当时的法律、司法解释的规定。应当清算的法律事实发生在公司法施行前,但至公司法施行日未满十五日的,适用新《公司法》第232条的规定,清算义务人履行清算义务的期限自新《公司法》施行日重新起算。根据上述规定,新《公司法》第232条有关公司清算义务人规定原则上不具有溯及力,仅在特定条件下具备有限的溯及力。因旧《公司法》未规定的清算义务人的构成,仅在司法解释中对清算义务人的主体予以规定,且与新《公司法》中清算义务人的主体存在区别,故原则上新《公司法》第232条不具有溯及力。但是,若清算义务人成立清算组的15日期限跨越了公司法施行之日,即2024年7月1日,则应当依据新《公司法》第232条规定,由董事作为公司清算义务人。主要原因在于,新旧法交替过程中,董事亦具有一定的期限利益,法定履职期限可以延后至公司法施行之日重新计算,而非在解散事由发生时计算。

第三节　责任构成要件

一、构成要件概述

清算义务人责任实质为侵权责任,应具备侵权责任的构成要件:1.违法行为:未及时成立清算组开始清算、怠于履行清算义务。2.损害事实:未及时清算,导致公司财产贬值、流失、毁损或者灭失;因怠于履行清算义务,导致公司无法进行清算。3.因果关系:清算义务人"未在法定期限内成立清算组开始清算"造成"公司财产贬值、流失、毁损或灭失",导致"债权人利益受损";"怠于履行清算义务"造成"主要财产、账册、重要文件等灭失""无法进行清算",导致"债权人利益受损"。

二、查明事实

1.债务人公司是否出现解散事由;何时出现何种解散事由;是否需要开始清算。2.债务人公司有无在法定期限内成立清算组依法开始清算。3.债务人公司是否存在财产贬值、流失、毁损或者灭失的情况;债务人公司主要财产、账册、重要文件是否灭失,能否进行清算。4.债务人公司的清算义务人是谁。5.公司在出现清算事由时,是否还有可供清偿债权人的财产。6.若存在3、4、5情形,清算义务人的失责与债权人利益受损之间是否存在因果关系。

三、法律适用

《民法典》第70条:法人解散的,除合并或者分立的情形外,清算义务人应当及时组成清算组进行清算。

法人的董事、理事等执行机构或者决策机构的成员为清算义务人。法律、行政法规另有规定的,依照其规定。

清算义务人未及时履行清算义务,造成损害的,应当承担民事责任;主管机关或者利害关系人可以申请人民法院指定有关人员组成清算组进行清算。

旧《公司法》第180条:公司因下列原因解散:

(一)公司章程规定的营业期限届满或者公司章程规定的其他解散事由出现;

(二)股东会或者股东大会决议解散;

(三)因公司合并或者分立需要解散;

(四)依法被吊销营业执照、责令关闭或者被撤销;

(五)人民法院依照本法第一百八十二条的规定予以解散。

旧《公司法》第183条:公司因本法第一百八十条第(一)项、第(二)项、第(四)项、第(五)项规定而解散的,应当在解散事由出现之日起十五日内成立清算组,开始清算。有限责任公司的清算组由股东组成,股份有限公司的清算组由董事或者股东大会确定的人员组成。逾期不成立清算组进行清算的,债权人可以申请人民法院指定有关人员组成清算组进行清算。人民法院应当受理该申请,并及时组织清算组进行清算。

《公司法司法解释(二)》第18条:有限责任公司的股东、股份有限公司的董事和控股股东未在法定期限内成立清算组开始清算,导致公司财产贬值、流失、毁损或者灭失,债权人主张其在造成损失范围内对公司债务承担赔偿责任的,人民法院应依法予以支持。

有限责任公司的股东、股份有限公司的董事和控股股东因怠于履行义务,导致公司主要财产、账册、重要文件等灭失,无法进行清算,债权人主张其对公司债务承担连带清偿责任的,人民法院应依法予以支持。

上述情形系实际控制人原因造成,债权人主张实际控制人对公司债务承担相应民事责任的,人民法院应依法予以支持。

新《公司法》第23条:公司股东滥用公司法人独立地位和股东有限责任,逃避债务,严重损害公司债权人利益的,应当对公司债务承担连带责任。

股东利用其控制的两个以上公司实施前款规定行为的,各公司应当对任一公司的债务承担连带责任。

只有一个股东的公司,股东不能证明公司财产独立于股东自己的财产的,应当对公司债务承担连带责任。

新《公司法》第232条:公司因本法第二百二十九条第一款第一项、第二项、第四项、第五项规定而解散的,应当清算。董事为公司清算义务人,应当在解散事由出现之日起十五日内组成清算组进行清算。

清算组由董事组成,但是公司章程另有规定或者股东会决议另选他人的除外。

清算义务人未及时履行清算义务,给公司或者债权人造成损失的,应当承担赔偿责任。

四、构成要件分析

(一)原告同时是股东时清算责任的认定

债权人依据《公司法司法解释(二)》第18条的规定,起诉公司股东,要求其对公司债务承担相应责任,但该债权人同时也是债务人公司的股东,法院应否受理?其诉讼请求能否得到支持?此处要解决的问题是在债权人同时也是债务人公司股东的情况下,债权人能否提起股东损害公司债权人利益责任纠纷的诉讼。《民事诉讼法》第122条规定了起诉必须符合的条件,包括:(1)原告是与本案有直接利害关系的公民、法人和其他组织;(2)有明确的被告;(3)有具体的诉讼请求和事实、理由;(4)属于人民法院受理民事诉讼的范围和受诉人民法院管辖。

笔者认为,应当将原告的起诉权和胜诉权予以区分,上述情况下债权人能否提起该诉讼,应当严格依照上述4项内容进行审查认定。根据上述规定,在债权人的起诉有明确的被告、具体的诉讼请求和事实、理由以及符合受诉人民法院管辖的情况下,没有理由不予受理债权人的起诉或者驳回债权人的起诉。

此外,关于受理该类债权人的起诉后,其诉讼请求能否得到支持的问题,笔者倾向认为,应当根据被诉股东在公司所处的地位予以考量。若债权人虽为公司股东,但并非公司清算义务人,在公司清算义务人责任符合相应构成要件的情况下,可以支持债权人的诉讼请求。若该债权人同时也属于清算义务人,在其未依法履行清算义务的情况下,其对公司未能按时清算亦负有过错,违反了民法上的"洁手原则",此时若该债权人起诉要求其他股东对公司债务承担相应责任,不应得到支持。

(二)原告是否应将全体清算义务人作为被告提起诉讼

股东未依法履行清算义务,债权人依据《公司法司法解释(二)》的相关规定起诉债务人公司的股东,要求股东对公司债务承担相应责任,是否需要起诉有限责任公司全体股东或者股份有限公司全体控股股东?对于各清算义务人未依法履行清算义务所应承担的责任问题,《公司法司法解释(二)》第18条至第20条并未区分各清算义务人的出资比例、是否参与公司经营管理以及是否是公司的实际控制人等因素作出不同的规定,而是统一规定清算义务人在几种情况下所应当承担的不同类型的财产责任。因此,债权人可以根据自己的意愿要求有限责任公司全体股东、股份有限公司全体控股股东或者部分(控股)股东对公司债务承担相应责任,不必要求债权人必须把有限责任公司全体股东或者股份有限公司全体控股股东均列为共同被告。此外,需要明确的是,上述清算义务人对外部债权人连带承担责任,部分股东承担民事责任后,可依据《公司法司法解释(二)》第21条的规定,主张其他人员按照过错大小分担责任。

(三)是否需要以公司无法清算为前提

《公司法司法解释(二)》现行有效,适用《公司法司法解释(二)》第18条第1款是否需要以债务人公司无法清算为前提?根据该条款的规定,清算义务人"未在法定期限内成立清算组"的行为只是导致公司财产贬损,而不是导致公司无法进行清算。虽然公司财产发生贬损,但只要公司仍然可以进行清算,公司还应当进行清算,清算后因财产贬损而使债权人无法受偿的,股东等清算义务人才在造成损失的范围内承担补充赔偿责任。

(四)清算义务人责任是否需要以启动清算程序为前提

该条款中"怠于履行义务",包括怠于履行依法及时启动清算程序进行清算的义务,也包括怠于履行妥善保管公司财产、账册、重要文件等的义务,但最终的落脚点在于"无法进行清算",即由于股东等清算义务人怠于履行及时启动清算程序进行清算的义务,以及怠于履行妥善保管公司财产、账册、重要文件等义务,导致公司清算所必需的公司财产、账册、重要文件等灭失而无法进行清算。此处的"无法清算"只是一个需要由证据来证明的法律事实问题,不以启动清算程序为前提。只要债权人能够举证证明由于股东等清算义务人怠于履行义务,导致公司主要财产、账册、重要文件等灭失,无法进行清算即可。

(五)"怠于履行清算义务"的认定

《公司法司法解释(二)》第18条第2款关于有限责任公司股东清算责任的规定,其性质是因股东怠于履行清算义务致使公司无法清算所应当承担的侵权责任。该条规定的"怠于履行义务"中的"履行义务",是指没有启动清算程序成立清算组,或者在清算组成立后没有履行清理公司主要财产以及管理好公司账册、重要文件等义务。"怠于"是一种消极的不作为行为,包括故意和过失。股东应当就其为履行清算义务而采取的积极行为承担举证责任,如请求控股股东或者其他股东对公司进行清算,但后者未启动等。

《九民会议纪要》第14条对于《公司法司法解释(二)》第18条第2款规定的"怠于履行义务"的情形进行了界定,并对小股东抗辩权给予了一定倾斜保护。即在股东举证证明其已经为履行清算义务采取了积极措施,或者小股东举证证明其既不是公司董事会或者监事会成员,也没有选派人员担任该机关成员,且从未参与公司经营管理,此种情况下,应当认定该股东没有"怠于履行义务",从而不应对公司债务承担连带责任。

典型案例 赵某诉陈某等股东损害公司债权人利益责任纠纷案[①]

【裁判要旨】

有限责任公司的实际运行中,小股东的权利本身即受制于股权比例,对其苛以过重的清算义务和责任显失公平。既不是公司董事会或监事会成员,也没

---

① 参见北京市第二中级人民法院(2022)京02民终3907号民事判决书。

有选派人员担任该机关成员,且从未参与公司经营管理的小股东,不具有能够履行清算义务而拒绝或拖延清算从而导致公司的主要财产、账册、重要文件灭失的过错行为,不构成"怠于履行义务",无须对公司债务承担连带清偿责任。

【案情简介】

某建设公司成立于 2007 年 12 月 28 日,注册资本为 200 万元,股东为高某、杨某、陈某,其中高某出资 160 万元(持股 80%)、陈某出资 20 万元(持股 10%)、杨某出资 20 万元(持股 10%),高某担任执行董事,杨某担任经理。

2017 年 6 月 14 日,赵某向法院起诉高某、某建设公司民间借贷纠纷,2017 年 8 月 11 日,法院作出民事调解书,确认:高某偿还赵某借款本金 9,809,000 元及相应利息,某建设公司对高某的上述债务承担连带清偿责任。

上述调解书生效后,因高某、某建设公司未在调解书确定的时间内履行相应给付义务,赵某向法院申请强制执行。2020 年 12 月 19 日,法院作出执行裁定书,查明因高某、某建设公司无可供执行的财产,裁定终结本次执行程序。

一审法院另查,某建设公司于 2019 年 11 月 12 日被工商行政管理部门吊销营业执照。

赵某认为,某建设公司被工商机关吊销营业执照后,其股东杨某、陈某因怠于履行义务导致公司主要财产、账册、重要文件等灭失,无法进行清算,故提起诉讼要求杨某、陈某对某建设公司债务承担连带清偿责任。

【裁判结果】

一审法院认为,本案中,陈某系某建设公司的股东,杨某系某建设公司的股东并担任经理职务,在另案诉讼中杨某也认可担任某建设公司总经理并控制公司公章,二人在某建设公司被工商机关吊销营业执照后,未依法按时履行清算义务,有序结束某建设公司存续期间的各种商事关系,应依法对某建设公司的债务承担连带清偿责任。一审法院判决杨某、陈某对某建设公司的债务承担连带清偿责任。

一审宣判后,陈某不服提出上诉。二审认为,根据陈某在某建设公司中持股情况,依据其出资额和持股比例无法实际影响公司事务决策,其意思表示无法经过公司的决策程序而上升为公司的决定,陈某应属于小股东范畴。陈某并非某建设公司董事会或监事会成员,也没有选派人员担任该机关成员,且未参与某建设公司的经营活动。最终判决撤销原判,维持赵某对杨某的判项,驳回赵某对陈某的诉讼请求。

【案例评析】

《公司法司法解释(二)》第 18 条第 2 款规定的"怠于履行义务",是指有限责任公司的股东在法定清算事由出现后,在能够履行清算义务的情况下,故意拖延、拒绝履行清算义务,或者因过失导致无法进行清算的消极行为。让公司股东对公司债务承担连带责任的理论基础是旧《公司法》第 20 条第 3 款及新《公司法》第 23 条规定的公司人格否认制度,适用该制度的前提是股东"滥用"公司法人独立地位和股东有限责任,而上述小股东的不作为根本达不到"滥用"的程度。既然如此,尽管《公司法司法解释(二)》第 18 条将公司全部股东列为清算义务人,但由于这样的小股东没有达到"滥用"公司法人独立地位和股东有限责任的程度,不符合旧《公司法》第 20 条第 3 款及新《公司法》第 23 条规定的适用条件,所以在其没有提起组成清算组请求的情况下,不应认定其不作为构成"怠于履行义务"。

(六)清算义务人是否对清算过程中的侵权行为承担责任

公司清算过程中出现侵害债权人利益的情形,清算义务人是否应当承担责任?前文已述,清算义务人有别于清算组,清算事务的具体职责由清算组成员履行。旧《公司法》第 189 条规定,清算组成员因故意或者重大过失给公司或者债权人造成损失的,应当承担赔偿责任。《公司法司法解释(二)》第 23 条规定,清算组成员从事清算事务时,违反法律、行政法规或者公司章程给公司或者债权人造成损失,应承担赔偿责任。新《公司法》第 238 条规定,清算组成员怠于履行清算职责,给公司造成损失的,应当承担赔偿责任;因故意或者重大过失给债权人造成损失的,亦应当承担赔偿责任。

根据上述法律规定,清算义务人和清算组所承担的义务与责任有显著区别。公司清算过程中,因清算组成员怠于履职行为或存在故意或重大过失,给公司或债权人造成损害,此时责任承担主体应为清算组成员。清算义务人仅负有及时启动清算程序的义务。当然,清算义务人与清算组成员在主体上可能会重叠,即便如此,公司清算过程中出现侵害债权人利益的情形时,相关主体承担赔偿责任的身份依据仍应该是清算组成员。

(七)债务人公司无法清算的认定

根据《公司法司法解释(二)》第 18 条第 2 款的规定,股东等清算义务人怠于履行义务,导致公司主要财产、账册、重要文件等灭失,无法进行清算的,应当对公司债务承担连带清偿责任。但是上述规定并未明确"无法进行清算"的认定标准,在债务人公司未经破产清算或者强制清算的情况下,公司主要财产、账册、重要文件全部灭失才可以认定"无法进行清算",还是只要其中某一项或者某几项灭失就可以认定"无法进行清算",存在争议。

笔者认为,除了人民法院因无法清算或无法依法全面清算而裁定终结强制清算程序可以直接认定债务人公司无法进行清算以外,债权人提交初步证据证明债务人公司存在上述以下情形,可以推定债务人公司无法进行清算:(1)在公司注册地、主要营业地查找不到公司机构或清算义务人、主要责任人下落不明;(2)公司主要财产因无人管理或疏于管理而贬值、流失、毁损、灭失;(3)公司注册资金、流动资金、登记资产等查找不到或无法合理解释去向;(4)公司账簿真实性、完整性缺失导致无法据以进行审计;(5)公司重要会计账簿、交易文件灭失,无法查明公司资产负债情况。

如果债务人公司或者股东对此有异议,认为公司仍然可以清算的,应当提供相反证据,至少包括公司真实完整的财务账册、收付凭证、相关合同以及职工工资的支付情况和社会保险费用的缴纳情况等证据材料,可以推定清算义务人完成了举证责任。

(八)因果关系的具体认定规则

如何认定"怠于履行义务"的消极不作为与"公司主要财产、账册、重要文件等灭失,无法进行清算"的结果之间存在因果关系?《九民会议纪要》第 15 条规定了有限责任公司的股东享有因果关系抗辩权。即"因怠于履行义务"的消极不作为,导致"公司主要财产、账册、重要文件等灭失,无法进行清算"的结果的,公司股东才应当对公司债务承担连带清偿责任。审判实践中常出现以下情况:

(1)在解散事由出现之前公司已经背负大量债务,资不抵债,在其他案件中因无财产可供执行而被终结本次执行程序,股东是否可以据此提出因果关系抗辩。有观点认为,终结本次执行程序的裁定,仅表明法院暂时未查到可供执行的财产,无法起到清算审查的法律效果,不能因此免除股东的清算责任。[1]笔者认为,这里主要是举证责任的问题。如果公司债务发生于解散事由出现之前,且在其他案件中经采取执行措施已经认定无财产可供执行,那么可以推定股东"因怠于履行义务"的消极不作为与"公司主要财产、账册、重要文件等灭失,无法进行清算"的结果之间没有因果关系,若无其他证据证明公司彼时仍有可供清偿的财产,股东不应因怠于履行清算义务对公司债务承担连带清偿责任。

（2）小股东提出的因果关系抗辩能否成立。如果小股东有证据证明,公司主要财产、账册、重要文件均由大股东及其所派人员掌握、控制,其已实施了积极请求清算的行为,或其既不是公司董事会或者监事会成员,也没有选派人员担任该机关成员,且从未参与公司经营管理,在此种情况下,应当认定该股东没有"怠于履行义务",可以认定小股东与"公司主要财产、账册、重要文件等灭失,无法进行清算"的结果之间不存在因果关系。

典型案例 某通信公司诉冯某等股东损害公司债权人利益责任纠纷案[2]

【裁判要旨】

公司因无财产可供执行被法院裁定终结本次执行程序,债权人的债务因此未获清偿,其后公司出现清算事由但清算义务人未及时履行清算义务,在此情形下,因不足认定清算义务人怠于履行清算义务的行为与债权人的损失之间具有法律上的因果关系,清算义务人不应对债权人的债务承担连带清偿责任。

【案情简介】

某科技公司与某通信公司存在电信服务合同纠纷。经生效判决书确认,某科技公司应于判决书生效之日起十日内支付某通信公司通信费3,359,777.77元、滞纳金2,618,245.82元、号码占用费315,675元,并负担由某通信公司预

---

[1] 例如,(2023)京03民终4825号民事判决书写道:"张某上诉主张本次执行程序终结发生在某公司清算事由届满前",对此,"即使法院曾经作出执行终结本次执行程序的裁定,仅表明法院暂时未查到可供执行的财产,无法起到清算审查的法律效果,不能因此免除某公司股东的清算责任,故本院对张某的上诉主张不予采纳"。

[2] 参见北京市第二中级人民法院(2020)京02民终7656号民事判决书。

交的一审诉讼费51,494元及二审诉讼费11,309元。

后某通信公司对某科技公司申请强制执行,因被执行人无可供执行的财产,法院于2011年6月25日裁定终结本次执行程序。后某通信公司向法院申请对某科技公司强制清算。2016年5月24日,法院作出裁定受理了强制清算申请。该裁定书载明:经审查,某科技公司于2003年12月9日成立,投资人为冯某、王某、余某。2013年10月9日,该公司被吊销营业执照。但该公司未在15日内成立清算组开始清算。

2017年9月22日,法院作出(2016)京0108民算23号民事裁定书,载明:2016年7月28日,该院指定某会计师事务所组成清算组,该清算组主张经电话查询、邮寄通知书、现场查找方式均未能找到某科技公司的人员、办公场所、财产、账册、重要文件等,故以此为由申请终结强制清算程序。该院认为依法应终结清算程序,某科技公司债权人可以依据《公司法司法解释(二)》第18条之规定起诉要求清算义务人对公司债务承担清偿责任。

某通信公司认为,某科技公司股东冯某、王某、余某因怠于履行义务,导致公司主要财产、账册、重要文件等灭失,无法进行清算,改提起诉讼要求冯某、王某、余某对某科技公司债务承担连带清偿责任。

【裁判结果】

一审法院认为,某通信公司提交的证据足以证明冯某、王某、余某未在法定期限内履行清算义务,且某科技公司因人员、办公场所、财产、账册、重要文件等无法找到而无法进行清算。一审法院判决冯某、王某、余某对某科技公司对某通信公司的债务承担连带清偿责任。

一审宣判后,冯某、王某、余某不服分别提出上诉。二审认为,鉴于某科技公司在其作为被执行人的案件中,因穷尽执行措施,已无财产可供执行的事实发生在其营业执照被吊销之前,据此,现有证据不足以证明某科技公司主要财产、账册、重要文件等灭失与股东怠于履行清算义务之间存在因果关系。最终判决撤销原判,驳回某通信公司的诉讼请求。

【案例评析】

在认定"怠于履行清算义务责任"案件中,部分主体对于《公司法司法解释(二)》第18条第2款规定的理解存在偏差,出现一种结果论倾向,即只要股东存在怠于履行清算义务的消极不作为,而公司主要财产、账册、重要文件等灭失,无法清算,债权人的债务无从清偿,就认定股东应承担责任,对公司债务连带清偿,而不注重审查股东"怠于履行清算义务"与债权人"债务未获清偿"之间的因果关系。本案的典型意义在于,明确"怠于履行清算义务责任"系因清算义务人怠于履行义务致使公司无法清算而对债权人所应承担的侵权责任,因此,在认定该项责任时,亦应符合一般侵权责任的构成要件,即是否存在加害行为,是否存在损害结果,加害行为与损害结果之间有无因果关系,以及是否存在过错。在怠于履行清算义务责任中,存在双重损害结果。直接损害结果是公司主要财产、账册、重要文件等灭失,无法进行清算;间接损害结果是债权人债权无法清偿。有限责任公司在清算事项出现前,已因无财产可供执行被法院裁定终结本次执行程序,此时,不能一概认定股东"怠于履行清算义务"与债权人"债务未获清偿"之间具有因果关系,仍应根据举证责任规则予以判断。若无其他证据证明公司彼时仍有可供清偿的财产,则缺失一般侵权行为的构成要件,股东不应因怠于履行清算义务对公司债务承担连带清偿责任。

(九)股权已经转让是否可以免责

根据旧《公司法》第 183 条的规定,除因公司合并或者分立需要解散之外,其他情形下,公司应当在解散事由出现之日起 15 日内成立清算组,开始清算。根据新《公司法》第 232 条的规定,董事为公司清算义务人,应当在解散事由出现之日起 15 日内组成清算组进行清算。这是清算义务人的法定义务。依照上述法律规定,自公司相应的解散事由出现之日起 15 日内,如果未依法成立清算组,则即日起清算义务人就应当承担未履行法定义务的法律责任,且该责任并不因股权转让而消灭。在清算事由出现之前,如果股东已经转让股权,债权人不得主张其承担相关责任,但是在此之后,股东不能以转让股权作为免责理由。

(十)清算义务人责任诉讼时效起算点

债权人对债务人公司股东债权请求权的诉讼时效期间从何时开始起算?根据现行法律和司法解释的规定,债权人请求债务人公司清算义务人承担的责任包括赔偿责任和清偿责任,无论何种责任形式,债权人的请求均属于债权请求权,依法应当适用诉讼时效制度。《九民会议纪要》第 16 条规定,公司债权人请求股东对公司债务承担连带清偿责任,股东以公司的债权已经超过诉讼时效期间为由抗辩,经查证属实的,人民法院依法予以支持。公司债权人以《公司法司法解释(二)》第18条第2款为依据,请求有限责任公司的股东对公司债务承担连带清偿责任的,诉讼时效期间自公司债权人知道或者应当知道公司无法进行清算之日起计算。

第四节 其他问题

一、职业债权人提起诉讼之考量

职业债权人收购"陈年旧账"追究"僵尸企业"清算义务人责任时应如何认定? 随着有关清算义务人责任认定的法律规范不断完善,社会上涌现出一批职业债权人。这些职业债权人以较低价格从其他市场主体处大批收购"僵尸企业"的"陈年旧账",在获得法院对公司主要财产、账册、重要文件等灭失的认定后,提起诉讼要求清算义务人对公司债务承担责任。同时,清算义务人责任承担规则的滥用导致部分未参与公司经营管理的中小股东对公司债务承担的数额超过了其出资额,权利与义务明显不对等,亦有违公平原则。笔者认为,在此种情况下,要加强甄别和释明,应当从严把握清算义务人责任的构成要件,引导债权人正确选择债权实现方式,推动建立良好的诉讼秩序。

二、《公司法司法解释(二)》第18条第1款和第2款有何区别

《公司法司法解释(二)》第18条第1款的赔偿责任和第2款的连带责任有何区别? 上述规定是根据清算义务人的不同过错程度作出的不同责任认定。《公司法司法解释(二)》第18条第1款为清算义务人责任认定的一般性规则,第2款为特别性规则,二者最大区别为清算义务人因怠于履行义务导致的法律后果不一致。根据过错与责任相一致的原则,如果清算义务人未在法定期限内成立清算组开始清算,虽然导致"公司财产贬值、流失、毁损或者灭失",但未使公司达到"无法进行清算"的程度,即应适用《公司法司法解释(二)》第18条第1款的规定,由清算义务人在造成公司财产减少的范围内对公司债务承担赔偿

责任;只有在清算义务人怠于履行清算义务,导致"公司主要财产、账册、重要文件等灭失",公司事实上已经"无法进行清算"的情况下,其对公司债务承担的才是连带清偿责任。

附录

最高人民法院关于适用《中华人民共和国公司法》时间效力的若干规定

(2024年6月27日最高人民法院审判委员会第1922次会议通过，自2024年7月1日起施行)

为正确适用2023年12月29日第十四届全国人民代表大会常务委员会第七次会议第二次修订的《中华人民共和国公司法》，根据《中华人民共和国立法法》《中华人民共和国民法典》等法律规定，就人民法院在审理与公司有关的民事纠纷案件中，涉及公司法时间效力的有关问题作出如下规定。

第一条 公司法施行后的法律事实引起的民事纠纷案件，适用公司法的规定。

公司法施行前的法律事实引起的民事纠纷案件，当时的法律、司法解释有规定的，适用当时的法律、司法解释的规定，但是适用公司法更有利于实现其立法目的，适用公司法的规定：

（一）公司法施行前，公司的股东会召集程序不当，未被通知参加会议的股东自决议作出之日起一年内请求人民法院撤销的，适用公司法第二十六条第二款的规定；

（二）公司法施行前的股东会决议、董事会决议被人民法院依法确认不成立，对公司根据该决议与善意相对人形成的法律关系效力发生争议的，适用公司法第二十八条第二款的规定；

（三）公司法施行前，股东以债权出资，因出资方式发生争议的，适用公司法第四十八条第一款的规定；

（四）公司法施行前，有限责任公司股东向股东以外的人转让股权，因股权转让发生争议的，适用公司法第八十四条第二款的规定；

附录　最高人民法院关于适用《中华人民共和国公司法》时间效力的若干规定

（五）公司法施行前,公司违反法律规定向股东分配利润、减少注册资本造成公司损失,因损害赔偿责任发生争议的,分别适用公司法第二百一十一条、第二百二十六条的规定；

（六）公司法施行前作出利润分配决议,因利润分配时限发生争议的,适用公司法第二百一十二条的规定；

（七）公司法施行前,公司减少注册资本,股东对相应减少出资额或者股份数量发生争议的,适用公司法第二百二十四条第三款的规定。

第二条　公司法施行前与公司有关的民事法律行为,依据当时的法律、司法解释认定无效而依据公司法认定有效,因民事法律行为效力发生争议的下列情形,适用公司法的规定：

（一）约定公司对所投资企业债务承担连带责任,对该约定效力发生争议的,适用公司法第十四条第二款的规定；

（二）公司作出使用资本公积金弥补亏损的公司决议,对该决议效力发生争议的,适用公司法第二百一十四条的规定；

（三）公司与其持股百分之九十以上的公司合并,对合并决议效力发生争议的,适用公司法第二百一十九条的规定。

第三条　公司法施行前订立的与公司有关的合同,合同的履行持续至公司法施行后,因公司法施行前的履行行为发生争议的,适用当时的法律、司法解释的规定；因公司法施行后的履行行为发生争议的下列情形,适用公司法的规定：

（一）代持上市公司股票合同,适用公司法第一百四十条第二款的规定；

（二）上市公司控股子公司取得该上市公司股份合同,适用公司法第一百四十一条的规定；

（三）股份有限公司为他人取得本公司或者母公司的股份提供赠与、借款、担保以及其他财务资助合同,适用公司法第一百六十三条的规定。

第四条　公司法施行前的法律事实引起的民事纠纷案件,当时的法律、司法解释没有规定而公司法作出规定的下列情形,适用公司法的规定：

（一）股东转让未届出资期限的股权,受让人未按期足额缴纳出资的,关于转让人、受让人出资责任的认定,适用公司法第八十八条第一款的规定；

（二）有限责任公司的控股股东滥用股东权利,严重损害公司或者其他股东利益,其他股东请求公司按照合理价格收购其股权的,适用公司法第八十九条第三款、第四款的规定；

（三）对股份有限公司股东会决议投反对票的股东请求公司按照合理价格收购其股份的，适用公司法第一百六十一条的规定；

（四）不担任公司董事的控股股东、实际控制人执行公司事务的民事责任认定，适用公司法第一百八十条的规定；

（五）公司的控股股东、实际控制人指示董事、高级管理人员从事活动损害公司或者股东利益的民事责任认定，适用公司法第一百九十二条的规定；

（六）不明显背离相关当事人合理预期的其他情形。

第五条 公司法施行前的法律事实引起的民事纠纷案件，当时的法律、司法解释已有原则性规定，公司法作出具体规定的下列情形，适用公司法的规定：

（一）股份有限公司章程对股份转让作了限制规定，因该规定发生争议的，适用公司法第一百五十七条的规定；

（二）对公司监事实施挪用公司资金等禁止性行为、违法关联交易、不当谋取公司商业机会、经营限制的同类业务的赔偿责任认定，分别适用公司法第一百八十一条、第一百八十二条第一款、第一百八十三条、第一百八十四条的规定；

（三）对公司董事、高级管理人员不当谋取公司商业机会、经营限制的同类业务的赔偿责任认定，分别适用公司法第一百八十三条、第一百八十四条的规定；

（四）对关联关系主体范围以及关联交易性质的认定，适用公司法第一百八十二条、第二百六十五条第四项的规定。

第六条 应当进行清算的法律事实发生在公司法施行前，因清算责任发生争议的，适用当时的法律、司法解释的规定。

应当清算的法律事实发生在公司法施行前，但至公司法施行日未满十五日的，适用公司法第二百三十二条的规定，清算义务人履行清算义务的期限自公司法施行日重新起算。

第七条 公司法施行前已经终审的民事纠纷案件，当事人申请再审或者人民法院按照审判监督程序决定再审的，适用当时的法律、司法解释的规定。

第八条 本规定自 2024 年 7 月 1 日起施行。

后　　记

　　本书由北京市第二中级人民法院专门审理公司类纠纷的一线法官和助理执笔,由李雪、韩耀斌统稿。编写具体分工如下：

　　第一章　　周梦峰　　贾凯迪

　　第二章　　赵　桐　　潘　伟

　　第三章　　姜　峰

　　第四章　　韩耀斌

　　第五章　　王若净

　　第六章　　高　磊　　贾凯迪

　　第七章　　赵　桐

　　第八章、第十三章　　李超男

　　第九章　　唐宇晨

　　第十章　　李梦园

　　第十一章　　张笑文

　　第十二章、第十四章　　李　杰　　周　维

　　本书顺利完成,离不开各级领导大力支持;离不开北京市高级人民法院民二庭精心指导;离不开北京市第二中级人民法院民四庭全体参与人员日夜兼程、加班加点;离不开前辈们留下优秀调研成果和审判经验智慧;离不开其他庭室积极建言献策。本书是集体智慧的结晶！

　　感谢胡君、曹欣、周岩、卫梦佳、冯兆研、杨玉春、李悦澂、沈秋妍、李渊、姚富洋等法官、助理、书记员无私协助！

　　本书是北京市第二中级人民法院基于办案实践进行的一些积极思考,总结的一些裁判方法,但个案千差万别,需要结合具体案情,依据法律的原则和具体规定来综合考量。鉴于能力水平有限,写作时间比较仓促,书中观点必然有值得商榷及不足之处,恳请读者批评指正。

希冀本书出版,能为公司法理论和实践研究贡献二中院智慧、方案、力量!